2.4.41. abs.   Rn!

"Rosenberg, jetzt ist Ihre große Stunde gekommen!" Mit diesen Worten beendete der Führer heute eine zweistündige Unterredung mit mir. Er rief mich nach dem Abendessen in den Wintergarten. Ich begann mit der Mitteilung, daß drei Reichsstellen schon an meine Mitarbeiter herangetreten seien mit Bitte um Unterstützung in ihrer Arbeit für den bekannten Eventualfall (außer d. hauptsächlichen Gebiet). Auf Anfrage, ob sie ihren Überlegungen die sehr verschiedenen nationalen u. historischen Verhältnisse bekannt seien, ob dadurch ihre Arbeit vom politischen Ziel bestimmt sei, hätten sie verneinend geantwortet. Das veranlasse mich, den Führer zu bitten, auf Entscheidendes hinweisen zu können. Ich entwickelte die rassische u. geschichtliche Lage in den Ostseeprovinzen, die Ukraine in ihrem Kampf gegen Moskau, die notwendige wirkl. Verbindung mit dem Kaukasus usw. — Der Führer entwickelte dann ausführlich die voraussichtliche Entwicklung in Osten, was ich heute nicht niederschreiben will. Ich werde das aber nie vergessen. Zum Schluss sagte er: Für diese ganze russische Frage will ich bei mir ein Büro einrichten und Sie sollen es übernehmen. Arbeiten Sie nach allen Richtungen Richtlinien aus, was Sie an Geld brauchen, steht Ihnen zur Verfügung. — Ich übergab dem Führer die heute fertiggestellte Denkschrift — z.T. nach Rücksprache mit A.Ch. aufgerecht — in der das enthalten war, was der Führer ausgeführt hatte. Der Führer steckte die Denkschrift zu sich, um sie in der Nacht zu lesen. — Ich fügte hinzu, ich würde ihm einen Entwurf nebst Benennung von Persönlichkeiten einreichen. — Darauf sahen wir uns die neuesten Karten —

With small steps you can stumble into mass murders, that's the bad part. Very small steps are sufficient.

—**Robert Kempner**

Great philosophical changes need many generations to turn them into pulsating life. And even our present acres of death will someday bloom again.

—**Alfred Rosenberg**

小小几步,
你就可能犯下大屠杀之罪,
这是它不好的一面。
只需小小几步就够了。

　　——罗伯特·肯普纳

思想上的伟大变革往往需要
好几个世代才能顺利完成,
即便我方如今已日薄西山,
但有朝一日还会东山再起。

　　——阿尔弗雷德·罗森堡

Robert K. Wittman
David Kinney

阿尔弗雷德·罗森堡日记

THE DEVIL'S DIARY

希特勒的首席哲学家
与第三帝国失窃的秘密

Alfred Rosenberg and the
Stolen Secrets of the Third Reich

[美] 罗伯特·K.惠特曼
[美] 大卫·金尼
著

吴冬
译

重庆出版集团 重庆出版社

目录
CONTENTS

序幕：秘密地窖／10
Prologue: The Vault

第1篇／18
失而复得：
1949—2013
LOST AND FOUND: 1949–2013

第1章 斗士／19
第2章 "一切都消失了"／33
第3章 "窥探黑暗灵魂的内心"／50

1 The Crusader
2 "Everything Gone"
3 "To Stare into the Mind of a Dark Soul"

第2篇/68

走钢索的人生：
1918—1939

LIVES IN THE BALANCE: 1918–1939

第4章 "命运的继子"/69
第5章 "全国最让人讨厌的报纸！"/78
第6章 黑夜降临/103
第7章 "罗森堡之路"/122
第8章 日记/145
第9章 "机灵运作和幸运巧合"/160
第10章 "我的时机尚未成熟"/168
第11章 流亡托斯卡纳/187
第12章 "我已经赢得整个纳粹党的人心"/201
第13章 逃离/217

4 "Stepchildren of Fate"
5 "The Most Hated Paper in the Land!"
6 Night Descends
7 "Rosenberg's Path"
8 The Diary
9 "Clever Workings and Lucky Coincidences"
10 "The Time Isn't Ripe for Me Yet"
11 Exile in Tuscany
12 "I Had Won Over the Old Party's Heart"
13 Escape

第3篇 / 226

开战：
1939—1946
AT WAR: 1939–1946

第14章 "即将到来的重压" / 227
第15章 野心勃勃 / 240
第16章 洗劫巴黎 / 248
第17章 "罗森堡，你的伟大时刻来了" / 273
第18章 特别任务 / 292
第19章 "我们特有的悲剧命运" / 313
第20章 美国本土的纳粹分子 / 320
第21章 "混沌部" / 328
第22章 一片废墟 / 348
第23章 "至死忠诚于他" / 367

14 "The Burden of What's to Come"
15 On the Make
16 Thieves in Paris
17 "Rosenberg, Your Great Hour Has Now Arrived"
18 "Special Tasks"
19 "Our Own Tragic Special Destiny"
20 Nazis Next Door
21 The Chaostministerium
22 "A Ruin"
23 "Loyal to Him to the End"

尾声／408

Epilogue

致谢／412
附录1 **第三帝国大事年表**／414
附录2 **人物简表**／418
参考资料／424
注释／436

Acknowledgments
Appendix A: **A Third Reich Timeline**
Appendix B: **Cast of Characters**
Notes
Selected Bibliography

序幕
秘密地窖

Prologue:
The Vault

山上的宫殿隐约浮现在一片绵延起伏的巴伐利亚的乡村之中，它是如此美丽，以至于被称为"上帝的花园"。

山脚下蜿蜒的小河边，散落着村子和农庄。山上这座名叫"班茨古堡"的宫殿俯瞰着这一切。它突出的石檐在阳光下闪闪发光，一对精致的锥形铜质尖顶高高耸立在一座巴洛克教堂上方。这个地方已有上千年的历史：这里曾是人们互市贸易的商栈，也曾作为抵抗外敌的防御工事，还曾被挪用为一座本笃会修道院。它在战争中一度遭到掠夺和破坏，后来为维特尔斯巴赫家族奢华重建。历代王公贵胄，甚至是德国的末代君主威廉二世都曾亲临此处，令其华丽的大厅增色不少。而在1945年春，这座巨大的古堡却沦为一支臭名昭著的特遣队的前哨阵地，战争期间，这帮人为了第三帝国的荣光占领并洗劫了欧洲大陆。

在经历了长达6年的艰苦战争之后，随着战败临近，全国的纳粹党人开始烧毁一些敏感的政府文件，以防这些文件落入盟军之手，成为对付他们的证据。但是一些官员不忍销毁文件，就将其藏匿在森林、矿山、城堡或像班茨古堡这样的宫殿中。在全国各地，有大量的秘密藏书以待盟军去发掘：这些详细的内部记录将揭露德国扭曲的官僚政治、德军残酷的战争策略，以及纳粹党执迷的永久清除欧洲"不良分子"的疯狂计划。

4月的第二周，乔治·S.巴顿（George S. Patton）将军领导的美国第三集团军以及亚历山大·帕奇（Alexander Patch）将军麾下的第七集团军占领了这一地区。几周前他们跨过莱茵河，穿过西部地带，长驱直入这个已遭受重创的国家[1]，只有遇到毁坏的桥梁、临时的路障或者零星的顽抗，才会放慢脚步。一路上，他们经过已被盟军炸为平地的城市，看到的是眼神空洞的村民和破败的房子，房前飘扬的不是纳粹军旗而是用床单和枕套做成的白旗。德军差不多已经全线崩溃了，希特勒也将在三周半后踏上死亡之路。

就在美军抵达该地区后不久，他们遇到了一位衣着华丽的贵族，他戴着单片眼镜，穿着锃亮的长筒靴，他就是库尔特·冯·贝尔(Kurt von Behr)。战争期间，他曾在巴黎掠夺私人艺术藏品[2]，还在法国、比利时和荷兰等地洗劫了数以万计犹太家庭的家具。就在巴黎解放之前，他和妻子带着这些偷窃来的财产逃到了班茨古堡，随行的车队包括11辆汽车和4辆搬运车。

现在，冯·贝尔想做一笔交易。

他去附近的利希腾费尔斯镇，找了一位名叫塞缪尔·哈伯(Samuel Haber)的政府军官。冯·贝尔似乎已经习惯了像王室一样生活在雕梁画栋的宫殿之中。[3]如果哈伯允许他继续待在班茨古堡，那么他将领哈伯去一个藏有纳粹重要文件的秘密场所。

哈伯动心了。鉴于作战情报非常珍贵，而且战争罪审判也迫在眉睫，盟军受命追查和保存他们能找到的每一份德国文件。巴顿的军队里有一个"G-2军事情报小组"[4]，专门负责此项任务。仅在4月，其下辖的几个小队就俘获了30吨纳粹档案。

依照冯·贝尔的建议，美军沿山路而上，穿过城堡的大门，见到了冯·贝尔本人。这名纳粹领着美军来到了地下五层。在一面伪装的水泥墙后，封藏着大量丰富的纳粹机密文件，这些文件塞满了巨大的地窖，那些无法跻身其中的则成堆地散落在房间里。

在交出了自己的秘密之后，冯·贝尔显然意识到他的交易也无法让他免受德国战败的牵连，于是准备体面地离开。他换上一套奢华的制服，陪同妻子去了古堡的卧室。他们举起两个香槟杯，杯里盛着含有剧毒的法国香槟，为这曲终人散而干杯。"这一幕，"一位美国记者写道，"具备了纳粹头目们似乎特别钟情的情节剧的一切元素。"⁵

盟军的士兵们看到冯·贝尔和他的妻子倒在了他们奢华的铺陈中，在检查两人的尸体时，他们发现桌子上还放着一个半空的酒瓶。

这对夫妇所选的这瓶酒的酿造年份别有深意：1918年，正是他们挚爱的祖国在另一场世界大战结束时一败涂地的时间。

* * *

地窖里的文件的主人是阿尔弗雷德·罗森堡 (Alfred Rosenberg)，他是希特勒麾下的纳粹思想领袖和纳粹党的元老之一。他见证了1919年纳粹党成立初期的样子，当时希特勒不过是一个夸夸其谈、到处流浪的一战老兵，他被极度愤怒的德国民族主义者拥戴为领袖。在1923年11月希特勒密谋推翻巴伐利亚政府的那个晚上，罗森堡紧随他的偶像走进慕尼黑的一家啤酒馆。10年后，当纳粹上台并开始着手粉碎敌人时，他也在柏林。他始终在政治舞台上奋战着，协助纳粹党按照他们的意志重塑德国的形象。最后，当战争出现逆转，一切扭曲的愿景土崩瓦解之时，他依然陪着它走到了最后。

1945年春，调查者们开始快速翻阅这个庞大的文件库——包括250册官方的和私人的通信——他们有了一个惊人的发现：罗森堡的私人日记。

日记是手写的，一共500页左右，一些写在装订好的笔记本里，更多的则记在活页纸上。日记开始于1934年，正是希特勒上台后一年；结束于10年后，即战争结束前的几个月。在第三帝国的高层要人中，只有罗森堡、宣传部部长约瑟夫·戈培尔（Joseph Goebbels），以及野蛮的德国波兰占领区总督汉斯·弗兰克（Hans Frank）留下过这样的日记。[6]包括希特勒在内的其他人都将他们的秘密带进了坟墓。罗森堡跻身纳粹党高层长达25年，他的日记一定能从一个操纵者的角度来揭露第三帝国的运作。

在德国之外，罗森堡完全没有戈培尔、纳粹党卫军头目海因里希·希姆莱（Heinrich Himmler）或希特勒的经济部部长和空军总司令赫尔曼·戈林（Hermann Goring）那么有名。罗森堡不得不努力奋斗，与这些纳粹官僚中的巨人们抗衡以获得他自以为应得的权力。不过，从头至尾他都得到了"元首"的支持。他和希特勒在一些最基本的问题上一直都心有灵犀，而且他也绝对忠诚。希特勒任命他在党和政府内担任一系列领导职位，这提升了他在公众中的威望，也确保他拥有了深远的影响力。在柏林，他的许多政敌憎恨他，但党内的基层人员却把他当成德国最重要的人物之一，是连"元首"本人都很重视的大思想家。

后来人们发现，多起纳粹德国最臭名昭著的罪行中都有罗森堡的身影。

他精心策划了从巴黎到克拉科夫再到基辅的艺术品、档案和图书的掠夺——在后来有名的"盟军夺宝队"行动中，这些掠夺品在德国的城堡和盐矿中被查获。

1920年，罗森堡在希特勒的脑中灌输了一个很邪恶的观念，并一而再再而三地重申这一主张：俄国共产主义革命背后是一个全球性的犹太人阴谋。罗森堡一直在大力鼓吹这一理论，希特勒在20年后用这一理论为德国对苏联发动的毁灭性战争辩护。当纳粹准备入侵苏联时，罗森堡保证说，这场战争将是一场"净化生物世界的革命"，将最终根除"犹太人及其杂种的种族传染病菌"。[7]在战争开始的最初几年里，当德军将红军压制在莫斯科时，罗森堡成为占领区的政府领袖，对波罗的海诸国、白俄罗斯和乌克兰等地实施恐怖统治，他的部门和希姆莱麾下的刽子手联手，对东方的犹太人展开大屠杀。[8]

最重要的是，罗森堡为大屠杀奠定了理论基础。他从1919年就开始出版充满有毒思想的反犹太书籍，作为纳粹党报的编辑，他撰写了许多文章、小册子和书籍，传播仇恨犹太人的讯息。后来，罗森堡代表"元首"处理思想意识问题，在第三帝国上下，从城市到乡村，他广受欢迎，所到之处，彩旗飘飘，人群欢呼。他的理论著作《二十世纪的神话》(*The Myth of the Twentieth Century*)销量超过了百万册，与希特勒的《我的奋斗》(Mein Kampf) 一起被列为纳粹主义的核心文本。罗森堡在其冗长的著作里,引用了一些过时的种族理论,还从伪知识分子那里借用了关于种族和世界历史的陈旧观念,将这些杂糅在一起,形成了一个异质的政治信仰系统。纳粹党的一些地方和区域领袖告诉罗森堡,他们已经做了数千场讲座,传播他的思想。"在我的书里,"罗森堡在日记里自夸道,"他们为这场战斗找到了方向和原料。"[9]处死过百万人的奥斯维辛死亡集中营指挥官鲁道夫·赫斯 (Rudolf Höss) 说,希特勒、戈培尔和罗森堡三人的言论,让他在思想上做好了执行任务的准备。[10]

第三帝国的思想家往往能见到自己的哲学被应用于实践,而罗森堡的哲学一旦被应用,却有着致命的后果。

"一次又一次,一想到这些犹太寄生虫对德国所做的一切,我就会被愤怒席卷,"1936年,他在日记里写道,"但至少有一件事让我满意:在曝光这些叛国贼的事情上,我贡献了一己之力。"[11]罗森堡的思想让纳粹对数百万犹太人的屠杀,变成了一件合法和合理的事情。

1945年11月,一个特别的国际军事法庭在纽伦堡开庭,对尚在人世的、最臭名昭著的纳粹分子进行战争罪审判——罗森堡就是其中之一。这桩诉讼案正是基于盟军在战争末期缴获的大量德国文件展开的。汉斯·弗里彻 (Hans Fritzsche) 作为纳粹宣传部新闻司司长被控告为战犯,他在审判中告诉一位监狱精神病医生,在纳粹掌权之前,罗森堡于20世纪20年代希特勒的思想体系形成过程中起到了至关重要的作用。"在我看来,在希特勒还处在思考阶段的那段时间里,罗森堡对他产生了巨大影响。"弗里彻说。弗里彻在纽伦堡审判中被宣布无罪释放，但在后来一场德国"去纳粹化"的审判中被判9年监禁。"罗森堡之所以重要，是因为他的思想虽然是理论性的，但是假希特勒之手变成了现实……悲剧的是，罗森堡的荒谬理论真的被付诸实践了。"

弗里彻争辩说，在某种程度上，罗森堡应承担"所有坐在被告席上的人身上的主要罪责"[12]。

在纽伦堡，美国首席检察官罗伯特·H.杰克逊（Robert H. Jackson）谴责罗森堡是"这个'优等民族'思想上的大祭司"[13]。1946年10月16日，法官宣判这名纳粹分子犯有战争罪，那天半夜，罗森堡被处以绞刑。

在之后的几十年里，试图理解这场20世纪最大灾难是如何和为什么发生的历史学家们，仔细阅读了盟军在战争结束时抢救回的数百万卷文件。这些幸存的史料题材甚广——秘密军事记录、掠夺品的详细目录、私人日记、外交文书、电话通话记录，还有令人不寒而栗的官员们讨论大屠杀的备忘录。1949年审判结束后，代表美国的检察官将办公室关闭，这些截获的文件被运往位于弗吉尼亚州的亚历山大港，存放在波托马克河岸边的一家旧鱼雷工厂里。在那里，这些文件被登记备案，准备交给国家档案馆存档。这些文件最终被拍摄成了微缩胶卷，原件大部分会被送回德国。

罗森堡的私人日记却出了点儿问题，没能来到华盛顿，也从未被研究第三帝国的学者完全抄录、翻译和研究过。

在从巴伐利亚的秘密地窖里被发掘出来4年后，日记消失了。

第1篇

失而复得：
1949—2013

LOST AND FOUND:
1949–2013

第1章　斗士

二战结束4年后，在纽伦堡正义宫的"600号法庭"，一名检察官正等待裁决下达。这将是对被美国政府起诉的纳粹战犯的最终判决，也是检察官罗伯特·肯普纳(Robert Kempner)孤注一掷等待的结果。

肯普纳时年49岁，他生性好斗顽固、善于交际、惯耍阴谋，终其一生，下巴总是翘着的，似乎在挑衅对手——他的对手可不少——拿出他们的撒手锏。虽然其貌不扬，身高1米72，而且已经开始秃顶，但肯普纳似乎有一种让人追随他或是敌视他的个人特质。你可以说他充满领袖气质，也可以说他招摇卖弄；可以说他笃志力行，也可以说他独断专行；可以说他是正义卫士，也可以说他是粗鄙村夫，这完全取决于你怎么看他了。

20年间，肯普纳大半都在与希特勒和纳粹党做斗争，最后4年的较量舞台是纽伦堡这座毁于"元首"的狂妄自大和盟军狂轰滥炸的城市。他的挣扎是个体的，也是普遍的：他为了自己的生命而战，同时也在那场世界大战中扮演了一个重要角色。在20世纪30年代初，肯普纳还只是柏林市的一名警政官员，他曾劝德国政府在希特勒及其追随者推翻共和国、实施恐怖计划之前以叛国罪逮捕他们。1933年，在纳粹党掌权前后，肯普纳——犹太人、自由主义者、公开的反对者——失去了他在政府的职位。1935年，在经历短暂拘留和盖世太保的审讯后，他先后逃到意大利和法国，最后来到美国，在这里继续他与纳粹之间的斗争。他手握大量德国政府的内部文件，打造了一个线人网络，他为司法部门给美国的纳粹宣传员定罪提供了帮助，还向战争部、秘密的战略情报局以及J.埃德加·胡佛(J. Edgar Hoover)的联邦调查局提供第三帝国的情报。

肯普纳的人生逆转就像是好莱坞的剧本,他重返故国,将每一个让他失去工作、因为他的犹太血统而妖魔化他、剥夺他的德国国籍,还让他亡命天涯的人都送上了被告席。

在那场著名的国际审判中,戈林、罗森堡以及坠落的第三帝国其他重要人物被起诉犯有战争罪。之后,肯普纳继续待在纽伦堡,帮美国政府处理另外12起案子,被起诉者是177名纳粹同谋,其中有对集中营难民实施非人道试验的医生,有将犯人处死的党卫军长官,有强迫劳工劳作而受益的企业主,也有在战争中对东欧平民展开大屠杀的杀人组织的领导者。

肯普纳亲自监督了最后的也是耗时最长的一项审判,也就是第11号案件,被戏称为"部长审判",因为大部分的被告都曾在位于柏林威廉大街的政府大楼里担任要职。审判中最引人注目的是外交部国务秘书恩斯特·冯·魏茨泽克(Ernst von Weizsäcker),他曾为入侵捷克斯洛伐克清扫道路,而且有证据显示,他亲自批准将6000多名犹太人从法国押送到奥斯维辛集中营。而最恶名昭彰的被告是党卫军高官戈特洛布·伯格尔(Gottlob Berger),他曾组建了一支以残暴著称的谋杀小组。"多杀两个波兰人,总比少杀两个波兰人好。"[1]他曾经这样写道。而最让人齿冷的被告是那些银行家,他们不仅为集中营的建设提供资金,还囤积了从集中营的受害者身上剥下的成吨成吨的金牙、首饰和眼镜。

纽伦堡审判自1947年年末拉开序幕,直到1949年4月12日才最终结束。[2]三位美国法官走进审判室,登上法官席,开始大声宣读审判结果。审判书长达800页,仅宣读审判书就花费了3天时间。法庭的另一头,纳粹被告由宪兵们看守着,这些宪兵个个站得笔直,头戴闪亮的银质头盔。纳粹们通过耳机来听审,译员即时将判决内容翻译成德语。审判到此全部结束,21名被告中有19名被判有罪——其中5人被控破坏和平罪,这是具有里程碑意义的。魏茨泽克被判7年监禁,伯格尔被判入狱25年,3位银行家被判5年到10年不等的有期徒刑。

检方获得了重大胜利。他们深度挖掘了纳粹的文档,4年间审讯了数百名证人,他们将罪恶昭昭的犯罪者定罪,并送进监狱。他们向世界证明,大屠杀的共谋者广泛分布在德国政府内部。用肯普纳的话说,第三帝国"犯下的罪孽罄竹难书"[3],检方也因此巩固了纽伦堡作为"国际法的最后一道防线"[4]的历史地位。他们以强有力的论证来起诉战争犯。

最终判决是肯普纳漫长的反纳粹事业的高潮。

或者至少说,本该如此。

* * *

几年后,纽伦堡审判的声誉就被毁了。

一直以来,德国和美国都存在批判纽伦堡审判的人。这些批判者认为起诉的核心不是正义,而是报复心,而个性粗暴和咄咄逼人的审讯者肯普纳成了这种不公平的象征。比如,这位检察官对前纳粹外交官弗里德里希·高斯 (Friedrich Gaus) 进行了尖锐的质询,甚至威胁要把证物移交给苏联,让苏联以战争罪起诉他。肯普纳的一位美国检察官同事称他的策略是"愚蠢的",担心他会"在纽伦堡审判中冤死普通罪犯"。[5]另一名被肯普纳反复盘问的证人认为肯普纳"简直像盖世太保一样凶狠"[6]。

1948年，肯普纳被卷入了一场激烈的公共辩论，对方是一名新教徒主教，名叫特奥菲尔·乌尔姆 (Theophil Wurm)，他对审判的公正性提出了质疑。乌尔姆给肯普纳写了一封公开抗议信，肯普纳在回信里暗示，那些质疑纽伦堡审判的人事实上是"德国人民的敌人"。随着媒体对这场争论的报道，肯普纳发现自己成了德国各大报纸的公审对象，他被讽刺成一个一心复仇、自以为是的犹太流亡者。[7]

甚至美国参议员约瑟夫·麦卡锡 (Joseph McCarthy) 也对他发出责难，因为麦卡锡在威斯康星州的选民支持者中有一大帮德裔美国人。麦卡锡议员反对起诉魏茨泽克，因为据匿名消息，魏茨泽克是战争期间美国人安插的一名重要的卧底。麦卡锡声称纽伦堡审判阻碍了美国在德国的情报搜集工作。1949年春，他对参议院军事委员会说，希望对有关魏茨泽克审判的"彻底的愚蠢行为"进行调查。

"我认为委员会，"麦卡锡说，"应该看一看是哪些蠢蛋——我是经过深思熟虑后使用这个词的——在那里主持军事法庭。"[8]

到最后一次审判结束，美国战争罪法庭判处了千余名纳粹分子，这些人大部分在慕尼黑附近的兰茨贝格监狱服刑。当时很多联邦德国的人仍然拒绝承认盟军法庭的效力，他们认为这些被囚禁的纳粹并非战犯，而是一个非法司法体制的受害者。1949年联邦德国选举出第一任总理后，这一问题扩大成了一个主要争端，此时的美国对苏联在欧洲的计划感到不安，正欲将这位战败的敌人拉拢过来，变为重新武装起来的忠诚盟友。

冷战爆发后，现实的国际局势很快毁掉了检察官们起诉战争罪的成果。

1951年，经过一轮重审之后，美国对德事务高级专员下令释放了

1/3的纽伦堡罪犯,并对除5名死刑犯以外的人进行了减刑。年末,被肯普纳在第11号案件中送进监狱的所有纳粹高官都得以赦免。虽然美国人宣称这样的减刑是为了表示宽厚,德国人的解读却有所不同:美国人终于承认审判是不公正的。肯普纳猛烈抨击了这一决定:"今天我要对你们公开发出警告,兰茨贝格监狱的大门提前打开,将会释放出反社会的集权主义颠覆分子,将会给自由世界带来威胁。"[9]

他的警告无人理睬。美国的领导者们屈服于政治实用主义,到1958年,几乎所有的战犯都被释放。[10]

* * *

肯普纳的斗争远远没有结束。他花了4年时间研究纳粹罪行的书面证据,他知道即使审判是在国际新闻媒体的镁光灯下进行的,可世界仍然不知道故事的全貌。

第三帝国的余孽试图重掌话语权,从修正主义的角度去改写纳粹时代的德国历史,这让肯普纳非常愤怒,他开始在媒体上进行反击。"这种怀旧多少有点儿过于坦率了,"肯普纳在《纽约先驱论坛报》(*the New York Herald Tribune*)上写道,"德国许多政治作家告诉世人,要不是元首有点儿失控的话,德国会好的。"[11]肯普纳根本就不买账。对于右翼宣传物里希特勒如天使般的照片,对于如果希特勒没有干涉战事,将军们完全可以使德国免于战败的军国主义言论,对于纳粹外交官的洗白努力,肯普纳深感悲哀。

他呼吁应该在德国公开纽伦堡审判的真相。"在这个尚在襁褓中的德意志共和国里,他们正明目张胆地对德国国民的心智进行系统的荼毒,而这是唯一一种抗争的方式。"

然而，在写下这些话后不久，肯普纳就做了一件有悖于公开原则的事情。纽伦堡审判之后，他将一些重要的原始德国文件带回了家——即使有副本留存，也没人知道这些原始文档如今流落何方了。

肯普纳作为检察官，为准备案件的诉讼，有权查阅任何文件。一些人曾经在不止一个场合，对他处理文件的方式提出过质疑。1946年9月11日，档案馆馆长在一份备忘录中写道：肯普纳的办公室借阅了5份文件，并未归还。"我可能还要补充说明一下，档案馆在催促肯普纳归还藏书和文件时遇到麻烦，这不是第一次了。"[12]

1947年，肯普纳因为对一份最有名的有关大屠杀的孤本文件处理不当，在美国检察官队伍里一时声名狼藉。当时，第二轮审判刚刚开始，肯普纳重返纽伦堡不久，就派他的手下认真阅读了德国外交部的记录，这些文档是从哈尔茨山的秘窖搜得并运到柏林来的。一天，一名助手读到一篇15页的文档。"以下这些人，"文档开头这样写道，"参与讨论了犹太人问题的最后解决方案，会议于1942年1月20日在柏林万湖路56/58号举行。"[13]这就是《万湖会议纪要》(The Wannsee Protocol)，记述了希姆莱的下属帝国保安总局局长赖因哈德·海德里希 (Reinhard Heydrich) 主持的万湖会议，会上讨论了"疏散"欧洲犹太人的问题。

在这份档案被发现几个月后，一位名叫本杰明·费伦茨 (Ben Jamin Ferencz) 的美国检察官坐在桌前，抬头看到查尔斯·拉弗莱特 (Charles LaFollette) 气冲冲地闯进来。"我要杀了那个混蛋！"拉弗莱特吼叫着。他正在处理纽伦堡审判后续案件中一件针对纳粹法官和律师的案件，他听说了《万湖会议纪要》，但肯普纳拒绝交出来。负责纽伦堡案件的检察官之间存在竞争关系，肯普纳大概打算在他自己的案子开庭时，才把这份文件公之于世。

费伦茨来到肯普纳的办公室试图调停。肯普纳否认自己扣留了任何文件，在费伦茨一再追问和激将法的作用下，肯普纳最终打开了他桌子最下方的抽屉，一脸无辜地问道："是这个吗？"

拉弗莱特当时就意识到这份文件对他的案件有多重要：第三帝国司法部曾派了一名代表来参加这场至关重要的会议。拉弗莱特立刻怒气冲冲地将此事报告给了主诉检察官泰尔福德·泰勒 (Telford Taylor)，并要求他"开除那个王八蛋"。费伦茨跟在后面，为肯普纳辩护。他告诉泰勒，如果肯普纳被驱逐出纽伦堡，"部长审判"将陷入瘫痪，而且，肯普纳私藏文件也是无心之失。

"我的话没人相信。"[14]费伦茨在几年后给肯普纳的信中写道。但无论如何，泰勒都站在了负责"部长审判"的检察官这边。

在纽伦堡，肯普纳并非唯一一个将纳粹档案原件挪为己用的人。自战争结束以后，被缴获的文件在各军事档案中心间辗转调用，后被飞机运到巴黎、伦敦和华盛顿供情报单位研究，最后又被运到纽伦堡供战争罪审判之用。当这些档案在欧洲各地频繁流动时，纪念品偷猎者们发现有大量机会可以下手偷窃。这些纳粹档案的信头上，印有纳粹党的常见标语"希特勒万岁"，下方有纳粹要人的签字。那些负责保管这些档案的人尤其担心纽伦堡审判的检方人员，担心那些请求调阅档案的人更多是出于"记者般的好奇心，而非真的想要伸张正义"[15]，一名军官在一份备忘录里这样写道。另一名观察者总结说，服务于纽伦堡诉讼的档案馆在记录文件的流向方面，未能尽责。

还有一份关键文件消失了，那是希特勒的军事副官弗里德里希·霍斯巴赫 (Friedrich Hossbach) 所做的一份记录，透露了"元首"在1937年已经在策划征服欧洲。在纽伦堡审判中，检察官不得不使用一份经公证后的副本。战后一名负责监督出版这些缴获的德国文档的历史学家，向肯普纳问起这份记录，肯普纳回忆说确实见到过，并暗示说："也许是一些纪念品偷猎者盗走了原件。"到1946年9月，一家军事档案中心的管理员们已经停止向纽伦堡的检察官出借文档原件了，因为他们担心有可能永远都要不回已经出借的上千份文档证据。

在整个审判过程中，纽伦堡正义宫充斥着各种文档。[16]1948年4月完成的一份调查表明，"行政文档、新闻底片和稿件、一个影片资料库、法庭录音带、审讯报告录音带、资料库藏书和其他出版物、档案原件、复印照片、档案复印件、文卷、审讯简报、犯人档案、审讯文档、审讯总结文档、所有法庭记录和证据分析"累计超过6.4万立方英尺。[1]

这些文档浩如烟海，官员们担心这些原件会被不经意地当成垃圾丢掉。正如肯普纳后来在他的回忆录中所写：那是"一种可怕的混乱"——他正是趁着这种混乱顺手牵羊的。

他说他担心那些将成为爆炸性消息的文档无法得到妥善归档，于是将其收归私有，以确保物尽其用。在他的回忆录里，他承认如果一些"聪明的、感兴趣的"研究者找他来要这些审判中的重要文档，他可能会把它们直接丢在对方办公室的沙发上，然后在出门时加上一句："就当我没看到过。"[17]

他认为，比起落入政府官僚之手，遭受被毁灭的风险，这些文档更好的归宿是由一位值得信任的同行来曝光其内容，使其成为"一份珍贵的历史资产"。

在审判结束以后，所有被缴获的德国文档原件本来都应归还军事文档中心，但肯普纳想继续用他所收集的文件撰写关于纳粹时代的文章和书籍。1949年4月8日,就在"部长审判"案裁决下达的前几天,肯普纳收到了为诉讼团队服务的档案馆馆长弗雷德·尼贝加尔(Fred Niebergall)的一封信,这封信只有一段文字:"本函署名者授权副总顾问、政治部长案件的主诉检察官罗伯特·M. W.肯普纳博士挪用和保留与德国纽伦堡战争罪审判相关的非涉密文件,以供其研究、写作、演讲和学习之用。"[18]这是一份不同寻常的备忘录。后来,一名在军事情报部门工作的律师对此提出了严重质疑,身处这个位置的尼贝加尔会写这样的信吗?

就在同一天,肯普纳写了一封信给纽约的达顿(Dutton)出版社,附上了一本新书的大纲,是根据其在纽伦堡审判期间的审讯工作和德国外交部的文书写成的,暂时拟名为《希特勒和他的外交官们》(Hitler and His Diplomats)。[19]他在1月就已经完成了本书,达顿的一名编辑表示感兴趣,并询问了更多细节。

后来才得知,这本书只是肯普纳在1949年表达过的出版意向之一。

数十年后,肯普纳在他的回忆录中对他挪用文件的行为做出了解释:"我清楚一件事情,当我想写点什么而必须要联系档案馆时,他们可能会礼貌地回复我,却表示材料找不到了,所以我才会拿走。"[20]

这样的自我辩护自然远远不够。肯普纳真正想要的只是独家消息,这是其他记录纳粹时代的作者都没有的重要优势。

得到许可的肯普纳将他手中的纽伦堡文件整理打包——以及他在担任检察官期间积累的所有文件——通过船运,将它们从大西洋彼岸,运送到了位于费城郊外的家中。这批文件于1949年11月4日抵达宾夕法尼亚铁路上的兰斯当：一共29个箱子，重达8000多磅。[21]

* * *

《希特勒和他的外交官们》一书并未面世。肯普纳似乎改变了策略。对于第三帝国犯下的恶行，他找到了其他伸张正义的途径。他在法兰克福开设了一家律师事务所，除了其他法律事务，他开始受理纳粹受害者请求赔偿的案件。[22]他曾担任埃里希·玛利亚·雷马克（Erich Maria Remarque）和埃米尔·贡贝尔（Emil Gumbel）的代理律师，雷马克的一战题材畅销书《西线无战事》（*All Quiet on the Western Front*）曾被纳粹查禁和销毁，贡贝尔是海德堡大学一名杰出的数学教授，因为其反战思想而被驱逐出校。他还为犹太人、天主教徒以及抵抗组织成员打过官司。代理纳粹受害者的事务逐渐发展成一个有利可图的行当。

在纽伦堡审判结束10年后，对纳粹战犯的起诉重新开始了。1958年在联邦德国举行的审判让人们开始重新关注德国人以为早已被人遗忘的过往诸恶。10名纳粹分子因在战争中杀害了5000多名立陶宛犹太人而被判有罪，这起案件促使德国的司法部长们——惊觉很多作恶者在战后逃过了惩罚——在路德维希堡成立了纳粹犯罪调查中央办公室。

同时，在德国以外的检察官们也审理了一些备受瞩目的案件。1961年，肯普纳再次成为国际瞩目的中心，他飞往耶路撒冷，为负责将整个欧洲的犹太人运输至集中营的阿道夫·艾希曼（Adolf Eichmann）的审判案出庭作证。10年间肯普纳在一些广受关注的案件中，担任被害人家属的律师。在一起起诉3名党卫军军官屠杀数千名荷兰犹太人的案件中，他担任安妮·弗兰克（Anne Frank）的父亲及加尔默罗修会埃

迪特 · 施泰因（Edith Stein）修女的妹妹的委托代理人。他还代理过一名反战记者遗孀的案件，这位记者在1933年被一名纳粹冲锋队队员杀害。在一场控诉盖世太保指挥官奥托 · 博文斯皮恩（Otto Bovensiepen）的审讯中，他为3万名柏林犹太人发声，在奥托的安排下，这些犹太人被运送到了东部。

肯普纳趁着人们对纳粹罪行的重新关注，快速撰写了一系列关于上述以及其他有名案件的书籍，以飨德国读者。[23]他还出版了一些摘录，有的出自纽伦堡审讯，还有的出自其1983年的回忆录《一个时代的检察官》（Ankläger einer Epoche或Prosecutor of an Era）。虽然肯普纳已经在1945年加入美国国籍，但是这些书并没有用英文出版，在他的故国，他更受关注。

纽伦堡审判结束40年后，他仍然在战斗。当德意志银行收购弗利克工业集团[2]时，肯普纳成功游说弗利克向1300名犹太人支付了200多万美元的赔偿，因为他们曾在战争中为弗利克公司一家生产火药的子公司工厂做奴工。

反纳粹的战斗为肯普纳作了个人定义。他执着于不让世界遗忘作恶者所犯下的罪行。如果有人告诉他一名前纳粹党员似乎并没有那么坏，他会立刻打开他手头的文书档案以证明对方是错的。

"成千上万的凶手仍然行走在德国和全世界的街道上，"他曾对记者这样说，"有多少纳粹罪犯仍然是自由的？你心里有数。"甚至在战后的所有审判中，也只有几千人被判谋杀罪。"你能否告诉我，这2000人是如何做到杀死600万到800万人的？这在数学上是不可能的。"[24]

即使已经过去了30年，40年，50年，他仍然不肯放手。这是一场他至死都不放弃的战斗。

***

虽然肯普纳常常穿梭于美国和欧洲之间，处理他的国际法律事务，但他还是能够经营好他复杂的家庭生活。他的律师事务所设在法兰克福，不过他已经是美国公民了，所以主要居所仍然在宾夕法尼亚州的兰斯当。战争期间，他一直定居在那儿，他与身为社会工作者和作家的第二任妻子鲁特·肯普纳（Ruth Kempner）、年迈的岳母玛丽–路易丝·哈恩（Marie-Luise Hahn）、秘书玛戈特·李普顿（Margot Lipton）一起生活。[25]20世纪50年代，他的儿子安德烈（Andre）出生了。

肯普纳夫妇有一个秘密：安德烈的母亲并非鲁特——这一点他们已对众人宣告——而是玛戈特·李普顿。罗伯特·肯普纳和他的秘书在1938年就开始了婚外情。

安德烈从小就相信他是肯普纳夫妇的养子。在学校的档案里，之所以在母亲那一栏填写鲁特·肯普纳，只是因为这样更加省事。李普顿说："对于肯普纳博士来说，这样更省事。"[26]安德烈和他的哥哥——肯普纳前妻留下的孩子卢西恩（Lucian）一直到很多年后才知道事情的真相。他们并非没有过怀疑。在安德烈于瑞典举行婚礼时，人人都惊讶于李普顿和新郎是如此相像。

肯普纳的儿子们过于谦谦有礼，从不质疑。"我接受我父亲所说的一切，"卢西恩解释说，"其他的就不关我的事了。"[27]

无论安德烈是否知道真相，他一直很崇拜父亲。在29岁时，他搬到瑞典和妻子一起经营一家农场，定期向家里写信，字迹一丝不苟。"我只是想感谢您，您是我们最棒的爸爸，"有一年肯普纳和李普顿来探访他们后，安德烈这样写道，"当我和您在一起生活的时候，很难当面表达这些，但我希望您永远不要低估我对您的爱以及对您工作的理解。"[28]

自20世纪70年代以来，肯普纳完全定居在欧洲。他一直往返于德国的法兰克福和瑞士的洛迦诺之间。1975年，他心脏病发作——就在一群新纳粹分子在他的律所外抗议后不久——他变得很虚弱，经不起出国旅行的辛苦。鲁特和李普顿仍然生活在宾夕法尼亚州，每次探访，逗留数周，而其余时间，这位大律师往往依赖于另一位忠诚的女性。

简·莱斯特(Jane Lester)在纽约州尼亚加拉大瀑布以东60英里[3]的布罗克波特长大。1937年，她跟着一位同学来到德国，教那些想要移民的人学习英语。多年后，她承认自己太天真了，她不知道希特勒对待敌人的手段有多残忍。在1938年的"水晶之夜"，当纳粹们在整个国家横冲直撞，捣毁犹太教堂、犹太人的商铺和房屋时，莱斯特正酣然熟睡。第二天，她不明白为什么语言学校的学生都没来上学。她离开了德国，来到布法罗的一家经纪公司工作，后来去了华盛顿，成了一名打字员——用她的话说，就是"一名机关工作人员"——效力于战略情报局。

1945年的一天，莱斯特在《华盛顿邮报》(the Washington Post)上读到：纽伦堡，需要对战争罪的审讯翻译。她去五角大楼申请了这份工作。很快，她回到了德国。

她对肯普纳早有耳闻。在纽伦堡的格兰德大酒店里，她见到了正在用餐的肯普纳，当时几乎所有参与审判的人晚上都会在此休息。1947年，她终于与他相识。那一年，肯普纳正在为后续的审讯招募新人。她成了他的助手，而且在审讯中紧紧跟在肯普纳的身后，这似乎起到了警告被告的作用。"他们觉得我很神秘，"她说，"谣传我是一名心理学家。"她也有幸能为美国的检察官们将《万湖会议纪要》翻译成英文。

战争结束后,她为美国军事情报部门工作,地点在法兰克福郊外上乌瑟尔的王营。同时她还在肯普纳那里兼职,帮他翻译信件和打理事务。两人之间渐渐发展成一种伙伴关系,一直持续了40年。

"在罗伯特·肯普纳人生的最后20年,我从未和他分开过,日夜陪伴左右,"她说,"我是他的护士、司机兼秘书。"虽然她没有说出口,但她也是他的情人。

肯普纳和他生命里的三个女人同时保持着亲密的关系,直到人生尽头。

用多年后卢西恩的话说:"这是一个愉快的大家庭。"

* * *

肯普纳的妻子鲁特死于1982年。在肯普纳最后的岁月里,他一直住在法兰克福郊外的一家旅馆里,他和莱斯特分睡两房,房间挨着,中间的门是敞开的,万一半夜肯普纳发生状况,莱斯特可以第一时间来到他身边。肯普纳几乎每天都会和卢西恩通话,可自从他耳力衰退以后,莱斯特就会旁听,以重复他没能听到的信息。

1993年8月15日,肯普纳过世,享年93岁。那一周,李普顿从宾夕法尼亚州来到德国送他最后一程。

"他是在我怀里去世的,"莱斯特说,"在他弥留之际,我们坐在他身边,左边一个,右边一个。"当医生进来宣布他死亡时,"我们都陷入了极大的恐惧、悲伤和怀疑之中。"[29]

莱斯特给卢西恩去了电话,卢西恩夫妇从慕尼黑驾车过来处理的后事。

这不是个简单的活儿。肯普纳的一生都在研究、写作和旅行，他把一切都保留了下来。他位于法兰克福及宾夕法尼亚州费城郊外的兰斯当的家中，满是绘画、家具、成千上万的书籍和堆积如山的文件。他还保存着无数的文档，个人的、工作上的，以及法律文件：旧护照、地址簿、儿童课日记、旧的火车票和水电票据、古老的信件和照片。

莱斯特发现肯普纳的遗嘱藏在旅馆房间的一个袋子里。只有一页，用黑色记号笔手写，几乎无法辨认。根据遗嘱安排，肯普纳将一切都留给了他的两个儿子：卢西恩和安德烈。

但是，这里面暗藏了玄机。

译者注

[1] 1英尺＝0.3048米。

[2] 弗利克工业集团（the Flick industrial conglomerate）是德国家族企业，20世纪20年代由弗里德里希·弗利克创办，因支持纳粹党被重组，50年代东山再起，成为首屈一指的大财团，70年代部分股权被德意志银行收购。

[3] 1英里≈1.6093公里。

第2章 "一切都消失了"

肯普纳去世两年后，他的忠实助手简·莱斯特仍然在努力寻找一种方式，以让他留下的遗产不会就此湮没无闻。[1]作为一名纽伦堡的前知名检察官，肯普纳在战后的德国颇有声望。他频频见诸报端，还是关于审判案的电视节目的主角。但他在美国几乎不为人知。莱斯特想改变这种状况。

她决定给一个人打电话，那人住在纽约的刘易斯顿，名叫赫伯特·理查德森（Herbert Richardson）。他被委任为牧师，之前是一名神学教授，曾经营一家小型的学术出版社：埃德温·梅伦出版社（Edwin Mellen Press）。批评人士斥责该出版社是一家"巧妙伪装成学术出版社的自费出版社"。对于这样的轻侮，理查德森曾以诽谤罪起诉《混合语》（Lingua France）杂志，花费了1500万美元，却最终败诉。莱斯特很可能是在肯普纳保存的某处档案中找到了理查德森的名字。1981年，肯普纳试图打动美国的出版商重版他的书，梅伦出版社就在他的联系之列。不过，理查德森解释说他经营的是一家小公司，无力出版商业著作。

"然而，问题是，我认为您的书应该以英文出版，在北美发行，"理查德森在1982年4月写道，"这些信息如此重要，如果得不到传播，是一种悲哀。但我能做什么呢？我只是一个小出版商，实在心有余而力不足。"[2]

13年后，当莱斯特给他打电话时，理查德森仍然饶有兴趣。莱斯特翻译了一部分肯普纳的回忆录。1996年，在纽伦堡第一次审判结束50周年之际，埃德温·梅伦出版社出版了这部分回忆录。

1996年3月，理查德森参加了一个在华盛顿举行的纽伦堡检察官们的聚会，他认识了一位美国大屠杀纪念馆的资深历史学家，咨询了有关捐赠"少量"肯普纳的文件的事宜。[3]这些文件仍然在他的两名前助手手上，一位是在德国的莱斯特，另一位是在宾夕法尼亚的李普顿。此时，这两人都已80多岁了，彼此仍然非常亲密。

两天后，这位历史学家约见了理查德森、莱斯特和李普顿，同时出席的还有纪念馆的首席档案管理员亨利·梅耶（Henry Mayer）。大部分时间都是莱斯特在说，她强调了肯普纳的重要性，以及他遗留下来的这些文件无法估量的价值。但当时并没有达成任何共识。梅耶两年前刚来纪念馆，他正在处理一大批新材料。他已经忙得不可开交了，而那天听到的这个系列档案，让他觉得这并不是什么高优先级的文档。

理查德森很快就有了新的主意：他想自己开设一个机构来收藏这些文件。1996年9月21日，他举办了一个隆重的开幕式，以纪念全新的"罗伯特·肯普纳执行管理委员会"的成立[4]，该委员会设在尼亚加拉大瀑布上游的一个边城：刘易斯顿。理查德森身穿黑色的长袍和考究的祭衣，举行了委员会的开幕式。在这位已故律师的一小群朋友和支持者面前，其中包括莱斯特和肯普纳的大家庭成员，他为肯普纳献上了赞美诗，说肯普纳是"最勇敢的斗士之一，他与一个自称有法可依、实则没有法纪的政府抗争到底"。理查德森站在讲道坛上，他的声音抑扬顿挫，响彻了大半个教堂。窗户是敞开的，带来了初秋的凉意。"罗伯特·肯普纳将他的一生都献给了司法事业，他致力于曝光和反抗那些不合法的法律和政府，那是一个将守法视为犯罪的国家，那是一个打着正义的幌子，却犯下了历史上最令人发指的罪行的国家。"罗伯特·肯普纳执行管理委员会将牢牢秉承一个宗旨：道德高于法律。

热泪盈眶的理查德森回忆起自己如何在肯普纳死后成了其朋友圈的一分子。他说，当时他也只是一个疲惫的老人，正在消磨着他的花甲之年。后来接到莱斯特的电话，她在寻求帮助，请他帮忙出版肯普纳著作的英文版，他也很震惊。"一年后，"理查德森告诉他的听众，"简带我走进这个新的项目，有了新的愿景，我不得不说，她就是活力之泉！"然后他走下来，献给莱斯特一张加框的奖状。"简·莱斯特流动的想象力和丰富的能量，是这位高尚骑士的精神支柱，支持他追寻理想，甘冒风险，超越界限，披荆斩棘，收获果实。"奖状上这样写道。理查德森称她是一位"毕生为正义而战的战士"。

然后众人参观了埃德·温梅伦出版社，在午餐会的间隙，莱斯特为来宾手上肯普纳回忆录的英译本签了名。之后，大家回到教堂，一名带着英式口音的演员，用戏剧性的语调，朗诵了其中一些篇章。

在一栋小小的白房子前，李普顿进行了剪彩，一个大的标志牌竖立在屋前，宣告这个新机构的成立。

然而，在屋里，架子几乎是空的。

问题是，虽然莱斯特和李普顿保管着实物，可罗伯特·肯普纳的儿子们却是法定继承人。二人还没有决定好如何处置兰斯当的那些档案，但是早在1995年，他们曾和德国的国家档案馆，也就是德国联邦档案馆协商，决定捐出肯普纳在法兰克福的律师事务所里的档案。据卢西恩·肯普纳的说法，理查德森试图参与进来，律师给他发出了勒令停止通知函。

理查德森并没有被唬住，他给卢西恩写信，提出一个交换条件：在罗伯特·肯普纳执行管理委员会开张两个半月以后，他的新中心将致力于"收集、登记、出版以及研究罗伯特·肯普纳的藏书和文件"；作为交换，卢西恩将提前收到2万美元，作为他父亲书籍再版的版税，同时还将获得理查德森这个新中心的荣誉学位。"我可以1月到慕尼黑和你讨论这些提议吗？"

卢西恩拒绝了这项提议。

1997年5月，莱斯特再次打电话给大屠杀纪念馆，商议关于肯普纳文件的事宜。这次，纪念馆的首席档案管理员亨利·梅耶愿意积极配合。

* * *

梅耶的祖父海因里希·迈耶曾在德国的奥伯陆施塔特生活，是一名养牛的农场主，后来因纳粹而被迫放弃这项事业。农场主世代都是从犹太人那里购买牲畜，但迫于压力，不得不联合抵制犹太人[5]，如果被政府逮到从犹太商人那里采购，政府采购其牛奶的数量将会被削减。示威者们也力图阻止犹太人在集市上做生意，最终，保险公司不再向犹太人提供他们必需的牲畜保险。忍无可忍的海因里希·迈耶带着一双儿女于1937年搭乘豪华邮轮"SS华盛顿"号前往纽约。他搬到了弗拉特布什，和先于他们搬来的亲戚们住在了同一街区，从此与过去割裂，不再回头：来到纽约后，他更改了姓氏的发音，不再按照德文发音读作"迈耶"，而念成"梅耶"。

梅耶一家从未提及大屠杀。亨利·梅耶是二战结束五年后出生的，他很快认识到，关于犹太人在第三帝国的遭遇问题在家里是严禁提起的。"总有些事是你不能提及的，"他说，"我们从不谈论此事。"

亨利·梅耶在芝加哥大学学习美国历史，在威斯康星大学获得硕士学位。可他想成为一名教授的路并不顺利，第一次博士生入学考试失败了，在准备第二次考试的过程中，他决定不当教授了。他放弃了考试，搬到华盛顿特区，并在国家档案馆找了一份工作。这里的工作是有趣的，不过他也最终认识到，在这里，终其一生，似乎也就是盘点资料和搬运档案了。因此，在1994年，当新成立的大屠杀纪念馆向他抛出橄榄枝时，他趁机跳槽了。

在未来的岁月里，将有数以百万计的游客来参观大屠杀纪念馆。纪念馆的理念在于：参观完纪念馆的游客会在世界各地"直面仇恨，阻止种族灭绝，提升人类的尊严"。在乘电梯进入主展厅前，游客们会拿到一些卡片，每个卡片上都描绘了一名纳粹受害者。穿过长长的走廊，游客们会看到关于大屠杀的旧照片，然后他们会登上一辆轨道车，形同当年运送犹太人通往死亡的轨道车，头顶上写有标语"ARBEIT MACHT FREI"——"劳动给你自由"——这也是奥斯维辛集中营入口处的标语，最后会来到一个房间，里面放着波兰马伊达内克毒气室受害者遗留下来的4000双鞋子。大屠杀纪念馆不仅试图给人们上一堂历史课，也想激发人们扪心自问：你能做些什么呢？今天，为了阻止仇恨的蔓延，你会为此做些什么呢？

然而，藏品远远不只是长廊里展示的这些。纪念馆还成立了一个延伸的资料档案馆，以帮助研究者来了解和述说大屠杀的故事。这些材料包括：文档、照片、档案记录、口述历史以及独特的手工艺品。

作为被驱逐出纳粹德国的德国犹太人后裔，亨利·梅耶对大屠杀纪念馆的工作由衷地感兴趣。直到开始在这里工作，他才真正了解了他的家族历史。

梅耶的先辈名叫迈耶和弗兰克，他们世代生活在德国西南部莱茵河畔的卡尔斯鲁厄周边。20世纪30年代，大家庭的一些成员逃到了美国，但许多人并没有逃跑。1940年10月，他们在纳粹设下的搜捕网中被捕，盖世太保在该地区一共围捕了7600名犹太人，并将他们驱逐出边境。

他们并没有被运去东方——几年后德国犹太人被运送的标准路线——而是去往西部，受辖于傀儡政权——维希政府。当年在纳粹占领了法国北部后，法国人在未沦陷的南部建立了维希政府。德国人并没有事先通知维希政府，就直接将这些犹太人运了过去；法国人派遣列车将这些人运往拘留营，其中一个拘留营位于比利牛斯山山脚下，是在一个名叫居尔(Gurs)的小行政区的泥泞郊区匆忙建成的。[6]

载着犹太人的火车在最近的奥洛龙–圣玛丽火车站停了下来,所有人被塞进敞篷卡车里。这是这趟漫长而艰苦的旅程的最后一段,冷冷的冰雨倾盆而下。这里距离这些犹太人的家乡有800英里,这些被捕者——全身湿透、冻得发抖、战战兢兢——正被拉往一排排荒凉的、摇摇欲坠的营房。他们的行李就堆在泥泞里。

冬天来临,社工们走进这些法国人管辖的拘留营,发现在那些年迈的被囚者中——40%的流放者已经年逾花甲——蔓延着一种"绝望的窒息氛围",以及"一种强烈的求死欲望"。[7]在一排排带刺的铁丝网内,武装警察守卫森严,没有窗户的木棚里挤满了人。营房里没有暖气,没有自来水,也没有家具。虱子、老鼠、蟑螂横行,疾病四处蔓延。"雨下个不停,"一位被囚者写道,"大地变成了一块沼泽地,人随时可能滑陷进泥沼里。"[8]囚犯们轮流穿着高筒靴,想法穿过淤泥,到原始的茅房——没有门,只是露天的台面下放着几个桶。经历这一切的历史学家会这样写:那是"黏土的味道掺杂着尿液的恶臭"[9]。被囚者吃的是代用咖啡、清汤寡水及面包,连饮用水也不够,饥荒一直在持续。"只有像兰波[1]这样的大诗人,"被囚禁在居尔的一名犹太学者写道,"才能描绘出加诸在成千上万犹太人身上的折磨和痛苦的细枝末节。"[10]

海因里希·迈耶的表兄妹伊利斯·弗兰克和萨洛蒙·弗兰克并没有撑过1940年年末,他们死在了拘留营,那是几年来最冷的一个冬天。

海因里希的哥哥和嫂子,伊曼纽尔和威廉敏娜·迈耶,以及堂妹玛莎·迈耶在法国的拘留营待了两年,然后被运走了。1942年8月,他们被火车运到巴黎北部郊外的德朗西,他们的财产已被全部掠走。在

8月14日的破晓时分，巴士载着伊曼纽尔和威廉敏娜来到火车站，手持机枪的警卫们将他们赶进车厢，一路往西，去到"一个未知的目的地"。玛莎也在3天后被运走了。他们发现周围一群老弱病残，还有大量的孤儿，其中一些还不足4岁。

在经过几天的跋涉之后，海因里希的亲人也抵达了最终的目的地[11]，就是波兰沦陷区以东850英里的奥斯维辛。

* * *

梅耶一生都在大屠杀纪念馆工作，帮助建立、组织和登记文档，这些档案超过了7000万页，但没有任何档案如肯普纳的档案这般丰富、复杂和具有历史价值。

在1997年莱斯特给他来电以后，梅耶给卢西恩和安德烈写了信。他们也给予了热情回复，很快卢西恩开始负责这件事。他相信大屠杀纪念馆将是他父亲的档案的最佳归宿。"他一生都在反纳粹。"卢西恩解释说。但档案都在兰斯当，李普顿会安排他们去盘点。

1997年8月，梅耶和一队学者从华盛顿驾车前往兰斯当，一切似乎都进展顺利。

他们来到肯普纳在战争期间购置的房屋，有6间卧室，位于达比溪弯道处一座山脚下。在约定的时间点，屋里无人回应。几分钟后，李普顿散步归来。梅耶作了自我介绍，她似乎很吃惊。"谁？"她的记忆有些滞后。领他们进门后，她带他们来到收藏档案的地方。

左边的办公室、右边的房间、阳光房、楼顶的两间屋子，以及地下室里，档案无处不在。其中一间屋子完全没有光照，李普顿不得不取来照明灯。

此次来访的乔纳森·布什（Jonathan Bush）曾来过肯普纳家。他是一名律师和战争罪审讯方面的专家，曾在司法部下属的纳粹追查特殊调查办公室担任过检察官，目前是大屠杀纪念馆的法律总顾问。若干年前，才二十出头的他是一名研究大屠杀赔偿问题的学者，曾来此采访过肯普纳。这么多年了，这个地方并无太多改变。"完全是一团糟，"他说，"我从没见过哪栋房子塞满了这么多盒子。"在李普顿带他们参观的每一个房间里，盒子都从地板堆到了天花板。地板上摊满了文档。

四人完全被档案淹没了。"现在我们怎么办？"梅耶回忆道。如果早告诉布什这里有2000个盒子，他就不会有所怀疑了。"天哪！"他想，"我们要怎样才能厘清这些档案？"

他们分成两组，开始盘点。时间紧迫，仅够他们浏览一下少量样本以确定肯普纳的这些材料是否具有保存价值。在地下室，他们发现有5个书柜，塞满了旧书，包括外语词典、纽伦堡档案以及纳粹时代之前的多种法学著作。四张桌上堆放着将近30个盒子，里面装有肯普纳的个人财务账目及赔偿工作记录。在办公室的档案柜里，他们看到了层层叠叠的散乱的信件和报告。房间里塞了太多的家具和盒子，以致他们无法够到装在玻璃书柜里的文档。

文件夹毫无意义，既不是按时间顺序，也不是按照主题来分装的。他们不得不挪走木工工具和各种杂物，以够到那些剪报、账单、照片和旅行指南；他们不得不站在下面的盒子上去够上面的盒子。他们不可能看遍所有的档案。布什说："大多数盒子前面有两排盒子，上面还有6个。"

他们见到的这些档案无疑是有趣的，具有历史价值。布什打开一个盒子，惊讶地读到一份档案，记录着纳粹战犯的灾星肯普纳居然为戈林的遗孀埃米打过官司，因为她相信自己应该得到她丈夫的政府养老金。布什还发现了肯普纳和J.埃德加·胡佛的往来信件。他尤其感到惊叹的是，肯普纳保存的关于战争罪审判的文档如此丰富广泛。这些材料的副本被捐赠给一些大图书馆，但因为所占空间太大以至于一部分材料被割舍掉了。布什说，肯普纳的档案几乎是完整的，"他保存了一切"。

此行之后，梅耶在报告中写道，这个系列的文档"对大屠杀的研究具有巨大的历史价值"，同时它们也"岌岌可危"，门廊和地下室的一些文件成了霉菌的温床。他建议马上将这些文件搬到一个临时储存区，进行去除霉菌的处理并重新装箱。

他将这份报告给了卢西恩，卢西恩让莱斯特和李普顿传阅。接着，麻烦就开始了。李普顿舍不得捐出这些文件。

这正是肯普纳的遗嘱中留下的玄机。为了确保他死后李普顿得到妥善照顾，肯普纳允许她住在兰斯当的房子里——拥有房间里的一切——但她要放弃肯普纳遗产的所有权。卢西恩和安德烈想尊重这一协定，但他们还是想捐出肯普纳在兰斯当这些具有重要历史价值的档案。

在盘点了这些文件后不久，梅耶收到一封李普顿的来信：她不打算放弃那些文件，她会抗争到底。

"你们显然没有考虑过我在这件事情上的合法权益。"信中写道。肯普纳让李普顿全权"保留或处置兰斯当112号院里的一切"。纪念馆来人归档这些文件，她"最终"同意了，但她不想留在一间被搬得半空的房子里。"也许你们并不欣赏这样的态度，但生活在这样一个四周堆放着饱含他们一生心血的文件、书籍、照片和手工艺品的空间里,一位退休老人会备感慰藉。"信中写道。此外,她还写道:梅耶太不考虑她的感受了,他并没有问她是否介意他们开着一辆卡车来搬空她家里的东西,这个家她已经生活了50多年,而且还将继续生活30年。她显然打算活过100岁。

李普顿告诉梅耶,如果卢西恩和纪念馆继续他们的计划,她会将他们告上法庭。"我希望在回信里,你能为你没有和我商量这些事情道歉,以及你要郑重承诺,在没有我的书面邀请和同意的前提下,你们不会再闯入我家搬走任何东西。"

据卢西恩说,李普顿写这封信时,正和理查德森、莱斯特一起待在德国,纪念馆的官员们后来怀疑这封信实际上出自理查德森之手。

就在这封信抵达大屠杀纪念馆的同时,卢西恩收到了李普顿律师的一封来信。里面说如果卢西恩肯把兰斯当的房产及室内的其他财产转到她的名下,那么她将不再反对捐出肯普纳的文件。房子在她名下,她可以选择出售,然后再拿着这份收益搬到别处。卢西恩再一次拒绝了她。

1997年年底,梅耶给莱斯特回信:"我们的目的是确保肯普纳的文化遗产能保留下来,以供后代学者研究学习。我们工作的机构所忠于的理想,正是肯普纳艰难跋涉以期实现的理想。"他为没能让她知情表示了歉意,但特别提到,是卢西恩要求不要太多人参与协商的。梅耶承诺将和她一起行动,确保她本人的文档和财产不会随同肯普纳的一道被搬走。"我们不是要故意盗取属于你的任何财产。"

可纪念馆并不想卷入诉讼,所以在卢西恩·肯普纳和玛戈特·李普顿解决分歧之前,一直按兵不动。

＊＊＊

整个事件中的神秘因素是赫伯特·理查德森。在他当老师的年月里[12]，学生说他时而勃然大怒，令人生畏，时而是一名颇有魅力的演说者，热情洋溢，令人为之倾倒。见识过口若悬河的理查德森后，他的一位学生说她能理解阿道夫·希特勒为何能赢得大众之心了。

有人将此转告理查德森后，他叹了一口气。

"有人将我和希特勒作比，也有人将我和上帝作比，"他说，"我要怎么回应呢？"

1963年，理查德森从哈佛大学神学院获得博士学位，并在那里任教了五年。虽然是一名长老会牧师，但他在一家天主教机构工作，在多伦多的圣马克学院获得了终身教职。他的学识相当全面，所写文章的主题涉及坎特伯雷大主教圣安瑟姆[2]、堕胎、Baby M代孕案[3]、圣女贞德和军队同性恋等。1971年，哈珀&罗公司出版了他的著作《修女、女巫、玩伴》(Nun, Witch, Playmate)，探讨了"性的美国化"问题。

1972年，理查德森创立了一家独立于大学的学术出版社，最初的构想是出版圣马克学院的学术论文，但它很快发展成一家为所有求路无门的学者出版学术作品的出版社。理查德森称他的机构是一家"能最后依靠的出版社"。1979年，他将出版社从他多伦多住所的地下室，搬到向南80英里的刘易斯顿的一幢房子里。出版社发展较缓，但终于开始赢利，一年会出版好几百本书籍，题材广泛。理查德森说这些书籍会在世界各地的研究型图书馆里安家落户，包括他的母校哈佛大学。

20世纪80年代理查德森曾引起争议，因为他为文鲜明[4]的统一教及科学教辩护，二者皆被指控为邪教，而非新宗教。

后来，1991年的一次课堂事件几乎颠覆了他的学术生涯。一天，他开始对着学生吼叫——他们围桌而坐时，秩序稍显混乱——他与助教大吵一架后，当场就解雇了对方。学生上报了这一事件，学校官员开始监督理查德森的教学，第二年，学校要求他提前退休。"理查德森的行为，"当时宗教研究系的主任写道，"就像是一个随时会爆炸的定时炸弹那般危险。"

理查德森拒绝退休，而是请了病假。多年来，他一直有胸口疼的毛病，他想，是时候前往杜克大学接受心脏康复治疗了。他告诉朋友们，如果继续执教，"我活不过2月"。他去了达勒姆，几周后就退出了治疗——他后来说，治疗费用太贵了——转而去遍游北美和欧洲。他去了埃德温·梅伦出版社的国际前哨基地威尔士；去了堪萨斯为他父亲扫墓；还去了南加州，而且还想在那里一个叫波利哥泉的偏远社区隐退；他还去了特克斯和凯科斯群岛，在那里，他开始着手创建一所"梅伦大学"，并很快开始大事宣传，仅需995美元，只要有论文和"生活阅历"，就可以获得学位。"生活是一所学校，"理查德森说道，"活着就是学习。"

在他旅行期间，他的消息传到了圣马克学院，校方在他回去后指控他的行为严重不端，但鉴于他有终身教职，无法彻底开除他。学院将双方的争议交给了一个公共特别法庭，这是非常少见的。学院的官员们发起了一系列针对理查德森的指控，最终，主要落在了他滥用病假，并向校方谎报了他花在埃德温·梅伦出版社的时间上。

整整五天，理查德森在法庭上自证清白。"这样的公开羞辱对我和我的家庭造成了巨大的难堪，"他说，"这导致我财政受损，职业受辱。"[13]他将自己塑造成一个被学术同行欺凌的受害者。他说，当他得知这个调查时，整个人陷入了深深的抑郁。"我50年的人生基石正在遭受攻击，这是生命不能承受之重。"1994年10月，理查德森败诉，被校方开除。法庭在调查结果一栏里写道：理查德森的证词无法令人信服。"他灵活的头脑，雄辩的口才，反复无常的个性，足以让他用有说服力的狡辩来掩盖那一半利己的真相。"[14]

一年以后，在经历了人生最动荡的时期后，理查德森遇到了简·莱斯特。

* * *

1998年8月——梅耶和其他纪念馆官员在肯普纳位于兰斯当的家中盘点文件一年以后——李普顿将肯普纳的儿子们告上了法庭，请求处置一处由她和鲁特以及罗伯特·肯普纳在1958年共同购买的未充分开发的占地36英亩的房产。肯普纳死后，这处房产被委托给卢西恩和安德烈去售卖。他们同意给李普顿一部分收益，但在1997年，当两兄弟签下了45万美元的售房合同后，她提起诉讼，称肯普纳的律师欺骗并误导了她，售房后的收益本应全部归她。[15]

据法庭文件显示，卢西恩·肯普纳认为理查德森对李普顿产生了"过大的影响"，躲在背后进行法务方面的操控。[16]卢西恩的律师凯文·吉普森向法庭报告说，李普顿授权理查德森来处理她的事情，她从兰斯当的家中搬出来以后，住到了一家名叫"洛克波特长老会之家"的成人看护中心，这里距离理查德森位于纽约北部的美国办事处仅20英里。吉普森要求法官驳回李普顿的诉讼，判定肯普纳的继承人有权进入肯普纳家中搬走肯普纳的所有物。

大屠杀纪念馆的梅耶日渐失去了耐心，他一直在旁观这场法律诉讼。1999年6月23日,事情有了突破。吉普森终于有机会破除李普顿的障碍了。李普顿已经85岁了,丧钟正在敲响。"我真的不知道我现在住在哪里。"她承认。被问及怎么认识理查德森的时候,她回答说:"我不记得了。"[17]吉普森给李普顿出示了一张从肯普纳的遗产账户中开出的1.3万美元的支票,似乎李普顿在上面签了卢西恩的名字,还说她有授权委托书。而李普顿声称她对这笔提款一无所知。

吉普森反复询问李普顿,是否对将肯普纳的文件从兰斯当的家中搬走之事有异议,她说她不介意。"不过我宁愿你们等我死后再这样做,"李普顿说,"如果一定要现在进行的话,我想也是可以的。"她也说她不打算再返回那个家了,对房子的售卖也"毫无保留意见"。最终,李普顿结束了与肯普纳的继承者之间的房产诉讼纠纷。

律师立刻联系了大屠杀纪念馆,决定迅速采取行动。"不仅李普顿女士有可能改变主意,"梅耶给他的同事写信道,"而且房子目前无人居住,里面的文件很不安全。"在李普顿做出口头承诺一周以后,梅耶马上到了兰斯当。律师吉普森带了一名锁匠和警察与他会合,以确保一切进展顺利。

走进房间时,他们首先发现厨房架子上放了一把左轮手枪;随后发现,他们两年前所看到的大多数文件都不见了。"房子完全被搬空了。"两年前曾帮助梅耶盘点文件的战争罪学者布什说。地下室里的书架被清扫干净;肯普纳办公室的文件柜也是空的;二楼的大部分文件也同样消失了。他们拿着1997年来访时记下的清单,走遍了所有房间,梅耶和其他人在清单上的条目后标记上:"消失""一切消失"以及"全部消失"。"甚至连桌子都不见了。"有人注意到。

吉普森从兰斯当的警察局叫来侦探调查,而布什和其他人则沿街挨家挨户敲门。邻居称一周以前见到一辆搬家车停在了那栋房前。

警察询问了肯普纳家的老管家马格努斯·奥唐纳——家里人都知道他是"机灵鬼"——他告诉他们，7个月以前，理查德森和莱斯特、李普顿一道来过，整理了所有文档。奥唐纳说，他们将他们需要的打包，将盒子运送到纽约，扔掉了两大垃圾箱的旧衣服、家具和居家用品。

调查人员追踪到住在刘易斯顿的理查德森，发现失踪的文件被搬到了罗伯特·肯普纳执行管理委员会，屋里装有空调，房门紧锁。[18]他们告诉理查德森他们正在调查他是如何处理李普顿的遗产的，并要求他将这些资料移交大屠杀博物馆。他应允了。

8月3日，在警察的陪同下，梅耶来到位于刘易斯顿的罗伯特·肯普纳执行管理委员会整理和打包肯普纳的文件。愤怒的简·莱斯特带着律师等在那里，理查德森却销声匿迹了。

1997年，莱斯特的电话让大屠杀纪念馆重新开始追寻肯普纳的文件。两年后，她表示对事情的结局非常愤怒。她说：是的，他们确实将档案搬走了，但只是为了保护它们，确保纪念馆不会拿走不属于肯普纳遗产的物品。

后来，梅耶他们到二楼检查了这些藏品。他们答应会不遗余力地检查每份文件，区分哪些是属于肯普纳的，哪些是属于莱斯特和李普顿的。

一切进展缓慢。莱斯特抱怨说纪念馆在侵犯她的隐私。她告诉梅耶她会记住他的脸，因为总有一天她会把他的所作所为都写出来。每次他们提到她写给肯普纳的信时，她都舍不得交出来。有好几百封信，从20世纪60年代到80年代：在分开的日子里，莱斯特、李普顿和肯普纳夫妇之间几乎每天都互通信件。梅耶辩称既然信是写给肯普纳的，那么就应该是属于他的。梅耶想努力保住一切他所能保住的资料。

总之，肯普纳的收藏是迄今为止纪念馆收到的最大一笔书面遗产捐赠。纪念馆收集到85盒纽伦堡档案、117卷装订好的庭审文件、68盒肯普纳个人和工作文档、39个78rpm录音文件，以及近千本书籍和期刊。

他们将这些资料搬到纪念馆位于华盛顿以北的仓库里，并开始对文档做更详细的研究，档案工作者和历史学家发现了肯普纳的秘密：几十年来，这所隐蔽在费城郊外的房子里藏着大量原始的德国档案——这些是历史学家从未见过的，因为肯普纳将这些从纽伦堡拿走后就再也没有归还。

肯普纳从一个驻匈牙利的武装党卫军那里获得了一份1944年的战争日记，记录了60万名犹太人被判死刑的日期；还有一封来自大屠杀的策划者之一赖因哈德·海德里希签名的信件，他向希特勒征询从奥地利犹太人那里掠夺来的文化遗产送至何处比较妥当；还有一份1939年9月没收所有犹太人的收音机的文件；以及拥有德军最高统帅部总参谋长威廉·凯特尔 (Wilhelm Keitel) 签名的信件，这封信是从纽伦堡监狱发出的。

肯普纳还藏有一份演讲记录，这是罗森堡在1941年德军入侵苏联两天前所做的演讲。他还收藏了少量罗森堡的铅笔画，包括几幅描摹一位安睡的裸体女郎的习作。他甚至还藏有罗森堡的个人家谱，这一家谱是为证明其并无犹太亲属而制作的。

在盘点这些收藏时，梅耶心想，现在纪念馆拥有了肯普纳的继承者捐赠的一切。他以为他已经看到了肯普纳传奇的结局。

但他错了。

译者注

[1] 让·尼古拉·阿蒂尔·兰波（Jean Nicolas Arthur Rimbaud, 1854—1891），19世纪法国著名诗人，早期象征主义诗歌的代表人物，超现实主义诗歌的鼻祖。

[2] 安瑟姆（Anselm, 1033—1109），英国籍意大利神学家和哲学家。他积极投身于"经院哲学"运动，1093年任坎特伯雷大主教。

[3] William Stern是大屠杀中幸存的一对犹太人夫妻唯一的孩子，妻子Elizabeth Stern患有多发性硬化症，若怀孕生子将有失明、瘫痪的危险，最后夫妻二人决定以代孕方式生下孩子，代孕后生下的女婴叫Melissa，这起案件被称为"Baby M代孕案"。

[4] 文鲜明（1920—2012），韩国新兴宗教统一教创始人暨教主。

第3章 "窥探黑暗灵魂的内心"

与简·莱斯特在刘易斯顿一番辩论后，梅耶返回大屠杀纪念馆，几周后，他收到馆里一位有名的历史学家尤尔根·马图斯（Jürgen Matthäus）所送来的一份备忘录。对方说有理由相信罗伯特·肯普纳的继承者们所捐赠的这些文件里，一定藏有一份相当重要的资料：阿尔弗雷德·罗森堡的日记。

这位学者写道，事实上，他在肯普纳的文件里找到了可靠的证据：检察官自己早已承认了这一点。

日记在古堡的地窖被发现后，就被送到了纽伦堡检察官们的办公室里。在庭审中，日记并没有被引为呈堂证据，事实上，罗森堡的律师在准备辩护时曾要求查看日记，却被告知日记不见了。

在纽伦堡审判结束后，75页日记原件和116页影印版一起被收进国家档案馆。20世纪50年代中期，德国历史学家汉斯-贡特·泽拉菲姆（Hans-Günther Seraphim）准备出版一部注解本，他看到肯普纳在德国杂志《月》（Der Monat）上刊登了一篇文章《对教堂的抗争》（The Fight Against the Church），文中转载了罗森堡日记里的一些记录。泽拉菲姆意识到这些摘录并非来自档案馆的那部分日记，于是给肯普纳写信，询问他还保有日记的其他哪些部分。这位前任检察官并没有躲躲闪闪，说他拥有约400页手写日记，本来打算出版其中一些，但"我一直没有行动"[1]。泽拉菲姆想要肯普纳分享资料以便出版一部完整版，肯普纳拒绝合作。但当得知泽拉菲姆将要出版一部删节版时，他建议泽拉菲姆在脚注里暗示读者肯普纳拥有"非常丰富的其他资料"。

泽拉菲姆要么是没有意识到这些档案是政府资产，要么是不愿意去强调这一点。

在接下来的几年里，肯普纳在他出版的两本书里继续引用先前并未面世的日记内容。在其中一本书中，他甚至写道："秘密日记……在我的个人档案馆里。"[2]但是当其他学者来找他请求调阅时，他总是谨慎回避。

对于亨利·梅耶而言，这是一个惊人的发现。这本日记是一份不可替代的、意义深远的重要文档。除了日记作为历史文物的内在价值外，学者们还寄望这些失踪多年的日记能对"最终解决方案"提供重要的启示。1941年和1942年，纳粹开始灭绝欧洲的犹太人，罗森堡和他的助手曾参与了关键讨论。

弗雷德·尼贝加尔无权允许肯普纳借阅文档作研究之用；即使有

权，肯普纳也无权将类似罗森堡日记这样的文档永久占为己有。

受到马图斯备忘录的启发，梅耶在纪念馆里的肯普纳文档中进行了一番系统的搜索，以期找到那份失踪的日记，然而并没有找到。

后来，在2001年6月25日，他接到一个名叫沃尔特·马丁（Walt Martin）的人打来的电话，对方解释说，他是代人告知梅耶，那人保有一些来自肯普纳兰斯当家中的文件。

梅耶陷入困惑之中，1999年夏天，他们前往收集肯普纳的收藏时，已经对所有文档做了仔细的搜查；纪念馆几乎搬走了里面所剩无几的文件，不可能有任何遗漏。梅耶催促马丁提供更多消息，可他给了几种解释，一开始说那些材料是在房子外的垃圾桶里找到的，后来又说是在阳光房中找到的。

梅耶问道，这些档案里是否恰好有一个名叫阿尔弗雷德·罗森堡的人写的日记？

马丁认为有。那个值多少钱呢？"100万，200万？"[3]

梅耶说他会再联系马丁的。不过，他却打给了联邦调查局。

* * *

罗伯特·K.惠特曼（Robert K. Wittman）是联邦调查局艺术品犯罪侦探小组的创立者，他潜伏在世界各地，从形形色色的盗窃犯、诈骗犯和走私犯手中追回丢失的艺术品，因此声名鹊起。他曾在新泽西州的特伦顿追回了一枚北京故宫装饰用的50磅水晶球，他是在一个"女巫"的梳妆台顶找到这枚水晶球的；在新泽西大道7A出口附近的车站，他对售卖有1700年历史的秘鲁黄金铠甲的走私犯展开了诱捕行动；他还在费城以南一栋不起眼的房子里，找到了一堆价值达200万到300

万美元的令人震惊的美国文物，其中包括激进的废奴主义者约翰·布朗(John Brown)在那次不幸的哈普斯渡口袭击中用过的步枪，用圆环系起来的一缕乔治·华盛顿(George Washington)的头发，以及在葛底斯堡战役后，献给乔治·米德[1]将军的金表(表上刻着"胜利"字样)。惠特曼曾诱导一名商贩前往费城机场的一家酒店去追回杰罗尼莫[2]的战帽；在马德里，他帮助西班牙的探员追踪到了戈雅[3]和勃鲁盖尔[4]等大师的18幅绘画作品，价值5000万美元；他还拯救了皮克特[5]使用过的葛底斯堡地图、赛珍珠[6]的《大地》(The Good Earth)原稿，以及《权利法案》(Bill of Rights)的14份原稿之一。

惠特曼是美国联邦调查局历史上最成功的艺术品犯罪探员，由他牵头成功追回了价值3亿美元的文物，也让全世界开始关注到犯罪世界中竟有这样一个牟利的行当。调查局统计了惠特曼发现的所有文物的经济价值，但惠特曼知道这丢失的古文物其实是无价之宝。

怎么会有人用金钱衡量不可替代的民族文化遗产呢？惠特曼之所以对他的工作充满热情，正是因为这能挽救被盗的历史文物。

2001年，惠特曼参与了大屠杀纪念馆的案子，他和梅耶、马丁召开了一个电话会议，他化名为鲍勃·克莱(Bob Clag)，是一名历史文件鉴定者。他用了假姓真名，理由是：尽可能少撒谎，这样更不容易露馅。

据以往的经验，惠特曼认为，比起联邦调查局的直接审讯，暗中查访能获得更多信息。他乔装成一名鉴定者，这样就能和马丁说他要亲自看看那些档案，并有理由针对档案的来源进行一些尖锐的提问。

马丁告诉他们，肯普纳的儿子雇了一个承包商来打扫房子，以备出售，那人将这活儿分包给他的兄弟威廉·马丁(William Martin)。威廉是一名垃圾处理承包商,他说他在房子里的垃圾袋中发现了这些文件。至于怎么会出现在垃圾里,这倒是一个谜题。纪念馆的官员们"钻到了老鼠四窜的地下室,四处搜查,想找找看有没有一个保险箱",肯普纳儿子们的律师凯文·吉普森说,"他们走后,我又仔细搜查了一遍,没有其他文件了。"[4]有些文件看上去像纳粹原始文件,沃尔特·马丁说,他那有几百页德国军事计划书,有关于德国在战后开采苏联原材料的文档,有J. 埃德加·胡佛写给肯普纳的信件,还有——他期待是,也相信是——罗森堡的日记副本。他那还有卢西恩·肯普纳的旧军装。沃尔特·马丁说他已经联系了英国历史学家大卫·欧文(David Irving),将这批肯普纳的收藏告知了对方。欧文曾被作家黛博拉·利普斯塔特(Deborah Lipstadt)在书中列为否认大屠杀者,他以诽谤罪起诉了对方,但是这场漫长的诉讼最近以欧文的失败而告终。

挂断电话后,惠特曼叫梅耶择日一起去沃尔特·马丁费城郊外的家中一探究竟。如果马丁手上真有日记,可以立刻将其扣押,然后再调查他的藏品是否属于政府资产。

10月30日,梅耶和一名大屠杀纪念馆的历史学家来到马丁的家中,这是一幢砖砌排屋,位于95号州际公路旁一个工业带里的小型社区。他们发现,这个逼仄的家中到处是成堆的文件,有些还装在盒子里,有些则散乱地堆在地上。在他们干活时,马丁则在一旁抽烟,还将烟灰掸落在文件上。

梅耶很快就确定这些文件正是肯普纳档案的一部分,他向等在门外的惠特曼及其搭档杰伊·海涅(Jay Heine)汇报了情况。两名侦探走了进来,告诉马丁说,联邦调查局将把这些文件作为证据保存起来,直到相关人士理清复杂的所有权问题。

马丁威胁说要起诉，大屠杀纪念馆的官员们也扬言要争取到底。虽然他们发现罗森堡的日记并没有在这些盒子里，但肯普纳藏品的珍贵度仍然不容低估。梅耶称将与马丁对簿公堂。他希望，如果日记将来浮出水面，纪念馆能获得所有权。梅耶对遗失的日记念念不忘，不想它们落入不良之人手中。

纪念馆的领导也同意打官司，故而此事被闹到了联邦法庭上。[5]

最后，因为无人能反驳马丁的故事——因为无人能确切地证明，纪念馆的人在1999年盘点肯普纳的收藏时没有疏漏之处——律师建议和解。双方同意分割这些档案。梅耶第二次坐下来，"瓜分"肯普纳留下来的成堆的文件。双方轮流挑选自己想要的文件。

2005年的一天，马丁将一半档案送进位于费城外切斯特尔高地的威尔逊拍卖行。像在任何一场精神分裂式的拍卖会上一样，罗伯特·肯普纳这位终身反纳粹斗士的文件居然和一件希特勒青年团的制服、一条党卫军的环扣皮带、一把纳粹空军的茶匙和一枚纳粹臂章摆在一起出售。

对于梅耶和惠特曼而言，这起自2001年梅耶收到沃尔特·马丁的电话起就展开的追踪，结局是令人失望的。很显然，肯普纳储存在兰斯当家中的档案自他死后就已经被瓜分、转移和隐藏，状况堪忧。每每档案保管员和侦探们以为他们已经收藏齐全时，又会有新的线索出现。

找到遗失日记的希望变得越来越渺茫。

* * *

在与马丁协商的过程中，梅耶得知，有更多的肯普纳档案已经被发现，目前被锁在罗伯特·肯普纳执行管理委员会的地下室里，这个由赫伯特·理查德森创办的机构位于纽约的刘易斯顿。简·莱斯特也搬到了那里，但她摔了一跤，伤到了髋骨，一直卧床不起。2001年年初，莱斯特的姐妹们见其状况如此糟糕，就将她送到了医院，她们成功地被指定为监护人，并控制了她的财务。莱斯特的资产数额将近600万美元，但其中一部分放在了和理查德森的联名账户中。同时，姐妹们的律师得知了理查德森与玛戈特·李普顿的暧昧关系，法庭指派了刘易斯顿当地的律师爱德华·杰西拉 (Edward Jesella) 作为独立监护人来监管李普顿的事务。杰西拉发现，理查德森说服李普顿把他的名字加到了她在美国和欧洲的银行账户上[6]，这些户头里共存有100多万美元。杰西拉强势地控制了李普顿的财务。杰西拉说，理查德森的律师曾威胁说要采取法律措施，但理查德森最终还是与李普顿撇清了瓜葛。

2003年，代表莱斯特姐妹们的律师让大屠杀纪念馆来检查她们手上的文档，这些文档已从理查德森位于刘易斯顿的住处转移到了纽约艾摩斯特的一个储藏间里。律师告诉梅耶，如果这些盒子里装有任何肯普纳的继承人捐赠给纪念馆的文件，欢迎纪念馆将它们带回华盛顿。

梅耶就这些新出现的肯普纳秘藏档案咨询了惠特曼。莱斯特的监护人们邀请梅耶去取走任何属于纪念馆的档案，惠特曼则建议梅耶独自前往艾摩斯特，如果遇到任何麻烦就给他打电话。

梅耶在储藏间里拆了一整天的盒子，可日记并不在其中。

但此行并非一无所获。莱斯特的姐妹伊丽莎白提到了一些有趣的事情。她曾陪同莱斯特接受德国《明镜周刊》(Der Spiegel) 一位记者的采访，谈话时莱斯特无意中透露她已将罗森堡日记交给了某人保管。

那人就是赫伯特·理查德森。

*　*　*

梅耶给惠特曼写了一份备忘录,阐述了搜查的现状:日记系被盗的政府资产,肯普纳似乎是在纽伦堡审判后将其据为己有的。据最新消息,目前日记在理查德森手上。但莱斯特无意中透露给记者的说辞还不足以成为惠特曼的立案证据。此外,自从理查德森开始在加拿大和美国两地居住,如果联邦调查局想继续调查这桩案件,则需要复杂的国际合作。

直到2008年惠特曼从联邦调查局退休时,日记还没有追回。不久之后,梅耶遇到了艾里・罗森鲍姆(Eli Rosenbaum),他是司法部特别调查办公室主任,负责追捕和驱逐残存的纳粹分子。罗森鲍姆表示愿意提供帮助,但后来他也承认无法推进更多。

绝望的梅耶在2012年给惠特曼去了一次电话,想看看他能否再尝试破案。

这名前侦探很感兴趣,退休后的他开展了私人艺术品追回及安全咨询业务,可他的使命几乎没有改变,他仍然致力于为客户追回那些独一无二的无价之宝。区别在于,作为一名私人侦探,他在追查案件时拥有更多自由,无须受到国界的限制。

在梅耶致电后不久,惠特曼就和他的儿子杰夫(Jeff)坐上了前往华盛顿的火车,杰夫在大学毕业后加入了父亲的公司。和往常一样,前往纪念纳粹受害者的花岗岩纪念碑时,安检非常严格。就在3年前,一名88岁的"白人至上主义者",曾扛着一把点22口径的步枪在前门射杀了一名保安。惠特曼父子通过金属检测器,来到五楼的会议室与纪念馆的人会面。

惠特曼很能理解大屠杀纪念馆的理念。他的美国父亲于朝鲜战争期间，在立川美国空军基地遇到了他的日本母亲。1953年惠特曼的父母结婚后，搬回了美国，定居在巴尔的摩。惠特曼记得，在他年纪还小时，总有陌生人公开辱骂他的母亲——"日本鬼子！日本佬！"他当时惊呆了，不过后来他意识到这样的仇恨源自战争。这些人在与日本的战争中都遭受了个人损失。他能从双方的角度看待这场战争：惠特曼的父亲在太平洋上驾驶着一架美国的登陆艇，而惠特曼的舅舅们则为日本军队而战。

惠特曼想到在日本偷袭珍珠港后，美国人将超过11万的日裔居民迁走和拘禁，这些人中大部分还是美国公民，所以他不难想象纳粹主义是如何在德国蔓延的。爱国主义是多么容易转换成一种官方许可的种族主义。

肯普纳自己也说过：歧途上的一小步足以让一个国家走上灾难之路。

在纪念馆，梅耶概述了他所了解的关于罗森堡日记的情况，惠特曼便开始了工作。接到梅耶的第一个电话距今已10年，他已经胸有成竹、跃跃欲试了。现在是时候解开这长达半个世纪的谜团，让罗森堡日记重回公众之手了。

* * *

惠特曼认真研读了梅耶就杂乱的罗伯特·肯普纳捐赠文件撰写的报告。检察官的两个儿子已经过世了，莱斯特和李普顿也已辞世，但理查德森还活着——那年他80岁了——因此他成了调查的起点。惠特曼打算要找到这位前教授，并努力让他开口。找到理查德森相当简单：他还在刘易斯顿打理自己的学术出版社，就住在安大略尼亚加拉河的对面。问题是他是否愿意合作。答案只能通过与他当面交谈来确认了。还没人与理查德森直接打过交道,并告诉他如果日记在他手上,他无权占有,只能上交给政府。惠特曼打算逼着理查德森严肃对待这一问题。

这充满了不确定性。如果罗伯特·肯普纳在死前就将日记遗赠给了他怎么办?或者卖给他了?如果是他们误解了,莱斯特只是随便说说,理查德森根本就没有拿到日记,那怎么办?如果当他得知自己不能出版日记,就已经将它脱手了怎么办?如果日记在他手上,但他就是不肯承认怎么办?

11月,惠特曼给梅耶打电话,告知了他的行动方案。对日记年复一年的追寻并没有消磨掉梅耶的热情,他也想随行,看看他们能否让纪念馆重新追回日记。但他背部的老毛病发作了,受不住长途旅行。因此,惠特曼只能和他的儿子兼搭档杰夫一起上路了。

当他们抵达刘易斯顿时,在山岭街见到了一栋属于理查德森的窄小建筑,镶嵌着白色壁板,房前树立着一个标识牌:罗伯特·肯普纳执行管理委员会。绿色的背景,烫金的大字。但是,踏入门廊,透过前窗窥视,他们发现里面什么都没有,只剩一个无人居住的空壳。于是惠特曼和儿子来到刘易斯顿的郊区。在一条公路的尽头,有一栋并不起眼的红砖建筑,这正是理查德森的埃德温·梅伦出版社所在地。走进去,两名友好的员工告诉惠特曼父子,他们刚好和教授错过,他吃午餐去了,会在下午回来,到时可以和他会面。

惠特曼留了一张名片,他想到理查德森一会儿的反应,笑了起来。作为一名联邦调查局的秘密特工,惠特曼在艺术品犯罪案件中扮演的角色是不为人知的。每次新闻发布会宣布追回某些艺术品时,他都站在幕后，藏在媒体的摄像机捕捉不到的角落。但自从惠特曼于2008年退休以后，他带着一本名叫《追缉国家宝藏》(*Priceless: How I Went Undercover to Rescue the World's Stolen Treasures*) 的回忆录走进了公众的视线。理查德森只需在网上简单一搜索就能知道，在让藏匿的历史文物重见天日的事业上，他面前这名前特工保持着长期的成功纪录。

正如预料的那样，下午再折回埃德温·梅伦出版社时，惠特曼父子受到的待遇完全不同。出版社的一名员工说，没有预约就见不到理查德森。她解释说，他们一定要提前打电话来预约，但她又拒绝把号码给他们。在惠特曼父子的坚持下，她最终把他们介绍给了出版社的主任约翰·罗普诺。主任承诺为他们在第二天安排一次与理查德森的会面，并叫他们稍后打电话来确认这一预约。可当惠特曼父子打过来时，却无人接听。

理查德森在故意拖延与他们的见面。对于惠特曼而言，这暗示着他在隐藏什么东西。他一定知道什么，他害怕承认。如果惠特曼的直觉准确的话，那就意味着罗森堡日记就在理查德森手上。

那天晚些时候，惠特曼开车赶到加拿大，试图去理查德森的家里找他。如果他不在那里，惠特曼打算再留一张名片。重要的是，要让理查德森知道他是躲不开的。

但即使作为一名有经验的调查员，事情也不总是顺利的。在边境，惠特曼和儿子碰到了一点儿麻烦。惠特曼告诉边检人员他正要前往加拿大观光，因为这比解释清楚整个事件简单得多。大屠杀纪念馆是一个联邦政府支持的组织，惠特曼担心，如果他代表纪念馆跨过边境行事，会被要求必须先获得加拿大当局的许可。他想要回避这种官僚主义的繁文缛节，因为这些只会耽搁日记的搜寻时间。

边检人员对惠特曼假装游客的托词并不买账。他们看上去不像要去尼亚加拉瀑布观光的样子：惠特曼父子穿的是正装。警卫令惠特曼靠边停车。车子在接受搜查，惠特曼在一旁看着，有些恼怒，但又对这滑稽的一切感到好笑。在他的公文包里，警卫们找到了他的调查文件，向惠特曼问了很多问题。他试着解释，但对他的辩解并不信服的边境巡警很快就将他遣送回了纽约。

这一挫折激发了惠特曼的灵感。惠特曼知道理查德森每隔几天就会来刘易斯顿。也许，如果理查德森的车也像他们的车一样被拦住和搜查几次，那么就可以说服他进行合作了。惠特曼相信，让理查德森归还日记的最好方法便是让他一直处在一定的心理压力之下。

经验丰富的惠特曼知道耐心才是关键，他有的是时间。让一个心虚的人对他的周遭感到坐立不安，因为他不知道调查员掌握了什么信息，这时，心理防御机制就会发挥作用：他几乎时时刻刻都在考虑最坏的情况。

这时候突破点就出现了。

* * *

一回到费城，惠特曼就给他的密友兼同事大卫・霍尔（Davil Hall）打了电话，霍尔在特拉华州的威尔明顿担任助理律师，他的主要工作是检举军火商，也参与惠特曼的艺术犯罪调查，他曾在棕榈滩的一家画廊里追回了两幅被盗的毕加索的画作。他还曾和惠特曼一起飞到里约热内卢，协商要回诺曼・洛克威尔[7]的三幅代表画作。除了开展私人业务，惠特曼还在国土安全调查局兼职担任秘密顾问，经常和霍尔及国土安全部的特工马克・奥莱夏（Mark Olexa）组成工作团队。惠特曼知道，像罗森堡日记这么重要的案件，他们一定会加入的。

可几天后，当惠特曼和霍尔、奥莱夏一道坐在位于威尔明顿市中心的霍尔办公室时，惠特曼的案子并没有立刻引起霍尔的兴趣。在惠特曼努力理清这桩复杂的案子时，霍尔听得头昏脑涨。要不是他和惠特曼有几十年的交情，他肯定会退出这个案子。霍尔曾在美国海军预备队做了30年的情报官，多次破除难案，他颇以为傲。但他认为，这个案件听上去是"疯子讲的故事"。

日记是在1946年至1949年之间消失的。有不明确消息称，已故的简·莱斯特告诉记者说，她将日记给了一位住在纽约北部的前教授。总之，这桩案子存在很多问题。如果霍尔掌握了更多关于日记下落的确切消息，就有理由申请搜查令，这样他就可以轻松拿到日记了。但现在没人确定日记到底是在美国还是加拿大，甚至是其他地方。

尽管如此，霍尔知道惠特曼有着很强的直觉，因此他很有兴趣和他一起展开一场调查。首先，他们需要对理查德森的背景进行一场条理清晰的调查，然后再分析他往返美加两地的历史记录，叫边检人员截停理查德森的车并进行搜查。惠特曼希望这样的检查——就在他刚从埃德温·梅伦出版社回来后就展开了——能让理查德森相信自己已经被监控了。最后一步是审讯他，盘问关于日记的事情，如果他不配合，就发出传票，强制他交出日记。

奥莱夏开始行动。12月的一天，理查德森的车在边境被拦下，接受检查。两个月后，调查员们准备和他对质。霍尔想把地点定在理查德森在刘易斯顿的办公室，对方也许会让他们四处参观一下。他没有期待理查德森会马上交出日记，但希望理查德森能透露一些他们不知道的信息。奥莱夏知道理查德森在每周四会来刘易斯顿。2月7日，星期四，他和另外一名特工一起驾车来到刘易斯顿，在埃德温·梅伦出版社办公楼的小型停车场外监视，等着理查德森。

当理查德森出现时，特工们走出来，表明了身份。理查德森同意和他们交谈。他谈了他是如何遇到莱斯特和李普顿以及是怎样帮助她们的。他说她们是一个巨大的负担，但还是给了她们很多关照。"我想念这个女人，这些女人，就像想念我的母亲那样。"[7]理查德森说他帮助李普顿从肯普纳的继承人那里收回了财产。他主动坦承他没有从这两人的账户中拿走任何资金。

理查德森承认他确实从兰斯当带了两幅肯普纳收藏的画作到刘易斯顿，但他说"从没听说这些画有任何特殊价值"。他否认处理过任何从兰斯当的房子里失踪的文件。"我想我手上没有任何肯普纳的文件。"

理查德森不仅否认私藏了罗森堡日记，还说根本没留意过有这样一本日记。

奥莱夏并不买账，他给理查德森发出一张联邦大陪审团传票，令他交出罗森堡日记以及他保留的其他任何属于政府的文件。[8]理查德森已经收到警告：日记是政府财产，如果在他手上，聪明的做法是将日记交出来。

在离开前，奥莱夏给了理查德森一个建议：你应该雇个律师。

* * *

几周以后，事情的进展一如霍尔和惠特曼所预料的那样。

理查德森的律师文森特·道尔 (Vincent Doyle) 给霍尔打电话询问关于传票的事。霍尔解释说他在追踪所有纽伦堡审判中的文件，尤其是罗森堡日记。他告诉道尔，他认为理查德森在停车场并没有和他说真话，他敦促道尔私下去寻找日记，如果有可能的话。

一个月后，3月27日，道尔给霍尔在威尔明顿的办公室打了电话，留下一个口信。霍尔和奥莱夏碰巧一道在费城市中心的移民和海关执法局，霍尔用同事的电话回拨给道尔，他将扬声器打开，这样奥莱夏也能一起旁听。

道尔说理查德森确实有一些德文文件，一些是装订本，一些是散页，但都是手写的。这些是你们在找的文件吗？霍尔看着奥莱夏。他觉得自己像是一个扑克玩家抓到了皇家同花顺一般兴奋。但作为一名老到的谈判者，他要尽量假装冷静。

"文森特，"他说，"确认这些是不是我们想要的文件，唯一方法就是亲眼看看。"

* * *

2013年4月5日，亨利·梅耶和尤尔根·马图斯乘火车来到威尔明顿市中心，搭电梯前往霍尔的办公室。他们都很兴奋。马图斯本来以为他们永远都找不到遗失的日记了。听到理查德森移交了一些手写的文件时，梅耶立刻将这一好消息转告了马图斯。但在亲自查验那些文件之前，他们都无法百分百确认。

理查德森的律师来电以后的那个周末，一名特工驱车来到布法罗。4月1日，他整理了几个折叠文件和4个银行储物箱，将其带到了威尔明顿的地下室。

现在奥莱夏将这些文件搬了出来，在一个会议室展示给大屠杀纪念馆的工作人员。

在看到从文件夹里抽出的那些纸时,马图斯知道,那显然就是日记。他认识罗森堡的笔迹,而且日记里的记录和已经出版的日记节选是匹配的,内容与罗森堡在1945年撰写的文章也是相符的。马图斯和梅耶也可以辨认出,这些日记曾是肯普纳档案的一部分。日记上有的笔记似乎是出自肯普纳之手,日记中夹杂着其他五花八门的文件,与之前纪念馆的人所找到的那堆错综复杂的肯普纳文档很是相似。

整整60年后,此事盖棺定论。对日记的搜寻到此结束。

梅耶感到欢欣鼓舞。经过14年的追寻,日记真正找到了。找回这样一份具有无与伦比重要意义的文档,是任何一名档案管理员的梦想。在第二次世界大战结束68年后,能在特拉华州的会议室里翻阅罗森堡用钢笔写下的日记——原以为会永远从历史中丢失的日记——是一件多么令人兴奋的事情。

有人用相机记录下了这一画面:梅耶竖起大拇指,露出了灿烂的笑容。

* * *

两个月后,梅耶回到霍尔在威尔明顿的办公室,一大群来自世界各地的记者正齐聚在一起,等待这一新发现的宣布。

霍尔和奥莱夏也在场,还有移民和海关执法局局长约翰·莫顿(John Morton),以及特拉华州的律师查尔斯·奥伯利(Charles Oberly)。虽然理查德森是在法律强制手段下被迫交出日记的,但他没有被指控犯罪。他的律师说,只要检察官们不用此事来对付理查德森,就交出日记。而且霍尔的事务所也没有其他证据可以起诉这位前教授,他们主要的目的就是找到日记。理查德森一直保持沉默,只是在那天向《纽约时报》(New York Times)发送了一封简短的传真："当联邦的特工联系我时，我很高兴和他们见面并提供合作。我很高兴我能帮司法部和国土安全局找回一些文件，现在权威部门已经确认这些文件是阿尔弗雷德·罗森堡的日记。"[9]

记者们写个不停，相机闪光灯闪成一片，莫顿走上讲台，开始宣布这一发现。

"第二次世界大战以后，有一个久未揭晓的谜团，那就是罗森堡日记到底出了什么事。现在我们已经解开这个谜了。"他说。在这间四周都是玻璃墙的会议室里，他旁边的大屏幕上展示出了那些日记。"罗森堡日记不是一本普通日记，它不加修饰地记录了一个纳粹领袖的思想、理念，以及他与其他纳粹领导人的交往互动。阅读罗森堡日记，就是在窥探一个黑暗灵魂的真实内心。"

这些是从战时和战前让柏林风云激荡的政治和文化战争前线发回的报道，出自一位几乎被遗忘了的理论家之手，他为20世纪最严重的罪行搭建了舞台。罗森堡日记被藏匿在费城郊区和纽约北部的文件夹与储藏盒中长达60多年之久，是一个已经消失了的时代的缩影。

时机终于到了，是时候解开其中的秘密了。

译者注

[1] 乔治·G.米德（George G. Meade, 1815—1872），美国陆军少将，曾参加过第二次塞米诺尔战争、美墨战争和美国南北战争。1863年，米德在葛底斯堡战役中指挥联邦军波托马克军团击败联盟军罗伯特·爱德华·李将军率领的北弗吉尼亚军团。

[2] 杰罗尼莫（Goyathlay, 1829—1909），19世纪美国西南部阿帕切的印第安领袖，领导阿帕切的印第安人抗击美洲欧人入侵。

[3] 弗朗西斯科·何塞·德·戈雅–卢西恩特斯（Francisco José de Goyay Lucientes, 1746—1828），西班牙浪漫主义画派画家。

[4] 彼得·勃鲁盖尔（Bruegel Pieter, 约1525—1569），16世纪荷兰尼德兰地区最伟大的画家。一生以农村生活作为艺术创作题材，人们称他为"农民的勃鲁盖尔"。

[5] 乔治·E.皮克特（George E. Pickett, 1825—1875），美国南北战争期间的联盟军少将，为李将军的重要下属之一，葛底斯堡战役第三日的"皮克特冲锋"中声名大噪。

[6] 赛珍珠（Pearl S. Buck, 1892—1973），美国作家、人权和女权活动家，代表作有长篇小说《大地》。

[7] 诺曼·洛克威尔（Norman Rockwell, 1894—1978），美国20世纪早期的重要画家及插画家，作品横跨商业宣传与爱国宣传领域。

第2篇

走钢索的人生：
1918—1939

LIVES IN THE BALANCE:
1918–1939

第4章 "命运的继子"

城市一片欢腾。清晨的细雨已经停了，柏林人涌上菩提树下大街，这条风景优美、绿树成荫的大道从皇宫一直延伸到蒂尔加滕公园。女人们穿着最炫目的服饰，似乎要一扫笼罩着战败德国的冬日阴霾，她们站在一大群穿黑色西服、戴黑色帽子的男人中间，很是抢眼。那是1918年12月10日。在这座都城，一股暗流正在涌动。一战失利，德意志帝国已经垮台。可这是值得庆祝的一天：士兵们要从前线回家了。

在维多利亚女神的注视下，围观者们在巴黎广场聚集起来。驾着一辆四马两轮战车的女神张开翅膀，立在勃兰登堡门最高处。1806年，在打败普鲁士人后，拿破仑以胜利者的身份，穿过勃兰登堡门，进驻柏林。今天，这里飘扬着象征和平和自由的旗帜。

下午1点，第一批士兵抵达，他们穿着土灰色的衣服，头戴钢盔，枪筒里插满鲜花，马脖子上也有花环缠绕。欢呼的人群向他们挥舞着帽子、白手帕和月桂枝。人们爬上树梢、电话亭或是屋顶以便看得更加清楚，屋里的人从窗户探出头往外看，阳台上也挤满了人。"人潮太拥挤了，以至于这些士兵一开始根本无法前进，"一名记者写道，甚至还派出了医务人员去救治因拥挤而受伤的观众，"这次一定有数百万名爱国的群众在围观。"[1]

终于，一条通道向士兵们敞开了，他们或步行，或骑马，旗手交替举着两面旗帜，一面黑白红旗，代表陨落的普鲁士王国；一面黑红金旗，代表新生的革命国家。有些人让妻儿骑在自己肩膀上以便在人群中穿梭。与衣衫褴褛的军队同行的，有演奏着进行曲的乐队，有冒着烟的供给马车，即所谓的"炖牛肉枪"(Goulash Guns)。他们还带着大炮火药；在行军队伍到来前的数天里，新生政府的反对派一直在担心前线的士兵被召回首都是为了镇压反对势力的。

这一天在和平中度过了。热情的柏林人递上了菊花和香烟。在看台上，戴着丝质帽子的弗里德里希·艾伯特(Friedrich Ebert)尤为引人注目。在帝国皇帝退位和十一月革命后，这位粗脖子政客已于一个月前当上了总理，他站在看台上向士兵们问候，似乎在迎接凯旋的胜利者。

"同志们、朋友们、同胞们，"他高喊着，开始给德国人民洗脑：德国人并不是在战场上被打败的，而是被内部的叛徒出卖了，"你们的牺牲和壮举是无人能比的！你们是无敌的！"[2]

在接下来的两周里，士兵们不断涌入柏林，人群夹道欢迎。"军队似乎带来了一种对未来的信心和新的希望，面对这样的热烈欢迎，死里逃生、无所畏惧的士兵们做出了积极反应。"[3]目睹了行军队伍的一位女士在给朋友的信中写道，"街道如此拥挤，人流大量涌入，我开始怀疑，如果这些潜在的能量不能迅速地用于某些好的目的，那不久之后就会爆发出来并为自己找到一条出路"。

在这群柏林人中间，有一位面色阴郁的25岁的外来者站在弗里德里希大街和菩提树下大街交汇处的角落里生闷气。他不觉得眼前的景象有什么值得庆祝的。

几天前，阿尔弗雷德·罗森堡搭乘火车从他的家乡爱沙尼亚来到柏林。看着这些归来的德国士兵，他震惊于他们的面容：看上去已经冻僵了，一脸茫然，惊魂未定。"就在那一刻，"罗森堡在几年后写道，"德国人民的巨大悲伤刻在了我心里。"[4]

这个画面深植于他的脑海中。他迅速南下，来到慕尼黑，找到了密谋大事的德国民族主义地下组织，发现了一群和他志同道合的激进的反犹太主义者。

几个月后，罗森堡就加入了这支队伍，而且再也没有回头。

* * *

后来，当第三帝国开始崛起时，其中心理念是：德意志人是一个优等种族。人们却不禁注意到：一些国家领袖都没能达到这一理想。正如一个经典的德国笑话所说[5]：一个典型的纳粹党员应当像圆润的戈林一样苗条，像跛脚的戈培尔一样健壮，像希特勒一样一头金发，是的，还要像罗森堡一样，是雅利安人。

"他皮肤黝黑，外表看上去不是很像德国人，"战后，一名英国军官这样描述罗森堡，"大部分纳粹认为他有犹太血统，他一定是'世界上唯一的雅利安罗森堡'。"[6]事实上，在波罗的海沿岸的国家中，罗森堡是一个再普通不过的德意志人的名字。他说他的祖先是18世纪从德国移居来的，先定居在拉脱维亚的里加，然后来到爱沙尼亚的首都雷瓦尔，即塔林。在14世纪，雷瓦尔是德意志人领导的汉萨同盟的一座重要城市，但在饱受瘟疫和战争之苦后，1710年，这座城市向彼得一世投降。到1893年罗森堡出生时，雷瓦尔成为沙皇俄国的一个重要港口。小时候，他还能在这个城市蜿蜒的小巷和古老的庭院中，欣赏到建立之初筑起的防御城墙以及中世纪的建筑。

罗森堡出生两个月后，他的母亲就死于肺结核。父亲管理着一家大型德国公司设立在爱沙尼亚的分支机构。11年后，年仅42岁的父亲也过世了，罗森堡由婶婶们照顾长大。虽然身为一名清教徒，但他并不忠于这一信仰。在教堂里，他拒绝跪拜。在坚信礼课上，他被命令俯伏在上帝面前。"这一跪，"他就此事写道，"在我心里搅起了波澜，此后再也没能平复过。"[7]

他对中学时的美术老师记忆深刻[8]，这位画家老师派他去街上写生，为雷瓦尔画一幅素描。教历史和地理的校长邀请他去一个当地的墓地作考古挖掘，他们在那里发现了一个石瓮、若干水罐和戒指。他算不上优秀学生，但深得老师们的喜欢。17岁时，罗森堡去了里加的技术学院，开始学习建筑工程课程。在课余时间，他阅读了日耳曼民族的长篇小说、冰岛神话、印度《吠陀经》，以及像康德和叔本华这样的哲学家的著作。后来有作家蔑称罗森堡为"一个有着深厚半吊子文化的人"[9]，但在他于里加加入的"鲁邦尼亚学生联合会"的那些男孩眼中，他是"哲学家"[10]。

一天，在一趟往返于雷瓦尔和他祖父母的居住地圣彼得堡的火车上，他遇到了一位引人注目的女士，希尔达·莱斯曼 (Hilde Leesmann)。她是一位富商的千金，比罗森堡年长一岁，聪明又博学，在德国和俄国文化的双重熏陶下长大。她鼓励罗森堡去阅读托尔斯泰的《战争与和平》(War and Peace) 和《安娜·卡列尼娜》(Anna Karenina)。她弹钢琴，让罗森堡聆听到俄罗斯大师级的作曲家的作品。她还送了他一本尼采的《查拉图斯特拉如是说》(Thus Spake Zarathustra)。她在巴黎学舞蹈，罗森堡去看她时，她带他参观了巴黎圣母院和罗浮宫。他们每天都在蒙帕纳斯区那家古老的"圆亭咖啡馆"吃早餐，这也是毕加索和莫迪利亚尼之辈常常光顾的地方。希尔达是一位非常国际化的女性，她被俄罗斯的芭蕾舞所吸引。待罗森堡返回里加后，她还强迫他穿上中世纪的服装在一出儿童剧中担当临时演员。

1915年，罗森堡和希尔达结婚，他们在乡下的一座庄园度过了夏天。罗森堡忙于画画以及阅读，他给希尔达大声朗读歌德的传记。夏天结束时，第一次世界大战使他们不得不离开各自的家园。希尔达全家逃亡至圣彼得堡，而罗森堡所在的整个学院，包括图书馆在内，全都被转移至莫斯科。流亡中的班级散落在莫斯科各地，有的在走廊集合。罗森堡在非市中心的地方租了一间房子，房主是一对夫妇，他和他们一起在兼做卧室的餐厅里吃着朴素的家庭餐。喝茶时，房东总会在膝盖上放一份左翼报纸，大骂"那些当权的恶棍"。罗森堡每周会去外面的餐馆，点上一份油酥点心和一杯淡啤酒，犒赏自己一顿。他所有的社交生活也不过是在特维尔大街上的廉价餐馆里闲晃，这条街是红场通往西北方向的主干道。

　　在罗森堡如饥似渴地阅读托尔斯泰和陀思妥耶夫斯基时，俄国十月革命在他身边爆发了。但罗森堡沉浸于书中的世界，两耳不闻窗外事。一天清晨，他乘火车前往莫斯科，发现广场上、大街上到处人山人海。"人们欣喜若狂，在陌生人的肩上喜极而泣，"他后来写道，"数百万人像精神错乱了一样。"[11]

　　1917年，罗森堡获悉在北方恶劣的气候条件下，希尔达的健康状况急转直下。她得了肺结核，家人把她打发到克里米亚去疗养。罗森堡中断了学业，去那里陪她。几个月后，他们再次收拾行李，回到了爱沙尼亚。希尔达只能卧床，罗森堡便在床边为她朗读，同时还完成了毕业设计。考虑到他的专业道路，他设计了一个火葬场，这有点儿让人毛骨悚然。尽管当时的莫斯科动荡不安，他还是回到了俄国参加学院举行的期末考试，等他返回爱沙尼亚时，正巧目睹了德军进驻他的家乡。

他没有在雷瓦尔逗留很久。他在一所学校当美术老师,教了"相当不情愿的年轻人"几个月,还靠售卖旧城的插图挣钱。可爱沙尼亚没什么值得他留恋的,于是他加入了成千上万的德意志人的队伍,在1918年11月俄军入侵前逃离了这里。

在离开之前,他发表了第一次公开演讲,那是"黑头兄弟会"在礼堂举行的一次大会。"黑头兄弟会"是雷瓦尔的商人和船主组织起来的一个民间协会。这是他将来要做的无数场演讲的序曲。罗森堡慷慨陈词,称犹太主义和马克思主义的邪恶联盟拖累了俄国。据记录,一名犹太商人当场就闹哄哄地带着他的同胞们离开了会场,以示抗议。[12]

然后,在同一天晚上,罗森堡出发前往德国。在之后20多年的时光里,他再也没有返回过他的家乡。

"火车离开了雷瓦尔。俄国,连同与她有关的记忆,以及她难以预测的未来,在我身后渐渐远去。"罗森堡写道,"这座我少年时居住的城市,连同她的高塔、老街,以及曾经一起生活过的人们都一起留在了身后。我离开我的家乡,是为了寻找我自己的祖国……因此我来到了帝国。一个一开始完全醉心于艺术、哲学和历史的人,一个从没想过会沾染政治的人……生活拉着我往前走,我只是亦步亦趋。"[13]

* * *

罗森堡筹备着与著名建筑师彼得·贝伦斯(Peter Behrens)在柏林的面试,他对这座因其颓废的性和文化生活而很快蜚声国际的城市,还是心怀怯畏的。结果,贝伦斯是一位有着现代主义天赋的设计师,并不是罗森堡要寻找的导师。他放弃了面试,迅速南下,前往慕尼黑。

慕尼黑横跨在伊萨尔河上,位于白雪皑皑的阿尔卑斯山山脚下,天气晴朗时，耸立在南边的阿尔卑斯山宛如美术大师绘制的巨幅舞台背景。慕尼黑人很保守，笃信天主教，以其友好的态度和啤酒而闻名，尤其是皇家啤酒屋和修道院内的奥古斯丁啤酒坊更负盛名。这座城市在维特尔斯巴赫家族的统治下长达7个世纪。从1825年到1848年，路德维希一世在位期间，便开始了雄心勃勃的建筑改造工作，他带领慕尼黑跻身于欧洲大城市行列。一条崭新的大道——当然被称为路德维希大街——从市中心往北延伸，两边是意大利风格的大学和图书馆建筑。一座新的广场——国王广场也建成了，周围是新古典主义博物馆建筑群，旨在展示希腊、罗马和埃及的雕塑，以及维特尔斯巴赫家族蔚为壮观的古典绘画大师的名作。

世纪之交，慕尼黑成了有名的德国文化艺术中心，号称"伊萨尔河上的雅典"[14]。画家、雕塑家、作家、知识分子和音乐家都涌入这个城市，慕尼黑得到了来自贵族们的大量金钱投资和关注。这里还常常举办展览、游行和舞会来赞美这些艺术家。前卫的表演者讽刺了这个以帝王权威著称的国家的沉闷现状，一个名叫"施瓦宾"(Schwabing)的自由社区里兴起了一个波西米亚群体。"真正的施瓦宾人，"历史学家大卫·克莱·拉奇 (David Clay Large) 后来写道，"对咖啡馆的喜爱要超过啤酒坊。"[15]在无政府主义者、共产主义者、达达主义者[1]和小说家等人常常光顾的斯蒂芬妮咖啡馆里，大理石桌的四周常常烟雾缭绕，他们谈论诗歌和政治。这里更有名的是它反讽性的绰号——"自大咖啡馆"。列宁在发起俄国十月革命前就住在施瓦宾；从1913年春到1914年夏，希特勒第一次来慕尼黑期间也住在施瓦宾社区边上的一间屋子里。罗森堡熟悉了这座巴伐利亚王国的都城后，搬到了施瓦宾以南巴雷尔路上的一处住所，这里距皇家艺术画廊、大学以及慕尼黑艺术学院仅几个街区。

罗森堡到来时,慕尼黑正在经历失业、饥荒和激烈的动荡。[16]第一次世界大战末期,维特尔斯巴赫家族的最后一位国王被迫流亡。城里的革命者得以掌权,并宣布这个东南部的王城成为一个独立的共和国。德国的社会民主党领袖库尔特·艾斯纳(Kurt Eisner)担任总理。艾斯纳是一名犹太人、前记者、反战人士,他是民族主义者的头号公敌。

罗森堡身无分文,又无依无靠,在城市里游荡,注定是要被革命的浪潮席卷的。此时,他的妻子已病得十分严重,父母将她接到瑞士的阿罗萨疗养。他后来写道,他只是"命运的许多继子"[17]中的一个,只能努力在战后的欧洲闯出一条自己的路来。他从家里带来的钱很少,于是开始售卖文章和画作,但这也无济于事。他被迫向救济委员会申请住房,依靠施粥场的白菜汤和小面团来解决一日三餐。他整天都在艺术博物馆里闲逛,或者去路德维希大街上的国家图书馆里看书。

一天,罗森堡走在街上,注意到柱子上张贴了一则舞蹈表演的广告,这名舞蹈演员是他妻子的熟人,早在她生病前他们就认识了。罗森堡根据广告追查到此人。在谈话中,罗森堡提到他在试着推销他写的一些关于俄国革命的文章,这也是他能出售的全部身家了。

这位女士为他引荐了一个人,正是这个人改变了罗森堡的整个人生轨迹。迪特里希·埃卡特(Dietrich Eckart),一个波西米亚人、剧作家、诗人,还是一名新闻工作者,他编辑的周刊《优秀的德国人》(Auf Gut Deutsch, 用浅显的德语写成)成为聚集在慕尼黑的反犹太右翼群体的必读刊物。罗森堡第二天就去见他了。

"接待我的是一位性情暴躁,但还算友好的男士,他的脑袋很引人注目，脸部也很有特点，"罗森堡后来写道，"他把眼镜推到额头上，仔细地打量我。"

"您会雇佣一名攻击耶路撒冷的斗士吗？"[18]罗森堡问道。

"当然。"对方笑着说。

罗森堡把文章递过去。埃卡特第二天就给他打了电话，一顿饭的时间，两人迅速结为朋友和合作伙伴。

罗森堡开始为埃卡特撰稿。大约在同一时间，他发现了一个名叫"修黎社"(Thule Society)的神秘的反犹太组织，正密谋武装推翻艾斯纳政权。历史学家伊恩·克肖(Ian Kershaw)后来写道："其成员清单听上去就是一部慕尼黑的纳粹早期拥护者和领导人的名人录。"[19]在革命发生三个月后，艾斯纳真的在街上遭到一名年轻的右翼分子暗杀；讽刺的是，杀手是因其犹太血统而被"修黎社"拒绝[20]，所以杀了艾斯纳以表忠心。

示威者塞满了各条街道，社会民主党下台了。一群"咖啡馆无政府主义者"短暂接替掌权，提倡经济自由分配。随后，布尔什维克政权上台，开始逮捕富人，试图建立一支共产主义军队用于攻占欧洲。

1919年4月的一天，罗森堡在寒风中加入了玛利亚广场中央正在愤怒地进行时局辩论的人群，他们站在巨大的新哥特式市政厅大门处，市政厅的正面宽300英尺，装饰华丽的拱门、尖顶和圆形石柱已经有些褪色了。罗森堡倚着一个石栏杆，挥舞着一块标语牌，上面写着："德国工人万岁！打倒布尔什维克主义！"[21]他开始在几千人面前大声谴责新政府。但当他发现人们在记录他的强硬言论时——他们在街上大声喝彩，致使他的演讲几度中断——担心被捕的他决定开溜。

罗森堡和埃卡特往南逃到了25英里外的沃尔夫拉茨豪森小镇。

他们离开后,"修黎社"的成员被抓起来作为人质,混乱中,共产党将他们带到一个中学的地下室,一一射杀。5月初,流亡的社会民主党政府组织军队,通过流血政变,重新夺回了慕尼黑,其中不乏处决和杀戮。夏末,魏玛共和国正式成立,巴伐利亚也被纳入这个新国家。

几周以后,罗森堡和埃卡特经过短暂的自我流放后,返回慕尼黑。5月,他们参加了一个新的右翼团体的会议,该团体自称为"德国工人党"。在一家小餐馆里,罗森堡和埃卡特发表了反对犹太人和俄国布尔什维克的长篇大论。

之后,在同年9月一个周五的晚上,一名30岁的德军下士出现在这个新生党派的一次会议上,地点就在施特内克啤酒馆(Sterneckerbräu)。啤酒馆装饰有珠状护墙板、拱形天花板,他们每周都在此聚会。

不久之后,他们改了一个新名字:民族社会主义德国工人党(the National Socialist German Workers' Party)。而其反对者通常会将其简称为一个双音节的名词:Nazi(纳粹)。因为这样更能抓住其绝对的冷酷锋芒。

译者注

[1]达达主义(Dadaism),无政府主义艺术运动,出现于1916年至1923年间。它试图通过废除传统的文化和美学形式发现真正的现实。

第5章 "全国最让人讨厌的报纸!"

阿道夫·希特勒和阿尔弗雷德·罗森堡有许多共同之处。虽然都不在德国本土长大,但他们都着迷于充满英雄神话的德国历史。他们都在年幼时失去了双亲,相比于建筑事业,更热衷绘画、阅读和做白日梦。年轻时，他们都需要靠施粥场的救济来果腹。他们相逢恨晚，很快就发现彼此对当时的重大问题都持有一致看法：教会的破坏性、共产主义的危险性及犹太人的威胁。

希特勒出生在奥地利的布劳瑙[1]，在林茨长大，他比罗森堡大4岁。他的父亲是一名公务员，在1903年过世了。1907年，希特勒搬到维也纳。他试图申请维也纳艺术学院，但没能成功。("美术测试不太令人满意，"考官如是总结，"人物速写欠佳。")他开始了流浪生活，到1909年年末，一直住在无家可归者的收容所里，骨瘦如柴，蓬头垢面。后来他得到了婶婶的现金援助，加上在维也纳周围的酒吧卖画挣得一些收入，得以维持生活，直到1913年继承了父亲的遗产，当时他24岁。同年夏天，他出发前往慕尼黑。他住在一个艺术家聚集区西边的一家商铺楼上，开始售卖一些画有城市地标的风景明信片：皇家啤酒馆、哥特式的圣母教堂和神圣罗马皇帝几个世纪前居住的旧城堡。他爱上了他在德国的新家。"这个城市很有亲切感，"希特勒在后来写道，"好像我已经在这城里住了好多年一样。"[2]

此时，他的偏见还没演变成日后改变整个欧洲面貌的意识形态。[3]从在林茨的日子开始，希特勒就支持奥地利政客格奥尔格·里特尔·冯·舒纳 (Georg Ritter von Schönerer) 的反犹太、反天主教的德国民族主义思想，他在维也纳这个大都市度过的落魄日子只是更强化了这些思想。市长卡尔·吕格尔 (Karl Lueger) 是一位与犹太人不共戴天的反犹太主义者，报刊亭里摆满了右翼报纸，将犹太人描绘成腐化堕落的形象。可如果说希特勒也加入了这样的反犹太大合唱中，他却又丝毫不受影响地继续把画作卖给犹太画商，还赠送给为他弥留之际的母亲进行治疗的犹太医生一幅画。赖恩霍尔德·哈尼施 (Reinhold Hanisch) 是在维也纳的收容所认识希特勒的，他曾帮希特勒在街上卖过画。后来在一部短小的回忆录中他写道：意外的是，希特勒似乎与维也纳的犹太人相处融洽。[4]哈尼施回忆道：他甚至称赞过这个民族，赞赏他们对世界文化所做的贡献。

希特勒逃过了奥地利服兵役的义务，却在第一次世界大战爆发时，自愿加入了巴伐利亚的军队，而军方领导在匆忙中也没有确认他的国籍。战争期间，希特勒负责在司令部和前线之间传达命令，前线的杀戮让他习惯了死亡和人类的不幸。他两次获得铁十字勋章，也曾两度受伤。他喜欢他的战友们，他们称他为"艺术家"，惊叹于他的古怪生活：他不抽烟，不喝酒，没收到过信件，大部分时间都在阅读中度过。

1918年10月，在比利时伊普尔附近的一次芥子气袭击中，希特勒的双眼部分失明，他被送到柏林以北85英里处的帕塞瓦尔克的一家医院，在医院度过了剩余的战争时光。11月21日，也就是罗森堡抵达的前两周，希特勒回到了慕尼黑。

自布尔什维克政权于1919年5月垮台后，巴伐利亚加入了魏玛共和国。德国军方想严格监视巴伐利亚混乱的党派活动。当时有数十个政治组织试图以他们的主张赢得民众支持，而军方高层想确保战败后沮丧的德军被灌输的是一种正确的、民族主义的、反布尔什维克的思想。希特勒加入了德军的宣传团队，成了一名情报人员和讲师。他学习了德国历史和社会主义的课程，并第一次听到经济学家戈特弗里德·费德尔（Gottfried Feder）关于罪恶的犹太金融家的讲座。

那年夏天，希特勒开始了自己的洗脑课程，他用热情的演讲点燃了听众。

曾经听过一次课的听众写信来想弄清楚"犹太问题"：处在开明的社会民主党统治下的德国如何处理这个问题呢？这封信被递到希特勒手上，他写了回信。对于这个日后吞噬他的问题，这是他第一次公开表态，希特勒写道：对犹太人的情感攻击只会引发几起大屠杀而已，这个国家需要的是基于"理智"的反犹太主义。[5]面对严峻的事实，德国人将支持剥夺犹太人的权利，而且最终将他们彻底赶出德国人的生活。

信上签署的日期是1919年9月16日，4天前，希特勒第一次参加了那个日后将成为纳粹党的组织的会议。

希特勒的上司卡尔·迈耶 (Karl Mayr) 上尉将他派到施特内克啤酒馆去监督这个新兴组织，结果他自己却走上讲台，发表了热烈的讲话，以致该党派的创始人安东·德雷克斯勒 (Anton Drexler) 塞给他一本小册子，敦促他赶紧下去。遵照迈耶的命令，希特勒加入了这一党派。但当他真正入党后，他就不仅仅是一名间谍了。他很快察觉这个党派的思想与他的非常一致，而且该党派人数尚少，他有机会成为领袖。不久之后，纳粹党就成了他的生命，而他成了右翼势力中最具魅力的新领袖。

1919年年末的一天，在希特勒拜访埃卡特时，罗森堡见到了这位纳粹党未来的领袖。罗森堡和希特勒谈到了古罗马和共产主义，以及战败后的德国路在何方。"如果我说我被他打动了，并立即成了他的忠实信徒，那是在撒谎。"[6]战后罗森堡在纽伦堡的监狱中这样写道。

为纳粹党筹集资金的富人支持者库尔特·吕德克 (Kurt Lüdecke) 写得更加直接：罗森堡实际上"并不崇拜希特勒的才智"[7]。

尽管如此，和所有人一样，罗森堡一听到希特勒的公开演讲，就迅速被他折服。"在这里，我见到一名德国前线的战士开始了他的演讲，条理清晰，令人信服，他完全是凭着一个自由人的勇气在孤军奋战。"[8]在一封信中，罗森堡这样描述希特勒的第一次演讲，"演讲仅仅开始了15分钟，我就被阿道夫·希特勒吸引住了。"

未来他会明白他与希特勒的第一次会面意味着什么：这是他人生最重要的一个转折点，这次短暂的会面"改变了我的整个命运，并让我的个人命运与整个德意志民族的命运融为一体"[9]。

* * *

1920年12月，新兴的纳粹党收购了一份小报，发誓"将它发展成德意志人打击反德国的仇恨势力的最无情的武器"[10]。收购资金一部分来自一名德国军官。这不免引人猜想，这些钱可能是来自一个秘密军事账户。此外，一些小赞助者、富裕的私人捐赠者以及一个民族主义组织的捐赠，让这份报纸得以维持运营。但在纳粹党收购以前，这家报纸就已经处于负债状态。所以在早期，人们关于这份小报能否真正付印并最终摆在报刊亭里一直存疑。

希特勒开始在演讲中大力推荐其支持者购买这份"全国最让人讨厌的报纸！"[11]

《人民观察家报》(*Völkischer Beobachter*)的社址位于谢林大街39号[12]，从罗森堡家拐个弯就到了。这是一个典型的新闻编辑部——一名工作人员回忆道："里面混乱不堪：电话响个不停，编辑在训话，人来人往，嘈杂声不绝于耳。"[13]不过不像编辑部的是，这栋房子也是希特勒的私人军队纳粹冲锋队的司令部，这些暴徒偶尔也会在办公室附近晃荡，一边把玩手中的枪支，一边侃大山。

上午，希特勒常常会在报社待上好几个小时，和访客们滔滔不绝地大谈一通，而谢林大街上的餐馆和咖啡馆成了纳粹党的活动场所。隔壁街区拐角处的"谢林沙龙"餐厅就是希特勒最钟情的餐馆之一，它有着典型的洋葱式圆顶，一直是纳粹党聚会的据点，直到主人拒绝继续赊账给希特勒。相隔几家店面，有一家名叫"巴伐利亚酒馆"的意大利餐厅，木板墙的四周，自然风光较好，希特勒也是这里的常客。希特勒和他的客人们喜欢在前门的一间凹室用餐，门帘合上后很是隐蔽。有时候他们会沿着路德维希大街一直走到"赫克咖啡馆"，从咖啡馆朝外望去，是优雅的文艺复兴时期的王宫花园。如果天气晴好，他们会坐在树下，围坐在镔铁椅子上，中间是铺着格子布的桌子。

在慕尼黑的最初几年，罗森堡只要是醒着的时间，大部分都在谢林大街39号度过，一开始是在埃卡特担任编辑的纳粹党官方喉舌刊物工作，过了一段时间，他开始承担更多的工作，直到后来他在某种意义上成了主笔。他的文章常常很拗口，需要修改。他和埃卡特出版的这份报纸没有马上得到希特勒的认可。希特勒想要他们为大众写作，要能够吸引人民的注意力，引导人们用纳粹的方式来看待这个世界。

"一开始，《人民观察家报》如此曲高和寡，连我都很难理解，"希特勒后来说，"我当然知道妇女们肯定是完全看不懂的！"[14]

可报纸上刊登的文章远远不限于罗森堡个人晦涩难懂的沉思[15]，还有从通讯社发来的报道，有从其他报纸上剽窃来的故事，有关于体育和艺术的小文，有来自支持者的投稿，有政治漫画、笑话、希特勒的文章和演讲，有纳粹的公告（"这里就是我们明天的战场"），有小说连载，还有颇具小报风格的关于血腥犯罪的报道——主要展现了犹太人凶残的性侵犯罪，一些报道还配有插图。

因为是一份党报，所以每篇文章都要经过思想上的过滤，过滤后的文章变得歇斯底里而充满讽刺。记者们批判了魏玛共和国的每一桩丑闻，还写了很多牵涉多位著名政客和四位巴尔马特家族的犹太兄弟的腐败故事，形成了"巴尔马特系列"。

报纸的作者们喜欢在他们敌人的言论后插入表示讽刺的感叹号。他们这样引用人人憎恨的柏林副警长伯恩德·魏斯（Bernhard Weiss）的话："对于胡说八道的（!!!）希特勒以及煽风点火的（!!）戈培尔，我们不能当真（!!!）。"[16]在体育版面，读者发现报道的一些运动具有军国主义的实用性，比如远足、体操和军训。而文化版面则在哀叹犹太人对文化的负面影响。报纸甚至还援引了一些色情性质的反犹太文章，其中朱利叶斯·施特赖歇尔（Julius Streicher）编辑的《先锋报》（Der Stürmer）最为有名，希特勒是其忠实读者。

"我十分确定，当时的他对人性已经绝望，"希特勒后来对罗森堡的编辑风格评论道，"他发现他越是降低报纸的文化水平，报纸的销量就越高，这一点更强化了他对人类的鄙视！"[17]

1923年，一名贵族支持者卖掉了她持有的一部分外国股票，帮助报纸转型成一份日报。还有一名上层中产阶级人士恩斯特·汉夫施丹格尔（Ernst Hanfstaengl），他毕业于哈佛大学，回到德国后成了希特勒的随员。他借给纳粹党1000美元用于购买新的印刷机，这样纳粹党报的印刷量就能增加，也能像美国的大型报纸一样吸引更多读者的注意了。报纸的成长也恰逢罗森堡个人在报社的晋升期。埃卡特太过放荡不羁，无法按照出版日报的节奏来生活，被迫辞职了。满揣着现金的希特勒陪同新官上任的主编去采购桌子，罗森堡选了一张有活动盖板的办公桌,以更好地遮掩他特有的凌乱。"希特勒像个孩子一样,很是满意,"罗森堡回忆道,"又前进了一步!"到11月,这份纳粹党报的订阅者达到了3万人。

希特勒对这位沉闷乏味的作者的欣赏,让其他纳粹头目迷惑不解。"罗森堡是一个如此让人扫兴的家伙。"[18]汉夫施丹格尔写道。汉夫施丹格尔就是人们所熟知的普奇,爱唠叨的他拥有强固的社会关系,后来成了希特勒的社交秘书。汉夫施丹格尔对罗森堡的抱怨滔滔不绝,比如:说他"本质上就是个文盲"[19];当汉夫施丹格尔和他说话时,他有个讨厌的习惯,总喜欢从牙齿间发出口哨声;他的"品味和菜场小贩的驴子一样糟糕";他每天都穿着同一件脏兮兮的衬衫,"他的理论是:干洗衬衫就是浪费钱,不如等到不能再穿了的时候(按他的标准)直接丢掉"。

但其中最严重的是,汉夫施丹格尔相信罗森堡只是假装内行,如果纳粹的领导人继续听他胡说,那么整个运动就会搁浅。

* * *

虽然埋头苦读多年,博览多本大部头巨著,但罗森堡并不是一个富有远见的思想家。他的思想是从他读到的作家和思想家那里剽窃而来的[20],经过修改,以迎合当时的读者。罗森堡真正的贡献在于他将十八九世纪的一些哲学思想引入纳粹党内,为纳粹激进分子提供了他们试图改变欧洲历史进程所需要的正当理由。

理想的、至高无上的"雅利安"民族是高大的、苗条的、强壮的、金发碧眼的,奇怪的是,这一概念是从比较语言学中进化而来的。[21]在18世纪,生活在印度的英国学者威廉·琼斯(William Jones)爵士意外发现了梵语、希腊语和拉丁语之间的相似之处，并且给说这些语言的人取了一个名字：雅利安，这是一个梵语词，意为"高贵的"。同时，其他研究者将这些语言归类到一个包含40多种语言的语系里，这些语言都有这样的相似性，其中包括英语和德语。

在19世纪，这一简单的发现被思想家们扭曲到几乎变形。他们纠结于印度人和欧洲人怎么会说这么相似的语言呢。有人想象，一个喜马拉雅勇士队一路往西征服了德国，另一位又说应该是相反的——是雅利安人从他们的故土德国出发，往东扩张。

19世纪时，民族主义哲学家将这一存在高度争议的伪学术概念作为"德国例外论"的实例基础。这些学者及其后来人存在一个盲点，那就是这些雅利安人间的相似之处在于语言，而不在于人种。

1853年，法国贵族外交官约瑟夫·阿瑟·德·戈比诺（Joseph Arthur de Gobineau）伯爵出版了一部很有影响力的四卷本著作：《论人类种族间的不平等》（*Esay on the Inequity of the Human Races*）。在书中，他总结道：世界历史只有通过种族主义的透镜才能被完全理解。用他的话说，白人，尤其是那些神话般的日耳曼"雅利安人"，要比其他任何种族都优越，人类文明的每一个重要成就都是他们取得的，只有保证这个种族的纯粹性才能确保他们继续繁荣。

然后是休斯顿·斯图尔特·张伯伦（Houston Stewart Chamberlain），这位家族中出过上将和元帅的英国人却爱上了德国。青少年时期，张伯伦受教于一名普鲁士导师，后来加入了德国国籍，与作曲家理查德·瓦格纳及其妻子科西玛结为朋友，还迎娶了他们的女儿伊娃。他和德皇威廉二世展开了热烈的通信。张伯伦写道，他被恶魔困扰，其中一个蛊惑他去写一本书——《19世纪的基础》（*The Foundations of the Nineteenth*）。

该书出版于1899年，20年后，罗森堡的报纸将其誉为"纳粹运动的福音"[22]。书中，张伯伦争辩说：在物种上更为优越的条顿人，尤其是德意志人，理应统治这个世界。这是一个科学事实。这是写在血液里的。

罗森堡回忆说：在青少年时读到《19世纪的基础》一书时，"一个新的世界为我打开了……我只能说是的，是的，是的……我发现了一个对犹太问题的重要洞见，它一直抓着我，再也没有放开"[23]。

在自己开始着笔撰写那扭曲的张伯伦式的历史之前，罗森堡花了大量的时间来炮制更浅显的种族主义言论。他最初出版的四本书宣传了一种充满妄想、痴迷，最重要的是，充满偏执的反犹太主义。"历史上从未有过，"一位学者写道，"比罗森堡更加直白、更加强硬的反犹太辩论家。"[24]

罗森堡在他1920年出版的《历代犹太人的轨迹》(*The Track of the Jew Through the Ages*) 中宣称，犹太人是困扰世界的一切问题之源。如果他们遭受迫害，也是咎由自取。这个民族贪婪而没有道德。"如果有人读过关于中世纪犹太人贸易的报道……我们会注意到作者不断为犹太人的狡诈而感到震惊，"罗森堡写道，"作者讲述了犹太人重复做假账、伪装破产……他们使用希伯来语写的期票，对方出于信任收取后，发现翻译过来只是一张空头支票；在买家付账后调包商品：买家会发现购买的商品不翼而飞，只剩下石头和稻草。"[25]

作为"天生的阴谋家"，犹太人没有内在的道德规范，因此他们的领袖制定了一套复杂的技术规范，一种"混乱的法律"。犹太人不可能成为公正的法官或公职人员，因为他们的信仰要求他们只平等对待他们的"选民"同胞。他们对异教徒是不能容忍的。"客观地说，犹太人所走的每一步都是在背叛他们的民族。"罗森堡坚持认为，他们本来不应该被威廉皇帝解放,不应该被允许进入德国社会,也不应被允许经营报社和企业。

"我们不能允许和忽视一个毒瘤这样四处流窜,他们是无药可救的,是低人一等的。"[26]

"犹太人,"第二年罗森堡在《共济会之罪》(The Crime of Freemasonry)中写道,"是撒旦梅菲斯特[1]选出来毒害所有其他民族的瘟疫,梅菲斯特就是偷偷跟着浮士德,以随时攻击他的任何一个弱点,然后将他拖入泥潭之中的。"[27]犹太人也许可以试着转变,可以接受十次洗礼,但他们血液中的邪恶是无法改变的。

罗森堡参与了宣传具有欺骗性的《犹太贤士议定书》(Protocols of the Elders of Zion),该书于1903年首次在俄国出版,号称记录了一次秘密的犹太人领导会议,他们密谋通过发动战争制造动荡、通过控制经济、通过新闻媒体传播无神论和自由主义等手段来控制世界。

这一臭名昭著的骗局从何而来至今成谜。长期以来,人们一直认为那是世纪之交时,沙皇秘密警察将剽窃来的资料拼凑在一起写成的。那些反布尔什维克的俄国人为了逃离共产主义革命,将此书带出了俄国,很快它就在全世界出版发行了。

1919年,《犹太贤士议定书》出现在德国市面上。罗森堡的第一个老板,也就是出版商埃卡特对这样阴暗的犹太阴谋,感到"难以形容的恐怖";显然他将此呈给了希特勒。[28]到1921年,伦敦的《泰晤士报》(Times of London)已经披露《犹太贤士议定书》纯属虚构,但在罗森堡两年后出版的评论中,他仍然坚称该书的真实性并无疑议。他辩称,该书与其他记录是吻合的,是犹太人全球战略的真实概要。[29]

罗森堡还为纳粹党的官方纲领《二十五点纲领》(Twenty-five-point

Platform)写下了概述性和解释性的正式评论。那些年,纳粹党员也不得不将罗森堡看成是纳粹党意识形态领域的一个权威声音,是纳粹主义发展过程中的主导力量。一些纳粹分子在20世纪30年代脱离纳粹逃离德国,根据他们之后所写的回忆录,罗森堡是早期对希特勒产生影响的关键人物。另一名逃离者奥托·施特拉瑟(Otto Strasser)在1923年也声称,罗森堡"是阿道夫·希特勒背后无可争议的大脑"[30]。

希特勒早期的支持者库尔特·吕德克回忆说,希特勒告诉他要特别关注罗森堡在外交政策方面的观点。

"你还没见过罗森堡?"希特勒有一天问他,"你一定要多了解他,和他处好关系。他是唯一一个我会听取意见的人。他是一位思想家。"[31]

* * *

当然,希特勒否认他是受人摆布的木偶。在《我的奋斗》中,他描述了一次戏剧性的顿悟,当时他还住在维也纳的街上,20岁出头,他突然意识到了犹太人的邪恶。关于他在维也纳生活的种种记录表明,希特勒的反犹倾向是在第一次世界大战德国战败以后才变得更为激进的,但为了用他的人格魅力来凝聚纳粹运动,他需要让人们相信,他是从详尽的研究和个人的经历中获得了这样的启示,他需要将自己塑造成一个不受干扰的独立个体。历史学家伊恩·克肖写道,正是这些让他"成为一场民族运动的领袖……成为德国即将迎来的'伟大领袖'"[32]。

历史学家理查德·埃文斯(Richard Evans)写道,希特勒的演讲方式让他看上去很像奋兴布道会[2]上的男高音布道者。[33]有着戏剧天分的他,一开始娓娓道来,有条不紊地引出一个振奋人心的结论,他声音洪亮，头发贴在微微出汗的前额上，双手在空气中大幅挥舞着。希特勒是一个彻头彻尾的政客，他将个人经历和德国的艰难时期联系在一起，在这样一个动乱和通货膨胀的时代，这一套总是能击中人心。他用犀利的语言来抨击革命，抨击共和国，抨击他认为在背后捣鬼的犹太人。"别以为不杀死病毒，不消灭细菌，你就能治愈一场疾病，"他在一次臭名昭著的演讲中怒斥道，"别以为让人们远离了病源，就能战胜这场种族结核病。"[34]

到1920年下半年，希特勒在他的演讲中增加了一个重要的新元素。他开始发出明确的警告，称犹太人将布尔什维克带到了俄国，现在又欲将其强加给德国。红星是俄国的象征，就相当于"犹太教堂的标志——六芒星，六芒星是全世界犹太人的象征，犹太人的主权已从符拉迪沃斯托克拓展到了西方，这颗金色的星星对于犹太人来说就是闪烁的黄金"[35]。德国人可以自己选择：要么生活在俄国的红星下，要么生活在民族主义者的卐字符下。

这就是罗森堡对希特勒的贡献。希特勒直到1920年夏才承认他对俄国并不了解。所有的情况都是他那位说着俄语的随员[3]提供的。[36]

罗森堡从到达慕尼黑的那一刻起，就在努力将自己塑造成一位俄国问题的专家。他争辩说他和其他人一样了解共产主义的危险性，因为1917年他就身在莫斯科，当时正值共产主义革命的第一阶段。罗森堡在他发表的第一篇文章中提到了这次"俄国犹太革命"[37]，该文于1919年发表在埃卡特主编的报纸上。

在希特勒看来，罗森堡把虚假的犹太人全球阴谋论和俄国共产主义革命联了起来。用一位历史学家的话说，罗森堡的公式就是"俄国=布尔什维克主义=犹太人"[38]，其实远不只这些，罗森堡还认为，犹太人不仅仅意图控制俄国和德国，更是志在整个世界，他们想同时支配资本主义和共产主义。这就是犹太人的大阴谋，他们在暗中操纵一切，在二者间玩弄手段，从中渔利。因为在慕尼黑刚刚发生了短暂但血腥的1919年共产主义革命，所以罗森堡的读者和希特勒的追随者们不难想象，如果红军统治德国大地，末日即将来临。难道还没有见到共产党掌权的后果吗？共产党威胁着要没收所有私有武器，大罢工开始上演，食物极度短缺，警察随意逮捕公民，草菅人命。正如他们在莫斯科的所作所为，正如他们在慕尼黑试图采取的行动，犹太人将处决任何以及一切反对者，希特勒还保证说："只要你们肩膀上有颗脑袋，只要你们不是犹太人，你们就肯定会上绞刑架的。"[39]

在1922年7月28日于慕尼黑进行的一次典型演讲中，希特勒告诉他的听众，俄国"证券交易所的犹太人"正乔装成支持工人的马克思主义拥护者。"这是一场巨大的骗局：在世界历史上都是罕见的。"[40]

犹太人已经严重摧毁了俄国，他们将继续图谋不轨，"直到全世界都走向毁灭"。

"今天整个俄国已经无可炫耀，只剩下一堆破败的文明的废墟。"他说，犹太人——"贪得无厌，永不满足"——正在窃取一切。"他们将教会的财富据为己有，而并非反哺人民：哦，不！一切都在偏离正道，且无可挽回……俄国已经无力回天，而现在德国正在步其后尘。"

犹太人想让这个曾经伟大的德国"毫无还击之力"，让他们的人民"毫无防备之心"。如果有人认为保持沉默、明哲保身是明智之举，希特勒向他们保证，那注定会走向灭亡。"不，我的朋友。唯一的区别是，当我被绞死时，我还在喋喋不休，而当你走向绞刑架时——是沉默无语的。关于这一点，俄国也给了我们无数的前车之鉴，对于我们而言,也是同样的命运。"

希特勒宣称,对以犹太人为首在德国建立苏维埃专政的唯一合理反应是:我们必须还击。"这一点是毋庸置疑的:我们不会任由犹太人割破我们的喉咙,而不防御。"

几个月后,在另一个舞台上,希特勒保证说,这将是一场殊死之战。他告诉他的信徒们:要么我们死,要么他们亡。犹太人和纳粹无法共存于未来的德国。"我们知道,如果他们上台,我们的头颅将滚落沙地,"他说,"但我们也清楚如果我们掌权了,那是上帝对我们的慈悲!"[41]

* * *

魏玛共和国诞生后的几年里,接二连三的选举让政坛动荡不安。[42]德国一共产生过20届不同的内阁,各个政党为了赢得国会选举而争战不休:社会民主党、德国民主党、天主教中央党、共产党、民族社会主义工人党。军事债务沉重,处在向和平经济的过渡阶段,工业被破坏严重,以及《凡尔赛条约》(The Versailles Peace Treaty)中协约国向德国征收巨额战争赔款——这一切都让德国经济陷入了困境,通货膨胀到了荒谬绝伦的地步。在1923年,一度出现这种局面:1美元兑换4万多亿马克。

那年夏天,希特勒开始叫嚣着要推翻这个让人憎恶的共和国。巴伐利亚州总督古斯塔夫·里特尔·冯·卡尔(Gustav Ritter von Kahr)对此做出反应,禁止了一系列有组织的纳粹集会,并命令罗森堡关闭报社。

受挫的希特勒认为时机终于到了,决定发动政变,夺取权力。[43]他身后有一位关键的盟友,埃里希·鲁登道夫(Erich Ludendorff)将军,他曾在一战中和保罗·冯·兴登堡(Paul von Hindenburg)将军一道统率德国军队,到1923年时,他已是德国最有影响力的右翼人物。

希特勒也有后盾:在民族主义准军事团体联盟中,有一支1.5万人的冲锋队,他们的领导是未来第三帝国的重要领袖之一,以发福的身材和强势的气场著称。

他就是赫尔曼·戈林。戈林喋喋不休,欲壑难填,行事作风极其残忍。他幼年有段时间是在一座中世纪的城堡中度过的[44],城堡的主人是他妈妈的情人,一位有着一半犹太血统的奥地利医生。置身于古老的城墙、塔楼和装饰性盔甲之间,年幼的戈林对德国神话般的历史充满了幻想,历史上,英勇的条顿骑士曾以铁骑横扫欧洲。

一开始戈林是一名叛逆的学生,上了军事学院后,他迅速成长。他所在的普鲁士军事学院相当于"德国的西点军校"。第一次世界大战伊始,他在步兵团担任军官,并获得铁十字勋章。

虽然膝盖受损,但运气不错,戈林去了飞行学校。他在一架双座飞机上担任侦察员,在遭受攻击的情况下还能拍下敌人防御工事的照片,这一能力为他赢得了军方领导的关注。很快他学会了驾驶战斗机,装有机枪的战斗机是一项新发明,到一战结束时,他击毁了22架敌机。1918年,戈林担任一个由精英战斗机飞行员组成的中队——里希特霍芬飞行中队——的指挥官,这也是传奇人物"红色男爵"[4]至死担任指挥官的中队。

戈林对一战结束时德国的投降感到愤怒,他决心参与到让德国重返荣光的事业中去。"我要让今晚在座的每一个人都对那些激怒我们德国人和德国传统的讨厌鬼怀抱仇恨:深刻的、持久的仇恨,"他在1918年对红色革命的一次抗议中说道,"但是那一天终将到来,我们会把他们赶出德国。为那一天做好准备吧。为那一天武装好你们自己吧。为那一天奋斗。它一定会到来的。"[45]

4年后，这位牢骚满腹的战斗英雄与希特勒一拍即合，及时帮助了试图推翻巴伐利亚政府的纳粹党。

可问题是何时出手。罗森堡和另外一名来自东方的流亡者马克斯·欧文·冯·休博纳–里希特 (Max Erwin von Scheubner-Richter) 主张将冯·卡尔劫为人质，迫使他同意在柏林的游行。纳粹党计划在11月8日采取行动，届时冯·卡尔将在市民啤酒馆发表演说，军队司令和警长也将陪伴左右。

那天早上，罗森堡正在位于谢林大街的报社办公室兼冲锋队司令部上班。大楼里开始热闹起来，汉夫施丹格尔注意到罗森堡照例穿着没洗的衬衫，系着脏兮兮的领带，一把手枪安静地躺在他的桌上。

希特勒手拿皮鞭，快步走进罗森堡的办公室。"今晚，我们行动，"他告诉罗森堡，"带上你的手枪。"[46]

罗森堡戴上他的棕色软呢帽，穿上一件军大衣，坐进了希特勒及其保镖所乘坐的红色梅赛德斯奔驰汽车，他们跨过伊萨尔河，向啤酒馆进发。而戈林所率领的冲锋队员正全副武装，头戴钢盔，在晚上8点半刚过就将市民啤酒馆团团围住。在主入口架设了一挺机枪，纳粹大摇大摆地走进啤酒馆的前厅，持手枪的罗森堡紧跟希特勒左右。

骚乱开始了。穿着黑色晨礼服、戴着铁十字勋章的希特勒对着天花板开枪示意，宣布革命已经开始，他跨过桌子来到讲台前。巴伐利亚的领袖们被押送到了后面的房间。

戈林努力想让人群平静下来（"你的啤酒来了！"），而希特勒则没那么客气了，他试图劝说冯·卡尔和其他人加入他的政变。他们拒绝和他说话。"没有我的允许,没人能活着离开这个房间!"他大喊道。很快,鲁登道夫出现了,他也加入紧张的谈判中,巴伐利亚的领导人最终同意合作。

伴随着人群的欢呼声和《德意志高于一切》(Deutschland Über Alles) 的国歌声,希特勒在啤酒馆宣布政变。

罗森堡冲回报社监督关于革命的官方声明的印刷出版。当他向员工宣布这一消息时,办公室爆发出热烈的掌声。

"对于我们来说只有一种选择,"罗森堡告诉他们,"我们的明天,要么建立德国国民政府,要么就是走向死亡。"[47]

一位编辑口述了一段导语:"德国从他狂热的梦中醒来,一个伟大的新世纪拨开乌云,流光闪烁,暗夜被照亮,白昼来临了,伟大荣耀的德意志之鹰将再次翱翔!"[48]

但报纸还没面世,这次暴动就已经失败了。

纳粹没能占领关键的军营。希特勒没来得及确认被抓的巴伐利亚领袖们是否还在关押之中,就逃离了啤酒馆。鲁登道夫让冯·卡尔和其他人逃脱了。他们迅速展开行动,粉碎了这次暴动。革命分子并没有控制好通信线路,冯·卡尔通过广播谴责这些密谋者,并命令解散纳粹党,他的亲信部队很快被召集起来。

第二天早上,下雪了。这天正是魏玛共和国成立五周年纪念日,可在纳粹眼中,这是黑色的一天,"11月的罪犯们"背叛了德国。纳粹党迫切想为他们搞砸的政变展示一点儿实力,他们决定游行到慕尼黑市中心,寄望于通过展示他们庞大的数量赢得军队和警察的倒戈。

革命分子从啤酒馆出发,一队有2000人。一开始看上去更像一场葬礼游行,但当他们抵达市中心,见到更多的人群开始加入时,一度以为能够占据上风。罗森堡走在第二排,他前面是戈林、鲁登道夫和希特勒,希特勒紧紧挽着休博纳-里希特的胳膊。游行者抵达玛利亚广场和市政厅,然后右转,继续沿着皇宫街往北向音乐厅广场行进。

当游行队伍行进到纪念巴伐利亚将帅们的纪念堂——统帅堂时,100名警察正在此严阵以待。

"快投降吧!"希特勒喊道。

警察们掏出了武器,一声枪响打破了寂静。

不到1分钟,一连串的子弹刺破了天空。休博纳-里希特脑袋中枪,倒地而亡,希特勒也跟着被拽倒,导致肩膀脱臼。戈林腹股沟处中枪,而没有上过一次战场的罗森堡,在枪战一开始就立刻躲到街上去了。游行时走在他旁边的小玩具店老板奥斯卡·科尔纳(Oskar Körner)没能逃过一劫。和没有负伤的罗森堡一样,希特勒和戈林也逃离了混乱的现场。最后一共有16名纳粹党员和4名警察死亡。毫发无损的鲁登道夫最后大步流星地一路朝警察走去,他被捕了。

希特勒被紧急送上一辆早就在等候的车子,车上有医护人员,他们很快出现在汉夫施丹格尔位于慕尼黑以南的住所。受伤的希特勒郁郁不乐,还可能有点儿自杀倾向。想到自己很快就会被捕,他拿起一支笔,草草写下一封短信,向他的追随者们宣布临时的纳粹党领袖人选。他还特别留了消息给罗森堡。随后,身穿白色睡衣的他被带到位于莱希河畔兰茨贝格的监狱里,住在7号牢房。

当得知希特勒为纳粹党不久的将来所做的决定时,没有人比罗森堡更为惊讶了。

"亲爱的罗森堡,"希特勒的字条这样写道,"从现在开始,你将领导我们的运动。"[49]

* * *

事实很快证明，罗森堡完全不适合做行政领导。[50]后来，一些纳粹党人揣测这正是希特勒选择他的原因。很显然，希特勒希望在出狱后重新掌舵，他不想将纳粹党移交给一位潜在的强大对手。而同时，他对未来也不确定。要挨过一段漫长的监狱生涯，还是会被驱逐回奥地利？他受了伤，身心饱受煎熬，在匆忙下达的指令中，他选择了最忠诚的"老战士"(纳粹党人这样称呼他们的元老)。

当监狱里的希特勒整日用打字机撰写《我的奋斗》时，纳粹党在罗森堡的领导下开始四分五裂。被宣布为非法组织后，纳粹党的财政被冻结了，罗森堡在12月3日的备忘录中第一次将这个消息告诉他的同胞，他们将转为一个地下组织。(信上写着警示语："秘密件"，"阅后即焚"。[51])罗森堡开始使用化名，罗尔夫·埃迪哈尔特 (Rolf Eidhalt)[52]——正是"阿道夫·希特勒"(Adolf Hitler) 的变位词。

在慕尼黑的枪战中幸存下来的一队纳粹党员在萨尔茨堡集合，他们试着去找罗森堡，可很难找到。害怕被捕的罗森堡总是不断在夜间搬家。

即使是罗森堡的盟友吕德克也说纳粹党目前居无定所。"他也不能帮我们引路。"[53]

1924年1月，罗森堡成立了"大德意志民族共同体"，打算以此来取代被取缔的纳粹党。可即使有希特勒的加持，罗森堡还是很难将互相竞争的派系聚在他的旗下。他的策略是把纳粹党从革命团体转型为合法的政党。春天，这个新的党派和其他极右的团体组合在一起，推选出参加巴伐利亚议会和国会选举的候选人。可当一个民族主义竞争党派——德意志人民自由党在选举中赢得了更多选票时，他们建议纳粹党并入进来，希特勒拒绝了——宣称在他出狱前，都不再参与任何政治活动。

没有希特勒的支持，当局试图统一极右党派的尝试实际上结束了，而罗森堡从希特勒手中接过烫手山芋、作为代理党首的短暂生涯也告终了。在一场由于内部竞争而四分五裂的民族主义运动中，罗森堡的权力被削弱，被边缘化的他最终被赶下了台。[54]

1924年12月20日，希特勒被放出了监狱，很快在党内重掌大权。对于罗森堡冒险涉足选举政治的行为，他很愤怒，尽管这也正是他自己下一步的行动计划。在《人民观察家报》重新开张后，希特勒写了一篇头条文章，将他不在位期间党内的过失全推到了鲁登道夫和罗森堡身上。

罗森堡没有参加热闹的纳粹党重启仪式，这一仪式于1925年2月在慕尼黑拥挤的市民啤酒馆举行。"我不会再参加那场闹剧了，"罗森堡告诉吕德克，"我知道希特勒想要那种兄弟相亲的效果。"[55]前一年还大打出手的对手们步上讲台，握手言和，然后在希特勒身后站成一排，但罗森堡不愿相逢一笑泯恩仇，他对党内的死敌提起诽谤诉讼。

希特勒坚持要罗森堡撤销诉讼。作为交换，希特勒提出让罗森堡重新掌管党报。罗森堡犹疑不决，希特勒请吕德克调停："你最好让罗森堡清醒过来，不要再假扮无辜，像被冒犯了一样。"

"这并不容易，"吕德克回答说，"他心里的伤口比您想象的要深。"

"好吧，好吧，我们再看看吧。"[56]希特勒笑着说。

希特勒试图安抚罗森堡，不仅给了他工作，还写了一封特别的信，尽管言辞极其委婉，但还是表达了希特勒很想让罗森堡留在纳粹阵营的意思。

希特勒指出，政变未遂后，党内事务一团混乱，他理解罗森堡的对手为何会对他恶言相侮。希特勒写道："心满口自溢。"[57]但不管那些人在头脑发热时讲了什么，希特勒想要他的这位副手知道，他拥有"党首"最高的敬意。"我懂你，罗森堡先生……你是我们运动中最珍贵的伙伴，"他写道，"在艰难时刻，毫无准备，也没有解释，你临危受命，接掌大权，试图尽力推进我们的事业——我对你的信任无须说出口；这期间也许有些失误，但任何人接手都可能会发生。批评你的错误并不是我的目的，而仅仅是出于善意。我必须对你所做的这一切给予最高的赞美。"

他们重修旧好，罗森堡对希特勒却不再像"啤酒馆政变"以前那么亲近了。

希特勒买了一辆黑色的六座梅赛德斯奔驰车[58]，他喜欢驾车在乡间疾驰，最好身边还坐着志同道合的伙伴。极度严肃、死板又毫无幽默感的罗森堡似乎知道他不是那种在轻松一日游中会被邀请的人。他闲聊的话题总是不可避免地转向党内事务和他与其他纳粹头目在工作上的宿怨。他控制不住自己。

"他非常器重我，"罗森堡总结道，"但他并不喜欢我。"[59]

* * *

当希特勒提出要他重回党报的主编之位时，罗森堡也许并不像所表露出来的那般不情不愿。32岁的他自从来到德国以后，就只干了这一件事：为纳粹写辩论文。

1925年，当四分五裂的纳粹党开始重建，并展开了对政治权力的永恒追求时，罗森堡别无选择，只好回到位于谢林大街的办公室，继续运营《人民观察家报》。他告诉吕德克,他需要钱,"此外,工作就是我的生活,我不能放弃我的事业"[60]。

这份纳粹党的喉舌报刊还是和从前一样辛辣好斗。[61]它宣称魏玛政府的领导人是"阴柔的国际主义者和绥靖主义者";它称耶和华是"魔鬼,从一开始就是凶手,是骗子,是谎言之父";他谴责犹太人的信仰是"在德国法律保护下进行道德和经济掠夺与破坏时所戴的面具";它抨击一位对手编辑"是谋杀德国人灵魂的凶手,是德国人民的叛徒,是败坏的公众舆论的代理人"。

不足为奇的是,报纸上这些无休止的抨击常常让罗森堡和他的作者坐上法庭,接受诽谤罪和煽动罪的指控。

基于《共和国保护法》(The Law for the Protection of the Republic),政府官员有权禁止这份煽动暴力起义、反抗政府的报纸。报纸三番五次被罚款和停刊。1926年3月,罗森堡甚至还去监狱里蹲了一个月。

"我们在青天白日下为人民的灵魂而战,"罗森堡后来写道,"对我们的攻击是恶意的,所以我们也给予了严厉的回击。"《人民观察家报》上的文章"通常是早上7点完成的,都是基于刚刚收到的报道而写的,并不总是经过深思熟虑后发表的意见。对手对我们的攻击绝对是毫不留情的"。[62]那是一段艰难的时期,是一段与党内外的敌人展开无休止的战斗的时期。

1930年,罗森堡在国会大厦中赢得了一个席位,他是纳粹敌人计划攻击的目标人物。只要穿着褐色纳粹制服衬衫的他一起立发言,议会中的社会民主党人就会报以嘘声,以扰乱这位名字听上去是犹太人的反犹太分子。

"这儿有一个犹太人!"他们叫喊道,"看他的鼻子,像是巴勒斯

坦人!"⁶³

更糟糕的是,有人还含沙射影地提起他在第一次世界大战中的表现。汉夫施丹格尔告诉戈林,罗森堡曾经在法国待过,受雇于法国军事情报局。戈林帮着把这一谣言扩散开来。"那个家伙应该向我们坦白,战时他到底在巴黎做过什么。"⁶⁴戈林有一次这样说。纳粹的反对者在报纸上发起抨击,但警方经过调查没能找到证据支撑这些说法,罗森堡——说那趟巴黎之旅完全没有恶意,只是在1914年去探望他当时的女朋友,也就是后来的妻子——针对这些不实指控,他将两家社会主义报纸告上法庭,获得了损害赔偿金。

但这种诽谤并没有止步。在1932年一次国会辩论中,还发生了一场短暂的争论。共产主义政治家海因里希·布吕宁 (Heinrich Brüning) 总理暗示说罗森堡在战时从事过反德国的活动,罗森堡火冒三丈:"你是不是想要我抽你?"⁶⁵对于罗森堡的犀利言语,布吕宁总理蔑称他是一个"所谓的波罗的海人,是我在战时拼尽最后一口气也要打击的敌人,他自己到现在都还没弄清哪儿才是他真正的祖国"⁶⁶。

在个人生活慰藉方面,罗森堡几乎没有留下任何记录。他和希尔达于1923年离婚⁶⁷,结束了8年的婚姻。他们的婚姻自他于1918年出发前往德国后就已经名存实亡。希尔达并没有追随丈夫左右,而是与家人一起去了德国的黑森林地区和瑞士疗养地接受结核病的治疗。"她说她一开始也许还能帮我一些忙,但现在我已经找到了自己的路。她说,她生病了,很有可能余生都要依赖他人,"罗森堡后来在一篇文章中写道,"后来,她去了雷瓦尔找她的父母,最后又去法国寻求治疗,做最后一搏,但还是没能活下来。"

在与妻子分开不久后的一个夏天,罗森堡从谢林大街的报社下班回家时,见到了"一位身姿曼妙的女士,身穿暗色服装,戴着一顶大黑帽子,帽子上有一条格子呢绑带"。罗森堡对她一见倾心。24岁的海德维希·克拉默(Hedwig Kramer)比罗森堡年轻6岁。罗森堡见她走进一家他常常去吃午餐的希腊餐厅,也跟了进去,并开始搭讪。他们一起在慕尼黑的"英国花园"里绕着池塘和草地散步,这是欧洲最大的城市花园,德国人可以在这里漫步数小时而无须走回头路,罗森堡趁机向她示爱。他们在1925年结婚,生了两个小孩——儿子还在襁褓中就夭折了,女儿艾琳出生于1930年。罗森堡和海德维希成家后,就搬去了学术街上的一处住所,与艺术学院熠熠生辉的白色石楼隔街相对。

但罗森堡视工作为生命。他年复一年地在案头度过:学习、阅读、思考和写作。他鲜少有时间是在办公室以外度过的,他埋头于书本中,潜心钻研德国历史。他与新婚妻子早期的一次旅行是去海德堡参观城堡遗迹。

罗森堡的编辑任务不仅限于为党报挖掘丑闻,他还同时负责管理一份反犹期刊《世界的斗争》(The World Struggle),该杂志以伪学术的、带有脚注的文章阐述了标准的反犹主题。希特勒称其为"一流的武器"。后来,罗森堡又接管了《民族社会主义月刊》(National Socialist Monthly),主要为纳粹党提供意识形态和理论基础方面的解释。他是一名非常多产的、极具煽动性的作者。他一生的作品,比其他纳粹头目加起来所写的文章还要多。[68]

1933年年初,一切努力终于获得了回报。在音乐广场的血腥惨败后,经历了艰难的10年——啤酒馆拉选票、报纸宣传煽动、幕后操作,以及赤手空拳的街头打斗——希特勒和纳粹党终于一鸣惊人,站在了真正的权力巅峰。

罗森堡将要回到柏林。这次他不再是菩提树下大街上的一位旁观者,也不仅仅是历史的另一位看客。

这一次,罗森堡将站在一位决心改写历史的权力人物左右。

译者注

[1]梅菲斯特(Mephisto),中世纪魔法师之神,与浮士德订约的魔神。

[2]奋兴派(Revivalists),美、英等国基督教新教派别,亦称"教会复兴派",19世纪产生于美国清教徒移民中,不久又传到英国,为谋求教会的"复兴",着重鼓动宗教狂热。

[3]指罗森堡。

[4]指曼弗雷德·冯·里希特霍芬(Manfred Albrecht Freiherr von Richthofen,1892—1918),一名德国飞行员,被称为"王牌中的王牌"。他也是战斗机联队指挥官和第一次世界大战期间击落最多敌机的战斗机王牌飞行员,共击落80架敌机。

第6章 黑夜降临

一切都发生得那么快。[1]1933年1月30日,希特勒上台。这个结果一部分是出于政治妥协。这场鲁莽的革命本来应该被保罗·冯·兴登堡总统任命的内阁镇压,冷却,控制——这些内阁成员可都是聪明人。兴登堡总统身材魁梧,曾在一战中担任德国陆军统帅。

但这位纳粹总理的势头太迅猛了,内阁根本无法遏制。

在希特勒宣誓就职成为德国总理后的几个小时,他要求议会举行新一轮的选举以巩固他的势力。他知道,政治荒芜了很多年的纳粹党,这些年来一直与魏玛共和国时期的敌对势力斗个不休。这一次,万事俱备，他们不能再输了。

他们很快控制了政府行政部门，让警察、国家媒体和广播系统为纳粹党服务。他们从富有的商业领袖那里获得认捐，保证了竞选的资金来源。他们暴力搅乱对手的竞选集会，关闭对手的报纸。在做出"要让对手人头落地"的保证几年后，他们果然履行了承诺，威胁要对他们的敌人实施严酷的惩罚。

从那时开始，制造恐惧就一直是纳粹军火库中的主要武器。

在希特勒上台的那个晚上，他的冲锋队——这支准军事队伍经过了十多年街头巷战的历练——排成无数列长队，行进在柏林的大街上。高举火炬的行军持续了很久，在一些旁观者看来，似乎希特勒麾下已经有了几十万狂热好斗的信徒，他们身穿褐色衬衫，蹬着高筒靴，对于任何挡路者，随时发出恐吓。事实上，希特勒确实做到了。仅仅几个月，这支准军事队伍就发展壮大了：到1934年年初，其成员已经将近300万。

纳粹党上台后不到一个月，一位名叫马里努斯·凡·德尔·卢贝(Marinus van der Lubbe)的荷兰共产党人纵火烧了国会大厦，这座华丽的大厦是德国议会的会址。当时罗森堡正驾车通过蒂尔加滕，他见到了这熊熊火焰。一名记者发现他在现场观望。[2]罗森堡的第一想法和所有人一样：很可能是纳粹的谋士们放的火，以此陷害他们的敌人。

到底谁是真正的国会纵火案主谋，在之后的几十年里一直存在争议，但这次纵火案很快就被希特勒的宣传人员加以政治利用：他们高喊着，这是试图推翻德国政府的红色阴谋的开端。

第二天，希特勒呼吁兴登堡总统紧急中止公民的基本权利。这位昔日的战斗英雄——他曾任命希特勒为总理，也是德国唯一一个能够阻止希特勒在次年崛起的人物——对纳粹有求必应。言论和集会的自由、新闻自由、免于无授权搜查和监视的权利——所有这些基本权利都在国家安全的名义下被剥夺了,"直到有进一步的通知下达"。共产党很快就感受到了纳粹党的侵犯,冲锋队员突击搜查他们的办公室,逮捕共产党员,洗劫保险柜。在全国各个城市,同情共产党的人被大批围剿:作家、教师、知识分子、律师、和平主义者和政治家,甚至是合法当选的国会议员。他们被迅速关进临时搭建的集中营。一些人饱受折磨,数百人在关押期间死去。

与希特勒一起获得更高权力的还有赫尔曼·戈林,他被任命为普鲁士内政部部长,负责管理德国最大州的警察部队,辖区包括首都。戈林迅速行使了紧急权力,并动用了他的安全机构,无情镇压了所有反对纳粹的政治组织。

"任何恪守职责的人,只要谨遵我的命令,在受到袭击时可以格杀勿论,我保证会护他周全,"在2月17日的指令中,戈林这样告诉他的手下,"在我这里通行两种法律,因为我知道世界上有两种人:我们的人和我们的敌人。"[3]他告诉外交官说,他正在建设集中营,以关押国家的敌人,还叫他们不要"对一些人所说的暴行感到震惊。鞭打,推行酷刑,甚至是杀戮……在这场有力的、全面的、年轻的革命中,这些都是不可避免的"[4]。在选举的前两天,戈林在一次演讲中对他的敌人发出了血腥警告:"德国同胞们,我的行动不会受制于任何司法考量……我不用担心公义的问题。我的使命就是摧毁和消灭,没有其他!"[5]

这是德国经历的一个与众不同的选举季,用美国驻德大使的话说,它是"一场闹剧"[6]。纳粹党保证说这将是德国举行的最后一轮选举。不管输赢，他们都不会交出大权。

最终，希特勒根本不需要逾越宪法。选票于3月5日完成计数，纳粹党赢得了足够的票数，继续执掌大权。"希特勒赢得了一场史无前例的胜利，"美国大使弗雷德里克·萨克特 (Frederic Sackett) 宣称，"德国的民主遭到了沉重的一击，也许永难恢复过来。"[7]

新议会在3月23日召开会议，会址定在优雅的克罗尔歌剧院，以取代烧毁的国会大厦。希特勒走向讲台，怒斥共产主义者对德国的安全造成了威胁。他敦促立法者通过《授权法案》(Enabling Act)，规定将立法者的大部分权力移交给自己的内阁。他告诉议员们，如果他要保护祖国，就必须更加紧握权杖。聚集在室外的冲锋队员们不停地喊着口号："全部权力，不然的话，哼！"[8]希特勒的法案以高票通过。德国从此踏上了一条独裁和战争之路，这是欧洲有史以来最可怕的恐怖统治之路。

美国驻外记者威廉·夏伊勒 (William Shirer) 惊叹道，最令人吃惊的是，差不多"这一切行为都是合法的"[9]。

* * *

33岁的罗伯特·马克斯·瓦西里·肯普纳 (Robert Max Wasilii Kempner) 此时身在柏林，眼看着纳粹崛起并为此深感不安。他处境危险。他的父母是犹太人，为了更好地融入德国，他们的小孩受洗加入了路德教，但纳粹划分公民的标准是种族——而不是宗教。肯普纳还是一名社会民主党人。1930年，在将纳粹党定为非法组织和将希特勒驱逐回奥地利的问题上，他还曾帮忙立案。

尽管处于不利地位，但肯普纳是一个天生的交际员和狡猾的取巧者。纳粹当权，他居然还有好些身居要职的朋友。

肯普纳的父母是小有名气的微生物学家。瓦尔特·肯普纳 (Walter Kempner) 和莉迪亚·拉宾诺维奇–肯普纳 (Lydia Rabinowitsch-Kempner) 夫妇自认为是忠实的反对派。[10]他们信仰德国，但并不信仰他的神话——俾斯麦的"铁血政策"、君主制，当然也包括阿尔弗雷德·罗森堡所捍卫的条顿民族的传奇。"我在一个倡导无神论的家庭中长大。"[11]多年后肯普纳写道。

就在第一次世界大战开始几天后，1914年8月4日，莉迪亚去国会大厦讨论德国士兵在战场感染类似黑死病的传染病的可能性，以及军队的应对措施。在听完德皇威廉二世在皇宫白室所做的一番讲话之后——在这次历史上有名的讲话中，德皇正式向议会宣告，德国参战——一名记者认出了她，问她在那里做什么。"等待黑死病的来临。"[12]她回答说。她的字面意思相当准确，而她的言外之意更是终生回荡在她儿子的脑海中。

莉迪亚是一名俄国犹太人[13]，她出生在立陶宛的一个富裕家庭，家中经营着一个大型的啤酒厂。拉宾诺维奇家庭中有牙医、医生、商人和律师，最小的莉迪亚去了瑞士的伯尔尼和苏黎世上大学，学习植物学和动物学。

她于1893年获得博士学位，然后来到柏林工作，归于微生物学家罗伯特·科赫 (Robert Koch) 门下。[14]科赫是那个时代最重要的科学家之一，他在炭疽方面开展了开创性的研究，发现了引发霍乱和结核病的病原菌，证明了特定细菌会引发传染性疾病。在世纪之交，他的传染病研究所吸引了细菌学领域最聪慧的学者。正是在科赫的研究所，莉迪亚遇见了年轻睿智的博士和研究者瓦尔特·肯普纳。他是医院的主治医生,来自波兰的一个犹太家庭,家里靠抵押贷款生意赚了大钱。莉迪亚和瓦尔特于1898年结婚。第二年,他们去了黑山共和国研究巴尔干半岛疟疾爆发的情况,其间莉迪亚到了分娩期,他们快速赶回家中,以确保第一个孩子在德国降生。他们给他取名为罗伯特,以致敬他们心中的偶像——罗伯特·科赫。[15]

肯普纳家的三个孩子从小耳濡目染,对父母的工作十分了解。他们的家位于柏林西南区一个绿树成荫的社区,父亲在他们的大房子里设立了诊室,看病行医。书房里配有显微镜,实验用的兔子和老鼠在门廊上的笼子里上蹿下跳。晚饭时,家人讨论的话题总是细菌研究领域的最新进展。周日,科赫会带小朋友们外出,教他们放风筝。

1917年6月18日,罗伯特·肯普纳应征入伍。他想着迟早会被征募,干脆主动报名。不管家人对军国主义尤其是对德皇的总体看法如何,他还是想要参军。1918年10月25日,他抵达了西线战场,正好赶上德军撤退。面对协约国最后的进攻,他们在一场大型的防御战中败下阵来。肯普纳和他的部队回到柏林,就在那天从菩提树下大街上走过的军团中。他于12月18日退伍,在服役期间获得了铁十字勋章。

肯普纳回家后,将他的军用手枪和卡宾枪藏在阁楼里。19岁的他已经有了足够的阅历,他知道将来还会用得上这些武器。[16]

在魏玛共和国成立两个月后,新政府面临着一场叛乱[17]——并非来自右翼的民族主义者,而是来自左翼的斯巴达克斯主义者。1919年1月6日,共产党行动起来,推翻了新政府,建立了苏维埃政权。他们控制了社会民主党的报纸,上演了一场大罢工,城市陷入瘫痪。他们攻占了主要的政府大楼,甚至在勃兰登堡门上架设了步枪。

起义爆发两天后,总理弗里德里希·艾伯特蹲在办公室里,考虑是否投降。而国防部长古斯塔夫·诺斯克 (Gustav Noske) 则不同，他在慕尼黑西南处的一所女子寄宿学校设立了战情室，策划了一次反击行动。艾伯特和诺斯克别无选择，只能召集部分被遣散的一战归国将士组成自由军团。当时，柏林大约有十几个由老军官领导的拟独立准军事兵团。这些久经沙场的老兵，不管是出于爱国主义，还是因为军事习惯，都自告奋勇要前去击退来自共产党的威胁。

即使在这样一个浴血的时代，这场动乱的平定也堪称极其暴力。诺斯克的临时军队一路向北，步步为营，夺回了柏林城。一些报社的正面被迫击炮和坦克炸裂了，里面的士兵们——一些挥舞着白旗，一些躲在大卷的新闻纸后开枪——则死于榴弹炮、机关枪和手榴弹之下。自由军团对共产党组织政变的柏林警察总部进行炮弹扫射，那些试图逃离大屠杀的士兵还是死在了枪炮之下。短短几天，这场革命就被粉碎了。

在这场反击行动中，肯普纳自愿与其他幸存的前战友一起前往柏林，这让他的父亲很是惊愕。(他问儿子："你是疯了吗？")关于那些日子的行动，肯普纳留下了很多记录。在为他在服役期间的表现邀功请赏的信件中，他写道，他曾参加过"街头巷战"[18]。他的服役记录显示，1月中有10天时间，以及整个3月，他都在"第四志愿埃斯卡顿胸甲骑兵团"服役。

但是几年后，肯普纳在自传中淡化了自己的角色。当时他已经上了大学，正休假在家，"去参加志愿军，纯粹是出于好奇心"[19]。他并没有参加任何实际战事，他将卡宾枪留在了自己里特希菲尔德家中的阁楼上，只在军队里待了两周。他将自己描写成一位休假的学生。他写道："那是一场通往恐怖的远足。"

他去报到时，被派到与动物园隔街相对的伊登酒店。这家酒店已经被一个名为"骑兵卫队军团"的自由军团征为指挥部。肯普纳主要负责接听电话，转发信息，以及窃听消息。他承认，他听到过各种各样的消息，但坚称自己并不知道"到底发生了什么"。他的守卫职责还延伸到了酒店以外的选帝侯大街，这是一条商店和咖啡馆林立的时髦大街。尽管小范围的街头巷战时有发生，尽管户外寒冷，但还是有人在街上流连。肯普纳的一个朋友在街上遇到过一个女孩，还让她试穿了自己的夹克制服。

历史会因为不同的理由记住那几周在伊登酒店发生的事情。1月15日晚上9点，起义的两名首领，卡尔·李卜克内西（Karl Liebknech）和罗莎·卢森堡（Rosa Luxemburg）被捕后被带到酒店，受到审讯和拷打，最后被推出了后门。接着他们被用卡宾枪殴打，然后扔进车里，遭到枪决。卢森堡的尸体被从一座桥上丢下，丢进了冰冷的运河里，直到将近5个月以后才被打捞出来。

肯普纳写道，他对这起臭名昭著的谋杀案并不知情：他在几天前就已经脱下军装回家了。事实上，他的服役记录显示[20]，卢森堡和李卜克内西被拖出去射杀时，他仍然在当值。

肯普纳重返校园，在柏林、布雷斯劳和弗莱堡的大学里学习政治学、法律和公共管理。1923年，刚从法学院毕业的肯普纳就被一位名叫埃里希·弗雷（Erich Frey）的著名辩护律师雇用了，弗雷以其大背头和为柏林最富有、最声名狼藉的罪犯们进行有力辩护而闻名司法界。弗雷是那种为了帮流氓获得轻判而把他们说成有自己的正义尺度的律师。

当了三年的辩护律师后，肯普纳换到了对立方。1926年，他来到州立检察官办公室担任助理,但是这条职业道路也很快终结了,因为他向一家报纸泄露了一个消息,给单位带来了负面影响。

后来,尽管在接受普鲁士内政部部长的面试时穿了一套鲜艳的黄色法兰绒西装——他的服装品位一向堪称古怪——肯普纳还是成功地谋得了一个职位。作为新员工的他很是勤奋,也颇有抱负。在1928年至1933年间,作为普鲁士州立警察局的法律顾问,他负责处理针对警察的索赔案件,帮忙起草新的警察管理条例,还在州立警察学院任教,并为法律杂志撰稿。

正值纳粹党借着浮夸的民粹主义演说,呼吁一场激烈的民族革新,在全国范围内大肆笼络人心时,肯普纳找到了与左翼人士一样的奋斗目标。其中一位名叫卡尔·冯·奥西耶茨基(Carl von Ossietzky),他是一名和平主义编辑,自从他的报纸泄露了军事重整的秘密后,他就被监禁了,因为军事重整是违反《凡尔赛条约》的。应奥西耶茨基的要求,肯普纳代表德国人权联盟,提供了很多无偿的法律服务。[21]德国人权联盟是两次世界大战期间德国最活跃的和平主义组织。爱因斯坦也是该组织的成员。

1930年,内政部越来越担心希特勒的革命势头,对纳粹发起了一次全面调查[22],中心问题是希特勒和他的盟友是否犯有叛国罪,因为他们曾屡次讨论要推翻政府。

来自内政部的法律、政治和警察部门的检察官参加了纳粹的公共集会,检查了纳粹的宣传内容。他们认真研读纳粹党的小册子、通讯录、培训文件、演讲录音、内部备忘录和《人民观察家报》。在经过几个月的调查以后,内政部的官员们撰写了三份详尽的报告,从政治、宗教、经济的角度来阐述纳粹所带来的威胁。

肯普纳所在的部门撰写的报告为取缔纳粹党、拘禁纳粹党员提供了法律基础。[23]纳粹党在过去的10年里告诉全世界，当他们——而不是如果——上台以后，他们意欲何为。激进分子不断宣扬他们的计划，通过演讲大厅、报纸、书籍，尤其是通过希特勒那本晦涩难懂的宣言《我的奋斗》宣传。《我的奋斗》是1925年出版的，长达14万字（根据著名小说家利翁·福伊希特万格[1]统计，该书包含"13.99万个错误"[24]）。

根据纳粹领导人的讲话，肯普纳在报告中分析，纳粹党不仅是一个政治组织，还是一个"高度集权"的激进的异教团体。每一位成员都被要求做一个"听话的工具"，只能发出同一种声音。纳粹决心用一个独裁国家来取代共和国。当他们声称正在通过为国家和州议会选举代表来实现内部改革时，他们实际上是从未真正放弃过武力夺取政权的革命者。

实际上他们的公开声明已经是一种自我控告了。

"民族社会主义德国工人党公开坦承他们是一个军事政党，绝对不是构建一个大多数人参与的组织。"罗森堡写道。

"我们在建立一个强大的组织，有一天我们能够征服整个国家；届时，以国家之力，我们将残酷无情地实施我们的意志和我们的计划，"戈培尔宣称，"一旦我们征服了整个国家，德国就是我们的了。"

"我们正在奋勇建设我们的新国家，"希特勒大喊道，"我们将要做我们想做的事情，我们有勇气面对任何强权！"

肯普纳的报告认为，对此，政府应该对其实施叛国罪的法律——而不是将纳粹党视为国会大厦里一个合法的政党，不能眼睁睁地看着山雨欲来，乌云滚滚，却无所作为。

这些年，一场高调指控纳粹的起诉确实曾在法庭出现。政府非常关注纳粹渗入军队的举动。将军们曾经禁止招募纳粹党成员,并命令士兵们远离政治。但如今很多军官越来越为希特勒所描绘的愿景所吸引:建立一支不受《凡尔赛条约》强加的限制条件约束的、强大的军队。

1930年春,三名年轻军官被控在面对纳粹思想传播时不作为,及主张军队在纳粹政变时袖手旁观。肯普纳参与了调查,列席了对被控叛国罪的中尉的审判。希特勒在莱比锡的法庭上作为证人出席,他否认与被告有任何关系,并向法庭保证纳粹党没有任何武装起义的计划。

"我们的运动不需要武力。总有一天,德意志民族会理解我们的理念,届时,3500万德国人将会站在我身后。"同时,他也承诺当纳粹党获得权力后——通过合宪合法的方式——他们将重建军队,重返昔日荣光,向1918年在德国背后捅刀子、给国家带来毁灭性灾难的犹太叛徒复仇。

"让他们人头落地!"[25]在法庭上喧闹的掌声中,希特勒高呼道。

肯普纳所准备的内政部的卷宗被交到了司法部高级检察官手上,但检察官直接无视了这些证据。事后证明,这名高级检察官是亲纳粹的。后来当希特勒成为总理后,这一忠诚的官员被他继续留任了。

* * *

1933年,纳粹上台,果然履行了一切承诺。"希特勒当然是马不停蹄,"消息灵通的外交记者贝拉·弗洛姆(Bella Fromm)供职于柏林的《福斯报》(*Vossische Zeitung*),她描述了"元首"就职那一天的情况,"这似乎是一个充满讽刺的不祥之兆，新的希特勒内阁将在没有司法部的情况下运行。"众所周知，贝拉女士是那种会突然出现在每一场茶话会、正式舞会和上流社会晚宴上的不速之客，她几乎认识每一个人。她一直为自己对柏林政治气氛的高度敏感而骄傲。但政坛瞬息万变的节奏也常常让她晕头转向。兴登堡是怎么允许这个疯子上台的呢？

"如果你还存有一丝理智的话，"她写道，"你就很难相信这一切。"[26]

3月，《伦敦先驱报》(Vossische Zeitung)报道，纳粹在策划一场"针对犹太人的2000年来最可怕的迫害"[27]。美国国务卿亨利·史汀生(Henry Stimson)虽然对这一听上去如此疯狂的报道有些将信将疑，但还是将其发送给了美国驻柏林大使馆加以求证。

"一些自组的纳粹小团伙各尽所能，自以为在为纳粹一统天下的剧本做最后的润色。"[28]《纽约时报》的记者弗雷德里克·伯查尔(Frederick Birchall)几天后报道说。纳粹分子在犹太教堂里疯狂地挥舞带有纳粹记号的旗帜，在犹太人的百货商店里安放臭弹，他们大声地打断德累斯顿歌剧院刚刚开始的表演，要求立刻撤换那位有名的指挥家，因为他们怀疑他是一名社会主义者，还指控他雇了太多犹太演员。

对犹太人的逮捕还在继续。一位社会主义政治家被纳粹分子从家里拖出来，因遭到连续猛击后陷入了昏迷，他们朝他吐口水，还用芥末粉将他的眼睛弄瞎了。据一位在斯潘道待过两周的匿名避难者口述，那里的囚徒们被挖掉了双眼，牙齿也被用枪托敲得粉碎，一名作家还被迫吃掉了自己的手稿。[29]"如今在统治当局的眼中，在德国大地上，不管你是信仰犹太教，还是身为犹太人，都构成了犯罪，这一点已经再无疑问。"3月20日的《纽约时报》写道,"只要你是犹太人,就是罪犯,这一点对所有人都是一视同仁的,不管你是学术泰斗,还是商界巨子,不管你公德私德如何,都不能改变犯罪的事实。教授们被逐出教室,指挥家被赶出音乐厅,演员们被拖下舞台。"曾经猛烈抨击过《我的奋斗》的小说家福伊希特万格逃到了瑞士,他的家被翻了个遍,手稿也被缴获了。

4月1日,冲锋队员围在犹太人的商铺外面担任纠察,禁止顾客出入,警告他们要去德国人的商店购物。

从德国回来的美国人讲述了这些"几乎令人难以置信的"恐怖故事。《纽约时报》上写道:一群犹太人被抓到冲锋队的营房,被逼着相互鞭打自己的同胞;一家餐馆的犹太常客被用指节铜环殴打,然后被扔到街上;在树林里发现了犹太人的尸体,而警察出示的报告上写着"身份不明的自杀者"[30]。

"制服无处不在,"维利·勃兰特(Willy Brandt)是一名公开承认反纳粹的人士,战争结束几十年后他成了柏林的市长和联邦德国的总理,他写道,"列队行进的冲锋队员的叫喊声和摩托车震耳欲聋的噪音充斥着街头。整个城市似乎成了一个军营。"[31]那些曾经极负盛名的咖啡馆如今已经半空,常来光顾的知名知识分子、艺术家、作家也不见踪影。"那些在座的客人也只敢窃窃私语,可疑的面孔如影随形。怀疑和恐惧像一团有毒的迷雾——让我觉得压抑,挤压着我的胸腔,我觉得我要窒息了。"

美国大使馆的外交官们忧心忡忡。时局如此紧张,屠杀犹太人和纳粹反对者似乎并不是完全不可能。[32]

但那些眼睁睁看着这时局日复一日变得动荡的人,并非都如此警觉,其中甚至包括《纽约时报》的记者伯查尔,1934年他因为驻德期间的报道而获得普利策奖。他通过美国的电台告诉全国的听众:"请大家放宽心,在德国绝不会有任何针对民族社会主义工人党政府反对者的大屠杀,也不会有任何极端的种族压迫……我相信,大家还可以打消任何德国或者德国当局统治者想要发动战争的想法。"

伯查尔承认,他是一位"不可救药的乐观主义者"[33],然而不久后他将不会这么乐观了。

新政权开始制定全面的法律措施,用一位美国外交官的说法,这些法律将"把犹太人从德国驱逐出去"[34]。纳粹统治的第一年,通过了300多条新的法律法规,限制犹太人在德国的生活。在政府司职的犹太人被解雇,犹太学者被革职,犹太律师和法官被赶出法庭,犹太医生则被整个医疗健康体系拒之门外,企业受命解雇董事会的一切犹太人,柏林股票交易所开除了所有犹太经纪人,其中一些因此而走上了自杀之路。

他们旨在用一切方法逼着犹太人离开。对于犹太复国主义者帮助犹太人前往巴勒斯坦的计划,纳粹党欣然接受。"问题是,"其中有人提到,"犹太人离开德国时能被允许带走多少财产。"[35]

不会有多少的,如果纳粹极端分子为所欲为的话。

驻柏林的美国外交官乔治·梅塞史密斯(George Messersmith),惊讶于犹太人居然愿意待在一个极尽能事地让他们的生活变得悲惨的国家。"一个人必须亲自生活在德国,真正融入德国的生活中,"他在1933年提交给美国国务院的报告中写道,"才能意识到每天在这里上演的精神残害,在很多方面比肉体上的暴行更加残忍,这些正是这场变革初期的标志。"[36]

* * *

1933年，作为新上任的普鲁士内政部部长，戈林的第一步动作就是招来鲁道夫·狄尔斯 (Rudolf Diels)。32岁的狄尔斯一头乌发，风度翩翩，他是出了名的投机者。两年前，狄尔斯开始在内政部的警察分局工作，主要负责汇报一般左翼党派，尤其是共产党的活动情况。狄尔斯与戈林越发亲近[37]，而此时的戈林正盘算着要清理门户。

"我可不想和恶棍们混在一起，"戈林问狄尔斯，"这里到底有没有体面点的人？"[38]

狄尔斯翻阅了一些可疑官员的人事档案和警局卷宗。几天内，戈林就开始着手将社会民主党和其他可疑的麻烦人士从他的官僚帝国清理出去。内政部的公务员们必须要填写表格，写清他们的宗教、所属政党和种族。肯普纳顺从地填写了这些表格，可关于种族这一栏，他表现出了轻微的抗拒，他答应回去询问一番。

随后戈林召开了一次会议，向内政部的官员们宣布，现在这一切都是"按照民族社会主义工人党的精神来执行的"。有反对意见的人可以辞职。肯普纳并没有主动辞职——为什么在还没到万不得已的时刻就和薪水过不去呢？——可没过多久他就得知自己已经被解雇了。

大部分被清除出去的官员只收到了一份简短的通知，而肯普纳喜欢吹嘘他受到的特殊待遇。他是这样说的，戈林把他叫到办公室，开除了他——是带着极端偏见的戈林亲自开除他的。

"我没有把你抓进监狱，你已经很幸运了！"那个胖子大喊道，"快从我眼前消失，我再也不想见到你了！"[39]

肯普纳是那种出了名的绝不会让事实阻碍他编造一个好故事的家伙，因为真实总是没那么引人入胜。肯普纳在自传里写道，部长的人事官员，也是他的一个老伙计，通知他必须离开，但他可以申请休假。他被调到了普鲁士建筑和财政管理局。他号称他的新工作是检查柏林水道的水位。

4月，《专业公职人员整顿法》(the Restoration of the Professional Civil Service)通过，该法禁止犹太人在政府部门担任职务，包括教师、教授、法官和检察官。在兴登堡的竭力主张下，那些在1914年以前就已经在政府司职，以及像肯普纳一样曾参与过前线战争的犹太人可以得到豁免。尽管如此，还是有5000名犹太人因此而失业。

虽然一开始因为在战争期间的服役记录而得到了保护，但肯普纳还是在1933年9月被正式解雇了，原因是他在政治上不可靠。[40]

同时，狄尔斯则获得了奖励，他得到了一个重要的新职位。他将带领一支新的秘密警察部队，名为"国家秘密警察"，这个名字被缩写为一个三音节词，一个让纳粹的敌人们闻之色变的词：Gestapo（盖世太保）。

* * *

肯普纳和狄尔斯对彼此都很了解。狄尔斯是一个很有成就的健谈者，他像肯普纳一样，自有一套交朋友和搞关系的方式。你会经常发现他在内政部的食堂里和人说长道短。

很多年以后，狄尔斯说肯普纳才是"一名真正的盖世太保。只是他的种族阻碍了这种可能性"[41]。

虽然狄尔斯的脸在击剑时被对手划破了——右脸上有两道刀疤，左脸上还有一道更深的——但女人们还是觉得他很有魅力。要是在"美国西部电影中，他可以演男主角"[42]，有人说。虽然狄尔斯已经结婚了，但对于女士们的青睐，他从不拒绝。1931年，肯普纳还给他的这位同事帮了个大忙。一天晚上，狄尔斯将他的身份证落在了妓院，很快一名妓女便到内政部控诉狄尔斯虐打了她。肯普纳出来调解[43]，给了那个女人一些钱，将她打发走了。

狄尔斯的一桩风流韵事还曾震惊柏林的外交圈。[44]1933年，他开始和玛莎·多德(Martha Dodd)约会，25岁的玛莎是美国驻德大使威廉·多德(William Dodd)的女儿。人们常常见他们一起在蒂尔加滕公园里漫步，在电影院观影，或者在夜总会喝酒。玛莎在来柏林前就和她丈夫分居了，这段豪放不羁的婚外恋让她名声在外。她将狄尔斯称为"亲爱的"，很是迷恋他那"残酷的、破碎的美"。狄尔斯和她讲纳粹内部的官僚斗争，讲他担心自己被列入暗杀名单的恐惧。后来，当他被对手们骚扰，并且被质疑对纳粹事业的忠诚时，玛莎·多德还尽力帮忙周旋。

1933年2月，就在肯普纳离开内政部不久，在戈林利用国会纵火案将纳粹的反对者全体围剿之前，肯普纳在莱比锡大街上的凯宾斯基饭店偶遇了这位盖世太保头子。

"狄尔斯，最近怎么样啊？"肯普纳问道，"你最近在忙什么？工作很多吗？"

"都是些麻烦事儿，"狄尔斯说，"我最近在整合名单。"[45]

"什么名单？"

"最近可能会有一次行动。"

对左翼党派的围剿行动即将开始。"其中也会有我们的老朋友。"狄尔斯告诉肯普纳。

探得风声的肯普纳催促他那些主张和平主义的朋友赶紧离开德国。库尔特·格罗斯曼(Kurt Grossman)就是其中一个，他在接到肯普纳电话的当天就去了捷克斯洛伐克。他后来解释说，肯普纳"对于别人还毫不知情的事情，能及时洞见，这是一种天赋"[46]。肯普纳的另外一位熟人，卡尔·冯·奥西耶茨基（Carl von Ossietzky）却拒绝逃跑，盖世太保在国会纵火案前夕逮捕了他。奥西耶茨基的身体本来就很孱弱，还被判去做苦工，动辄受到殴打。

同时，和平主义组织德国人权联盟也被解散了。肯普纳焚毁了成员名单[47]，为保万无一失，将灰烬也倒入了施普雷河。

* * *

肯普纳在1930年就已经预见到纳粹掌权后的结局。尽管在最初充满恐怖的几个月里，他没有被捕，但他已然意识到了生活在这个希特勒的帝国，一个将人民分为犹太人或者纳粹敌人的国家，今后的危险将只增不减。但他还没有离开柏林，还没有。在这一点上，他和在德国的大多数犹太人一样。有人匆匆赶往签证处，可更多的人——绝大多数——决定静观其变。

他们中大部分是中产阶级，在心理上和物质上都与这片土地捆绑在一起。他们觉得自己就是德国人。[48]他们只是不愿意放弃在这里的生活，经过了前面两代人的奋斗，他们在这个国家已经兴旺发达起来了。

犹太人作为二等公民生活了很多年，终于，德皇威廉在1871年解放了他们，他们热情地拥抱自由[49]，跨入政坛，走进学术界，成为医生和律师，在这个日渐成为欧洲经济强国的国家经营着企业。很多犹太人放弃了他们祖先的信仰，支持新教或世俗主义，以此来迅速融入或者努力融入德国社会。德国，尤其是柏林成了各国犹太人的目的地。

而在德国金融、政治、科学和文化名人中也首次出现了犹太人的名字。在第一次世界大战期间，有10万名犹太人应征入伍，其中4/5的人参与了前线战争，1.2万人战死沙场。

掌权后的纳粹怒斥着要将犹太人驱逐出去，但犹太人不知道这样的威胁到底有几分是真的。很多人以为，既然希特勒已经上台，他的言辞一定会有所缓和，他们一定能够找到一条折中之路，得以在德国和平地生活下去。犹太人的领袖们向他们宣讲，要耐心和冷静。也许德国会恢复理智，在经历一两年的疯狂以后，就会将希特勒赶下台。

这些年对犹太人的暴力时而高涨，时而消退，他们不免担心更严重的袭击即将来临。[50]他们会不会流落在异国他乡的街头，身无分文，语言不通，面临失业？很多犹太家庭中负责养家的丈夫一直无视妻子想移民的请求，到后来已经太迟了。德国的犹太人想出了千万种理由说服他们自己留下，而不是离开。历史学家约翰·迪普尔(John Dippel)写道："一开始有太多需要克服的——根基感、自满、多疑、优越感、天真、痴心妄想，甚至是机会主义。"[51]奇怪的是，在纳粹上台后的第一年里，一些犹太人的生意甚至还很兴旺。[52]

肯普纳多年后这样写道：甚至是最精明的犹太人也没能预测到，整个欧洲将落入纳粹之手。

所以他们等待着。他们像"忠诚的、爱国的德国人"[53]一样等待着。

一开始，肯普纳也在等待，等待改变来临。其间犹太人不断被捕，法规明显不公，还有当权的狂热反犹分子放出的丑恶言论——比如罗森堡，他孜孜不倦地宣扬着他的愿景：要建设一个没有任何杂种的民族，建设一个见不到任何犹太血统的国家。

译者注

[1] 利翁·福伊希特万格（Lion Feuchtwanger, 1884—1958），德国小说家和剧作家，因写历史传奇而闻名，出生于犹太家庭，代表作有《丑陋的女公爵》《犹太人苏斯》等。

第7章 "罗森堡之路"

他有着像殡仪师一样的迷人外表：深邃的眼神，黝黑的眼圈，双唇严肃地抿着，总是露出不悦的神色，稀疏的分头，从高高的额头朝后梳得平平整整。"中等身高，脸色灰白，松弛的双下巴，给人一种健康状况堪忧的印象，似乎常常久坐不动。"[1]美国记者亨利·C.沃尔夫 (Henry C. Wolfe) 在见到罗森堡后写道。罗森堡看上去很不爱笑——他似乎背负着沉重的使命，任何轻率的举止都不合时宜，又或者，他只是患有慢性消化不良症，沃尔夫这样以为。

"他苍白而又黯淡无光的眼睛看向你，却并没有看着你，仿佛你是空气一般。"库尔特·吕德克写道。这位纳粹的募资者和支持者曾与罗森堡亲密共事过一段时间。罗森堡自命为一名品格高尚的知识分子，但他看到的却是一个冷酷傲慢、无动于衷、冷嘲热讽的家伙。"一座冰山！"吕德克写道，"罗森堡的冷漠和嘲讽让人们对他望而生畏，在他面前自觉渺小，手足无措。"[2]

然而，阿尔伯特·克雷普斯 (Albert Krebs) 却不是能被人唬住的主，至少那人不是罗森堡。克雷普斯是汉堡的一名工会领导人，此前曾担任过一支冲锋队分队的指挥官，纳粹党的地方领袖，还在一份公开支持纳粹的报纸——《汉堡日报》(Hamburger Tageblatt) 任过编辑。20世纪20年代末，纳粹党内冲突不断，一度分裂成分别以柏林和慕尼黑为中心的两个对立派系。当时克雷普斯写了一篇社论,就纳粹党对苏联的恶意敌对提出了质疑,此事激起了罗森堡的仇恨。这样的立场自然会招来党报编辑的一番政治谈话,当然也等于为他们的关系画上了句号。罗森堡气冲冲地给克雷普斯发了一份电报,召唤他前来慕尼黑。当克雷普斯踏进谢林大街的办公室时,受到了冷遇。他后来写道:"罗森堡坐在桌子后面,没有起身,也没有抬头看,对于我的问候压根没有反应,只是含糊不清地低哼了一声。"

克雷普斯拉过一把椅子。"您想找我谈话?"

"那是14天以前。"罗森堡回答。

"那时候我没有时间。"

"你为党媒工作,在我召唤你时,你就必须有时间。"罗森堡吼了回去。

两位作者就那篇冒犯纳粹党的文章展开了一场辩论,然而并没有结果,但克雷普斯着实对纳粹党的首席理论家有了更多的了解。罗森堡开始给克雷普斯说教,都是些他曾在报纸上反复写过的长篇大论。每每克雷普斯提出问题时,罗森堡都直接忽视他。"让人有这样的印象,他并没有真的在聆听。有时,在提出尖刻批评时,他会紧闭双唇,或尝试挤出一个勉强的笑容,这些自然让他得到了傲慢和粗鲁的名声,"克雷普斯回忆道,"他如此僵硬地将他的想象和他自负的白日梦倾吐出来,他自以为是一位波罗的海的贵族、一名英国勋爵,或者是哥白尼时代的科学天才,这些最终导致他失去了本就迟钝的与其他人交往和对话的能力……他完全沉浸在自己的观点里,根本无法理解任何持有异见的人。"[3]

克雷普斯和罗森堡之前曾有过几次交谈。一次,罗森堡提出,曾经担任过天主教中央党领袖的海因里希·布吕宁总理曾计划将共产主义带到德国，压制基督教新教，这样一来，梵蒂冈就能大举入侵，将天主教强加给德国。克雷普斯很是震惊。罗森堡"将从侦探故事或是间谍惊悚片中得来的虚假的、幻影般的想象强加于政治事件中"[4]。

克雷普斯很难相信，这个稀里糊涂的人居然是希特勒高度器重的知识分子。罗森堡显然是在兜售一些含糊的、混乱的观点——全是剽窃的观点，丝毫不差。"尽管由于出色的记忆力和强大的能力，他获得了大量惊人的零碎的事实，"克雷普斯写道，"但他完全没有能力将这些事实整合起来，并恰当地理解各种历史事件之间的关联和背景。"[5]

也许希特勒并没有看到这一点。或者，也许他看到了，又聪明地意识到，罗森堡正是他推动纳粹运动所需要的意识形态方面的哲人，克雷普斯这样以为。"作为一位宣传大师，他懂得，恰恰是那种不可理解的、荒谬的东西能对人民大众产生最大的影响。"

何以在第三帝国崛起之初，希特勒给罗森堡冠上如此浮夸的头衔，在克雷普斯看来，这是唯一的解释了。

* * *

20世纪20年代末，罗森堡一直没有停止过《人民观察家报》的出版，他还在从事其他工作：他在撰写一部鸿篇巨制，一部跨越千年的民族、艺术和历史巨著，格局自然超越了他每天每月发表的成堆的新闻报道，他希望这部《二十世纪的神话》能永垂不朽。这本书是他关于德国及其在世界上的地位的思考的最终成果，是对哲学的笼统概括，是关于纳粹意识形态最完整的阐述。他期待着该书能奠定他在纳粹党内首席思想家的地位。

虽然他希望能将全部精力投入到这本书的创作中，但因工作所迫，他只能断断续续地写作。"我整天忙着报纸的工作，"几年后他坦承，"因此，无法像一位学者那样缜密地写作。"[6]白天当他溜出去写作时，老板就会不悦。一天，党报的出版商马克斯·阿曼(Max Amann)指着罗森堡对身边的伙伴说："看看坐在那儿那个呆头呆脑、自命不凡、只上了个本科的笨蛋！"[7]此时罗森堡正在音乐厅广场的汤博司咖啡馆里，坐在大窗户下一张大理石桌子前，他抬头看着富丽堂皇的特埃蒂娜教堂的双塔楼，维特尔斯巴赫王朝的很多皇族就埋葬于此。他四周全是书籍和文件，堆放在多张桌子上，整个人显然陷入了深深的沉思。"创作'作品'——他真是不务正业！"阿曼大声吼道，"他应该专心出版一份体面的报纸！"

罗森堡在1929年勉力完成了他的手稿，他让妻子海德维希打印出一份整洁的副本，寄给希特勒审阅。6个月过去了，希特勒没有任何回话。罗森堡终于主动开口询问，希特勒告诉他，写得很"聪明"[8]，但是他想知道谁会真正去读这几百页的罗森堡式的意识形态理论说教。一方面，已有珠玉在前，希特勒已经出版了纳粹党的必读之物《我的奋斗》；另一方面，希特勒又是一个实用主义政客，一心只想获取和操纵大权，而《二十世纪的神话》中的一些观点，至少可以说是具有煽动性的。

不管有多少保留意见，希特勒还是批准了该书的出版。1930年，罗森堡的书上架了。

《二十世纪的神话》是一本晦涩难懂、几乎无法理解的书。罗森堡将其看成一本专题论文集，论述了他个人的艺术和宗教哲学观点[9]，以及标新立异的历史观、种族观。"每一个种族都有自己的灵魂，每一个灵魂都有自己的种族——有其独特的内在和外在结构，有其特有的外表和生活方式，其意志力和理性之间存在着一种独一无二的关系，"其中一节这样写道，"每一个种族都在构建其最高理想，如果外来的血液和思想大量地渗入，那么这一理想就会被改变或推翻，这种内在的质变将导致混乱，长此以往，将演变成灾难。"[10]

这样的论述还有很多很多，大部分结构不清，冗长啰唆。他的一位仰慕者还出版了一本厚厚的术语汇编[11]，来帮助读者理解其中最难懂的术语。

在这种含混不清的篇幅中，也有一些思路清晰的论述，有些观点在未来的15年间深刻地渗入了纳粹的思想之中。罗森堡写道，日耳曼文化和民族荣耀对于文明的传承起到了至关重要的作用。伟大的文明得以崛起，那都是得益于雅利安人的影响。种族的混杂——或者说种族混乱——导致了多个伟大文明的衰落。日耳曼人赋予了"外来的血液"[12]以平等的权利，却"对自己的血统犯下了罪行"。只有重回种族的纯粹，德国才能再次强大。

那些沉湎于反犹太民族主义文学的人，如戈比诺和张伯伦等人，会注意到这些观点他们早就读过：罗森堡的书中没有什么重要的原创思想。但自1933年上台以后，纳粹便将《二十世纪的神话》和《我的奋斗》一起奉为纳粹主义的圭臬，后者是每位忠诚的纳粹党员的必备书目。几年后，很多纳粹高官却否认曾细读过罗森堡的这本书。戈培尔将其称为"一种意识形态的诅咒"[13]，戈林在给罗森堡的信中假意奉承，在背后却说，在读第一章的时候，就几乎睡着了。[14]据传闻，希特勒"草草地看了一眼"罗森堡的书，认为其"太过深奥难懂"，他甚至对书名都很讨厌。[15]希特勒说，纳粹党并非在续写神话，而是在给世界灌输一种新知。"都是些废话,"普奇·汉夫施丹格尔(Putzi Hanfstaengl)告诉希特勒,"废话就是废话,你将一张纸沾上墨迹,即使是50年后人们也不会将其误认为伦勃朗[1]的画作,罗森堡是一个愚蠢的危险分子,越快与他脱离干系越好。"16 弗朗茨·冯·帕彭(Franz von Papen)是一名保守的政客,于1933年1月被任命为希特勒的副总理,他回忆道,希特勒私下里嘲笑过这本书和它的作者罗森堡。17

但总在寻求政治优势的希特勒,很擅长迎合大众。奥托·施特拉瑟曾经也是一名纳粹党员,后来被逐出了纳粹党。他回忆说,希特勒坚决支持罗森堡和他的激进学说。

有一次,在位于柏林的办公室里,施特拉瑟就罗森堡对基督教会,也就是他所谓的"异教"的恶意和敌对,提出了反对意见。

希特勒站了起来,有些焦虑,在施特拉瑟偌大的办公室里踱来踱去。

"罗森堡的思想体系是纳粹主义不可分割的一部分,"他对施特拉瑟说,"罗森堡是一位先驱者,一名先知。他的理论是德意志灵魂的表达,一个真正的德国人不能对此加以谴责。"18

施特拉瑟记得,两年后,适逢《二十世纪的神话》出版之时,希特勒热情赞扬了该书,称其为"同类作品中最伟大的成就"。希特勒说,历史上的每一次革命都是为了种族而战,"如果你阅读了罗森堡的新书……你就能理解这些了"19。

不管罗森堡的同僚对手是如何评价该书的,它都成了德国的阅读范本。新的纳粹政府规定,该书必须纳入学校课程和图书馆藏书目录,参加教导课程的老师被要求带上该书,法学院的学生也必须熟悉其内容。希特勒青年团[2]的导师在他们的思想政治课中也借用了其中的思想。

"罗森堡之路,"该组织的领袖巴尔杜尔·冯·席拉赫(Baldur von Schirach)说,"就是德国青年之路。"[20]

该书持续大卖,超过了100万册[21],这让罗森堡的声音在希特勒时代无数场有关宗教、艺术和种族的争论中变得至关重要。在全国各大书店中,《二十世纪的神话》摆在德国出版界唯一可以与之匹敌的《我的奋斗》旁边。罗森堡做梦都没有想到他能取得这样的成就:他为纳粹运动写了一本"圣经"。

"我相信,"有人告诉罗森堡,"即使1000年以后,您的作品也会流传。"[22]

***

20世纪30年代,柏林的街头热闹极了。每天清晨,上班族和工人们从火车站和地铁站涌出,有人西装革履,有人长裙翩翩,也有人全身工装。车来车往的喧嚣盖不住小贩们沿街的叫卖声,他们售卖着鲜花、水果、香烟、气球、报纸,还有街头魔术。

游客们大都被菩提树下大街、勃兰登堡门和荡漾着芬芳气息的蒂尔加滕公园所吸引,但没有哪一处比波茨坦广场更能体现柏林的本质[23],它堪称柏林的时代广场。奢华的酒店、街边的咖啡馆与啤酒馆、商铺一起塑造了这里的地标身份。"祖国之家"(Haus Vaterland)的发光招牌围成一个拱形,招徕着柏林人来此消费,这里有电影院,有表演,还有数不胜数的国际化主题餐厅(其口号正是"世界尽在此处")。这里的咖啡馆能招待2.5万名顾客,被吹捧为全世界最大的咖啡馆。在波茨坦广场,从8条大街驶来的汽车汇聚在一个混乱的十字路口。电车划过城市中心，小型欧宝和锃亮的梅赛德斯奔驰与双层巴士、卡车、出租车、马车、骑自行车的人以及显然无所畏惧的行人一起竞跑。1925年，欧洲的第一盏交通灯在波茨坦广场中心亮起，但据记载，这并没能让川流不息的车辆和从中穿行的人群规矩多少。

1933年1月，罗森堡最终离开慕尼黑往北，试图更靠近运动中心。他选择了玛格丽特大街17号一幢普通的房子作为办公室，距离柏林最繁忙的十字路口只有几步之遥。他更想选择帝国总理府和大多数重要的政府部委所在的威廉大街，但是当下看来，玛格丽特大街已经够近了。

在新帝国，纳粹党作为一个平行的"法外政府"[24]在运作，那些连部长都不是的纳粹党员甚至可以行使巨大的权力。在纳粹统治的前8年，罗森堡为纳粹党效力，从1933年4月开始担任外交政策办公室主任。新总理并不相信前朝的外交官，包括外交部部长康斯坦丁·冯·纽赖特(Konstantin von Neurath)在内。但只要兴登堡还活着，他就不能换掉纽赖特而安插他自己的人：纽赖特拥有总统这座靠山。因此，从一开始，希特勒就试图将罗森堡当成一个幕后外交部部长，帮他推进国际议程。

从某方面来说，这项工作非常适合罗森堡：他曾在1927年写过《德国外交政策的未来进程》(The Future Course of German Foreign Policy)一书，他还是德国国会外交事务委员会的成员，1932年他还前往罗马参加了一个探讨欧洲未来的国际论坛，代表纳粹党发言。可同时，罗森堡对于其他国家以及他们的利益知之甚少，他不具备一名外交官应有的圆滑机智和敏锐的判断力。

所有的记录都显示，每次与罗森堡的对话总会如出一辙。"他会欣然开始世界上任何一个话题，但不论他的起点是什么，在5分钟内他总是会脱口而出一些关于血统的、种族的警句，这些句子在他不断与人探讨的过程中，已被打磨得相当圆滑通顺。"与他交谈过的人这样写道，"不管人们开始和他谈论的是历史、园艺还是伞兵的高筒靴，罗森堡一定会迅速切换到血统和种族的话题上，这个时间段几乎可以计算出来。"[25]

美国驻柏林大使威廉·多德与罗森堡有过几次不悦的交谈。在1934年11月的一个夜晚，他在巴黎广场的阿德隆酒店遇到了这位纳粹哲学家，他甚至不愿与其同框合影。

"对于我来说，这次见面并不愉快，"多德在他的私人日记中写道，"没有哪位德国官员比他更思维混乱，比他更胡话连篇了。"[26]

新上任的罗森堡第一次伦敦之旅就遭遇了政治和公关的滑铁卢，他的一位朋友早就警告过他了。"你连一个英语单词都不会说！"[27]纳粹金融家吕德克在他出发前就直言相告，"你都没有一套体面又合身的西服，你的晚礼服也难登大雅之堂。你不能就这样去伦敦——先去找一个好点儿的裁缝吧。"罗森堡回报以一个冷笑："希特勒说对了，你需要戴一副笼头。"罗森堡1933年5月的伦敦之旅——英国激烈反对专制的纳粹政权，这是纳粹党第一次试图反击——在议会引发了抗议，并要求将罗森堡驱逐出英国。英国外交官罗伯特·范西塔特（Robert Vansittart）发现罗森堡"看上去像一条冰冷的鳕鱼"[28]，气质也很相称。罗森堡早早离开了英国，匆忙间还落下了他的手套、一条领带、一块手帕、袜子以及指甲刷。

此时，罗森堡与两名英国人建立了良好关系，可事后证明这两人实为间谍。[29]其中一人是记者威廉·德·罗普（William de Ropp），他受雇于纳粹党，负责介绍英国关键人物的情况。另外一人是英国陆军情报六处的情报员弗雷德里克·温特博瑟姆(Frederick Winterbotham),他伪装成英国空军的一名亲纳粹者。毫不知情的罗森堡将两人带到总理府,参加与"元首"的高层会议。他们还受邀前往柏林大名鼎鼎的侯切尔餐厅与德国军方高层共进午餐。罗森堡以为自己正在为两国恢复友好关系而奠定基础,殊不知,他正在帮对方的情报员搜集大量有关德国重整军备的信息。

不过,作为纳粹党名义上的外交政策专家,罗森堡一直恪尽职守。他全方位地推进外交事务,结交国际上的亲纳粹者,还为纳粹党在美国和其他国家的宣传工作筹措资金,并制订了分裂苏联的计划。他一直伺机在欧洲的地图上留下自己的印记。

* * *

可无论那一刻是否会来临,罗森堡一直都是,也将永远是纳粹党内首屈一指的思想家。在普通士兵的眼中,他已被稳稳地确立为纳粹事业的重要拥护者,为他们履行不同凡响的使命提供了理论支持。1933年6月,他被提升为"全国领袖",获此殊荣的仅有16人,其党内衔级仅次于"元首"。年末,希特勒在一系列对党内重要领袖人物的感谢信中高度赞扬了罗森堡,这些信件随后在《人民观察家报》上发表。

"我亲爱的罗森堡,党的同志!"希特勒写道,"纳粹主义运动取得胜利的首要条件之一,就是在精神上击垮与我们敌对的思想世界。您不仅仅……领导我们对这一思想世界发起毫不退缩的攻击,并做出了非凡的贡献……以确保我们在政治斗争中保持哲学的统一性。"[30]

1934年年初,希特勒确定了罗森堡在党内的领导地位。希特勒的这位忠诚助手将是"元首"在"民族社会主义工人党的思想和意识形态灌输,以及教育方面的全权代表"。

这冗长的头衔——自然是罗森堡本人的杰作——几乎和希特勒签署的措辞含糊的两行任命令一样长了。

这一任命源于罗伯特·莱伊(Robert Ley)的一份申请[31],他想获取一些教导培训材料。莱伊不但是德国劳工阵线的领袖外,还是纳粹党的领导人之一。他的一项任务是监管"总培训处",该组织旨在为第三帝国培养当下和未来的领袖。自希特勒担任总理以来,纳粹党员成倍增长:1933年1月30日至5月1日期间,共有160万名德国人加入了纳粹党。莱伊想要确保这些"三月的紫罗兰"(纳粹老党员这样称呼他们)受到良好的纳粹主义教育。他希望罗森堡能担任顾问:为他们设计课程[32]、制订课程计划、撰写培训材料,而莱伊的员工将在培训课程中使用这些材料,以确保他们的学员得到与纳粹官员一致的教导。

罗森堡的野心绝不局限于编教科书。他无限拓展着他的使命,开始着手实现他的伟大抱负,以对得起他那冗长的头衔。

2月,罗森堡登上了柏林克罗尔歌剧院的讲台,下面坐着党内的显要人物。他对他的目标进行了一番全面的描绘,那抑扬顿挫的波罗的海德国口音坐实了他身为一个外来者、德国第一代外来移民的身份。但当他的声音在这个富丽堂皇的大厅中回响时,他正在努力争取德国的民心。"如果我们今天只是满足于我们在德国国内的权力,那么纳粹主义运动将无法完成它的使命,"他告诉他的听众,"德国的政治革命实际已经完成,而对人类进行智力和思想上的重塑才刚刚开始。"[33]

但是在对外冲锋陷阵之前,罗森堡还需要先在党内打赢一场硬仗。

＊＊＊

希特勒秉承着达尔文式的管理风格，他给下属们冠以多个头衔，职责相互重叠。对于他的期许，他只下达很笼统的指示。他积极鼓励内斗：让手下相互竞争，只有当地盘战争和政策分歧达到白热化的程度时，"元首"才会出面裁决。于是人人自危，担心会被开除——甚至更糟——如果他不能获得"元首"青睐的话。猜疑的氛围在党内蔓延。"民族社会主义工人党的官员们无不愿意高兴地割断其他同僚的脖子，以获得自我的晋升，"外交记者贝拉·弗洛姆（Bella From）写道，"这是希特勒乐见其成的画面。他希望下属们常备不懈。显然，他认为有能力杀出一条血路的人才是他需要的人。"[34]

罗森堡的新职位令他直接与柏林一位最有势力的政治人物利益相左，此人狡猾而致命，善于操纵群众。他就是国民启蒙宣传部部长约瑟夫·戈培尔。他比罗森堡小4岁，出生在杜塞尔多夫附近雷特城的一个工人家庭[35]，父母都是虔诚的天主教徒。一开始戈培尔想成为一名神父，可由于一次骨髓病手术失利，他的一条腿出现了问题并开始萎缩，这让他成了跛子。羞于身体上的残疾，他投身于学业，成了绩优生，之后他钻研文学、历史和古代哲学，还获得了哲学博士学位。从那以后，他就执着于要以"博士先生"的身份扬名立万。

怀抱着成为作家的希望，戈培尔每天都写日记，在写作上还有过颇多尝试：一本自传体小说，几部戏剧，还有一些新闻作品。但这些都未能出版，他甚至找不到一份报社的工作。他曾在银行短暂工作过一段时间，但在1923年金融危机期间被解雇了。

戈培尔的作家梦幻灭了。这时，也就是1924年，他投入了纳粹的怀抱。他很快成了一个著名的演说家，开始与格雷戈尔·施特拉瑟

(Gregor Strasser, 奥托·施特拉瑟的哥哥) 一起工作。施特拉瑟是柏林的药剂师，是一位充满活力的纳粹党地方领袖，他将北方的工人阶级团结起来加入纳粹事业。戈培尔和格雷戈尔既是社会主义者，也是民族主义者，这种立场与身在慕尼黑的希特勒及其身边包括罗森堡在内的更为保守的人士发生了冲突。戈培尔不理解为何纳粹党和共产主义者不能共存共事。"我和你，我们斗个不休，但我们并不是真正的敌人啊，"他在给共产主义者的一封公开信中写道，"这样做，只会分散我们的实力，我们永远都无法实现我们的目标。"[36]1926年，格雷戈尔和戈培尔瞄准了慕尼黑的群众，他们起草了一份新的党纲，主张征用贵族财产，主张德国与"摆脱了犹太国际主义"的苏联展开合作。

希特勒对这两件事情都不支持，尤其因为富裕的贵族是他的重要金融支持者之一。在1926年2月的一次纳粹党会上，希特勒公开羞辱和斥责了格雷戈尔和戈培尔，强迫他们放弃这些主张。深深为希特勒倾倒的戈培尔发现希特勒和罗森堡居然站在了同一阵线上，精神上遭受了极大的打击。"这算哪门子的希特勒？反动派吗？"他在日记里写道，"在对待苏联的问题上完全错了。意大利和英国是我们天然的盟友！可怕！他说，我们的任务是粉碎布尔什维克主义，因为它是犹太人的产物，我们必须打败苏联……我都无语了，就感觉好像有人撞了我的脑袋一样。"[37]

但对于戈培尔而言，野心抱负和实用价值高于一切。他很快又重返纳粹的行列，他的日记中又充满了对偶像的赞美。(其中一则这样写道："阿道夫·希特勒，我爱你，因为你既伟大又朴素，我们称这样的人为天才。"[38]) 而在原本可能成为异见者的戈培尔与格雷戈尔分道扬镳后，希特勒对其大肆拉拢。戈培尔被派去柏林对付共产党，而就在不久前他还试图笼络这个群体。这项工作需要一个擅长谩骂的人来完成，戈培尔正是不二人选。甚至他的一位崇拜者也提到：他言辞辛辣，就像一股"盐酸、硫酸铜和胡椒"[39]的混合物。

戈培尔还是幕后阴谋的高手，他花在监视对手上的精力几近于管理他的宣传部，或者说看上去是这样的。柏林的记者注意到，他热衷于没完没了的工作，他才智超群——在一个以依赖暴力闻名的党派中，才智可是一种稀有的品质，而且他总是竭尽全力地佐证自己的论点。"显然，他坦率又直接，有着让人放松的笑容和讨好的声音，他是将自己的真实想法隐藏于一张彬彬有礼的面具下的真正高手。"[40]美联社驻柏林记者路易斯·P.洛克纳（Louis P. Lochner）写道。听他演讲，就像在看一场表演。演讲时的戈培尔看似激动得不能自持，但实际上他只是在做一场表演，每个动作都经过精心设计，在执行时力求达到最佳效果。

戈培尔耍了一个交际花招，充分展示了他的老练。他常常会做4场演讲，分别为4种政府形式进行辩护——君主制、共产主义、民主制和纳粹主义——让他的听众绝对相信每一种政府形式他本人都是真正信仰的。"事实证明，戈培尔是一名煽动听众的行家，"洛克纳断言，"他那敏锐的黑眼睛，紧实的皮肤，往后梳着的乌黑直发，让人不由想起梅菲斯特。"[41]

罗森堡和戈培尔之间有颇多不合，第一桩就在于宣传部部长的手伸得过长。根据希特勒1933年6月30日颁布的法令，戈培尔负责"全国的精神教化、国家宣传、文化和经济宣传，以及国内外的公众启蒙等领域"[42]。这一职责描述让戈培尔稳稳地入侵了罗森堡自命的势力范围。

两人间因此爆发了激烈的斗争，在接下来的12年里的大部分时间,这场斗争将持续消耗着他们。

***

第一个战场是艺术领域。一战后君主制的垮台让柏林得到了解放。一夜之间,柏林成了文化和社交中心。金发碧眼的长腿女郎和各路名人行走在柏林宽阔的大道上,或在街边的咖啡馆慢酌浅饮。游客们惊叹于这里壮观的百货商店,尤其是位于莱比锡大街上的威尔特海姆旗舰店,高耸透明的中庭里水晶灯高悬,加上巍峨的拱门,看上去就像是一座消费主义的大教堂。

拥有400万人口的柏林突然成了世界第三大都市,仅次于伦敦和纽约。典型的柏林人见多识广,却又愤世嫉俗,而且很可能并非来自本土。一位作家断言:"他们是中欧的纽约人。"[43]他们甚至用一种在其他德国人看来是傲慢无礼的方言在说话。

在整个20世纪20年代,当左翼和右翼势力为了争权,在街头械斗、在国会激辩时,各式现代主义在画廊、在舞台上竞相绽放。[44]像奥托·迪克斯[3]这样的表现主义画家,在画布上刻画出了战场的混乱和城市的异常;达达主义艺术家抗议一切理性的思想;像埃里克·门德尔松[4]这样的现代主义建筑师,设计出了线条流畅而又极其新潮的建筑;前卫的恐怖片、《蓝天使》(The Blue Angel)中的玛琳·黛德丽[5]和贝托尔特·布莱希特[6]作品中的匪徒、爵士乐、袒胸露乳的卡巴莱歌手,以及只围着一条项链和香蕉裙在浴缸中裸身跳着希米舞的天后约瑟芬·贝克[7]——入夜以后,柏林人可以大开眼界。德皇时代保守的独裁主义已经让路给无穷无尽的性能量。夜总会和舞台表演迎合着一种蓬勃发展的同性恋亚文化。两次大战间的柏林混乱无序,不拘一格，充斥着骄傲的左翼人士。

纳粹自然厌恶这一切。《人民观察家报》谴责首都已经沦为"一个一切邪恶事物的熔炉——卖淫、饮酒屋、电影院、犹太人、脱衣舞娘、黑人舞蹈，以及一切所谓'现代艺术'的邪恶分支"[45]。1925年罗森堡哀叹道，电影院"已落入了犹太人之手"，因此，它"成了一种污染人民大众的手段——通过一些淫猥的画面；和犹太媒体一样，这里也清楚地透露了他们意欲美化犯罪的计划"[46]。

罗森堡成了一场民族文化运动的主要倡导者：反对现代主义——他将其称为"文化的布尔什维克主义"——支持他认为的根植于德国历史的传统文化。这一民族运动旨在颂扬德国士兵、农民和民间传统，是一种不切实际的、种族主义的民族主义。1929年，罗森堡成立了准独立的"德国文化战斗联盟"，该组织主要负责邀请有名的知识分子举办高调的讲座，并在配有插图的官方杂志上大肆传播保守思想。

相对地，戈培尔却很欣赏某些形式的现代艺术[47]，并支持那些不想看到艺术被罗森堡阵营中的思想保守派桎梏的团体。"我们保证艺术的自由。"这位宣传部部长屡次强调。他以自己的声望支持过一个意大利未来主义艺术展，家里的墙上挂着表现主义画家埃米尔·诺尔德[8]的水彩画，还委托画家利奥·冯·柯尼希（Leo von König）为他绘制了一幅印象派的肖像画，并挂在了办公室里。

纳粹掌权以后，罗森堡以为可以伺机打压现代艺术。但1933年秋，戈培尔成立了"帝国文化协会"来巩固对美术、戏剧、音乐、电影、新闻和文学的控制——这让他在与罗森堡的斗争中明显占了上风。罗森堡不甘心就此退场，他重塑了德国文化战斗联盟的形象，将其整合成"快乐创造力量"的旅游休闲工程，这一政府工程广受欢迎，从而让罗森堡在针对德国工人及其家庭的思想文化项目上掌握了一定的话语权。

同时,罗森堡展开了高调的进攻,希望能削弱戈培尔的势力,并最终取代他新成立的文化机构。

罗森堡对表现主义雕刻家恩斯特·巴拉赫(Ernst Barlach)发起指控。巴拉赫雕塑过一些形象魁伟、身穿披风的哥特式人物作品,这为他挣来了一些工作机会,他接到委托,为德国一战阵亡将士雕塑纪念像。戈培尔是巴拉赫的粉丝,甚至还在家中收藏了他的小件作品。罗森堡瞄准了马格德堡大教堂中巴拉赫的雕塑作品,在《人民观察家报》上对其发起抨击。这个作品塑造了一个戴头盔的骨瘦如柴的人、一个戴着防毒面具的男人、一个面容悲戚的妇女,以及三名士兵,其中一名头缠绷带,举着一个大大的十字架。对于民族主义者而言,德国士兵就是英勇的超人。罗森堡控诉说,然而在巴拉赫的作品中,却并不是这样的,"这些头戴苏联头盔、特征难以辨认的、傻里傻气的杂合体居然用来指代德国士兵!"[48]巴拉赫试图缓和这样的批评,甚至还正式表达了对希特勒的支持[49],但最终他的作品还是被从国家博物馆撤出,而马格德堡大教堂中的纪念像也被损毁。

罗森堡进一步施压,他逼迫戈培尔解雇帝国音乐协会的负责人——作曲家理查德·施特劳斯(Richard Strauss),因为他犯了以下罪行:他意欲与犹太人共事。施特劳斯与两位犹太作家胡戈·冯·霍夫曼斯塔尔(Hugo von Hofmannsthal)和斯蒂芬·茨威格(Stefan Zweig)合作写了一部歌剧,并在一家犹太人运营的出版社出版,他还雇了一名犹太钢琴家。盖世太保截获了一封施特劳斯写给茨威格的信件,其中施特劳斯表达了一种近乎对纳粹政权的不忠情感——施特劳斯说,他承认他接受音乐协会的工作,只是"为了阻止更糟糕的厄运"⁵⁰发生在艺术家身上——戈培尔不得不撤销了他的职务。

到1935年,宣传部部长终于意识到处境堪忧。他不仅处在罗森堡的炮火之下,与长期以来反对现代主义艺术的希特勒也不合拍。就在前一年,纳粹党在纽伦堡举行党代会,"元首"作了一场高调的文化演讲,他直言不讳地抱怨,那些"结结巴巴的立体主义者、未来主义者和达达主义者"正在危害德国文化。"这些骗子如果以为新帝国的缔造者会那么愚蠢和不自信到轻易被他们的胡言乱语所糊弄,或者说吓退,那么他们就大错特错了。"⁵¹

一如10年前被迫在格雷戈尔和希特勒之间做出抉择,戈培尔再次选择了后者。他对现代艺术的态度来了个彻底转变。

在表忠心的问题上,戈培尔从来都是不遗余力的,这位转向者紧接着策划和组织了纳粹德国最臭名昭著的艺术展。"我注意到了艺术布尔什维克主义产生的可怕案例,"戈培尔在日记中写道,"艺术正在堕落,我想在柏林筹备一场展览,这样人们就可以去参观并认识到这一点。"⁵²按照纳粹的宣传,这场"堕落的艺术"展示于1937年7月开幕:包括巴勃罗·毕加索[9]、亨利·马蒂斯[10]、瓦西里·康定斯基[11]等现代艺术家在内的600多件作品,寒碜地悬挂在照明条件恶劣的展厅里,还附有骇人的文字说明,描述了它们是如何堕落至极的。

希特勒颇为满意,戈培尔也松了一口气:向来就滑头滑脑的他挽回了在希特勒这里的地位。

* * *

虽然罗森堡没能将戈培尔赶下台,但戈培尔也没能阻止他利用希特勒的思想代表的身份，来将他的议程推进到全国最偏远的角落。在这些官僚斗争，甚至延续到了战争年代，罗森堡所管辖的多家文化办公室及其分支机构在战时依然维持着运营，他也从无懈怠。

罗森堡的"艺术保护办公室"[53]主要负责对新面世的音乐和戏剧作品进行审核，并裁定其意识形态方面的价值，还会对即将为纳粹观众表演的艺术家和演说家进行思想背景的审查。对于那些忠心可疑的艺术家，工作人员会将其档案交给盖世太保。[54]罗森堡认为，如果任由"总培训处"的教化成果被那些与纳粹世界观不符的艺术、文学和音乐作品破坏的话，就太不合理了。他的这一机构还举办音乐会、承包讲座、创作戏剧，在小城市展开巡回演出。

罗森堡的部门还出版了一份艺术月刊《德意志帝国的艺术》(Die Kunst im Deutschen Reich)，旨在传播纳粹对得体的德国艺术的理解，还有一份音乐杂志，旨在消除犹太人在音乐会舞台上的影响。

罗森堡的"文学教化办公室"有一组员工和一小队无偿志愿者——人数最多时达到了1400人——负责对"所有对德国人民有影响和教育意义的德国文学作品"[55]进行系统的检查。他们对新上市的书籍进行意识形态方面的审查，并将结果发表在一本名叫《图书目录》(Bücherkunde)的杂志上，这份杂志一共有8000人订阅。通过审查的书目将出现在白色页面上，而那些获得差评的书目则出现在红色页面上；通常，一个负面评论就足够让帝国宣传部将该书列入德国的数千本禁书之列了。罗森堡手下这些不辞辛劳的员工还发行了一份犹太作家的索引，最终定稿囊括了1.1万个名字。有一次，罗森堡组织了一个为前线战士收集书籍的活动，文学小分队趁此机会"将不良文学作品从百姓家的私藏中清除掉"[56]。

这样的机构不断衍生[57]，罗森堡的意识形态监管机构在全国的文化领域大肆蔓延。"科学办公室"负责对学术职务进行评估；"德国乡村建筑调查办公室"负责研究农民的房屋设计，以确认是否受到外界不良影响的玷污，是否完美反映了建筑师的日耳曼血统；"民俗和宴会礼仪办公室"为纳粹制定了出生、婚姻和丧葬礼仪，还规定了仪式使用的音乐和装饰，这些一并发表在一份党刊上。该机构还建议新生的德国婴儿采用这样的名字：阿韦德、埃尔德穆特、赛巴尔特和乌尔夫。

罗森堡下属的一个机构甚至还对希特勒的雕塑和画像进行审查，检查其是否适合陈列于公共场所。

罗森堡走遍了整个德国以传播他的思想，也接受民众的赞誉。出了柏林城，罗森堡总能受到热情欢迎。虽然党内的高官同僚不待见他，但在广大的城市和乡村，罗森堡却是纳粹主义运动的英雄人物之一。

然而在柏林，罗森堡与戈培尔的战争还在继续。私下里，宣传部部长将这位党的哲学家说成是"'差不多的'罗森堡。"罗森堡差不多可以称得上一名学者、新闻记者、政治家，但仅仅是差不多。"[58]

在罗森堡看来，纳粹的意识形态是不容改变的，他反对戈培尔为了政治利益而突然改变风向。"自1933年后，纳粹党恣意地品尝着权力的果实，"一位传记作家写道，"罗森堡填充了《旧约》(Old Tesatment)中先知的角色，他指责人民狂热地追捧怪力乱神。"[59]罗森堡总结说，他的对手热衷于闪光灯和大排场，将纳粹党的启示仅仅当成宣传工具，就像穿过长街的行军队伍所高举的鲜红旗帜和火炬。

他好奇戈培尔是否真的信仰党的信条。他对此表示怀疑。此人立场转变得如此之快，罗森堡只能断定，为了保住权力，戈培尔无所不用其极。

几年后他这么说:"我们的革命长了脓疮。"[60]

***

罗森堡梦想着纳粹党能一统于他的意识形态教化之下,但横亘在他和他的梦想之间的不仅仅是戈培尔。

尽管罗森堡在普通纳粹党员中很有影响力,但是第三帝国的高层领导都是一些执迷于操纵大权的家伙,可不愿被他们讥讽为"哲学家"的罗森堡束手束脚。他们都是行动派,对理智主义深表怀疑。希特勒一边秘密重整军备,一边安抚国际社会。他不想失去兴登堡的支持,因为兴登堡仍然是德国的总统,是最伟大的民族英雄,是唯一能将自己撤职的角色。他需要能屈能伸的精神,需要一名政治家的胸怀。

罗森堡却不以为然。"如果我深深觉得某个立场有利于我们的运动,那么我会坚持,不管别人是支持还是反对,"有一次他这样写道,"尽管到最后只有孤军奋战,我也会坚持。"[61]所以他最大的才华就是不断树敌,对此他自己都毫不意外。

其中就有一位丝毫不想听罗森堡喋喋不休的道德说教的人,纳粹冲锋队队长恩斯特·罗姆(Ernst Röhm)。这位粗脖子的队长曾在一战中担任德国军官,脸上还留有战争的疤痕。就在希特勒当上总理几个月后,他鼓动发起"二次革命"[62]。他想将那些老将军全部清扫出局,把军队全部换成他手下那些令人生畏的面孔——以此来炫耀纳粹党的实力。

1933年的一个晚上,罗姆和罗森堡在柏林的一个由土耳其大使主办的豪华派对上狭路相逢。贝拉·弗洛姆也混在其中挖掘新闻素材。"这是一场正式的社交晚会,"她报道说,"窗外,蒂尔加滕公园笼罩在浓雾之中,古老的文艺复兴宫殿闪着耀眼的光芒,雄伟的大门敞开着,络绎不绝的汽车鱼贯而入……这是一场极尽华丽的聚会,整齐的军装、精致的礼服、闪耀的珠宝。"[63]

但闹哄哄的罗姆和他那些穿着褐色制服的冲锋队员,制造了一道格格不入的风景。这些人狂饮香槟,很快就喝得烂醉,有人劳驾他们离开,可他们不依,又抓了几十瓶酒,退到另外一个房间去了。

当穿着燕尾服的罗森堡走进来时,罗姆正坐在一张粉红的沙发上,摇晃着坐在他膝盖上的一名男下属。

对于罗姆与他手下公开的同性恋行为,罗森堡向来就觉得恶心。"他周围全是一帮淫秽之徒和寄生生物,"罗森堡之后在日记里写道,"他手下的军官都有男性情人,他们已经越来越脱离于我们的运动,他们的不良举止已经激起众怒。"[64]在罗森堡看来,罗姆那伙人就是一帮令人作呕的"穿褐衫的柏林面首"。

愤怒的罗森堡低声说了几句,喝醉了的罗姆高兴地大笑起来。

"看看那只从波罗的海来的猪崽子。"[65]罗姆故意大声吼叫,好让众人都听到,"那个娘娘腔连酒都不敢喝!他居然傲慢到不愿穿我们的褐色制服,好个自命不凡的波罗的海贵族!燕尾服也救不了他。我说,这位贵族,你以为你算老几啊?"

怒气冲冲的罗森堡离开了房间。

但是轮到罗森堡幸灾乐祸的时刻很快要来了。因为到1934年夏天为止,罗森堡并不是唯一一个受够了恩斯特·罗姆的人。

译者注

[1] 伦勃朗·哈尔曼松·凡·莱因(Rembrandt Harmenszoon van Rijn, 1606—1669), 欧洲17世纪最伟大的画家之一, 也是荷兰历史上最伟大的画家, 画作体裁广泛, 擅长肖像画、风景画、风俗画、宗教画、历史画等。

[2] 希特勒青年团是纳粹党1922年至1945年间设立的一个准军事组织。

[3] 奥托·迪克斯(Otto Dix, 1891—1969), 德国20世纪著名的画家, 风格受德奥艺术传统和表现主义的影响, 作品中充满了丑陋、恐惧、扭曲的人物和场景, 直面人性的黑暗。系列版画《战争》(*Der Krieg*)是其重要作品。

[4] 埃里克·门德尔松(Eric Mendelsohn, 1887—1953), 20世纪德国表现主义流派的建筑师之一, 以设计爱因斯坦天文台著称。

[5] 玛琳·黛德丽(Marlene Dietrich, 1901—1992), 生于德国柏林, 德裔美国演员兼歌手。

[6] 贝托尔特·布莱希特(Bertolt Brecht, 1898—1956), 德国著名戏剧家与诗人。

[7] 约瑟芬·贝克(Josephine Baker, 1906—1975), 美国黑人舞蹈家、歌唱家, 生于美国的圣路易斯, 以其性感大胆的舞蹈和柔美歌声红遍法国, 也是世界上第一个"黑人超级女明星"。作家海明威也为她的惊人美貌倾倒, 称赞她"是全世界最漂亮的女人"。

[8] 埃米尔·诺尔德(Emil Nolde, 1867—1956), 德国著名的画家和版画家, 表现主义代表人物之一, 代表作为《围着金牛犊的舞蹈》。

[9] 巴勃罗·毕加索(Pablo Picasso, 1881—1973), 西班牙画家、雕塑家, 法国共产党党员。现代艺术的创始人, 西方现代派绘画的主要代表。毕加索是当代西方最有创造性和影响最深远的艺术家, 是20世纪最伟大的艺术天才。

[10] 亨利·马蒂斯(Henri Matisse, 1869—1954), 法国著名画家、雕塑家、版画家, 野兽派创始人和主要代表人物。

[11] 瓦西里·康定斯基(Wassily Kandinsky, 1866—1944), 俄国画家和美术理论家,

他与彼埃·蒙德里安和马列维奇一起,被认为是抽象艺术的先驱。

第8章　日记

1934年5月——罗森堡开始第一次在一个皮质私人日记本上写下自己的想法——对于强势崛起的新德国的担忧在美国和欧洲蔓延开来。据《纽约时报》报道,德国的军工厂正在"全面开工",同时还在向美国的飞机制造商购买飞机和航空技术,像宝马这样的德国企业正在大量生产飞机引擎,纳粹很快就会拥有强大的空中力量和坚固的防空体系。"到明年,"5月的报道中写道,"德国将拥有世界上最牢不可破的防空力量。"英国的领导人已经开始断言,他们别无选择,只能开始为一场新的大战作准备。[1]

同时,就在当月一个周四的夜晚,在大西洋彼岸,两万名德裔美国人来到纽约第八大道,在一个体育场的巨型仓库内[2]参加一场大型集会。他们从写着"麦迪逊广场花园"几个大字的遮檐下入场,由穿着白色衬衣、戴着纳粹臂章的引导员领着来到座位上。舞台上,两只阴森森的纳粹黑鹰正咄咄逼人地注视着观众。

这些斗志昂扬的人是为支持一个亲希特勒的组织而来,这个名叫"新德国之友"的组织是前一年由一位名叫海因茨·斯潘克内贝尔 (Heinz Spanknöbel) 的德国移民建立的[3],意在团结聚居在底特律、芝加哥和纽约等城市的德裔社区中正在内斗的纳粹团体。斯潘克内贝尔争强好斗,又野心勃勃,赢得了在柏林的希特勒的"副元首"鲁道夫·赫斯的支持,但在美国他很快就惹错了对象。他先是突袭了美国最大的德语报社——《纽约国家先驱报》(New Yorker Staats-Zeitung und Herold),要求报社遵循纳粹党的路线，编辑将他扔了出去，还报了警。接着，斯潘克内贝尔又制造了一场喧嚣。在一场"德国日"的庆祝中，他强行要求在曼哈顿军械库——一栋美国政府的建筑——的屋顶上插纳粹旗帜，和美国国旗一齐飞扬。犹太领导人反对，双方一番争吵后，斯潘克内贝尔的手下冲进犹太教堂贴上了纳粹记号，肆意加以破坏。他在纽瓦克的演说也结束于一场斗殴，其间，他的一位保镖用一段灌了铅的橡皮管殴打了对手。

很快，联邦当局对斯潘克内贝尔发出了逮捕令，指控他是德国政府的编外特工，他逃回了德国。但他建立的武装组织在新领导人的带领下继续运行，成员们宣誓效忠希特勒，宣称他们是纯种雅利安人。一队身穿制服的安保人员负责维护秩序，他们的队长是隶属罗姆的一名前冲锋队队员。他们的官方报纸《德意志报》(Deutsche Zeitung) 的宣传方式直接照搬柏林的，他们的一个青年分支机构则通过夏令营对下一代进行教化。

"新德国之友"效仿了希特勒在德国的做法，他们举办集会和演讲，为美国的纳粹运动争取支持。

在麦迪逊广场花园，演讲者接连上台怒斥犹太人近一年来对德国商品的联合抵制，抵制活动是由纽约一位名叫塞缪尔·昂特迈尔[1]的律师发起的。外面，1000名共产主义者正在游行抗议——他们高喊："打倒希特勒！"——室内，纳粹的支持者们正在痛斥他们的敌人。一提到昂特迈尔的名字时，人群中就有人喊道："绞死他！"

"我们不能，也不会任由德国每天受到诽谤，被人抹黑成一座大监狱。"《德意志报》的编辑瓦尔特·卡普 (Walter Kappe) 这样说道。

他模仿了已被戈培尔在德国运用得炉火纯青的寻衅式语言风格："我们不能，我们不允许，我们也不会再容忍了。但我们要喊出来，全都是谎言，谎言，谎言！"他控诉犹太领导人在煽动群众，他们"破坏了大众对德国的印象。今天，我们对你们发出最后一次警告"，"如果你们要继续这场战争，你们会发现我们已全副武装，后果请自负"。

外面的共产党人严阵以待，战争一触即发。[4]他们在麦迪逊广场花园外高喊着口号游行完以后，便徘徊在时代广场上，等着这场纳粹大会结束。警察围成一道封锁线，阻止他们靠近体育场，同时与那些试图冲破封锁线的人发生了冲突。当"新德国之友"的成员们都急急跑到地铁站，低头躲进出租车时，其中一人不知哪里来的勇气，对着纽约的春夜大喊了一句：

"希特勒万岁！"

然后他迅速跑到第45街百老汇剧院旁的一个角落里，在一群愤怒的暴民将他抓起来前，一位巡警救了他。

* * *

1934年5月，柏林的局势变得紧张起来。就在麦迪逊广场花园集会前一周，戈培尔来到柏林的"体育宫"运动场，他走上演讲台，对美国上演的联合抵制运动发起猛烈抨击。这位宣传部部长说，他保证这样的运动对改善在德犹太人的命运毫无帮助。"如果这场联合抵制一直持续下去，并开始真正损害我们的经济时，我们是不会放过犹太人的，"他向听众保证，"不会的！德国人的仇恨、愤怒和绝望会第一时间发泄在近在眼前的犹太人身上。如果他们认为这是一场不流血的德国革命，因而秉持他们惯有的无礼和傲慢，再次放纵自己，激怒德国人民，那么我要警告他们，不要过度消耗我们的耐心。"[5]

他怒喝道，犹太人需要搞清楚在新德国的秩序下他们自己的位置。他们只是德国的客人，他们应该"卑微地躲在自己家里，少废话"。

戈培尔的讲话预示着，一场针对"牢骚鬼和挑剔鬼"[6]（针对这些叛国者，他发明了一个新词，Kritikasters，即吹毛求疵者）的宣传运动开始了。在希特勒上台后一年，革命阵营出现了裂痕。纳粹党曾承诺整个国家会迅速得以恢复，但如今并未兑现。公众对纳粹党的支持率开始下滑，评论家在媒体上毫无顾忌地吐槽，关于纳粹领袖们的笑话也在广泛流传。

对此，戈培尔在他的报纸《攻击日报》(Der Angriff)上发出警告：请小心贬损当局的后果，以免有人忘了盖世太保和集中营的存在。最近有一位编辑对戈培尔的新闻审查制度加以讽刺和抗议，被戈培尔拎出来杀鸡儆猴：他被关进了柏林以北的奥拉宁堡集中营，四周围着带倒刺的铁丝网。纳粹的宣传员们被派到咖啡馆和餐厅里发表支持当局的演讲，冲锋队把守着出口，确保顾客们都在认真聆听。在大型的集会之前，会有海报宣传——不要哭哭啼啼，好好工作！——还有多个纳粹小分队坐着卡车，喊着口号，满城巡游。

为表忠诚，德国人必须购买纳粹标记的徽章，并在公共场合佩戴。如果有一丝不忠的表现，就会惹祸上身。有人偷听到一位妇女说了句纳粹当道下的"德国不会变好了"，她就被勒令每天去市长办公室，背诵同一句话："每一天都在变得更好，而且会越来越好。"[7]

从戈培尔在讲台上的大声呵斥，其实已经不难看出，纳粹党的问题不仅仅是群众拥护度在下降。一场内战正在酝酿之中，希特勒即将选择一个立场。

到了1934年夏天，在柏林城，人人都能感到一种让人日渐紧张的压力，这种压力在第三帝国只会以暴力的形式得到释放。

* * *

5月14日，处在这种动荡中的罗森堡打开一个红色皮面的日记本。扉页上印有参差不齐的水彩条纹，让人联想到毛边纸。他翻开第一页，拿起一支钢笔，在右上角写道："柏林，15.5.34"，然后又在数字"15"上涂改了一下，将日期改正过来。罗森堡日记在他那潦草的字迹中开始了。

"在过去的15年间，我从未写过日记，"他写道，"因此，很多历史性的转折事件，我已经记不清了。现在，我们处在一个新的发展期，决定着未来的走向。有两个基本问题尤其让我困扰。"[8]一个问题是"推行我们的世界观，碾压一切反对派"。一直以来，罗森堡都在谴责基督教会及其教义，希望能将他们的牧师排挤出去，这样一来德国人民就可以全心全意地接受纳粹意识形态的灌输。另一个问题就是英国。尽管1933年他的伦敦之旅遭遇惨败，尽管英国人坚决反对希特勒以及他那帮好斗的下属，但作为纳粹外交政策的负责人，罗森堡还是希望能将英国争取到纳粹事业中来。

罗森堡坐在一个靠近历史舞台的观众席位上，他决心要详细记录一番。到底是什么促使他开始重新写日记——他间接提到过一本更早的日记，但这本日记战后也没能浮出水面——肯定不仅仅出于一位自以为定会青史留名的公众人物的自负。这一定还与近来在德国新上架的一本书有关。他的死对头戈培尔多年来一直热衷于写日记，最近戈培尔将1932—1933年的日记进行了编辑出版,日记里他将自己塑造成一位帮助希特勒夺得大权的核心人物。

然而如果罗森堡要打理一本日记,他就不得不克服他那缺乏自律的毛病。他这个人是出了名的自由散漫,三心二意,虎头蛇尾——甚至无尾。而且写日记还需要分去他写其他东西的精力:政治短文、宣传材料,还有没完没了的备忘录。

他没说过是否打算出版日记。有可能他将日记看成了一本私藏笔记[9],多年后,当他有时间撰写一本关于他的纳粹生涯的回忆录时,可能会查阅这些笔记。

不管出于什么样的动机,这个夏天,罗森堡开始投入了写日记大业。红色的笔记本,无横格的内页,记满了他随时随地的所思所想。作为日记作者的罗森堡容易透露出一种冷漠和自怜,和他所批判的对手一样自恋。他容易听信谗言。他易怒。他执迷于自己的思想体系,对人们为此而付出的代价缺乏共情。他几乎沉浸在纳粹党的事业中。他很少提到家人。他从未透露过工作以外的生活。

从5月下旬开始的日记里,在一开始的几篇中,罗森堡分别记录了他向希特勒汇报欧洲公共舆论的情况,他对戈培尔的抱怨,以及对他所在部门外交官之间的尔虞我诈的不满。

据威廉・德・罗普的说法,戈培尔5月初在"体育宫"发表的对犹太人的攻击,在伦敦引发了一场新的批判风暴。罗普就是被罗森堡糊里糊涂视为德英两国中间人中的一名间谍。虽然罗森堡对戈培尔恨之入骨,但他还是厚道地反击道:"那么,对于《标准晚报》(the Evening Standard)煽动反对希特勒的行为,我们应该说点什么呢?在伦敦,一个人可以侮辱任何人、任何事,但一旦说到犹太人,他们就会像含羞草一样立刻收敛。"[10]私下里，罗森堡知道罗普是对的，如果戈培尔的言辞能再温和一点，肯定会更好。虽然在德国戈培尔赢得了"廉价的鼓掌"，但是在国际上只会引起麻烦。

对于戈培尔打击"吹毛求疵者"的大规模宣传攻势，罗森堡也深表忧虑。这只会向全世界透露一个信息，就是平民大众中存在"普遍不满"。否则还有什么理由能让纳粹这样不遗余力地去压制这些批评声音呢？"德国政治最强大的武器是全国人民都支持元首，而这个武器正濒于瓦解。'你们在支持一匹劣等马，'我们的对手告诉我们的人民，'人民不再相信他们的权力了。'"

但是那个月让罗森堡最为愤怒的是一则不利的消息。5月9日，伦敦的《泰晤士报》刊登了一则有关第三帝国权力结构的消息，文中写道，希特勒的意识形态首席代表罗森堡的权力有点名不副实。"近来有流言说罗森堡先生被'架空'了，对此，我们必须解释说，打一开始，在一些消息灵通的群体看来，这个响亮的头衔就远远超过了它所承载的实际权力和作用范围，"记者写道，"这点可以从下面这件事情得到印证：罗森堡先生在接受任命后就纳粹意识形态发表了第一次大型演讲，在开讲前就有海量宣传说元首会亲临现场，可希特勒先生并没有出席，而是找了个借口与戈培尔一起去看冰球比赛和索尼娅·海妮[2]小姐的滑冰表演。"[11]那位金发的挪威花样滑冰运动员是奥运冠军，还是将来的好莱坞影星。

罗森堡怒气冲冲地重步走进希特勒的办公室，提出了抗议。他十分肯定地说："这一定是外交部的外交官们在捣鬼。"

"元首"没有理睬愤怒的罗森堡。他又能做什么呢？

但当罗森堡递给他一份报告时，希特勒也生气了。文中写道，德国驻伦敦大使馆前参赞阿尔布雷希特·格拉夫·冯·伯恩斯托夫(Albrecht Graf von Bernstorff)告诉已退休的英国陆军军官格雷厄姆·西顿·哈奇森(Graham Seton Hutchison)——一名法西斯活动家、间谍小说家和希特勒的狂热支持者——纳粹政权面临着崩溃的危险。伯恩斯托夫是出了名的柏林新政的反对者,去年他已经被从伦敦召回。

"我们应该怎么对付这头猪?"[12]希特勒问。他告诉罗森堡,出于对兴登堡的尊重,他仍然不能轻视纽赖特和他手下的外交官们。"我不想和这位老人家发生任何冲突,以免让他在最后的日子里难受。"他说。一旦总统过世——现在看来虚弱的总统随时可能会撒手人寰——同僚相亲的时光也就结束了。"到时,必须立刻逮捕伯恩斯托夫。"

罗森堡多么期待那一天啊!"这些落伍绅士的破坏简直是荒唐可笑!"他在日记里写道,"他们的'觉醒'将会非常突然和痛苦。"[13]

* * *

但是比起外交部的不忠,希特勒有更多近在眼前的忧虑。当然罗森堡也意识到了危机日益严重——政府上下也都意识到了——但他并没有冒险在日记里写得很明确。这些问题太敏感了,即使是在只有他自己能读到的私人日记里,也还是不宜白纸黑字地写下来。

纳粹冲锋队队长恩斯特·罗姆从1933年年中开始,就煽动着要发起"二次革命"。他主张纳粹要逮捕工业家、大企业家,尤其是普鲁士将军。"今天仍然有一些当官的人根本不懂革命精神,"他在一次演讲中说道,"如果他们敢将反动思想付诸行动,我们就应该无情地将他们清扫出去。"[14]罗姆是有实力说这番话的。到1934年年初,他手下有将近300万人,这些人多年来在街头开展巷战,很希望政府能给予回报,能给他们安排工作。罗姆也想在他的冲锋队的基础上,建立一支新德军。

希特勒却不信这一套。革命已经结束了,再制造混乱没有任何好处。希特勒知道,如果想巩固大权,需要军队的支持。虽然将军们的部下一共才10万人——而且仍然受制于《凡尔赛条约》——但比起罗姆手下那帮乌合之众,这些部队装备精良,且更加训练有素。而且军队拥有兴登堡总统坚定不移的支持,所以聪明的希特勒极力讨好将军们,尤其是在不顾《凡尔赛条约》的限制,全面重整军备的关键时期。

1934年2月,罗姆提议将冲锋队和军队合并,他担任总司令。4月,希特勒与将军们在一艘德国重型巡洋舰上举行了一次会议,达成了一个秘密协议。兴登堡总统已经日薄西山,希特勒担心一旦这位昔日的陆军元帅撒手而去,军队就会倒戈。他承诺,如果将军们保证支持他成为兴登堡总统的继任者,那么他会将罗姆的冲锋队削级,以保证军队在德国军事事务中的最高地位。

罗姆对此毫不知情,他继续煽动人心。1934年春,柏林内外都是政变和叛变的传言。

罗姆的两位劲敌开始为对付罗姆做准备。一位是曾在1923年执掌过冲锋队的戈林,那是在未遂的"啤酒馆政变"前夕。另一位是罗姆本人招进党内的海因里希·希姆莱。希姆莱的父亲是一名中学校长,一位虔诚的天主教徒,希姆莱在成长过程中,深受德国历史的熏陶。[15]儿时,他就对德国有名的几场战役的细节倒背如流,十几岁时,他迫不及待地想参加第一次世界大战,但还没等他到前线,德国就投降了。在战后的几年里,他先完成了学业,然后去了农场工作。

1923年,在罗姆的引荐下,希姆莱加入了纳粹党。6年后,他被任命为党卫军队长。当时的党卫军还是隶属于冲锋队的一支无足轻重的小型队伍。希姆莱着手将党卫军建成一支令人胆寒的强大军队。[16] 罗姆的冲锋队只是一帮纪律涣散、狂暴的乌合之众,而希姆莱的党卫军——或者称护卫队——是一支精英护卫队,这支队伍由雅利安种族中的精英构成,他们拥有最纯粹的血统,遵守着严格的日耳曼行为准则。在希特勒当上总理后,身穿黑色制服的党卫军成为他的私人警卫队。但希姆莱有着更远大的抱负:他想执掌整个德国的警察组织,所以开始有条不紊地秘密积蓄实力。

希姆莱看上去毫不起眼,几乎骨瘦如柴,戴着一副圆圆的眼镜,小眼睛,尖下巴。自1934年4月戈林将普鲁士的秘密警察组织盖世太保移交给他管理以后,他已经掌管了整个德国的警察部门。这两位野心勃勃的纳粹头目欲联手推翻罗姆。戈林和希姆莱都将罗姆视为对手与威胁——用戈林几年后的话来描述,罗姆"不过是一条挡道的狗"。党卫军开始炮制这位冲锋队队长谋划政变的证据,并将这些伪造的情报传递给希特勒。

还有其他力量也在针对罗姆。包括副总理弗朗茨·冯·帕彭及其保护伞兴登堡总统在内的保守派,一直担心纳粹革命会造成动荡不安。6月,帕彭在马尔堡大学发表了一场一反常态的尖锐演说,对肆无忌惮的纳粹恐怖和罗姆吵着要闹"二次革命"的行径发起了猛烈抨击。"我们不允许德国变成一辆向着未知疾驰而去,而且无人知晓它将停靠于何处的列车,"帕彭宣称,"政府已经清楚地意识到,在德国革命的幌子下,自私自利、丧失原则、侠义尽失、傲慢无礼的风气正在滋长。"帕彭还抨击了戈培尔,说人民大众是不会相信他那点儿业余的宣传伎俩的。"那些试图用虚假的乐观主义来欺骗人民的拙劣行径,只会让人民在当下笑出来,"帕彭说,"长此以往,再高超的组织与宣传都不能留住人民的信任。"

愤怒的戈培尔阻止了这一演讲的传播。几天后,在"体育宫"的演说中,戈培尔将保守派贬损为"荒唐的讨厌鬼"。"这些人无法阻止本世纪的进步,"他说,"我们在前进的过程中,会将他们踩在脚下。"帕彭向希特勒抱怨说戈培尔封杀了他的演讲,还发誓说要去兴登堡那里告状。

希特勒抢先了一步。6月21日,他飞奔至兴登堡的住所,探望这位处于弥留之际的总统。他听到了一个令他震惊的消息。总统下了最后通牒:除非希特勒可以阻止"二次革命"的呼声,并结束柏林的动乱,否则他会宣布军事管制,将国家交给军队。

戈林和希姆莱发起了最后一击。罗姆请了几周的病假,潜逃到温泉镇巴特维塞的汉索巴酒店,他令手下人准备休暑假。6月28日,希特勒在埃森参加婚礼时,戈林的人给他送来一份新鲜出炉的报告,称罗姆的冲锋队实际上是在武装准备发起一场全国暴动。

这样的话"元首"终于听够了。他派戈林回到柏林,严厉打击国内的反对派。

他则飞往南部,亲自解决罗姆。

* * *

几天后,罗森堡在日记里简单记录了接下来发生的令人目瞪口呆的一切。

那就像一部低俗小说。[17]

据罗森堡的复述,在巴特维塞的一间酒店房门前,希特勒小心地敲着门。里面，罗姆正在密谋着要推翻政权，处决政敌，好让同性恋者一统天下。

但"元首"英明，及时发现了这场邪恶的阴谋。现在罗姆完蛋了。

"慕尼黑来报。"希特勒一边敲门，一边模仿着情报员的声音。

"进来吧，"罗姆喊道，"门是开着的。"

希特勒推开门，疾步走进房间，发现罗姆还躺在床上，就掐住他的喉咙。"你被捕了，你这个蠢货！"这位德国超人咆哮着将叛徒移交给了党卫军。罗姆拒绝穿好衣服，一名党卫军的军官捡起他的衣服，往他脸上抽去。

在隔壁房间，希特勒发现罗姆的副手埃德蒙·海恩斯(Heines blubbers)"正在与他的同性情人行苟且之事"。

"这些领导人物是想在德国一手遮天啊。"愤怒的希特勒面无表情地说道。

"我的元首，"海恩斯大声哭诉，身边的年轻男子正在温柔地亲吻他的脸庞，"我没对这孩子做任何事。"出离愤怒的希特勒抓住海恩斯的情人往墙上撞去。

接着，希特勒来到大厅，见到一名涂脂抹粉的男子。"你是谁？"希特勒厉声质问。

"参谋长的公务员。"那人回答。

无比愤怒的希特勒下令将冲锋队队员的年轻情人们——罗森堡称他们为男妓——统统围起来，带到地下室枪决。

希特勒不想枪决他的老伙伴罗姆，但是纳粹党出版局局长马克斯·阿曼劝他，该做的事就不要心慈手软。"最大的麻烦鬼必须要干掉。"阿曼和"副元首"鲁道夫·赫斯都主动提出愿意亲自枪决叛徒罗姆。最后,他们给了罗姆一把枪,要他自行了断。

罗姆拒不自裁,最后还是党卫军的人送他上了路。希特勒为德国名誉而战的又一篇章就此结束。

* * *

这次大屠杀行动后来被称为"长刀之夜"[18],罗森堡对这次行动的记录充满了华丽的辞藻,让人惊讶的是,尽管加上了一点他自己的发挥,但他对整个过程的描述基本是准确的,除了对这场大清洗运动发生的原因进行了过于宽泛的概述。第三帝国的历史就像是在一本扭曲的漫画书里上演的荒谬剧。

黎明时,希特勒的飞机降落在慕尼黑。天下着小雨,但当他阔步走到停机坪时,天色已经亮了。"这是我人生中最黑暗的一天。"他告诉前来迎接他的两名军官。他爬上一辆候着的梅赛德斯,出发前去找罗姆算账。一支党卫军小分队也加入了行动,他们一起前往罗姆正在呼呼大睡的酒店——他显然毫不知情。

"元首"掏出手枪,叫醒了这名冲锋队队长,称他为叛徒,并下令逮捕他。然后他来到了隔壁房间,床上躺着海恩斯和他的年轻情人。"海恩斯,如果你不在五分钟内穿好衣服,"希特勒尖叫道,"我会将你就地正法!"冲锋队队员被和平押往慕尼黑的史塔德汉监狱,有人给戈林去了一通电话,"蜂鸟。"

蜂鸟,这是开始处决的代号。柏林的冲锋队头目们被行刑队执行了枪决,然而这场杀戮还远没有结束。纳粹党过去和现在的政敌也都遭到了暗杀,包括前总理库尔特·冯·施莱谢尔(Kurt von Schleicher)和他的妻子,以及短暂担任过纳粹党领导人的格雷戈尔·施特拉瑟。曾在

1923年镇压了未遂的"啤酒馆政变"的巴伐利亚政客古斯塔夫·里特尔·冯·卡尔的尸体，在一条臭水沟里被发现——被斧头砍成了碎块。"如此，1923年11月9日的大仇最终得报，"罗森堡写道，"卡尔早就罪有应得。"埃里希·克劳森纳（Erich Klausener）是肯普纳在普鲁士内政部警察分局工作时的领导，他是在洗手时被击毙的。戈林还下令枪杀了为帕彭撰写那份惹怒他的马尔堡演讲稿的作者埃德伽尔·容（Edgar Jung）。而帕彭本人，因为目标太过显眼，只是被软禁起来。

戈林和希姆莱坐镇柏林的一处宫殿，指挥整个行动。有一名目击者看到，两人极其兴奋地监控着整场屠杀行动的进程，手上还拿着处决人员名单。帝国元帅神采奕奕，一旦听到有人逃跑，他就开始咆哮着，下达追杀令。"击毙他们！……一网打尽！……击毙他们！开枪……马上直接击毙他们！"

下令在慕尼黑处决一众冲锋队头目后——尽管当时没有包括罗姆——希特勒飞回了柏林。

"他没戴帽子，脸色苍白，胡子拉碴，哈欠连天，而且形容憔悴，气喘吁吁，"一名目击者说，"额发黏糊糊地贴在前额上，眼神无精打采。然而他看上去并不难受……显然干掉几个老朋友对他来说不费吹灰之力。他毫无感觉；他只是出于愤怒。"

历史没有记录下被屠杀者的精确数目。在清洗行动后，戈林下令毁掉一切记录。有人估计这个数字接近1000。

罗姆是最后一个被处决的。对于他的处理，希特勒有些摇摆不定。罗姆是他最早结交的老伙伴之一，一开始是他最忠实的中尉。但戈林和希姆莱力劝他处决这名被控造反的叛徒，希特勒最终同意了。党卫军的军官被派去监狱，给了罗姆一份《人民观察家报》，上面有他被控密谋政变的报道，同时还有一把手枪，枪膛内只装了一颗子弹。

十分钟后，他们返回监狱，发现罗姆还活着。他光着上身，站得笔直。

在被击毙时，他最后说了两个词："我的元首，我的元首。"

大清洗运动让希姆莱实力大增。希特勒将党卫军从冲锋队独立出来，冲锋队虽然受到了惩戒，还是在新的领导下继续为纳粹暴力打击敌对分子。希姆莱如今可以直接向"元首"汇报，他的帝国正在扩张。他不仅管理着他深爱的党卫军、盖世太保和整个德国的政法警察，还管理着一个日益壮大的集中营网络。不久之后，希姆莱就全权控制了整个纳粹党的安全机构，他用这些来推行自己的意志，毫不留情。

* * *

一个月后，8月2日上午9时，兴登堡去世。希特勒内阁同意将总理和总统两个职务合二为一，军队宣誓无条件服从"元首"。希特勒加冕为德国的独裁者，而且无人反对。至少没有人作势要阻止他。

那天，罗森堡见到了希特勒。他趁机再次鼓动希特勒对付那帮外交官。希特勒告诉罗森堡，他也受够了前总统强加给他的那些留任官员。"今天，在外交部，我会让他们这些人低头，因为我有了兴登堡总统的权力，"他说，"现在，他们的好日子结束了。"希特勒发誓要从外交官队伍中找出叛徒，将他们提交给人民法院。人民法院是一个很快就会臭名昭著的专门处理党内政敌案件的特别法庭。"没有人，"他告诉罗森堡，"愿意与他们为伍。"[19]

关于兴登堡总统的去世，罗森堡在日记中一笔带过。"全国都笼罩在悲伤之中，"他写道，"我们失去了一位伟人。"[20]

然后，他的哀悼很快切换到了喜悦。希特勒终于可以随心所欲了。"现在，"罗森堡欣喜若狂道，"元首是德国唯一的最高领导人了。"

现在他们可以为所欲为了。

译者注

[1] 塞缪尔·昂特迈尔（Samuel Untermyer, 1858—1940），犹太裔美国人，律师，民主党政治家，富翁。20世纪30年代是犹太复国主义的主要支持者。

[2] 索尼娅·海妮（Sonja Henie, 1912—1969），挪威女子花样滑冰运动员和电影明星。

第9章 "机灵运作和幸运巧合"

当朋友们忙着四处流亡时，罗伯特·肯普纳在柏林做起了生意，着手赚钱大业。被开除公职后，他在位于蒂尔加滕公园西南的梅尼克大街9号开了一间"移民工作室"，这里距离繁华的选帝侯大街仅半个街区。他的合伙人是同样被纳粹撤职的犹太法官恩斯特·阿斯纳（Ernst Aschner），他们的生意就是帮助欲逃离德国的移居者通过纷繁复杂的官方规则：处理税收问题，尽可能多地转移资产，获得一切必要的文件资料。

他们的办公地点有着得天独厚的优势：隔壁大楼里正好驻有好几家帮助犹太人移居圣地的机构，包括一家大型的犹太复国主义报纸、犹太复国主义联合会以及巴勒斯坦犹太办事处。肯普纳和阿斯纳承诺"顺畅、顺利和迅速"地帮客户踏上移民之路[1]——不仅可以去巴勒斯坦，还可以去南美、意大利或任何他们想去的远方。他们行事稳妥，事成之后才收费。

这里的生意十分兴隆。虽然纳粹上台后大部分犹太人还是留在德国，但是从1933年至1935年，约有8.1万名犹太人逃出德国，大部分去了欧洲其他国家或者巴勒斯坦。在1933年4月暴力联合抵制犹太商店的事件爆发后，第一波移民潮开始涌现，同月，德国通过了多项法律，迫使犹太人放弃了很多行业。在余下来的30年代里，稳定的移民浪潮一直在持续。

对于犹太人的大批出走，纳粹是乐见其成的。他们支持一切驱逐犹太人的政策，但同时，他们又收取高昂费用，设置重重关卡。他们的高压政策已经让犹太人放弃了工作和生意，现在，要逃离这个国家[2]，移居者还往往不得不放弃他们大部分的身家。1931年，纳粹实施了"帝国逃离税"，以防止资本流失。此举主要是针对犹太人的，他们将这项税费提到极高，有些人不得不变卖一切家当来支付费用。

银行账户也被冻结了，移居者只能忍受昂贵的汇率将钱换成外汇，才能留住手中的钱。(不过，犹太复国主义者一直在积极推进犹太人移居圣地的事宜，他们在1933年与纳粹党达成一项协议，使得移居巴勒斯坦的犹太人可以带走相对多的资产。)此外，移居者还需要填写资料，提出申请，等待官方批准。每一个环节，他们都可能被索贿，有时是礼物，有时甚至是性交易。[3]盖世太保随时可能敲开你家的门，四处打量，然后拿走一张桌子，一床地毯，或者一幅精美的画。

此外，还有一长串的人等着申请外国签证。而有些国家还需要逃亡者提供证明，保证他们在移居后不会给公共福利系统造成负担。比如美国就要求担保人提供一份书面保证书，承诺如果移居者陷入经济困境时，担保人会介入帮忙。

申请过程复杂、烦琐又漫长，移居者屡屡受挫，所以他们蜂拥至肯普纳和阿斯纳的工作室。多年后，当人们询问肯普纳，靠着从逃命的犹太人身上揩油谋生感觉如何时，他只是耸了耸肩。生活在一个独裁国家，毫无法治可言。如果你知道如何钻空子，就有大把的钱等着你去赚。[4]

虽然不确定这样的状况会持续多久，但肯普纳不像其他人那么确信纳粹主义只是昙花一现。糟糕的是，纳粹的检查员盯上了他的业务。他们跑来审查他的资料，想找出他帮犹太人非法偷运货币出国的证据。

一着不慎[5]，他就会锒铛入狱，或者命丧于此。

但这样的冒险似乎是值得的。回报太可观了，以至于他不舍得离开。后来，据他估算，这些年他的年收入达到了8000美元，相当于今天的13.8万美元。[6]

他还有一个推迟移民的理由：他想要照顾母亲莉迪亚[7]，她饱受纳粹分子的折磨，却又没有条件逃离。1934年，莉迪亚已经63岁了，健康岌岌可危。她的女儿在前一年死于结核病——1920年她的丈夫瓦尔特也死于同一疾病。纳粹进一步巩固权力，莉迪亚被迫从柏林莫阿比特医院细菌学实验室负责人的位置上退下来，同时也放弃了业界领先的《细菌学》(Zeitschrift für Tuberkulose)期刊总编的职位。

罗伯特·肯普纳还是将孩子送出了国，送到了相对安全的意大利佛罗伦萨的一所犹太寄宿学校。

肯普纳和一位名叫海琳·韦林格 (Helene Wehringer) 的女士结了婚，生下了儿子卢西恩。9年后的1932年，他们的婚姻走到尽头。那是一场难堪的分手。海琳起诉肯普纳家暴，还将她赶出了他们的公寓。肯普纳在法庭上并没有辩解，但他最终赢得了儿子的监护权。10年后，肯普纳的律师在一份书面宣誓词里说，肯普纳的妻子，"受到某种政治学说的影响，对她的丈夫及其家人的犹太出身存在严重的偏见"[8]。

1933年，肯普纳仍然和母亲住在一起，在她失去工作以前，他都会开车送她去医院上班。就在沿街飘扬起纳粹旗帜的那一天，他母亲哭了起来。

"妈妈，"他问，"您怎么了？"

在立陶宛考纳斯长大的母亲熟知过去50年中犹太人社区所遭受的暴力攻击，似乎德国的犹太人也要经受同样的磨难了。

"现在，"她告诉儿子，"大屠杀即将开始。"[9]

* * *

1935年3月的一天，肯普纳意识到自己似乎拖延太久而无法逃离了。

为了逮捕一位名叫贝特霍尔德·雅各布（Berthold Jacob）[10]的德国左翼记者，盖世太保制订了一个周密的计划。在魏玛共和国时期，和平主义者雅各布曾写过关于德国秘密重整军备的报道，因此被处以罚金和监禁。纳粹上台后，这位犹太作者逃到了法国的斯特拉斯堡，成立了一家通讯社，继续调查和报道德国的军事计划。德国特工以卖给他一张假德国护照为由，诱他来到瑞士的巴塞尔。因为之前纳粹开除了他的德国国籍。在一家名为"斜角"的餐厅里，雅各布和联络人共进晚餐，氛围愉快，几杯白酒和葡萄酒下肚后，雅各布同意随联络人去公寓里完成护照交易。但当他爬上他们的车后，司机却开车往北疾驰而去，由瑞士的边境检查站进入德国。当天晚上，他就被带到了柏林。

盖世太保开始研究从雅各布那里没收来的地址簿，上面列有他的军方联系人和其他可能的消息提供者。其中就有罗伯特·肯普纳和恩斯特·阿斯纳两人的名字。

3月12日,盖世太保来到肯普纳位于里特希菲尔德的家中,他们跨过屋外的铁门,大声敲门。这栋又高又窄的石屋堪称雅舍,一共三层,半木制的山墙,瓦面屋顶,左边有一道由三个拱门和石头栏杆围成的游廊,从二楼的阳台上就可以看到街道。

"跟我们走!"盖世太保对前来开门的肯普纳吼道,"跟我们走!"

这是每个德国人,尤其是犹太人和纳粹的政治对手们所恐惧的时刻:被随意传唤到位于阿尔布莱希特王子街的盖世太保总部。有时是以一张明信片的形式,有时是警官未打招呼就亲自上门押你过去。有可能只是警察有问题要问你,或者想了解一些情况,然后会很快放你回来。也有可能你会就此被送往任意一所希姆莱新建的集中营,而他们称之为"保护性监护"。

肯普纳获得了"保护性监护"。他被囚禁在柏林臭名昭著、破烂不堪的哥伦比亚-豪斯监狱,这里之前是一所军事监狱,以手段残忍和无法无天著称。

在抵达监狱的那一刻,肯普纳只有一个念头:"人生走到尽头了。"[11]

在9天孤独的监狱生活里,肯普纳最惶恐的是,他不知道自己到底为何会被逮捕。[12]是和他的移民工作室有关吗?还是因为他用笔名出版的关于纳粹恐怖的短篇小说呢?抑或是因为他与奥西耶茨基及德国人权联盟的密切关系?后来他回忆道,关于后者,他绝不会吐露半个字的,"因为在盖世太保对他的一场审讯中,他们并没有一开始就提到奥西耶茨基"[13]。

在他被押回到阿尔布莱希特王子街受审时,他才发现原来他的被捕和贝特霍尔德·雅各布有关。盖世太保怀疑肯普纳将纳粹在柏林的活动泄露给了雅各布。他否认了这一点。"为什么雅各布的地址簿里有我的名字,"几年后他说道,"我也不知道。"

母亲莉迪亚听说儿子被捕的消息后,心脏病突发。肯普纳后来写道,亲戚们立即着手营救计划,因为如果你爱的人被纳粹抓走了,你是无法期待公正的司法结果的,你必须千方百计救他出来。马上行动。

在被盖世太保带离里特希菲尔德的家时,肯普纳给他的律师西德尼·门德尔(Sidney Mendel)打了电话,律师提出了正式的抗议。有名的外科医生费迪南·绍尔布鲁奇(Ferdinand Sauerbruch)与肯普纳的母亲相识,他去找了已故总统的儿子奥斯卡·冯·兴登堡(Oskar von Hindenburg),请求他介入。至于奥斯卡是否尽力帮忙,不得而知,但当时肯普纳的约会对象鲁特·哈恩(Ruth Hahn)——一名社会工作者,和肯普纳一样也是路德教教友——向另一位旧识求援:具有潜在影响力的鲁道夫·狄尔斯。

此时的狄尔斯也不再是盖世太保头子了。他的对手太强大了,1934年,他卷入戈林和希姆莱两人的权力斗争中,被革了职,他的位置由希姆莱的助手赖因哈德·海德里希接任。不过有帝国元帅的庇护,狄尔斯逃过了"长刀之夜"一劫,被贬为科隆的治安长官,后来在戈林的商业帝国中找到了一席之地。他甚至还娶了戈林的一位亲戚为妻。

狄尔斯当然还记得肯普纳当年是怎样帮他摆脱"妓女投诉"的不雅事件的。至于他是否在1935年还了这个人情,插手帮了他的老同事一把,两人都没有透露过。

总之，肯普纳两周后就被释放了。几年后，在写给朋友的一封信中，肯普纳只提到，他能逃出哥伦比亚-豪斯监狱要感谢鲁特的"机灵运作和一些幸运的巧合"[14]。

至于贝特霍尔德·雅各布被捕事件，各大报纸都得到了风声，国际社会一片哗然。瑞士人抗议盖世太保在没有提前知会和得到允许的前提下，就这样跑到别国来抓人。这一事件被提交到国际法庭。在独裁的早年间，希特勒对外交压力还是比较在意的，六个月后他下令释放了这名记者。[15]

* * *

此时的肯普纳已经毫无疑虑了，他知道他需要离开这个国家了。1935年8月，他的母亲过世了[16]，他终于开始做必要的准备。就在出狱后不久，1935年5月25日，他和鲁特结婚了。借着为客户出国考察之机，他悄悄地研究起他和鲁特的最佳去处。荷兰太近了；而英国，除非是名人，否则很难成功移居；法国长期以来就不太友好；巴勒斯坦似乎危若累卵。

一天，肯普纳和一位老同事维尔纳·佩泽 (Werner Peiser) 约在波茨坦广场喝咖啡，这里有喧闹的电车、行人和环行的汽车。瘦削的佩泽戴着眼镜，他是一名犹太人，曾担任过普鲁士首相的新闻秘书，在被上台后的纳粹解雇之前，他搬到了罗马的普鲁士历史学院。

当时正四处找工作的佩泽最终萌生了一个想法——为那些心心念念想将孩子送到安全地带的父母开办一所犹太儿童学校。他找来了投资合伙人，通过了必需的官方审批，还在德国报纸上登了广告。1933年秋，他的"佛罗伦萨学校"开学了，一开始只有几个小孩，但很快就发展壮大到30多个学生。他的学校有一个诱人的卖点——地点。宣传标语上写着:"佛罗伦萨乡村寄宿学校位于托斯卡纳乡村。"[17]后来一名男校友特别提到,"要推销一所位于托斯卡纳的寄宿学校并不难"[18]。当时的肯普纳决定,是时候把儿子卢西恩送离纳粹德国了,他把儿子送到了佩泽的学校。佩泽建议他也来佛罗伦萨一起帮忙经营这所学校。

肯普纳越想越觉得意大利似乎是一个完美的去处,还可以一边等待纳粹终结。

尽管希特勒很钦佩1922年在罗马上台的法西斯领袖贝尼托·墨索里尼(Benito Mussolini),但他还没有将这位意大利的独裁者争取过来。墨索里尼尤其怀疑希特勒对奥地利的图谋。自从在维也纳纳粹分子仗着德国人撑腰,暗杀了奥地利的总理恩格尔伯特·陶尔斐斯(Engelbert Dollfuss)后,1934年夏天,他们还试图推翻奥地利政府。墨索里尼对希特勒大为光火,他在边境集结军队,发誓只要奥地利政府需要,就出兵援助。

肯普纳知道,在意大利,德国人一直备受欢迎,他们甚至不需要签证就可以过去。

他后来写道,重要的是,在意大利,"没有犹太人问题"[19],至少现在还没有。

于是,肯普纳卖掉了位于里特希菲尔德的故居和他母亲的小图书馆,还以500马克的价格把他的三角钢琴卖给了波茨坦广场的豪斯·沃特兰特(Haus Vaterland)。他的护照过期了,但是因为他所在区的警察局长欠过他一个人情,所以很快为他办了一张新的。肯普纳送给鲁特一枚戒指,以纪念他们的移民。

然后,他开始打包行李,只有一个小箱子,他不想显得像是要永久移民一样。

他可再经不起怀疑了。

第10章 "我的时机尚未成熟"

保罗·冯·兴登堡的灵柩上覆盖着国旗，装在一辆弹药车里，由六匹黑马拉着，滚滚驶过普鲁士大平原。送葬的队伍似乎看不到头：有小号手、旗手、步兵、骑兵、炮兵、高级将领、亲戚们，还有仆役。马车车轮碾过送葬队伍前的鲜花和松枝，火炬绵延数英里长，在暮色中闪着点点亮光。

总统的遗体将前往东普鲁士的坦能堡纪念馆，这里是他在1914年8月击败俄国人取得伟大胜利的地方。他将安葬于此，陪伴他的还有20名无名烈士。1934年8月7日凌晨5点，送葬队伍抵达这处巨大的纪念馆。这是一处堡垒，一个威武的巨石阵，八座塔楼拔地而起，巍然耸立，四周的石墙围成一个八边形的庭院。在这个沉郁的哀悼日里，塔楼笼罩在黑色之中，从顶部滚滚冒出的烟雾"让它们化身成多个祭坛"[1]，一位在场者这样想道。党卫军和冲锋队的队伍整齐站立着，头顶上有七架飞机在盘旋，翼尖上垂下黑色的条幅。

外国贵宾和党内官员纷纷就座，"元首"走上灵柩前方的小讲台，为兴登堡元帅送行。

"出发吧，将军！"这位德国新鲜出炉的独裁者下令道，"现在去往瓦尔哈拉吧！"

坐在观众席中的罗森堡为希特勒的话窃喜。多年来，罗森堡一直在抨击基督教，这使得他以纳粹党激进反教派的名义领袖在国际上声名狼藉。葬礼上，一名随军牧师宣称兴登堡"至死都忠诚于上帝"，罗森堡听了，既恼怒又反感。他后来在日记里抱怨道，那名牧师"用《圣经》(the Bible) 里的话攻击了我们"[2]。他不懂为什么一个有血性的德国人会相信这种蛊惑人心的鬼话。"再次证明了，基督教简直是在用德语单词来说中文，"那天罗森堡在日记里写道，"德国人再也不想听到《圣经·诗篇》或是'先知'之类的胡言乱语了。"

罗森堡一直指望希特勒能拨乱反正，现在"元首"送往生后的兴登堡去往北欧奥丁神的宫殿里，而非基督教的天堂。罗森堡确信，任何在认真聆听的人都能听得出，这是对基督教发出的一记警告。

他企盼着这样的警告只是开端。他和希特勒多次谈论过教会的叛国属性。要让德国人远离牧师，要是他能说服希特勒将这一想法公之于众就好了。

* * *

尽管罗森堡公开抨击犹太人，但当他拿起钢笔，在他那本越来越厚的私人日记中浅耕加内容时，他却很少提及他对纳粹核心思想的痴迷。他似乎认为这是一个几乎不值得考虑的话题，这几乎是一场纳粹接管下的胜利。罗森堡已经在展望下一场战争了。

在基督教会中，纳粹正在与一种已经坚守了数个世纪的宗教制度展开较量。罗森堡意识到，这将是一场旷日持久的较量，但他还是狂热地期待能在有生之年赢得这场战争。

"圣地也许不是巴勒斯坦，"在一次演讲中，他大言不惭地说道，"而是德国。"[3]

每每有人来报告进展，他都欢欣雀跃。在奥尔登堡，他得知"在一个有着4000人的教区，一年里有31个礼拜日的布道不得不取消，因为教堂已经完全无人问津"。罗森堡相信，为了摧毁教会，纳粹党需要逐渐削弱德国人的核心信仰，将他们与父辈们的信念剥离开来，再用新的东西取而代之。"当我们穿上褐衫，"1934年，他在汉诺威对着一大群人发表演说，"我们就不再是天主教徒和新教教徒了，我们只是纯粹的德国人。"[4]

他将这些写进了《二十世纪的神话》一书，还对现代基督教进行了一番恶意的攻击。他认为，以圣保罗为首的古犹太人先是破坏了耶稣的真正旨意，然后潜入并接掌了基督教，他们传播着错误的信息：顺服，受苦，谦卑和博爱。这只是一个驯服信徒的阴谋，让他们变得懦弱，任其摆布。按罗森堡的思维方式，圣保罗所说的上帝面前人人平等——"并不分犹太人、希腊人，自主的、为奴的，男人或女人，因为你们在基督耶稣里都成为一了"——等同于"虚无主义"。他反对所有人信仰一种宗教。德国人不能屈从于这样一种指望他们与劣等民族同坐一桌、平起平坐的信仰；他还反对原罪说，因为北欧人生下来就是英雄；他还取笑了天主教的一些核心理念，什么烈焰地狱，什么童女生子[1]，还有第三天复活。所有的这些教义都是愚民言论，"魔法……一个又一个迷信"[5]。

在《二十世纪的神话》一书中，罗森堡不辞辛苦地罗列了基督教自古以来的几大罪状：教堂是如何利用"被系统篡改过的历史"[6]的；梵蒂冈是如何无情地迫害、追捕和消灭任何质疑过基督教教派方针的异见人士的；牧师们是如何使用刀剑和宗教裁判所来维护他们的权威的。他写道，基督教的教义，"从内在而言，是虚假而了无生气的"[7]。

自由、强大、坚强的德国人需要一种崭新的、血肉丰满的信仰，需要一种"推崇血统的宗教"[8]，这一宗教能将德国人团结在一起，为了民族荣耀共同战斗，不畏艰险。他们是一个超人种族，要让饱受了几十年苦难和耻辱的德国重返往日荣光。罗森堡向往着德国能有一种新的基督教，一种普遍的全民族的信仰，《旧约》将被废止，《新约》(the New Testament)中的所谓犹太教义将被剔除，将出现一个"第五福音"[9]来反映耶稣的真正教导。一切"可怕的耶稣受难像"[10]将被下架，因为新的基督教将不再强调基督所遭受的苦难，而是他的英雄人生。德国人的耶稣是"神殿里强大的布教者和愤怒者"[11]，耶稣将被描绘成"瘦高个、金发、天庭饱满"[12]，因为他很有可能是雅利安人，而不是犹太人，赞美诗篇将不再有犹太人对耶和华高唱的"和撒那"，信徒们将不再受《圣经》及其中那些"皮条客和牲畜贩子"故事的指引，他们将转向日耳曼神话来寻找灵感和启示。"今天，一种新的信仰正在觉醒——关于血统的信仰，维护血统总的来说也是在维护人的神性，"这位新宗教的先知宣称，"这一信仰是最有前途的，北欧血统代表着圣事奥迹已经取代了旧的圣礼。"[13]

罗森堡在日记中也表达了这种渴望，他渴望出现一位伟大的、魅力非凡的改革者，横扫基督教派及其无耻的伪善和可悲的宗教艺术。"那些常常很恐怖的、扭曲的后哥特雕塑"[14]应该从圣殿移出，丢到博物馆去。而那些"恶心的巴洛克浮雕"应该直接摧毁。圣人雕塑也应该由伟大的日耳曼英雄来取代。那时，也只有在那时，纳粹党才能真正拥有德国人的心和灵魂。在教堂的小讲坛上传播的福音将不再是《申命记》(Denteronomy)和《利未记》(Leviticus)，而是有关"血统和土地"的福音，是雅利安种族和德国必须要凌驾于一切之上。"将不会再有什么犹太'先知的话语'回响在教堂上空了。"

1934年年底,罗森堡在斯图加特告诉一位听众,纳粹党打算在慕尼黑的纳粹总部召开一场会议,讨论"一种新的社会秩序,包含了中世纪以来所有的圣事奥迹"。"众所周知,在慕尼黑的褐宫有一个荒置的61席参议院议厅,"他说,"只待元首一声令下,我们就将在这个厅起草这份德国圣秩圣事。"[15]

* * *

罗森堡于1933年正式脱离了基督教,想着"元首"是站在他这一边的。过去这些年来,他与希特勒多次展开意味深长的哲学讨论,探讨基督徒及他们两千年来的背信弃义。

罗森堡向希特勒讲述了一次他参观埃塔尔修道院的骇人经历,这是一家位于慕尼黑南部的本笃会隐修院,那时他才18岁,他看见教堂的中央圆顶下,"圣徒的遗骸就躺在玻璃橱里,手骨上戴着金戒指,头骨上戴着金皇冠"。他气急败坏地说,这都是从非洲学来的,这是"阿善提信仰"[16]才有的风俗。在俄国,去教堂"只是一个非强制性的东方习俗,去教堂可以听到优美的歌唱"。但在德国,会众要真正信仰《圣经》故事。

"我们永远也无法懂得人生或世界的意义,"在一次谈话中,希特勒告诉罗森堡,"一切显微镜也无法为我们找出答案,它只是增强了我们的洞察力。但如果有神的存在,那么我们有义务去发挥我们被赐予的技能。也许我们可能弄错了这一点,但是不要假装或者撒谎。"[17]

还有一次,他告诉罗森堡,他多么希望他们能回到耶稣之前的时代,回到希腊和罗马的光荣岁月。希特勒发誓绝对不会轰炸罗马,他爱罗马。"即使是衰落的罗马,依然是宏伟壮观的,完全可以理解何以早年间年轻的条顿人会为罗马的景象折服。"希特勒说。只需看看"宙斯尊贵的头像"和"痛苦的耶稣基督"之间有何不同,你就可以体会到两种文化之间的差异。"相较于宗教裁判所、焚烧女巫和异教徒,那个古老的时代是多么自由和欢快啊。"

有一次希特勒告诉罗森堡,在他看来,古人很幸福,因为那时他们还没有接触到这两种邪恶:梅毒和基督教。[18]

但希特勒当然不能冒险在公共场合这样说。"他不止一次笑着强调,他一直以来就是一个异教徒,现在荼毒众生的基督教的末日来临了"[19],罗森堡在日记里写道,但"这些都是需要严格保守的秘密"。总理需要考虑很多现实问题,正如他在《我的奋斗》中写的,作为一名政治家,不管怎么蔑视基督教,都要认识到宗教是维持国家秩序的关键。"对于政治家,衡量宗教的价值,应该少看其不足,而应该找出一种可预见的更好的替代品。只要现存的宗教开始出现不足,那么傻瓜或者罪犯都可以推翻它。"[20]如果他还想留住民心,那就不能公开得罪德国4000万新教徒和2000万天主教徒。

直到1933年,纳粹一直假装在德国坚持新教徒的传统,以赢得信徒的选票。希特勒上台后,一部分德国民族主义者和亲纳粹者将多个零散的新教徒会众团结起来,创立了"帝国教会"。在希特勒的支持下,一个名叫路德维希·穆勒 (Ludwig Müller) 的纳粹成为帝国教会大主教,负责监管新教和传播纳粹福音。[21]这不是一个官方的国家教会——至少现在还不是——但它配合了正在德国每一个角落不断扩张的纳粹化行动。统治新教会的民族主义者们非常乐意与成为威胁的犹太教做斗争,提倡一种"纯种"的基督教。一些牧师在主持仪式时甚至还穿着党卫军的制服。

其间，天主教和纳粹党的关系变得更加复杂。他们确实有一定的共识。天主教徒和新教徒一样强烈反对主张无神论的共产主义，支持希特勒的反布尔什维克运动。德国的主教们谴责魏玛共和国时期的文化自由主义。最重要的是，一种反犹太主义倾向在天主教徒中间盛行了几个世纪：神学家回顾了犹太人的腐败，一直追溯到了各各他山[2]。但对于天主教徒而言，这只是宗教问题，不是种族问题。犹太人也可以皈依耶稣，被耶稣拯救。当然，纳粹没有认识到这一区别。在官方的档案上，一个犹太基督徒本质上还是犹太人。

天主教对纳粹党的对抗，主要是出于政治立场。在纳粹上台前的数年间，主教们一直都支持着他们自己的政治组织——天主教中央党。他们不可能完全欣然接受这样一个党派：居然支持像罗森堡那种亵渎上帝言行的人。他们仔细阅读了他的《二十世纪的神话》，很是担心他这种威胁神职人员的言论将成为一种国家政策。"罗森堡的人生观，"1937年，一位逃离德国的神学家总结道，"就是一种十足的精神错乱，长此以往，他的精神病会传染给越来越多的德国国民。"[22]他们觉得，如果这是希特勒和纳粹党的真实想法，那么教会的末日就到了。

1930年年末，就在《二十世纪的神话》面世以后，布雷斯劳大主教阿道夫·伯特伦公开反对纳粹党及其一味推崇的雅利安民族的优越性。"现在我们要处理的已经不再是政治问题，"他在一篇发表于中央党报《日耳曼尼亚》（Germania）上的文章中写道，"而是要全力对付一种宗教妄想。"[23]

1931年，巴伐利亚的主教们宣布天主教的神父不能加入纳粹党，因为纳粹对天主教存在敌意，并且规定可以拒绝为纳粹主持圣礼。其他教区的主教也颁布规定,禁止信徒加入纳粹。

上任后的希特勒自然对此采取了行动:他一边对教会巧言令色,一边我行我素——通常与他的承诺背道而驰。1933年2月1日,在他的第一通广播讲话中,他曾明确宣称基督教是"我国公民道德的基石"[24]。同年3月,希特勒游说国会通过《授权法案》,授予他更多新的权力,他承诺会对天主教的官员们做出一些妥协。在选举日发表的演说中,他还说教会的"权利不会受到侵犯"。

作为回应,德国的主教们在教会内解除了禁止加入纳粹的限制。主教们和主要的天主教劳工、青年和兄弟会组织都呼吁教徒要服从新的国家政府[25],与希特勒一起为恢复德国的荣光而奋斗。

天主教徒们渴望达成一项正式的协议,以确保他们在德国新政下享有一席之地。主教们担心他们将不能自由地布道,担心天主教学校会被关闭。天主教中央党的官员们正在遭到解职,而许多天主教组织也正受到威胁和恐吓。神父被逮捕,天主教的办公室常常被突袭,然而主教们最担心的还是对宗教本身的保护。而对于新政权对共产主义发起的摧毁性攻击,他们并没有提出异议。他们的确也谴责了纳粹党将一个种族凌驾于其他所有种族之上的理念;他们邀请各族人民前来他们的教堂参加礼拜。他们也公开抗议了纳粹对那些已经皈依天主教的犹太人的迫害,但他们没有抗议纳粹反犹太主义对德国犹太人社区产生的广泛影响。

春夏之交,希特勒的代表与梵蒂冈通过协商达成正式协议。在这项1933年7月初达成的协议中,梵蒂冈同意不干预德国内政,而纳粹党保证天主教的宗教独立性。但这项政教协议的条款可以有多种诠释,希特勒从来就不是那种会受制于他所做过的外交承诺的人。

实际上，纳粹党对教会的骚扰有增无减。就在内阁与梵蒂冈签署协议那天，纳粹党通过了一项法律，规定患病的和残疾的妇女必须接受节育手术，对此天主教徒强烈反对。[26]

天主教的领袖们似乎有一个根本的误解。[27]他们以为只要表现出爱国热情，并承诺不参政——就像他们在其他国家那样——他们就可以独善其身。如果纳粹停止对他们的迫害，他们愿意与政府合作。他们没有看到的是，至少一开始没有看到，纳粹的精神就是要在德国人生活的方方面面都拥有绝对的话语权。他们没有意识到纳粹把他们当成了竞争对手。"主教们，"历史学家贡特·莱维（Guenter Lewy）写道，"没有抓住一个基本事实：纳粹极权主义的本质就是要将教会的影响从公众生活中彻底清除掉。"纳粹政权是不会与其他任何组织共享民众忠心的。

* * *

1933年12月，一大批教徒拥入慕尼黑的圣米迦勒教堂参加圣灵降临节弥撒。在他们走进这座16世纪文艺复兴时期的大教堂时[28]，头顶是长翅膀的圣米迦勒天使的巨大铜像，他是天主教的守护者，挥舞着长枪，扼住撒旦的脖子，撒旦表情痛苦，半人半兽状。他们在教堂长椅上就座，头顶上的拱形天花板闪着亮白光彩，当枢机主教米夏埃尔·福尔哈伯（Michael Faulhaber）走向讲坛时，大家都竖耳聆听，主教猛烈抨击了罗森堡的叛教行为。

福尔哈伯是慕尼黑和弗莱辛的大主教，领导着最大的天主教教区。他曾反对过希特勒1923年发动的那场未遂的政变，在那年冬天，面对纳粹的攻击，他呼吁，每个生命都是宝贵的[29]——包括犹太人。

但像德国的其他神职人员一样，在希特勒成为总理以后，他也开始面对现实。在1933年4月纳粹发起抵制犹太商店活动之后，福尔哈伯私下写信给枢机主教安日纳·帕切利 (Eugenio Pacelli)，后者是梵蒂冈的国务卿，也是未来的教宗庇护十二世。他在信中写道，天主教徒公开反对纳粹没有任何实际意义：反抗只会引发希特勒对天主教徒的报复。福尔哈伯特别提到，来自国际犹太支持者的抗议促使纳粹很快中止了这场联合抵制。"犹太人，"他认为，"可以自救。"[30]

梵蒂冈签署政教协议以后，福尔哈伯向希特勒发去祝贺："愿上帝为我们的人民保佑我们的帝国总理。"[31]

但那个上午，站在圣米迦勒教堂的讲坛上，福尔哈伯围绕神的问题炮火全开，那些像罗森堡一样称《旧约》是荼毒基督教的犹太书籍的人，那些否定耶稣的犹太背景并"试图伪造耶稣的出生证明，宣传他不是犹太人，而是雅利安人"[32]的人，全是他的抨击对象。

"一旦有这样的声音发出，有这样的行动开始酝酿，主教就不能再保持沉默。"福尔哈伯说。在这个如洞穴般深邃的教堂里，听众们静静地、全神贯注地聆听着。在教堂外，被拒之门外的人群则聆听着从扬声器中传出的声音。"种族研究本身不是一个宗教问题，但当它开始引发宗教战争，开始攻击基督教的根本，当对犹太人的敌意延伸到对神圣的《旧约》的恶意时……那么主教就不能再保持沉默了。"

大主教无须指名道姓，众人都心里清楚。

在接下来的一个月，希特勒任命罗森堡为其意识形态的代表，此举在教会中引发了严重的恐慌。虽然希特勒坚持要罗森堡澄清他的《二十世纪的神话》只是个人意见——并不是纳粹的官方教条——但在德国，基本没人相信这位纳粹的思想家会在没有征得"元首"默许的情况下写下书中的内容。希特勒从来没有让这位争端挑动者闭嘴，也没有令他停止写作，或者对其加以惩罚。

在罗森堡获任两周后，梵蒂冈将《二十世纪的神话》列入了禁书名录。"该书藐视一切天主教教义，实际是藐视并全盘否定了基督教的根本。"[33]读到宗教裁判所对这一决定的官方解释，罗森堡非常兴奋。"这种虚弱的反抗只会让它得到更加广泛的传播，"他写道，"与其他禁书为伴，我并不孤独。"[34]

在梵蒂冈宣布这一决定的那天，科隆教区的枢机主教卡尔·约瑟夫·舒尔特（Karl Joseph Schulte）被派到帝国总理府提出正式抗议，反对提拔这位众所周知的异教徒，这名基督教的头号敌人。希特勒打断了舒尔特的怨诉。"我不需要那本书，"他说，"罗森堡也知道这一点，我亲口告诉过他，我不想了解什么异端邪说，比如供奉沃坦神[3]之类的。"[35]

舒尔特不为所动："总理先生，对于罗森堡和他的那本书，您可不能再这样装聋作哑了。"

"那你告诉我，为什么不能？"

"因为几天前，您正式任命这位罗森堡先生为纳粹党的意识形态导师，这意味着他成了绝大部分德国人的导师。因此，不管您喜不喜欢，您都将认同罗森堡先生的思想。"

"是的，"希特勒回答，"可我认同的是罗森堡先生，而不是《二十世纪的神话》一书的作者。"希特勒提醒说，如果罗森堡的文章让梵蒂冈如此困扰，那么你们反而不该这样大声抗议。这只会驱使更多的德国人去阅读这本书，或者至少尝试去读。他告诉舒尔特，毕竟，是主教们的公然反对才让这本书如此声名大噪的。

教会别无选择，只能通过发表文章和演说来攻击罗森堡。神职人员不能谴责希特勒，因为政教协议上已经规定这是违法的。(值得一提的是，《我的奋斗》一书在梵蒂冈从未被列入禁书。) 但如果罗森堡的声明还不算是官方教条的话，那么他们可以将炮火瞄准他。他们划出了清晰的界限[36]：他们会忠诚于希特勒政权，但是不会容忍来自某些领导人的异端邪说。

"异教徒再现德国，"明斯特的主教克莱门斯·冯·格伦 (Clemens von Galen) 缓慢而庄重地说道，他对罗森堡将雅利安人奉为最优异的种族之说大加抨击，"所谓的永恒的种族灵魂在现实中是不存在的。"[37]神父们对罗森堡提出抗议，因为他公开赞同所谓优生学，呼吁停止"繁育次等人种"[38]，支持一夫多妻制，促进雅利安民族的"改良"[39]。罗森堡在《二十世纪的神话》中提出，每一个德国妇女都应该生孩子，履行爱国义务。他利用简单粗暴的算术证明了这种极端措施的合理性：女性人口超过了男性。除此以外，他问道："难道这几百万妇女应该被当成老女人，接受别人垂怜的微笑，剥夺她们最重要的生育权？"[40]

信奉天主教的学者起草了一本手册，列举了《二十世纪的神话》一书中的事实错误[41]、历史谬误以及不准确的神学陈述。这本手册一共有144页，在5个城市同时发行，以防盖世太保一次性销毁所有的副本。该书是以冯·格伦的名义出版的，这是为了保护那些写出这些证据的匿名批判者。这样的防备措施是有必要的。纳粹一直在实施监控，情报人员会将教会的活动不断汇报给罗森堡。[42]

福尔哈伯也没有停止过战斗。1935年2月，当他再次在讲坛上谴责罗森堡时，罗森堡要求将其逮捕。

"有人不敢去碰元首，就想着打倒他身边最具威胁力的同伴，"罗森堡写道，"这些人的如意算盘只会落空。根据新的法律，我可以指控他，将他监禁起来。"[43]根据最近实施的《反恶意攻击国家与政党法》

(Against Malicious Attacks on State and Party),特别法庭已经对一些德国人提起诉讼。但罗森堡也知道,逮捕像福尔哈伯这样颇有声望的人物一定会引发猛烈抨击。

不管用哪种方式,"这位邪恶的枢机主教"——罗森堡这样称呼福尔哈伯——必须付出代价。

这是"就要一命呜呼"的阿尔班·沙赫莱特(Alban Schachleiter)[44]在不久后对罗森堡所说的话。沙赫莱特是一位罗马天主教修道院院长,他是纳粹的盟友。1933年年初,沙赫莱特在《人民观察家报》上刊登了一篇文章,敦促天主教徒务必与希特勒保持一致。这篇文章是在主教们解除教会对禁止加入纳粹党的限制之前发表的,福尔哈伯严厉斥责了沙赫莱特[45],并禁止他在大主教区主持弥撒。在第三帝国初期,沙赫莱特试图在纳粹党和教会之间调和斡旋,他还敦促希特勒公开否定《二十世纪的神话》。但沙赫莱特与罗森堡还是保持着热络的关系,他对福尔哈伯主教也一直怀恨在心。那天,临死之前的他用"充满仇恨"的沙哑声音对罗森堡说:"既然现实的正义无法制裁他,我希望天道能惩罚他。"

希特勒有一点是对的。罗马的宣战只会让罗森堡的书更受瞩目。罗森堡浏览着一封封读者来信,意识到他已经唤醒了数百万被神父和他们的《圣经》催眠的德国人。"我的《二十世纪的神话》已经印刷了25万册,取得了本世纪前所未有的成功。"在1934年圣诞节过后,他在日记里这样写道。争强好斗的罗森堡誓与梵蒂冈战斗到底。"罗马的反击现在得到回答了。他们已经意识到现在一切都危如累卵……罗马的天主教是建立在恐惧和谦卑之上的,而纳粹主义是建立在勇气和自豪之上的……伟大的变革已经开始了。"[46]

***

纳粹任命的帝国教会大主教路德维希·穆勒目睹了天主教徒与罗森堡激烈的斗争，也见证了罗森堡统一教会运动的崩溃瓦解。会众中的纳粹支持者要求解雇不忠的牧师，并开除所有犹太员工，甚至是皈依基督教的教徒。有些人遵照罗森堡的观点，迫使教堂声明放弃《旧约》，并拆毁耶稣受难像。对于其他新教徒来说，这有些太过分了，于是异见者宣布独立。与帝国教会对立的"认信教会"成立了，正式脱离了穆勒的领导。

1935年，希特勒成立了教会事务部，任命汉斯·科尔 (Hanns Kerrl) 来镇压神职人员中的反叛势力。这位新上任的教会独裁者无所不用其极。他逮捕了一名重要的新教徒出版商，捣毁了慕尼黑的一座教堂，持有异见的牧师们被禁言，其中700人遭到了监禁。

其中一个牧师是柏林教区的马丁·尼莫勒 (Martin Niemöller)[47]，他曾是纳粹早期的支持者，甚至在1933年时还为希特勒投过票。虽然他被判无罪，并得以释放——因为他坚称他只是对一些宗教问题抱怨了几句——但"元首"亲自下令立刻将他再次逮捕。尼莫勒被关进了柏林郊外的萨克森豪森集中营，他被单独监禁起来。在战后几次著名演说中，尼莫勒懊悔地提到，在纳粹逮捕共产党、社会主义者以及犹太人时，他只是袖手旁观，而当盖世太保将他带走时，也没有人敢站出来为他伸张正义。

从一开始，罗森堡就对科尔的教会事务部存在偏见。他认为科尔太过浅薄：他的思想"相当落后……于私，他当然可以随心所欲；但于公，他无权将他的思想定位为纳粹运动的纲领"。罗森堡认为，科尔的整个行动都是错误的，他们不应该再容忍教会，而要将其捣毁。

"我们整个健康的党正在按照我制定的方针前进，"罗森堡在日记中写道，"教会是'一种不可避免的邪恶'，我们相信它的必要性在不断减弱。"[48]同时，罗森堡一边欣然接受科尔挑起的争端，一边试图推广帝国教会。"这一切终将导致我一开始就准备好接受结局了。"罗森堡写道。

他补充道："科尔当然不待见我。"

科尔想尽一切办法试图让教会与纳粹联盟，但是到处都有纳粹的煽动者在挑起动乱。

其中一位是罗森堡的盟友卡尔·罗维尔（Carl Röver），他是天主教徒众多的奥尔登堡的长官。1936年11月4日，他下令包括学校在内的任何公共建筑内不得悬挂十字架或马丁·路德（Martin Luther）的肖像，而应将"元首"的照片悬挂在显著位置。"这一消息像野火一样传遍了整个区，"一位乡村地区的天主教领袖在给教区居民的信中写道，"对于我们而言，任何对十字架的攻击就一定是对基督教的攻击。"[49]

天主教徒从没如此激烈地抗议过[50]，数百人上街游行。其中一个神父还表示会誓死反抗这一命令。教徒们全体脱离了纳粹，还有很多市长威胁说要辞职，教区的钟声不断响起。一天，一大群反对者驱车来到奥尔登堡提出请愿，以至于小小的主广场上塞满了汽车。明斯特的主教冯·格伦在当月的牧函中写道，当他听到这一命令时，"一股恐怖的寒意"从他心中升起。"致命的第一步就是走上罗森堡的道路……会不会轮到明斯特呢？"

面对这一非比寻常的公众起义，纳粹居然意想不到地选择了退缩。在7000多人面前，罗维尔说，一个"明智的政府"就要勇于承认错误。"十字架将继续高悬在学校。"

冯·格伦称赞了信徒们为宗教自由而战的行为。"几乎在每个教区，你们的代表——在战争和和平年代都久经考验的勇敢的德国人民，千里迢迢来到奥尔登堡，抛开恐惧，证明了你们和你们对被钉在十字架上的基督的忠诚。感谢上帝赐予基督徒这种勇气。"

＊＊＊

只要待在柏林，希特勒就会在位于威廉大街的总理府举办常设午宴，通常开餐较晚，但会持续很久[51]，这也符合"元首"一贯古怪的作息。他平时起得很晚，然后在卧室读报纸或报告，接近中午才会离开他的私人住处来到阳光房听取简报，从阳光房可以俯瞰总理府的庭院花园。之后他才会来到餐厅，在大圆桌前坐下，从他的位置可以看到考尔巴赫 (Kaulbach) 的一幅画作《太阳女神的入口》(Entry of the Sun Goddess)。

在二三十位客人面前——罗森堡、戈培尔、戈林是座上常客——希特勒常常一个人长篇大论，或者听其他人讨论当日话题，然后做出评判。戈培尔常常会讲些笑话或是拿出一些纳粹批评家的肖像漫画来逗乐大家。一次，希特勒引出一个饮食的话题：对比素食者 (比如他自己) 和"食尸者"[52] (用他的话说)。"他坚信素食者拥有持久的生命力，"罗森堡在日记里写道，"像狮子这样的食肉者会突然拥有巨大的力量，但不能持久，而大象、公牛、骆驼、水牛则是反例，它们已经证明了自己。在治疗病人的过程中，我们可以看到植物于我们是合宜的。今天，小孩和病人吃的都是蔬果汁，而不是肉类。"希特勒向他的客人言之凿凿地保证，一旦科学家掌握了"维他命里的科学"，人类将可以活到250岁。

对于任何有工作要做的人来说，这样的午餐都是一种煎熬。

1937年1月的一天，"十字架之争"已经过去两月，罗森堡又坐在

"元首"的午餐桌上，这时科尔开始抱怨这场风波之后的问题。如果在场的纳粹领导热衷于制造动乱，那么他怎样才能和教会和平相处呢？

希特勒摆了摆手，变得深沉起来：所以我们出现了一些"策略上的错误"，这在发生对抗时是很自然的，争议很快就会平息的，不管怎样，牧师们抱怨几句，是不会造成什么严重后果的。

"这场让政权绝对高于教会的大战将会持续，"罗森堡后来在日记中写道，他重述了希特勒的观点，"我们必须继续我们伟大的德皇反教皇的战争，我们将终结这场战争。如果教会不愿意接受，那么只有采取……一定的策略了：是逐渐削弱他们的力量，还是来一场公开的战争。毕竟，全世界的教会都在衰退。"53

"我们有没有在教会里占得上风？"希特勒问道，"科尔，你怎么看？比起以前，现在是不是有更多人支持我们了？"

"以前更多。"

"喂，"希特勒回答说，"别说疯话了，科尔。"

罗森堡写道，面对"元首"的说教，坐着的科尔"眉头完全皱了起来"。科尔的工作不是为了争取牧师的合作，而是为了让纳粹党"成为教会的主人"。罗森堡认为，教会甚至已经对宗教没有兴趣了，他们只是想要政治大权。

必须要阻止他们。科尔这个蠢蛋并没有看到这一点。他根本就不懂他的使命是什么。"这只会证明，"罗森堡在日记里写道，"如果一个思想上无能的人被赶鸭子上架，坐上一个他不能胜任的位置，后果不堪设想。"罗森堡对他自己的使命倒是相当笃定。他总是一有机会就向教会开炮。

"经过漫长的努力，我们已经获得了这种内在智慧的精髓，"他在一次典型的演讲中说,"如果有天堂存在的话……那么那些光荣地战斗,为了自己民族和心中的最高价值而做出牺牲的人,一定会比那些嘴上祷告、行动上却背叛他的人民和国家的人更早抵达天堂。"[54]

* * *

当德国内部的政治和文化战争激烈进行时,纳粹党重整了军队,准备在境外作战。

第一次世界大战结束后,德国西侧的萨尔州被划分给法国,条件是15年以后,人们可以选举决定是否重回德国。1935年1月,以说德语为主的人们在选举中以压倒性优势获胜,萨尔州重回祖国怀抱。"最终,"1935年3月1日,希特勒在"统一日"说道,"血肉相连的关系要比一纸文件牢固得多。"[55]

两周后,他向全世界宣告,德国在组建空军,即由戈林领导的纳粹空军,准备招募50万人。这违反了《凡尔赛条约》,也是逼着他的欧洲邻居们采取点儿什么行动。

1936年年初,希特勒决定向西扩张德国的边界,他派兵重新占领了莱茵兰地区。莱茵河、鲁尔河和摩泽尔河同时流经这个多山的地区,从荷兰延伸到瑞士,包括杜塞尔多夫、科隆、波恩和曼海姆等城市。虽然战后的莱茵兰仍然属于德国,但这是一个非军事区。希特勒的将军们提醒他,如果法国试图出手制止这一突然入侵,德军并没有做好充分准备。在希特勒下令行动时,一支由3000名德军组成的部队已经悄悄就位,然而法国并没有出兵驱逐,因为他们以为占领军远不止3000人,不想为了本就是德国领土的莱茵兰而冒险发动战争。希特勒这一把赌赢了。

希特勒立刻呼吁举行新一轮国会选举，就重新占领莱茵兰地区进行全民公投。3月29日，纳粹党以98.9%的得票率赢得选举。

那天晚上，罗森堡发现希特勒坐在总理府的公寓门口。"喂，罗森堡，"希特勒喊道，"你有什么想说的吗？我是不是选了一个了不起的选举口号？即使是主教也不得不为在莱茵河上空腾起的爱国热情让步和敲钟！"他笑道，然后又补充了几句，在旁观者看来，这可是戳中了罗森堡的痛处，"如果我们就《二十世纪的神话》这本书发起投票，结果肯定没这么好呢"。"不会的，"罗森堡回答道，"那种事情只可能发生在100年以后。"

罗森堡为自己被视为一个危险的、有争议的、固执的人而自豪，他必须要被置于掌控之中以免破坏纳粹革命。但有一次，他还是告诉希特勒，他不甘于被当成一个纯粹的思想家。罗森堡在日记里回忆道，希特勒向他保证，他已经告诉所有人罗森堡是党内最深刻的思想家，是"纳粹主义的教父"。

回想起这次交流，罗森堡倒是很现实的。"我清楚地知道，"他写道，"我的时机尚未成熟。"[56]

译者注

[1] 童女生子（Virgin Birth）的故事最早出现于马太福音与路加福音中。基督出生时，耶稣是在他母亲玛利亚的怀中受孕的，是由圣灵感孕玛利亚。玛利亚的怀孕是圣灵神迹性的工作，并非是人的结合生子。因为耶稣没有肉身的父亲，这个典故被称为"童女生子"。

[2] 各各他山（Golgatha），是罗马治以色列时期比较偏远的一座山，据《新约》中的"四福音书"记载，神的儿子主耶稣基督就曾被钉在十字架上，而这十字架就在各各他

山上。多年来,"各各他山"这个名称和十字架一直是耶稣基督被害的标志。

[3]沃坦神(Odin),又名奥丁神,是北欧神话中的至高神,被视为诸神之王,也是死者之王、战神、权力之神和魔法之神。

第11章　流亡托斯卡纳

在逃离纳粹德国时,肯普纳留了个心眼:他打算和妻子分头行动。"如果被捕也只是我们中的一个,另一个必须留在外面。"[1]距上次被捕和被审已经一年了,他还是心有余悸。打包好行李,他坐火车来到滕珀尔霍夫机场,向票务员询问了下一班飞往意大利的航班时间。到了登机口,他发现,像是命运的安排,他将坐上一架由"副元首"鲁道夫·赫斯的父亲弗里茨·赫斯(Fritz Hess)包租的私人飞机。该机前往开罗,在威尼斯经停。他登上飞机,找了个位置坐下来,还好没人认出他。

当飞机离开跑道时,肯普纳看向窗外,柏林渐渐消失在视线中,他的离开就这样定格了。他心中闪过一个念头,再也不会回到这个故乡了。

抵达威尼斯后,肯普纳买了一张火车票,来到佛罗伦萨。第二天,他在火车站接到了妻子和岳母。

饱经忧虑,焦虑数载,出逃之旅终于完美落地。

虽然为数不多,但犹太人一直源源不断来到法西斯意大利[2],肯普纳一家只是移民队伍中的一员。此前纳粹在奥地利发动政变未遂,让意大利人提高了警觉。两年过去了,希特勒和墨索里尼之间的紧张关系开始缓和:意大利为了占领新的殖民地,入侵阿比西尼亚——今天的埃塞俄比亚,国际联盟威胁要对其进行经济制裁,而德国却保持中立,这让墨索里尼松了一口气。

但那些在故乡遭遇纳粹恐怖的人还是把意大利当成了避难所。意大利外交部允许犹太移民入境,"只要他们没有加入反法西斯的政治党派"。甚至是无国籍的移民也不需要签证,也甚少设置工作限制。最重要的是,按照德意1934年签署的贸易协定,难民们还能将大量外币转入意大利进行投资,至少目前是可以的。因此,艺术家、作家、政治家和学者纷纷南逃,对意大利的利好条件和低成本生活心向往之。

肯普纳接受了维尔纳·佩泽的工作邀请,来到城外山区的寄宿学校负责行政事务。佩泽的佛罗伦萨寄宿学校是犹太儿童的避难所,他们大部分是十几岁的青少年,被纳粹驱逐出公立学校后来了这里。[3]1933年,德国官方以人口过多为由,将中学和大学里的非雅利安人口限定在1.5%之内。得以留下的犹太小孩还是难逃敌意满满的老师和同学的百般折磨。在有些班级,他们被隔离对待,坐在分配好的"犹太人席位"上,老师教导他们说犹太人天性奸诈,是一个劣等种族。而在课堂外,他们还会遭受新出现的希特勒青年团的欺凌。一位学生记得,在他就读的慕尼黑的一所耶稣会学校里,施特赖歇尔主办的臭名昭著的反犹周刊《先锋报》,就这样堂而皇之地贴在学校的墙上。"你闻上去像一个犹太人。"[4]一位同学这样对他说。另外一名逃到佛罗伦萨来的学生写道,纳粹党"明确在告诉我们,他们再也不想见到我们了,这个信息或通过校长礼貌地传达,或通过当地警察局局长野蛮地提醒"[5]。

佩泽学校的一些学生家长已经逃离了德国,他们需要一个地方让孩子们继续学业。但大部分家长是先把孩子送出来,他们自己还在办理移民手续。肯普纳说,那些孩子被作为"先驱"[6]送出了德国。

有时，在肯普纳看来，似乎每次戈培尔有新的指示时，学校收到的申请便会急剧增加。[7]肯普纳很惊讶纳粹甚至允许报纸刊登他们的广告。"我们的广告几乎可以解读为：如果您不送孩子来我们这里，那么他们将遭到屠杀。"

* * *

从佛罗伦萨到学校的路蜿蜿蜒蜒，顺着狭窄的鹅卵石路向前，眼前会突然呈现出一片开阔的美景：满是橄榄园和葡萄园。"托斯卡纳的风景就像一位美女：千变万化。"[8]其中一位学生经历了这趟旅程后写道。

学校位于阿切特里镇，坐拥包括吉欧依鲁或者说宝石别墅在内的多幢别墅，天文学家伽利略在与宗教裁判所发生冲突后，曾被软禁于此，度过了他人生的最后几年。学校本部设在海拔最高处的一栋宅第中。对于前来就读的学生而言，这里看上去像一座宫殿，锻铁铸造的前门，柏树成荫的大道，还有来自12世纪的古塔。他们的食堂和教室铺着红砖地板，有着高高的天花板。食堂的法式大门通往一个梯形花园，花园里有柠檬树、花坛和网球场。远处，亚平宁山脉的山峰和连绵的群山高高耸立。这座宅第就是有名的帕齐(Pazzi)庄园，虽然它得名于佛罗伦萨的一个名门望族，但寄宿生们开玩笑说，也可以将其翻译成"疯人院"。事实上，他们这个临时的家是一处幽静的乡村庄园，四周围着爬满紫藤的厚重古墙。一位学生回忆起，一天，他坐在阳台上，俯瞰田野。"起了一层薄雾，天空中飘着几朵云，太阳光时不时穿过云层透了下来。如此平静安宁——远处有公鸡在打鸣，鸟儿在歌唱。空气温暖宜人，教堂的钟声刚刚开始响起。"[9]佛罗伦萨的这个寄宿学校就像脱离那个疯狂世界的世外桃源。

孩子们学习了一门标准的古典文化课程,他们背诵柏拉图和《高卢战记》(the Gallic Wars)——尤利乌斯·恺撒(Julius Caeser)对高卢战争的评论;他们表演戏剧,举办音乐演奏会、诗歌朗诵会;他们去佛罗伦萨一日游,仰望着花之圣母大教堂内设计精巧的巨大穹顶,站在米开朗琪罗的大卫像前顶礼膜拜,在大名鼎鼎的乌菲齐美术馆[1]内端详美第奇的大作。学校很小,所以老师们可以给每个孩子足够的关注,他们建立起一个联系紧密的社区。

佩泽引进了一大批教职工,虽然基本都不是专业教师,其中有著名的语言学家、记者、女演员,还有一人成了未来复兴哲学的权威。他们薪水微薄甚至没有薪水,一些人负责管理教室和宿舍。他们的居所也相当逼仄。"这里无比优美的风景是我们生活的重要支撑。"[10]其中一位老师回忆道。学费并不便宜,所以学校倾向于招收那些上层中产阶级和富人家庭的孩子,或者按照一位老师抱怨的说法,"那些被宠坏的中产阶级的孩子"[11]。

肯普纳的到来给学校带来了变化。他致力于扩大招生,很快学生人数就逼近100人大关。他们大部分是犹太人,不全是来自德国,还有奥地利、匈牙利、罗马尼亚和波兰。随着欧洲的危机不断升级,学校开设的课程也不仅限于人文学科以及为大学入学考试所做的准备。现在学生们会学习更多实用的课程,以备流亡国外时能找到工作。孩子们学习外语——意大利语、希伯来语、波兰语,但最重要的还是英语,以及成为木工、金属工、装订工、速记员、药剂师和医务人员所要掌握的一些必要技能。在1936年,并不是人人都欢迎这位生硬粗暴、喜欢挑事的律师加入他们这个温暖的学术社区。有些老师担心曾从事永久移民业务的肯普纳会将他们这个"具有人文修养的小型隐居地"

变成一个"移民中转地"。[12]

"他与人交往时，表现得像个侦探。"[13]与肯普纳发生过冲突的老师恩斯特·莫里茨·马纳斯 (Ernst Moritz Manasse) 写道。他总是会讲些有趣的故事来逗乐大家，然后趁机打探一些敏感的消息。马纳斯写道，虽然很难描述清楚，但是他忍不住对肯普纳在故事中所提到的"扰乱道德的方法"感到不安。

渐渐地，另外一位老师发现，肯普纳对教职工也会使用同样的伎俩。沃尔夫冈·瓦索 (Wolfgang Wasow) 在回忆录中写道，肯普纳是他一生中"极其厌恶"的少数人之一。他根本就不花精力去学意大利语；对于去他办公室的人，他总是挥挥手粗暴地将人打发走，他总是"来 (venga) 去 (vada) 不分"。"他的言谈举止，可谓无礼、迟钝，甚至是粗鲁，还有他如果觉得有必要就会表现得假惺惺的，"瓦索写道，"此外，我相信他是个……骗子。也许我无法提供呈堂证供，但是种种迹象表明他就是这样的，我的很多同事都与我深有同感。"[14]

一天，瓦索指控肯普纳暗中监视教职工，他用蒸汽脱胶开启并阅读员工们外寄的信件。但瓦索当场就被开除了。

而孩子们很享受在意大利的时光。"我们无忧无虑，快乐如风，只关心我们自己的事情。"有人回忆道。他们聊八卦，玩恶作剧，为犹太复国主义展开激辩，还从田里偷樱桃，睡觉时从不关窗户，蝙蝠飞进来，他们总被吓到尖叫。他们模仿"元首"用低沉的声音演讲，用梳子梳理小胡子。他们还谈恋爱。[15]

每年夏天有三个月，整个学校都要到位于意属里维埃拉的勃丁格尔"大陆酒店"度假，也是为了避开托斯卡纳的酷暑。这几个月，游客们也甚少光顾炎热的勃丁格尔，于是酒店很乐意把场地租给寄宿学校。在这酷热的湛蓝天空下，在热带棕榈树丛间，他们去远足，去游泳，还举办歌舞表演。一些人还前往蒙特卡罗一日游。"在这里的日子是多么美妙，"肯普纳写道，"每天都有狂欢、蛋糕和运动。"[16]

背井离乡的人们从酒店的阳台向外眺望地中海，可以见到冒着蒸汽的远洋游轮一路向西，驶向美国，他们梦想着有朝一日也能登上这样的游轮。[17]

他们远离了暗无天日的纳粹德国。"我们很庆幸逃离了，"马纳斯写道，"我们允许自己为这里的一切沉迷：佛罗伦萨及其周边的美景，友好的意大利邻居，同事之间以及被命运抛弃在这里的全体师生之间的深情厚谊。"[18]

然而这一切正在悄悄发生变化。1938年春，学校的生存危机越来越严重。

肯普纳的弟弟瓦尔特获得位于北卡罗来纳州杜克大学医学院的一份教职[19]，于1934年迁往美国。他憎恨希特勒，所以费尽力气让自己和"元首"之间远隔重洋。1938年，罗伯特·肯普纳可能会想，他没有效仿弟弟，是否犯了一个改变人生的巨大错误。

* * *

1935年9月15日，在纳粹党的党代会中，希特勒宣布对犹太人实行全面的限制。国会很快通过了这些新规，德国《纽伦堡法令》(Nuremberg Laws) 第一条正式规定犹太人为次等国民，禁止他们悬挂印有纳粹标记的德国国旗。[20]基于"德意志血统的纯粹性对于德国人长存于世是必不可少的"理念，第二条法令禁止犹太人与雅利安人通婚和发生性关系，禁止犹太家庭雇佣45岁以下的德国女佣。

游客和外商们不一定注意到了这种虐待，或者说他们并没有警觉到犹太人实际上正被排除在德国生活的方方面面之外。很多回到德国的人都深感德国在希特勒的统治之下迅速实现了复兴。

纳粹善于摆出一副和蔼可亲的面孔，在1936年奥运会时尤甚，戈培尔建议他的国民"要比巴黎人笑得更迷人"。写着"不欢迎犹太人！"的标识被从店面和餐馆移除。报纸也暂停对犹太人同仇敌忾的排斥。暴民们也不见了踪影。[21]忍耐是那段时间唯一的秩序。

游客们"当然对这里强大的政权、热情的青年和戈培尔的有力宣传印象深刻，"维利·勃兰特写道，"你很难不被眼前的景象所征服，所到之处，从年轻人微笑的脸庞，从新建的宏伟建筑，从繁荣的经济，你都可以看出纳粹主义是多么成功，柏林给了游客们一幅蔚为壮观的景象，足以让世界为之惊讶"。[22]

然而仅此而已：风景和景象。一旦奥运会结束，人群散去，对犹太人的迫害又重新开始了。"之所以没有任何异见者的声音打破这片欢乐祥和，"勃兰特继续写道，"只是因为来自集中营的哭喊和饱受折磨的受害者的临终喉鸣无法传到奥运体育馆。"

就在闭幕式两天后，一名负责监管奥运村建设的德国军官沃尔夫冈·菲尔斯特纳 (Wolfgang Fürstner) 用自己的军用手枪自杀了。因为有官员发现了他的犹太血统，他遭到降职，还被告知将会被开除。罗森堡对此毫无同情之心，反而对菲尔斯特纳在面对自己的混血身份时明智地选择了自裁表示赞赏。"我对他的行为深表敬意。"[23]罗森堡在日记里写道。

在接下来的两年中，犹太人对希特勒和纳粹党的幻想渐渐消失。1938年夏天，一位朋友写信给肯普纳告知其德国国内的状况：所有有可能逃出去的人都在准备逃离。[24]

* * *

流亡在佛罗伦萨的人以为他们已经可以免遭迫害了。意大利的法西斯主义不像纳粹那样强势反犹。私下里，墨索里尼甚至很是不屑第三帝国的种族政策，他说，希特勒的脑袋里充满了混乱不堪的思想意识和毫无逻辑的哲学理念。

到了1936年，德意两国的和解在即。在西班牙内战期间，希特勒联合墨索里尼向弗朗西斯科·佛朗哥（Francisco Franco）将军及其民族主义者提供支持，希特勒派遣了数千名士兵和飞机大炮支援西班牙。1937年4月26日，发生了一场最臭名昭著的战役，德国与意大利的飞机轰炸和低空扫射了小城格尔尼卡，导致1600人丧生，毕加索还据此绘制了一幅有名的壁画。这场战争使得德意与英法对立起来，也为这两大独裁者结盟铺平了道路。[25]他们很快达成了一个秘密协定，形成了法西斯-纳粹轴心国集团。1937年9月，出访德国的墨索里尼受到了隆重的欢迎，街道两边站满了仪仗队和挥舞着旗帜的拥挤人群。

第二年，墨索里尼回报了这份热情。1938年5月3日，希特勒抵达罗马[26]，在意大利国王的陪同下，坐着马车穿过圣保罗门，穿过塞斯提乌斯金字塔，来到市中心。四处灯火辉煌，呈现出一种宗教仪式的氛围，罗马"化身成一个巨大的歌剧舞台"，一名意大利记者写道，"这样的气派只有古罗马皇帝尼禄才配得上：罗马竞技场低垂的拱门处闪着火焰，松树发出黄绿色的光，显得晶莹闪耀，康斯坦丁拱门似乎也在发着磷光，城市广场的废墟反射出银色的光芒"。[27]

在接下来的一周，希特勒陶醉于意大利的历史建筑之间，认真检阅精心准备的军事操练，还在博物馆和美术馆逗留了数个小时。"罗马，"他后来说，"让我着迷。"

在意大利的最后一天，希特勒在佛罗伦萨作了短暂的停留。独裁者们坐在黑色敞篷车内，在蜿蜒的街道上行进，身后跟着一支由20辆小汽车组成的车队，两边还伴有摩托车护卫队。钟声响起，意大利空军组成整齐的编队在头顶飞行。欢呼雀跃的意大利人涌了出来，城市里挂满了纳粹旗帜。希特勒和墨索里尼参观了圣十字圣殿，米开朗琪罗、马基雅维利和伽利略都埋葬于此。在一阵佛罗伦萨式的小号声中，他们来到维琪奥王宫外的阳台上，笑容满面地对着楼下广场上的大群仰慕者打招呼。他们在乌菲齐美术馆内闲逛[28]，在美第奇–里卡迪宫里用餐，然后观看了一场威尔第[2]的歌剧表演。

在前往火车站的途中，人们还燃起了烟花为两位领袖助兴，烟花在空中为希特勒拼写出"Führer（元首）"的字样，而墨索里尼对应的头衔，则是意大利语的"Duce（领袖）"。

希特勒的意大利之旅结束了。他踏上他的防弹列车，向墨索里尼和意大利挥手告别。

* * *

希特勒在佛罗伦萨一共只停留了10个小时，但寄宿学校的犹太老师及他们的妻子、21名男学生，还有肯普纳年迈的岳母一起在监狱待了3周。"我们被监禁也是庆祝活动的一部分，"其中一位学生写道，"我们被当成了隐患，因此，被放到了一个奇怪的立场上，我们反而要感谢这位'来访者'毫发无损地平安返回。"[29]

1936年，德意两国警方开始共享有关两国境内潜在"颠覆势力"的信息和资料。为了准备希特勒1938年的出访，盖世太保与意大利警方密切协作，对住在意大利的德国、奥地利和波兰流亡人口进行了系统的摸底盘查。[30]纳粹安全官员进驻了近24个意大利警察部门，他们列出了详细的清单，将这些移民划分成"危险级""可疑级"和"安全级"三类。

然后，在1938年4月，那是希特勒预计出访的前一个月，纳粹党卫军和盖世太保涌入意大利，对可疑人员展开审问和搜查。4月20日和5月1日，大批犹太移民被捕。

男女被分开关押。守卫也需要花上一点儿时间才敢相信，这些移民并非是普通的小偷和妓女。他们的皮带必须被解掉，以防他们产生自杀的企图。在那时的德国，监狱就意味着集中营，所以相比而言，这样的关押环境还算友善。一位好心的牧师帮忙传递消息，他将信件藏在他的长袍里，囚禁者白天还可以在监狱内四处闲逛，在希特勒安全通过布伦纳山口踏上德国的土地时，他们都被释放了。

似乎反犹主义已经跨过国界，渗透到了意大利。[31]纳粹发起的这场对移民的监禁似乎让墨索里尼相信，他的国家和德国一样存在犹太人的问题。在希特勒来访几个月后，也就是1938年夏天，"元首二世"[3]效仿了他北方的盟友。"如果没有清晰的、确切的、无处不在的种族意识，帝国将难以永垂不朽。"他在一份意大利报纸上写道。墨索里尼宣布他的祖先是百分百的北欧人，7月，政府发布了一份《种族科学家宣言》(Manifesto of Racial Scientists)，开启了意大利全面清洗犹太人的运动。

1938年9月通过的第一条反犹法令，直接让寄宿学校毫无回旋的余地。犹太人不能再在意大利的学校上学、教书或工作——从幼儿园到大学,无论私立学校还是公立学校。

此外,在1919年以后来意大利的犹太人被要求在6个月内离开。

肯普纳曾经亲历过这一切,这次他没有犹豫。几个月前,他就已经意识到他在意大利的时光结束了。[32]整个夏天他都感觉到了这样的警示:当来自柏林的官员开始盘问寄宿学校是否反纳粹时,当学生家长从德国打过来的学费被切断时[33],当意大利有关当局气势汹汹地来访时。8月22日,学校的管理人员还被要求上报在校师生的种族血统。"一种恐惧和不祥的预感弥漫了整个学校,"一位学生写道,"我们知道我们无忧无虑的日子到头了。"[34]

一天,一名意大利官员来到学校,要求佩泽签署一份文件,"承认"佛罗伦萨学校是一家属于自由的社会民主机构。佩泽问,如果他签了字会不会被捕。答案是:会的。

佩泽和肯普纳不想回到意大利的监狱,或者,更糟的是,被引渡回德国。"有人私下告知我们,"后来肯普纳在给朋友的信中写道,"最好是立刻离开意大利,不要不见棺材不掉泪。"[35]

终于,9月3日,他们收到了这个必然会来临的消息:意大利人下令关闭学校,理由是"该机构的指导性政治思想和意识形态与法西斯主义相左"[36]。

当时,师生们正在勃丁格尔度暑假。肯普纳和佩泽连夜做出了安排,"通过可靠的人"将孩子们送回各自家中。然后他们带着妻子、几名老师,还有10个持有效护照的学生,跨过边境,逃到了法国的尼斯。

9月4日早晨,教师加布里埃尔·乔普弗里希(Gabriele Schöpflich)来到勃丁格尔的酒店餐厅,得知肯普纳和佩泽已经逃走了,还带着"所有用外币支付学费的孩子"一起逃走了。

被抛下的十几名学生如遭"五雷轰顶"[37]。乔普弗里希和一名同事留下来收拾残局。已经一周没有领到薪水的酒店员工全体辞职了,各种店老板——肉铺、牛奶铺、杂货铺和五金铺老板——拿着大把账单上门要债。在接下来的10天里,乔普弗里希和他的同事联合剩下来的学生家长处理了这些难题。"在那10天里,我们没人睡过一个好觉。"[38]她写道。她还亲自护送两名学生到佛罗伦萨的火车站,他们的妈妈在那接他们去往维也纳。

这样草率的收场引得当地人议论纷纷。肯普纳的秘书玛戈特·李普顿是一名来自法兰克福的犹太女性,年仅24岁,不久后她收到了她在罗马的姐妹贝特·戴维森(Beate Davidson)的来信。

戴维森写道,关于学校解散的一些流言令她作呕。[39]怎么可能一夜之间就把学校给关了? 一些小孩就这样被丢给社区的人来照顾,这是真的吗?"毕竟,学校应该对这些未成年的孩子负责,"她写道,"在这样的局势下,把身无分文的孩子留在异国,简直是骇人听闻。"她还听说了种种:比如,肯普纳告诉孩子们不要和家长们报告学校关闭的真相;他拿了某个孩子的护照作为抵押;学校还留下了一笔债务。戴维森说,这些都是犯罪啊,李普顿难道一点儿都不知情吗?

戴维森很快收到了一封肯普纳和佩泽写来的信。他们告诉她,对于他们的旧识居然告他们公开欺诈,他们非常愤怒。他们不屑于这样的指控,认为这些指控都是那些恶毒的、居心不良的"犹太八婆"[40]制造的谣言。

他们聘请了一名意大利律师来解决债务问题。他们之所以背债,是因为有些家长还没有将所有学费付清(在另外一封解释学校关闭的告家长信中,肯普纳和佩泽列出了欠费超过3000里拉的"不良债务人"[41]）。此外，难道不应该怪意大利政府违约在先吗？他们还不是迫于形势，连他们的家具都没要吗？怎么可以在犹太社区里"大骂他们是骗子呢"？怎么会有人指责他们潜逃呢？难道等着意大利人将他们再次投进监狱吗？"您认为在四五月的监狱体验后，我们还愿意让他们再次把我们关起来，带着我们的妻子和妓女、罪犯共居一室长达3周？……不，亲爱的、尊敬的女士，除去损失大量钱财和珍贵物品，我们还没有麻木或者受虐狂到让他们夺走我们的自由或生命。"

至于学生，肯普纳和佩泽解释说，他们几个月前就开始通知家长，学校状况堪忧，孩子们需要寻找新的去处。而且他们也已经尽力带走了那些他们能带走的学生。

两位管理者还写了很多信件给朋友们解释，学生们不想——或者说无法安全地——回到他们在波兰、匈牙利或德国的父母身边。"如果我们只管自己跑掉，我们绝对不会被捕……因为我们可以开车逃走，"肯普纳给巴黎的一位朋友写信道，"但我们不能丢下孩子们。同时，我们也不可能带100个孩子出逃，因为那将要耗费巨大的财力，他们的父母……肯定会写信来说这没有必要，而且也不会支付这笔费用的，因为孩子是不会被捕的。"[42]

肯普纳的生活变得难以想象的复杂。他无法确信法国就是"我们人间朝圣之旅的最后一站"[43]，他在给一个朋友的信中写道，因为西方民主国家似乎"完全不了解第三帝国及其轴心国盟友的手段"。

他要照顾10个学生，再加上他的妻子、岳母和秘书玛戈特·李普顿。

他还一度需要和妻子坦承三个不便的事实：他一直和李普顿有婚

外情；李普顿怀孕了；孩子是他的。

* * *

肯普纳15岁的儿子卢西恩没能随他一起来法国，他在佛罗伦萨寄宿学校待了两年，但他的生母海琳不是犹太人，她向法庭提出异议，控诉肯普纳在未经其允许的前提下将卢西恩带出国。

1937年年底，肯普纳安排前妻与儿子在"一个意大利的小型山庄或类似的地方"[44]待了两周。肯普纳给她买了三等座的往返火车票。每天，海琳和卢西恩都会出去散步很久，直到一天晚上，他们一去不返，这让肯普纳很是恐慌。就在新年前夕，海琳告诉卢西恩说，他爸爸允许他们去意大利的其他地方滑雪，但她将儿子直接带回了德国。卢西恩在后来说，他是被绑架的[45]，而纳粹和法西斯当局是他母亲的帮凶。那时的他甚至还没有一本有效的护照。

父亲是犹太人的卢西恩算是混血儿，而纳粹还在讨论哪些混血种族应该像犹太人一样受到歧视。肯普纳也不能冒险回到德国去争取儿子，但他向法庭提出上诉，质疑海琳是否能成为一名合格的母亲。[46]他向法庭出示了一些信函，表明海琳有酗酒史，还依赖止痛药，她企图服药自杀，而且她还患有性病，一名医生还曾告诫她需要彻底改变生活方式。肯普纳辩称，和他前妻不同的是，他有稳定的经济收入，经营着一所学校，卢西恩正好可以在此就读。海琳反驳说，那所学校是"以马克思-布尔什维克主义的精神和在犹太人的影响下"运行的，学生们接受的是"反德国的"[47]教育。虽然法庭最终判肯普纳胜诉，但卢西恩还是不能离开德国。后来卢西恩说，他弄不到护照，当局下令母亲做他的监护人。她将他送到辛岑道夫学校，那是一所位于黑森林地区克尼格斯费尔德的寄宿男校。

"我的母亲加诸我太多痛苦了，"他后来写道，"而德国人更甚。"[48]

肯普纳无能为力，只能给儿子写很多信，寄到纳粹德国。"我想你可能完全忘记了你还有一个父亲"[49]，在刚逃到尼斯不久他就写信向儿子介绍情况，"今天这里一切都安顿好了"，只字未提他的仓皇逃离和学校的关闭。"我们还在美丽的尼斯，你知道这里的，我们去年来这里旅行过，"一周后他又写了信，"这里温暖如春，气候宜人……你遇到意大利工人，还是会讲意大利语吗？还是说你都忘光了呢？你的其他外语水平怎么样了——法语和英语呢？你也知道，你必须要掌握这些，像你这样有一个犹太父亲和雅利安母亲的男孩，尤其需要掌握外语技能；你已经是大男孩了，你必须懂这些事了，务必谨记于心。"[50]

他还随信附寄了邮票，要求卢西恩给他寄些照片："盼你速速给我回信。"

译者注

［1］世界著名绘画艺术博物馆，在意大利佛罗伦萨市乌菲齐宫内。乌菲齐宫曾是政务厅，政务厅的意大利文为uffizi，因此名为乌菲齐美术馆（Uffizi Gallery）。

［2］朱塞佩·威尔第（Giuseppe Verdi, 1813—1901），意大利作曲家，代表作为《弄臣》《游吟诗人》《茶花女》等歌剧。

［3］指墨索里尼。

第12章 "我已经赢得整个纳粹党的人心"

正如纽伦堡市市长所说的，纽伦堡是"所有德国城市中最德国的一个"。1937年9月6日，教堂的钟声响了足足半个小时，这是为了欢迎希特勒前来参加纳粹年度党代会开幕式的，成千上万的纳粹信徒汇聚一堂，有望成为有史以来规模最大的一场集会[1]——集会持续了整整8天：有振奋人心的演讲，有场面壮观的表演，有整齐划一的行军，还有令人胆战的阅兵。

如果天公作美的话，在漫天遍野的帐篷和临时营房里，士兵们将得到350万个饭盒和一份同宿一营地的战友情。要想找到体面的住宿太难了，英美来的代表也只能住在将他们从柏林载来的专列上。而位阶高一点儿的纳粹官员可以住进酒店，还可以在纽伦堡一些久负盛名的餐厅用餐，比如位于格洛克莱恩大街上的"金色的鼠尾草香肠屋"，这家店创始于1498年，也是著名画家阿尔布雷希特·丢勒[1]钟情的餐厅之一。不少与会者还会趁机逛逛纽伦堡的红灯区，他们试图偷偷跨过党卫军设立的警戒线，去寻访那上百名正巧住在附近的妓女。[2]

那周，罗森堡不仅是其中的一位演讲者，他还是荣誉嘉宾。自他第一次出现在慕尼黑的啤酒馆里（当时一小群反犹人士正在举行一场常规会议），已经过去18年了，如今的他被尊为纳粹主义意识形态的奠基人。他的大作《二十世纪的神话》与希特勒的《我的奋斗》一起被刻在纽伦堡议会大厅的基石上。议会大厅是集会场中间矗立的那个巨大的竞技场，如果建成，将比罗马竞技场还大。

当然，罗森堡并不知道，在纽伦堡的这一周，他所获得的万众瞩目将成为他人生的顶峰。

希特勒之所以选择在纽伦堡召开党代会，是别有深意的：他想要激发大家对德国往日荣光的怀念。600年前，这里作为中世纪的要塞，是欧洲最富有、最重要的城市之一。[3]在厚重的城墙和3英里长的护城河内，这座古城里依然林立着典型的日耳曼式建筑：有哥特式山墙、精致的浮雕大门、传统的市集广场和奢华的教堂，在一个小山丘上，还有一座神圣罗马皇帝住过的坚不可摧的城堡……对于一个援引神话般的民俗传统的党派来说，纽伦堡无疑是完美的背景。"几乎没有几个城市，"罗森堡的《人民观察家报》宣称，"像纽伦堡一样精确地表现了过去和现代的鲜明对照——炮塔、厚墙、高塔无不展示了强大力量和战斗精神。"4

纽伦堡党代会并不只是几场政治会议，更是展示纳粹群众运动的力量和满足人们对"元首"个人崇拜的神秘典礼。5

在接下来的几天里，戈培尔大肆攻击布尔什维克主义，外交官与希特勒在他的酒店饮茶，而纳粹主义妇女联盟的主席则负责教德国的家庭主妇用纳粹的方式料理家务。在1923年"啤酒馆政变"失败后，纳粹曾扛着一面血旗穿过慕尼黑的街头，今天，他们将用这面旗帜神圣化为新的纳粹标准。党卫军和冲锋队组成紧密的编队，在纽伦堡狭窄的鹅卵石街道上整齐地行进，希特勒站在杜特斯赫尔酒店的阳台上，向拥挤的人群致敬，阳台下面贴着发光的"希特勒万岁"的标识。一名记者回忆道，这些人"仰视着希特勒，好像他是救世主一般"。此时，对战争的恐惧笼罩着全世界，而德国军队这场令人心惊胆战的阅兵式适时向世界炫耀了他们最新的装备：机动火炮、装甲车、摩托车、坦克、侦察机和轰炸机。新型战斗机以每小时370英里的速度下潜，而高射炮则冲天而去，作势要迎战一番。

集会上最引人注目的场景，要数成千上万的纳粹士兵整齐有序、目不斜视地在齐柏林广场上集结，这个场景更加强化了个体的绝对渺小。希特勒站在一个雄伟的大看台中央，170根白石柱让看台显得更加壮观。入夜后，百余盏镁光灯齐齐亮起，光束照向天空，这里顿时变成了纳粹设计师阿尔伯特·施佩尔（Albert Speer）创造的有名的"光之教堂"[2]，在向西100多英里的法兰克福都能看到这里发出的光亮。

"嗨，我的同志们！"希特勒喊道。

"嗨，我的元首！"人群回喊。

* * *

在那一周里，雨水断断续续，但还是下雨的时候居多。在希特勒大张旗鼓到达纽伦堡的那个下午，他和随行人员坐上黑色的梅赛德斯奔驰[6]，穿过挤满支持者的街道，向东部举行开幕式的鲁伊特珀德大厅驶去。"在半英里外就可以听到预告他到来的欢呼声，"《纽约时报》的记者弗雷德里克·伯查尔写道，"欢呼声越来越高，在他进入大厅时，里面守候的人群也加入了这个队伍，激动地齐声高喊'万岁'。"车队驶过两边飘扬着20面红色纳粹旗帜的白色巨石大门，到达鲁伊特珀德大厅。大厅仿照教堂的格局，中间的一条走道通往一个高高的讲台，讲台后面悬挂着一个巨大的纳粹标志，仿佛是一个扭曲的十字。讲台四周插满了旗帜，很是醒目。大厅里很快变得湿热起来，站在镁光灯下的演讲者也开始冒汗。

开幕典礼的盛况太令人心潮澎湃了，连西方媒体中那些愤世嫉俗的评论员都对此产生了兴趣。外国记者威廉·夏伊勒在日记里写道，这"不仅是一场华丽的秀，还带着点儿天主教徒举行盛大的复活节或圣诞节弥撒时那种神秘主义和宗教狂热"[7]。他问道，德国人把希特勒的每一字都奉为福音，这难道一点儿都不奇怪吗？

那天晚上夜深时，希特勒和罗森堡走进歌剧院，里面传来瓦格纳

(Wagner)的《诸神进入瓦哈拉》(Entry of the Gods into Valhalla)的旋律。罗森堡发表了一段演讲，按伯查尔在《纽约时报》上发表的文章的说法，演讲"从他的书里摘取了大量的内容"。随后戈培尔起立宣布了一个决议，这是纳粹党的意识形态领袖一直满心期待的一个决议：阿尔弗雷德·罗森堡获得第一届德国国家艺术和科学奖章。[8]

罗森堡在他的日记里写道，一种"有形的震动"[9]在整个大厅扩散开来，全场掌声雷动，经久不息，"整齐一致"。

这个奖项是新创设的，是为了抗议诺贝尔委员会在1936年将诺贝尔和平奖颁发给卡尔·冯·奥西耶茨基，这位和平主义人士是肯普纳的朋友，曾在3年前被盖世太保关押过。委员会称赞奥西耶茨基是"一位致力于在思想自由、言论自由和思想领域自由竞争的世界公民"[10]。纳粹被激怒了。"简直是荒唐而又贻害无穷。"[11]有人向《纽约时报》抱怨道。希特勒因此禁止德国人接受任何诺贝尔奖，他创建了一个与之抗衡的奖项：德国国家艺术和科学奖章，获奖者将获得10万马克的奖金和一枚奢华的奖章，奖章上嵌有钻石，章体四周镶有纳粹鹰徽，章体中心是戴着头盔的雅典娜女神的金制浮雕像。"戴着这么贵重的奖章，"罗森堡写道，"我都有点儿受之有愧了。"[12]

"阿尔弗雷德·罗森堡因为他的作品而享有盛名，他为维持纳粹主义世界观的纯粹性做出了不懈努力，"戈培尔为观众念了颁奖词，"他如何深刻地影响了我们这个纳粹主义国家的精神轮廓和世界观，只有后世才能做出准确的评说。对于元首将这个奖章颁给他最老和最亲密的战友之一，投身纳粹主义运动的德国人民都深感欣慰。"[13]

罗森堡在日记里写道，大家都可以看出来，鉴于他"与罗马之间的不共戴天之战"，这个奖章不仅仅是一个"学术问题"。他得知，梵蒂冈将此举看成是对教皇的打击。"我算不辱使命了，尽管元首不能公开出面，但他一直都是支持我与罗马对抗的。"罗森堡写道，言辞之间无不透露出他那膨胀的狂妄自我。[14]他很清楚，他的立场——那些希特勒向其他人保证过的《二十世纪的神话》里的极端言论只是罗森堡个人的意见——现在已经一跃成为帝国政策了。这些言论无异于"希特勒的整个革命的基础"。

所有人都为罗森堡的作品得到认可而感动，或者说至少在受奖人看来是这样的。希特勒在提前透露这一消息给他时，也忍不住热泪盈眶。"只有你才够格接受帝国的第一个奖章，毕竟，你才是最佳人选……"在歌剧院，出席的朋友都潸然泪下。罗森堡的亲密盟友和奥尔登堡长官卡尔·罗维尔来到希特勒跟前感慨，这是他一生中最高兴的一天。"现在我知道，我已经赢得整个纳粹党的心，"罗森堡写道，"他们的内心似乎一下子被元首这一惊人之举给解放了。"

最让他高兴的是，戈培尔亲自为他诵读了颁奖词。"虽然为了让我出局，他使尽各种诡计，无所不用其极；虽然他把持着对所有新闻媒体的行政控制权，一切都在他的掌控之下，"虽然在面对教会的抗议时，戈培尔曾告诉人们罗森堡的《二十世纪的神话》将不存于世，"但这次证明了，这位先生错了，就像他在其他所有更深刻的问题上是错的一样。"罗森堡在日记里自夸道："现在，他不得不大声念出，只有后世能完全理解阿尔弗雷德·罗森堡这个名字对我们的纳粹主义帝国的构建意味着什么。"

罗森堡陶醉在这份荣耀里。就在获奖一个月后，他到弗莱堡作演讲，明斯特广场上花团锦簇，旗帜飞扬，人潮涌动，广场后面高高耸立着一座有几个世纪历史的天主教教堂。当然，罗森堡后来在日记里写道，这座城市从未见过这样的场景：在大主教自己的地盘上，一名"极端的反罗马教廷的异教徒居然受到了国王般的拥戴"[15]。

1938年1月，罗森堡45岁生日时[16]，希特勒亲临罗森堡新居，祝贺他乔迁之喜，新居位于柏林的富豪小区达勒姆，和其他纳粹高官一样，这也是从犹太人那里侵占来的资产。"元首"带来一座迪特里希·埃卡特 (Dietrich Eckart) 的半身像，因为正是此人让罗森堡在1919年遇到了希特勒。他还递给罗森堡一张用银质相框装裱的他本人的照片，照片上还有题词："致我最长久的朋友、最忠诚的战友阿尔弗雷德·罗森堡，向你的45岁生日致以最美好的祝福！挚友：阿道夫·希特勒。"没有什么比这更让罗森堡感动的了。

* * *

虽然戈培尔亲自为罗森堡颁了奖，但他们之间的争斗并没有就此消停。自1933年起，戈培尔变得越来越奢侈[17]：穿定做西服，办奢华派对，搬到勃兰登堡门附近的一处豪华住宅，还在柏林以北一个隐秘的湖边购置了一座避暑别墅和一艘游艇。他还大权在握，控制着媒体、广播、剧院和——到目前为止他喜爱的——电影产业。他把自己当成一名电影制片厂厂长，喜欢修改台词，审查原片，与银幕明星打成一片，还和漂亮的女演员谈情说爱。在1936年奥运会期间，他豪掷千金在一座岛上举办了一个3000人的奢华派对，小岛被装扮得像电影场景一般，派对请来了柏林爱乐乐团的乐师们，抵达的客人通过一座挂满灯笼的浮桥到达派对大厅，享受整夜的豪饮和歌舞，时不时还有烟火表演助兴，蔚为壮观。

戈培尔掌控着数以千计的工作，很多人即使对他心有不满也不敢挑战他，因为害怕承担惹怒他的后果。"在我与他交战时，"罗森堡抱怨说，"他们只是作壁上观。"[18]

希特勒并没有对戈培尔加以打压，不管罗森堡曾多少次和他抗议过戈培尔已经成了德国的文化独裁者，是一个"罪恶昭彰的败笔"。对于每一件"戈培尔出品"的"产品"，罗森堡都能挑出毛病来。这位宣传部部长的帝国文化协会为海德堡大学成立650周年的庆祝活动安排了歌舞表演，这是他的一个宣传手段，只是为了驳斥那些说纳粹党对学术界存有敌意的指控。让罗森堡愤怒的是，活动中有匈牙利的查尔达什舞和波兰舞——"黑鬼舞步！"（罗森堡在日记中如此描述这两种舞蹈）"多年来我们一直在与黑鬼做斗争——现在好了，黑鬼舞步竟然出现在了我们的庆典上！"[19]

还有一次，罗森堡在日记里问道，为什么戈培尔一点儿都不作为呢？为什么不为德国民众灌输一些纳粹关于犹太人的理论基础知识呢？似乎没有人会再去阅读一些关键文本，比如特奥多尔·弗里奇（Theodor Fritsch）的《犹太问题手册》（the Jewish Question）。罗森堡对他的一位同胞的说法深表认同："如果继续这样，我们的小孩看到我们如此忌惮犹太人，肯定会说我们太愚蠢了。"[20]他担心，他们的后代将不会认识到纳粹曾经阻止过一场犹太人意图毁掉德国和控制世界的大阴谋。

罗森堡认为：戈培尔的问题是他太自我、太自恋，整天忙着暴露在镁光灯下。他是一位演员，"一位扮演部长的演员"[21]。也许希特勒看不到这一点，但是纳粹党内的普罗大众一定看到了。

当罗森堡和戈培尔几乎同时出现在一场党会上时，观众对戈培尔"不断发出嘘声"或是报以"冰冷的沉默"，罗森堡在日记里写道，"这是一种道德上的无视……党和人民都只是受不了他这种为了恶心的自我吹嘘而滥用职权的无耻行径";罗森堡得意地写道,而同时,他的发言获得了全场"经久不息的掌声"。他们将他看成是戈培尔的对手。"有时候我会觉得与虚荣的G. 博士[3]给我党带来的荼毒所做的抗争是一场无望之战,但我已经赢得了这场运动的人心,这是一种极大的快乐。"[22]

让罗森堡喜出望外的是,戈培尔的事业很快将面临严重的危机。这倒与罗森堡的多番控告无关,问题出在戈培尔的婚姻上。[23]

戈培尔的软肋是女人。他曾恳求他的妻子玛格达(Magda)同意尝试开放式婚姻,但遭到了拒绝。1936年,戈培尔得知妻子居然与另一名纳粹官员有染,不禁暴怒——因为是从罗森堡那里获悉此事的,所以他更加震怒。后来,就在那一年,他爱上了22岁的捷克电影女演员丽达·巴洛娃(Líola Baarová),他们开始公开偷情。女演员的丈夫当场抓了他们个现行,然后离开了丽达。玛格达也从此将戈培尔赶到了客房。

这场婚外情持续了两年后,戈培尔提议组建"三角家庭",称这是解决他们的婚姻问题的一个办法。玛格达去找埃米·戈林(Emmy Göring)诉苦,斥责戈培尔是"披着人皮的恶魔"。赫尔曼·戈林为玛格达安排了一次与希特勒的会面。希特勒曾担任戈培尔夫妇婚礼上的伴郎,而且在他们婚姻早期与他们也走得很近。玛格达告诉"元首"说她想离婚。希特勒拒绝了,然后他把戈培尔召来,叫他要么结束婚外情,要么就别当部长了。希特勒不想见到纳粹的最高层出现如此丑闻,但他也不能失去这位鬼才宣传部部长。戈培尔不情愿地答应了与巴洛娃分手。"生活如此艰难和残忍,"戈培尔在日记里抱怨道,"但责任高于一切。"[24]

玛格达并没有善罢甘休。1938年10月,她再次请求离开戈培尔,希特勒再次介入调停。

在柏林，戈培尔的政敌也感觉到也许他要完蛋了。1938年年末，党卫军帝国长官希姆莱来看望罗森堡，他汇报说，盖世太保收到了"几十封"针对戈培尔性骚扰的投诉。他已将部分信呈给了希特勒，并且游说希特勒将戈培尔开除。"他现在是德国人民的众矢之的，"希姆莱称他是这样告诉"元首"的，"早前，我们曾斥责性侵职员的犹太经理们，可如今G. 博士自己却成了性侵者。"[25]幸灾乐祸的罗森堡将这些谣言和指控四处散播。

罗森堡不明白为何希特勒不肯轻易放弃戈培尔。这位部长应该下监狱，而不是仍然端坐在政府高官的位置上。"G. 博士，"罗森堡在日记里写道，"在党内在道德上是孤立的，是被众人唾弃的。"

但罗森堡还是能觉出戈培尔的盘算：他觉得自己会逃过一劫，他将会"挺过去，战胜那些道德指控"。

虽然罗森堡不愿承认这一点，但他知道戈培尔也许是对的。

两个月后，听说戈培尔在一次外交使团的招待会上大放厥词：如果早知道希特勒不赞成他的生活方式，在那些戎马岁月，他就不应该把希特勒带进他的核心圈。人人都应该任由他过自己想要的私生活。"虽然我对G. 博士的粗鄙也早有耳闻，"罗森堡将这个八卦记在了日记里，"但我还是被他这样的直言不讳震惊了。"[26]

罗森堡写道，如果在1924年（那一年罗森堡还曾短暂背离过"元首"的领导）希特勒没有接受戈培尔该多好，那么纳粹党就可以免受他的荼毒了。他靠着向敌人喷射"脓液"成就了一番事业，可现在他将喷头对准了党内的信徒们。

"对他无休止的包容，"罗森堡抱怨说，"让我们的革命开始滑坡。"

* * *

戈培尔事件只是一个余兴节目,因为在这关键的一年里,希特勒最终将德国导向了世界大战中。

1937年年末,他下令手下的将军们准备入侵捷克斯洛伐克和奥地利。成功收复了萨尔州和莱茵兰地区的希特勒并不满足,他想要占领东方所有说德语的地区。他想要为帝国构建一个战略缓冲区和一个人力资源与原材料的供给地。11月,在一次会议上,希特勒对他的军事及外交政策官员说:"德国政策的目标是巩固和维持我们的种族群体,并不断扩大,因此就存在一个空间问题。"[27]这就意味着要入侵他国——也许就是明年。

将军们犹豫不决:试图通过武力来吞并邻国的举动势必会挑起与英法的战争。虽然德国重整军备多年,但还没有准备好与西方大国再来一次大战。

事实证明,希特勒根本就不在意这些内部的反对意见。外交部部长康斯坦丁·冯·诺伊拉特(Konstantin von Neurath)是兴登堡时代留任的官员,他对此发出疯狂的警告,最终希特勒决定将他撤职——取而代之的不是罗森堡,而是更加圆滑的约阿希姆·冯·里宾特洛甫(Joachim von Ribbentrop)。

随后希特勒利用几桩丑闻完成了军方高层大换血。

1938年1月初,作为国防部长兼武装部队总司令的陆军元帅维尔纳·冯·布隆贝格(Werner von Blomberg)娶了他的秘书玛格丽特·格鲁恩(Margarethe Gruhn)。他之前一直过着鳏夫的生活,格鲁恩比他小35岁。当这对新婚夫妇坐着直升机去卡普里岛度蜜月时,匿名调查者突然发起了对格鲁恩的背景调查:事实证明,她曾当过妓女,还拍过色情照片。

戈林将这些文件呈给希特勒，希特勒大发雷霆，即使他后面冷静下来，还是开除了这位陆军元帅。

同时，希特勒回忆起，有人给他看过污蔑维尔纳·冯·弗里奇(Werner von Fritsch)将军的文件，弗里奇是陆军总司令，也是最有可能接班布隆贝格的人选。希姆莱的秘密警察在杜撰并呈给希特勒的档案里写道，弗里奇曾有同性恋行为，好几年来为了不让此事曝光，他都在付钱给知情的勒索者。在得知这样的指控时，弗里奇大喊道："全是肮脏的谎言！"但他也这样被迫出局了。

希特勒乘势开除了其他12名将军，重新指派了51名将军，还亲自担任德国武装部队总司令。

很快，他将军队作为外交恐吓的手段。1938年2月12日，他召奥地利总理库尔特·冯·舒施尼格(Kurt von Schuschnigg)来贝格霍夫，这是希特勒位于南部巴伐利亚州贝希特斯加登附近的一座别墅。舒施尼格发现这位德国的独裁者非常狂躁。[28]希特勒威胁说如果他不在协议上签字，那么德国就会入侵奥地利，协议上规定奥地利把几乎全部主权移交给纳粹党。舒施尼格一开始屈服了，但在3月9日，他号召全国举行一场直接表决投票，决定奥地利是否继续坚持独立主权。震怒的希特勒将德军派到了边境，舒施尼格政府垮台。3月12日，"元首"以征服者和英雄的身份回到了他的出生地。

4月，德奥两国就奥地利的吞并问题举行投票。在奥地利，那些投反对票或弃权票的人遭到骚扰、殴打，还被套上"卖国贼"的牌子游街示众，有的甚至还被扔到收容所。在恐吓运动加操作选票之后，最终报道结果是，99.75%的奥地利人希望他们的祖国成为德国的一部分。[29]

占领奥地利没有任何流血牺牲，受到鼓舞的希特勒将目光投向了捷克斯洛伐克，捷克西部的苏台德地区一共有300万德意志人聚居。在德国纳粹党的怂恿下，苏台德德意志人党领袖开始煽动捷克政府做出让步；1938年年初，希特勒还只是要求苏台德地区脱离捷克，但他想要的是整个捷克，他命令将军们准备入侵，同时他在寻找一个合理的借口让德军免受国际社会的责难。

5月，他私下里告诉将军们："让捷克斯洛伐克这个国家从地图上消失是我不可动摇的意志！"

但在公开场合，他说他只是想让苏台德人民——他坚称他们生活在捷克人的恐吓之下——回到第三帝国安全的怀抱。英法并没有提出反对，相较于直接对抗这位独裁者，他们对如何避免战争更感兴趣。9月末，英法领导人与愈加疯狂的希特勒在慕尼黑进行了几周的紧张谈判，他们同意纳粹占领苏台德地区。

"我相信，"英国首相内维尔·张伯伦（Neville Chamberlain）在唐宁街10号宣布，"这是为了我们这个时代的和平。"[30]

***

5周后，从国际公共舆论的批评声中解放出来的纳粹党瞄准了他们的内部敌人。

此时的反犹运动总的来说不再那么倚靠人身攻击，而是通过操纵立法。1938年，德国通过了一系列新的歧视性措施[31]，让犹太人进一步远离了德国的经济生活。犹太人必须做资产登记；后来，他们的银行取款数额也受限了，而且必须获得官僚机构的许可；他们必须公开标明其店铺是"犹太人所有"；名字里必须有"易于识别的"犹太名，或者在犹太女性名字里加上"萨拉"，男性名字里加上"伊斯雷尔"。

法律措施最终被公开暴力取代。1938年11月7日，一位名叫赫舍·格林斯潘 (Herschel Grynszpan) 的波兰人走进巴黎的德国大使馆，朝一名外交官开枪[32]，因为他对他的父母被驱逐出德国感到很愤怒。两天后，这名外交官不治身亡，此时戈培尔、希特勒和纳粹党的其他领导人正在慕尼黑参加1923年"啤酒馆政变"的年度纪念活动，他们才不会让这样千载难逢的机会白白溜走。

"元首"下令立刻向德国的犹太人发起报复：烧毁犹太教堂，破坏犹太人的房屋，逮捕尽可能多的犹太人。但——最重要的是——要让这一切看起来像是愤怒的民众自发地起来反抗犹太人。

戈培尔召集了党的其他领导人，通告了外交官的死讯。

"同志们，"他喊道，"我们不能放任国际上的犹太人就这样行凶，我们必须做出反击。"[33]

很快，这一训令通过电话在全国传达，从党的领导人到地方指挥部，从本地的冲锋队到各党支部办公室。

11月9日晚上11点55分，希特勒通过电报向全国的警察局局长下达命令：马上对犹太人的财产发起进攻，除非发生抢劫或"其他特别过分的举动"，否则暴动不得终止。

纳粹涌上街头，大多穿着平民服装，他们开始对全国1000多个犹太教堂发起攻击，不只如此，他们在街上四处乱窜，砸碎犹太商铺的玻璃窗，捣毁里面的一切物品，犹太人的房屋也难逃毒手，在一些地方，连犹太人的墓地都遭到亵渎。一家犹太孤儿院也被洗劫，孤儿们只能自生自灭。他们还命令犹太人穿着睡衣在一个教堂外跳舞，然后用水龙喷射他们。数百名犹太人死于这次劫难。

在奥伯陆施塔特——这是大屠杀纪念馆档案保管员亨利·梅耶的祖父在1937年逃离的小镇——纳粹用挖土豆的锄头砸穿了一家犹太教堂的前门[34],一群扛着斧头的人冲杀进去,他们将犹太人的"摩西五经"[4]从约柜里拉扯出来,丢到庭院里,然后连同被劈成柴的教堂长椅一起烧掉。一些人打开这些羊皮卷,装模作样地吟诵希伯来文,而他们的同伙就围着熊熊大火齐声高喊着:"变戏法!"村里的一名警官将汽油沿着台阶一直浇向唱诗席,很快整个教堂就被火海吞没了。暴徒们在全镇乱窜,突袭各犹太人小社区。

村民们站在梅耶祖父的表兄妹萨洛蒙 (Salomon Frank) 和伊利斯·弗兰克 (Elise Frank) 的家外,他们中还包括来自希特勒青年团和德国少女联盟里的孩子们,他们砸开百叶窗,敲碎窗玻璃。纳粹扛着斧头在屋里横冲直撞,把家具和餐具摔得粉碎,将他们全家人推到街上,用棍棒狠击身患残疾的萨洛蒙。

那天,萨洛蒙的哥哥雅各布·弗兰克 (Jacob Frank) 本应待在家中与女儿厄玛 (Irma) 和玛莎 (Martha) 一起庆祝妻子的生日,但那天早上警察上门将雅各布抓走了,只留下妻女们保卫家园。玛莎试图将入侵者挡在门外,但这群暴徒还是破门而入了,她的牙齿被打落了好几颗,她往屋里逃去,打劫的村民们跟了进来。

纳粹破门而入,朝沙发腿砍去,划破家具的衬垫,劈断了桌椅,将灯具砸得粉碎,把床单扔了出去,将食品储藏室里的水果蔬菜洗劫一空。母女几人将房门层层闩上,恐惧地藏了起来,最终他们还是不得不逃走了。他们逃到了萨洛蒙的谷仓,在谷仓里找到一辆马车,将萨洛蒙塞在里面,将他拉到了火车站,他们逃到了卡尔斯鲁厄。

那天早上,奥伯陆施塔特小镇上的犹太人都被捕了,除了老人以外的人全部被送到慕尼黑附近的达豪集中营，那一周，加上他们在内一共有3万人被送往各个集中营。[35]在达豪，新来的囚徒们被下令一动不动地站在寒冷的室外，有任何出格者就会遭到一顿野蛮的暴打。他们的新住处没有床，只在地板上铺着一些稻草。

而在慕尼黑，戈培尔则在大举庆祝此次行动，这次事件也就是后来人们所熟知的"水晶之夜"。"我开车去酒店时，"戈培尔在日记里写道，"好极了！好极了！这喝彩声把窗户都快要震碎了。"[36]几天后，他向国际社会宣称这完全是一场自发的反犹起义，那晚当局已经尽一切努力来阻止这场暴动了。

按照纳粹党惯有的颠倒黑白的行事风格，犹太人不但不能获得任何保险金，还必须集体支付一笔罚金，作为对在巴黎谋杀外交官的惩罚，戈林将赔偿金定为10亿马克。当戈林被指派了将德国经济拉回正轨的任务时，他很难过地得知横冲直撞的纳粹在犹太商铺里毁掉了价值数百万马克的商品。

他说："我宁愿你们打死200名犹太人，也不想你们毁掉这么多宝贵的财产。"[37]

罗森堡对"水晶之夜"也有同样的抱怨。他倒不是同情那些失去家园、教堂、自由和生命的犹太人，而是他认为这次集体迫害只是一次过度的、不必要的情绪爆发，对于帮助纳粹党实现让德国摆脱犹太人的目标几无助力。他也担心这帮打砸抢烧的暴徒所造成的经济损失，他将此归咎于那位一贯的替罪羊。

"破坏公共财产：差不多两次发起'冬季救济基金'募捐，6000万！"他在日记里写道。"冬季救济基金"是每年向穷人提供衣食的基金组织。"G.先生捅的娄子，我们为他擦屁股。太可恶了。"[38]

对于还在帝国的犹太人而言,"水晶之夜"使他们安居德国的最后希望彻底破灭了。现在不是拼耐心的时候了。他们的同胞是不可能推翻希特勒政权的,包容的时代已经一去不返了,他们不能再当罗森堡的抨击和戈培尔的演讲只是几句空谈,纳粹想要的是犹太人彻底消失,如果不自觉离开,他们将会被暴力驱逐出去。

在接下来的10个月里,超过10万名犹太人逃离了德国。

但还是有20万人没能逃出去。

译者注

[1] 阿尔布雷希特·丢勒(Albrecht Dürer, 1471—1528),德国画家、版画家及木版画设计家。

[2] "光之教堂"(Cathedral of light),阿尔伯特·施佩尔在1933年为纽伦堡党代会集会所设计,150个探照灯每隔10米布置在齐柏林广场的边缘,光束照向天空,像是虚幻的哥特教堂,更像是虚幻的天堂。

[3] 指戈培尔。

[4] 指希伯来《圣经》最初的五部经典:《创世记》《出埃及记》《利未记》《民数记》《申命记》,是犹太教经典中最重要的部分。

第13章 逃离

来自肯普纳的佛罗伦萨寄宿学校的逃难者们在尼斯待了数天,伺机寻找出路。这段时间,所有人都极度沮丧。有人说,这个时候最需要的是:现实主义的态度,帮得上忙的朋友,以及良好的运气。[1]"每个人都看着手表静静等待,等待能去往另一个国家的时机到来。"瓦尔特·赫希（Walter Hirsch）在给朋友的一封信中写道。自从学校解散后赫希就失业了，他的生活暂时"还算过得去"，做做家教就可以抽上烟了，鞋子坏了就换个鞋底。但他害怕未来。

"最近，我已经攒够了失望，"他写道，"当我想得到理解的时候，却收到了太多的冷漠、刻薄、误解和拒绝，这让我十分痛苦和不安。"[2]

1938年10月21日，就在罗伯特和鲁特·肯普纳用他们的临时签证抵达法国7周后，他们被正式剥夺了德国国籍。[3]他们不能再回到柏林，也不能永久居住在尼斯。他们开始转而寻找能让他们去美国的工作。肯普纳联系了几位海外的同事，咨询了大学的职位，还从朋友和伙伴那里收集了一些推荐信。他把自己设定为一名警务管理专家、行政法大学讲师，以及作家。前同事为他写的一封推荐信还赞扬了他"在面对纳粹主义的挑战时的英勇表现"[4]。

在肯普纳的通信人中有一位是宾夕法尼亚女子医学院的院长。数十年前，肯普纳的母亲在回到柏林结婚并为罗伯特·科赫工作以前，曾在这个医学院短暂任教过，她的照片仍然悬挂在细菌学系的墙上。这位院长为他与宾夕法尼亚大学地方和州政府研究所所长斯蒂芬·B.斯威尼（Stephen B. Sweeney）牵了线，斯威尼表示研究所很欢迎肯普纳，但前提是在"不需要我方承担任何责任"的情况下他仍愿意来，以及他只能收到几百美元的"酬金"。[5]

12月，肯普纳回信接受了这份工作。实际的薪水"并不重要"，他写道，因为他暂时还有办法自给自足。这段时间他曾告诉过另外一名记者，他存有"几十万法郎"[6]，可能相当于今天的10万美金。他只是需要研究所为他提供一份聘用证明，这样的话他在申请签证时就不会受到美国的移民配额限制，因为每年能移民美国的德国人是有人数限定的。"如果没有这张不占配额的签证，我将不得不等上若干年才能去美国，因为德国人的配额非常紧张，"肯普纳写道，"我真心希望您能给我一个机会……望回复为盼。"[7]

同时，肯普纳夫妇也争取到了一位在费城的朋友的帮助。奥托·雷内曼(Otto Reinemann)于1934年从德国移民过来，在费城市法院谋得一职。雷内曼答应在费城帮忙推进肯普纳的事情。

肯普纳一边等待，一边寻找别的出路。如果去哪里都差不多的话，他当然更愿意待在蔚蓝海岸，而不是背井离乡去美国。1938年至1939年秋冬之际，他和佩泽着手在尼斯重建他们的学校。美国犹太联合分配委员会为困境中的欧洲犹太人募集资金，他们向该委员会寻求经济援助。[8]在库尔特·格罗斯曼(Kurt Grossman)的帮助下，学校收到了2.1万法郎。[9]在纳粹上台以前，这名记者曾是柏林和平主义组织德国人权联盟的秘书长。这些资金足以帮助照顾随他们一起从意大利逃来的10名学生。

他们还是能找到大量孩子的，在德国、波兰、捷克斯洛伐克、奥地利和意大利的犹太人父母愿意心怀感激、不顾一切代价地将他们受到威胁的孩子送来尼斯。问题是孩子们拿不到签证——在法国，准备这些资料就需要好几个月时间。[10]肯普纳写信给巴黎的人权联盟寻求帮助，帮助"这些不幸的孩子，很多孩子的父母或者被关在集中营，或者正在遭受酷刑"[11]。

眼看签证越来越难甚至不可能获得成功后，肯普纳和佩泽开始将目标转向已经在法国的犹太难民的孩子。他们在法国和瑞士的报纸上刊登了广告。1938年12月，法国外交部部长乔治斯·博内(Georges Bonnet)提议在法国成立一个组织，专门收留那些德国犹太孤儿。肯普纳敦促格罗斯曼将他们的学校并入那个组织。"行动起来,"他写道,"付出一定会有回报!"[12]肯普纳从埃米尔·贡贝尔身上看到了希望。贡贝尔是一名主张和平主义的数学教授,他曾被海德堡大学开除,然后移民到了法国的里昂,成立了一个难民援助委员会。贡贝尔警告他说,没人会花钱请他去教育和照顾这些小孩的。[13]肯普纳毫不气馁,他写信给英国和法国的难民委员会[14],表示愿意提供学校的服务,每月费用为600法郎,相当于今天的350美金。肯普纳向尼斯的一个难民委员会解释说,他认识城里的犹太富人——一些是逃亡者,一些是来自英美的游客——他们也许会受到鼓舞,会为难民小孩的教育慷慨解囊。

当学校的管理者为学生四处求助时,英国的活动人士也组织了"儿童运输"行动[1],冒着危险从纳粹手中营救年幼的孩子。但从肯普纳写信的语气来看,相较于解决一场即将到来的人道主义危机,他对谋求生存更感兴趣。1939年年初,一旦海外的工作有了些眉目,肯普纳便迅速放弃了重建寄宿学校的事业。他开始物色接班人来负责与他一起从勃丁格尔逃来的学生。"您有兴趣管理一个小型的犹太儿童之家吗?目前一共有从不同国家来的10个孩子[15],运作良好,而且很可能还有拓展的空间。"他给在巴黎的一位前同事写信道,"佩泽博士和我在等待美国来的聘用合同。"[16]

* * *

1939年春,当肯普纳正在寻找出逃之路时,德国的邻国前仆后继地沦陷了,大战在即。

纳粹先是设局离间斯洛伐克人,促使他们脱离捷克斯洛伐克,投向德国的怀抱。而捷克人在希特勒和时任总统的埃米尔·哈查 (Emil

Hácha)进行了一场黑暗的会晤后也选择了投降。[17]会晤期间，这位德国领导人警告说德军已经开始入侵捷克，德国空军会在几个小时内把捷克机场炸为灰烬，他给了哈查两个选择：要么投降，要么面对血腥后果。高压之下的捷克领导人当场就昏倒了，在希特勒的医生为他进行药物注射后才恢复意识，他只能将国家拱手相让。1939年3月15日晚，希特勒就下榻在布拉格古老的赫拉德恰尼城堡中，这曾是历代国王、皇帝和总统的官邸。

接下来，希特勒开始骚扰波兰。[18]他的伟大目标是为德国人开拓"生存空间"，因此他们东方的邻居必须让路。他再次为他的入侵找了一个借口。第一次世界大战后，波兰得到了连至波罗的海的"走廊"，将原德属领土普鲁士国分成两半。东普鲁士成了一座岛屿，被波兰、立陶宛和波罗的海，以及大部分是德国人的港口城市但泽包围。但泽现在也称为"格但斯克"，当时是一个在国际联盟保护之下的"自由城市"。

纳粹无法接受整个安排，要求波兰将但泽港移交给德国，允许德国人建设通往东普鲁士的高速公路和铁路。波兰人拒绝了这一要求。3月31日，张伯伦宣布英国人会保证波兰的领土安全，希特勒勃然大怒。"我会给他们炖上一顿大餐，让他们吃不了兜着走！"他私下在总理府办公室里咆哮道。几天后，他通过了一项捣毁波兰的作战计划。

3周后，也就是1939年4月28日，希特勒出现在国会大厦，回复富兰克林·D.罗斯福(Franklin D. Roosevelt)总统的电报，罗斯福总统请求希特勒向德国的邻国们保证，不会攻击它们。在给全世界的演讲中，希特勒重申德国保持和平的意图，对任何国家都没有战争计划。"我已经收复了我们在1919年被窃取的帝国领土，"希特勒怒喝道，"我已经将数百万德意志人带回他们的祖国，他们被迫与同胞分离，悲惨至极……罗斯福先生,但我没有造成流血牺牲,没有给我的人民,也没给他人带来悲惨的战争。"

他说的确实没错。但一切都将发生改变。整个1939年夏天,希特勒的军队都在准备发起一种新的作战方式:闪电战。

* * *

一直到1939年春末,肯普纳才收到从美国大学寄来的聘用书。5月,肯普纳写信给宾夕法尼亚大学的斯威尼,告诉对方他越来越感到绝望:他在法国的过境签证马上要过期了。"如果我不能在短期内去美国,我就完蛋了。"[19]斯威尼还收到过佩泽及肯普纳在杜克大学的弟弟瓦尔特的信。佩泽在5月也离开了欧洲,因为他找到了一份在亚特兰大的教职。

罗伯特·肯普纳还不断给雷内曼写信,迫切请求帮助。他们没有太多等待的时间了。肯普纳在申请短期延长他们的过境签证时遇到了当局的刁难,他们只争取到了一点点时间,理由还是鲁特要做切除阑尾的手术,需要在医院住上12周。

问题是斯威尼给肯普纳开出的薪水非常微薄,只有区区几百美金。如果要通过一个不占配额的签证申请,肯普纳需要出示证明,证明研究所给他的薪水足够他生活,至少是两年内保证每月200美金。

为了符合这一要求,肯普纳在财务上耍了个花招。5月,他写信给斯威尼说:如果研究所能在书面上提高他的薪水,"我的朋友们"随后会"给校方账户存入差额"作为弥补。[20]事实上,肯普纳打算将他自己的资金转给第三方,由第三方将钱寄给学校,以此来预付他的大部分"薪水"。斯威尼表示愿意接受这样非传统的操作,肯普纳争取到了一位"受托人"来帮他处理这个交易。他的朋友雷内曼请求女子医学院院长来帮这个忙，但她有些推诿。如果她一定要帮谁的忙的话，她更愿意对方是一位女性。

他们转而向威尔伯·托马斯(Wilbur Thomas)求助。[21]托马斯的卡尔·舒尔茨纪念基金会一直致力于促进德美两国人民的友谊，他答应帮忙。6月9日，在各方达成一致后，雷内曼给在尼斯的肯普纳发去电报，叫他把钱电汇过来。

第二天早上，肯普纳向费城发送了一份电报：已汇款，万分感谢。[22]

雷内曼回复说，合同已在途中。"因此，我们得到了一个开启人生新纪元的机会。"[23]在回信中，肯普纳感谢他的朋友为他如此费力地游说各方。6月21日，肯普纳夫妇收到了聘用合同。第二天，他们就来到领事馆填写申请资料。为了确保一切进展顺利，肯普纳还准备了一张纸条，上面用打印体写着他的情况说明。"您好，"纸条上写着，"我得到了一个费城大学的职位，特此请求签发一张非配额的签证。所有材料都已带来，我认为一切都已经准备妥当了。"[24]

5天后，肯普纳夫妇、鲁特的母亲以及肯普纳的情人玛戈特·李普顿都拿到了签证。他们给在美国的朋友去信，充满了紧张不安与喜悦兴奋，因为现在生存问题解决了。但实际问题又出现了。

欧洲的收音机在美国能用吗？在他们找到公寓前他能为他们推荐一家酒店吗？

在费城一个体面的小区里买一套两到三居室的公寓要多少钱？带阳台吗？

他们的家具不得不丢在佛罗伦萨；他们可否先租用一些家具呢？

雷内曼需要他们从欧洲带点儿什么吗？

但此刻也并非纯粹只有喜悦。一种苦涩悄然涌上心头，让这喜悦打了折扣。从柏林到费城，历经曲折，肯普纳也在经历一场变形记：从一个生活富足、出身名门的高级政府官员，到一名勉强糊口、籍籍无名的移民研究助理。他已经失去了他的工作、他的家乡、他的家具，以及大部分的积蓄。纳粹几乎夺走了他的一切，只剩下这条命了。

现在，他最终要逃离欧洲了，他要抛下的还不光这些：还有他的儿子们。

3月，李普顿生下了安德烈。因为无法及时为襁褓中的婴儿申请到签证，他们决定将他放在尼斯的儿童之家照管[25]，只能尽量往好处想。同时，卢西恩还被困在德国，肯普纳也知道，他的处境很危险。混血犹太人依照歧视性的《纽伦堡法令》享有豁免权，但一位朋友在1938年写信给肯普纳说："从长远来看，半犹太人在第三帝国是没有未来的。"[26]

1939年7月，在收到签证后不久，肯普纳给他在德国的儿子写了一封信。

"亲爱的卢西恩，"信是这样开头的，"现在你马上就要16岁了，我想为你的生日送上最美好的祝福——首先我要祝你能有好运，能再次作为一个自由平等的人生活在一个自由的国家，你能去工作，不必因为你的种族或宗教受到各种限制。我相信这个愿望总有一天能实现，我会很高兴你能回到我的怀抱。这个愿望的实现对于你的整个人生来说，比那些我目前不能实现的小小的物质愿望更加重要，虽然，我也很想实现后者。你也知道，第三帝国已经把我洗劫一空，当然其他非雅利

"德国万岁！" 1935年，当地的纳粹党员欢呼着迎接阿尔弗雷德·罗森堡（图片中间，举手者）来到图林根州的海利根施塔特。（图片来源：ullstein bild/ullstein bild via Getty Images。）

检察官罗伯特·肯普纳在纽伦堡的"正义宫"。(图片来源：U.S. Holocaust Memorial Museum, courtesy of John W. Mosenthal。)

在1948—1949年的纽伦堡"部长审判"中，肯普纳和他的助手兼翻译简·莱斯特。

(图片来源：ullstein bild/ullstein bild via Getty Images。)

美国大屠杀纪念馆的高级档案顾问亨利·梅耶正在检查罗森堡日记。（图片来源：U.S. Holocaust Memorial Museum, courtesy of Miriam Lomaskin。）

阿尔弗雷德·罗森堡（站在第三排，从左边数第三个，戴着一顶费多拉帽，身穿军大衣）和一帮纳粹分子在巴伐利亚的科堡，参加1922年的"德国日"集会。纳粹分子在街头巷战中挥舞着棍棒，将对手赶出了街道。（图片来源：Bayerische Staatsbibliothek München/Bildarchiv。）

1923年11月，罗森堡（左边）和希特勒在慕尼黑，企图在市民啤酒馆发动政变。
（图片来源：Keystone/Getty Images。）

1933年1月30日，希特勒上台第一天，与同僚在一起。从左至右依次为：威廉·库贝、汉斯·科尔、约瑟夫·戈培尔、阿道夫·希特勒、恩斯特·罗姆、赫尔曼·戈林、理查德·瓦尔特·达里、海因里希·希姆莱和鲁道夫·赫斯，坐着的是威廉·弗利克。（图片来源：Universal History Archive /UIG via Getty Images。）

纳粹党的主笔阿尔弗雷德·罗森堡。(图片来源：Bundesarchiv, Bild 146-2005-0168/Heinrich Hoffmann。)

罗森堡的手写日记，跨度为10年，长达500页。（图片来源：U.S. Holocaust Memorial Museum, courtesy of Miriam Lomaskin。）

罗伯特·肯普纳的身份证，由普鲁士内政部于1929年签发。（图片来源：U.S. Holocaust Memorial Museum, courtesy of Robert Kempner。）

1933年,罗森堡正在向德国人民传播纳粹思想。(图片来源:Bundesarchiv, Bild 102-14594/Georg Pahl。)

1936年,肯普纳的妻子鲁特和肯普纳一起逃离德国,他们帮忙经营一所位于佛罗伦萨的犹太学生寄宿学校。(图片来源:U.S. Holocaust Memorial Museum, courtesy of Robert Kempner。)

玛戈特·李普顿是罗伯特·肯普纳在学校的秘书,后来成了他的情人。(图片来源:U.S. Holocaust Memorial Museum, courtesy of Robert Kempner。)

1939年9月1日,肯普纳一家乘坐"SS新阿姆斯特丹号"抵达美国,当天为哈德逊河和帝国大厦掠影一张。(图片来源:U.S. Holocaust Memorial Museum, courtesy of Robert Kempner。)

1934年,在纽伦堡阿波罗剧院举行的一场纳粹党文化会议上,罗森堡与希特勒挨着坐在前排。(图片来源:SZ Photo/Scherl/The Image Works。)

在罗森堡45岁的生日会上,他正在欢迎希特勒来到他位于柏林达勒姆小区的家中。(图片来源:SZ Photo/Scherl/The Image Works。)

来美国的最初几年，肯普纳在位于费城胡桃街上的宾夕法尼亚大学工作，他的办公室设在布兰查德厅。（图片来源：University of Pennsylvania。）

劫掠来的财物在巴伐利亚埃林根的一座教堂里堆积如山。（图片来源：National Archives。）

1941年夏天，在"巴巴罗萨行动"初期，装有突击炮的党卫军第三装甲师——"骷髅师"在苏联境内快速挺进。（图片来源：Bundesarchiv, Bild 101I-136-0882-12/Albert Cursian。）

在乌克兰的文尼察,"特别行动队"的杀手正准备枪杀一名跪在深坑边的乌克兰犹太人。(图片来源:U.S. Holocaust Memorial Museum, courtesy of Sharon Paquette。)

还处在幸福时光里的马克斯和弗里达·雷纳赫夫妇与他们的女儿特露德。（图片来源：U.S. Holocaust Memorial Museum, courtesy of Ilana Schwartz。）

作为律师的肯普纳，因其咄咄逼人的审讯方式而名声不佳。（图片来源：U.S. Holocaust Memorial Museum, courtesy of Robert Kempner。）

1942年，罗森堡出访乌克兰。图为他在基辅机场的画面。他的东方占领区事务部从来没能站稳脚跟。（图片来源：Yad Vashem。）

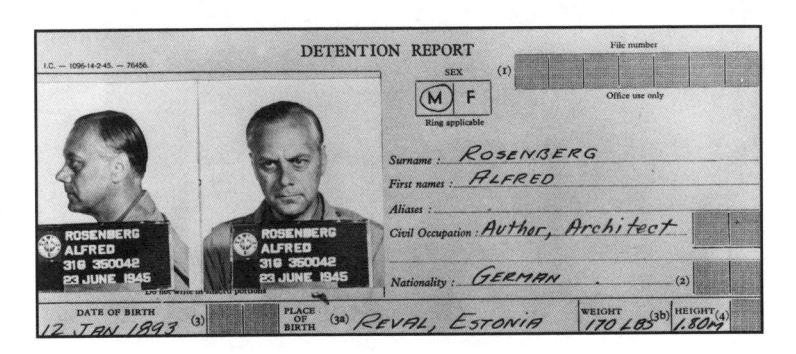

1945年5月18日，罗森堡被英军逮捕，在得知他不会被移交给苏联人后，他松了一口气。（图片来源：Yad Vashem。）

废墟中的纽伦堡。(图片来源：National Archives。)

追踪失窃日记的团队成员：国家安全调查局特工马克·奥莱夏、美国助理律师大卫·霍尔、罗伯特·K. 惠特曼、美国大屠杀纪念馆的亨利·梅耶以及惠特曼的儿子杰夫。(图片来源：Author collection。)

安人或在政治上被排挤的对象也有着和我一样的遭遇。我不知道今年你会在哪里庆祝生日，我也不知道这封信是否会被那些罪犯拦截，但这些都不重要。我在精神上依然与你同在，我对你的思念和情感依然不变，尽管我历尽一切沧桑。别忘了我对于这场战斗的坚持，只是出于对你的爱，而不是出于什么自私的动机，是因为你的爸爸知道——比那些决定让你在第三帝国过着无所事事生活的人更加明白——作为一个犹太人，一个非雅利安人，一个混血儿，意味着什么。"[27]

8月底，肯普纳带着一大家子人出发来到法国北部英吉利海峡的布洛涅港，登上了荷兰-美国航线上的旗舰游轮"SS新阿姆斯特丹号"[28]，这是一艘快速、奢华的巡洋舰，前一年才交付使用。当这艘758英尺长的远洋客轮出发前往美国，从金绿条纹相间的双烟囱处喷吐出黑色蒸汽时，肯普纳不知道何时——甚至是能否——再见到他的儿子们。

一周以后，游轮缓缓驶入纽约港，停靠在霍博肯第五街尽头的码头。码头上挤满了美国人，他们挥着手，向他们的家人和朋友欢呼致意。肯普纳他们收拾好行李袋，从船上下来，坐上了一辆公交车，跨过哈德逊河，来到了曼哈顿。在离开柏林3年后，他们终于安全了。

这一天是1939年9月1日。就在那天早上，阿道夫·希特勒在欧洲派出了他的军队，发动了世界上前所未有的最惨烈的战争。

译者注：

[1]指英国对纳粹儿童难民实施的战前营救。

第3篇

开战:
1939—1946

AT WAR:
1939–1946

第14章 "即将到来的重压"

阿尔弗雷德 · 罗森堡没有料到。1939年8月21日午夜之前,他几乎和其他所有德国人同时,从广播上听到了一则令人震惊的消息:他亲爱的"元首"正在和他最憎恨的敌人苏联进行和平谈判。希特勒派遣了一个由外交部部长约阿希姆 · 冯 · 里宾特洛甫带领的代表团,前往莫斯科签订一项互不侵犯条约。

单单想到这一点——令人讨厌透顶的里宾特洛甫端着伏特加与约瑟夫 · 斯大林 (Joseph Stalin) 在克里姆林宫举杯共饮——就令罗森堡反胃作呕。

在第三帝国,没有任何人比罗森堡听到这个条约后更受打击了。20年来,他一直在给大家敲警钟,务必警惕共产主义者和他们的"犹太罪行"[1]。这是他毕生的事业,也是他整个政治观的核心。现在他该怎么办呢?咽下这口气,然后表示苟同?

这显然不是写《我的奋斗》时的希特勒了,那个他曾写道:德国人的生存空间只能通过苏联付出领土代价来获得。他还对与布尔什维克结盟嗤之以鼻:"永远不要忘了当今苏联的统治者都是沾满血迹的罪犯[2];他们是人类的渣滓,虽然因天时地利,确实曾是独霸一方的大国,但那是一个悲惨的时代。"显然这也不是曾发出严重警告的那个希特勒了:"反对犹太世界布尔什维克化的战争,要求我们对苏联保持一个清醒的态度。你是无法用别西卜(魔鬼的名字)除魔的。"[3]显然,这也不是几年前刚刚警告过罗森堡的希特勒了,他说纳粹党是永远不能与苏联那窝土匪为伍的,"因为你不能一边与贼为伍,一边禁止德国人民行窃"。

罗森堡在日记里发泄他的闷火：派里宾特洛甫与莫斯科达成协议，此举让纳粹党"蒙羞，我们20年来一直与他们为敌。也许有一天历史会理清，我们是否必须要走这一步"[4]。他只能寄望这是希特勒的战略才智的一次失常发挥，只是为了便利而短暂结盟，德国终会重回罗森堡一直以来都在憧憬的长期计划，那就是全盘歼灭他们，而不是与之为友。

他需要见到希特勒，了解到底发生了什么。

* * *

这一条约源自希特勒入侵波兰的计划。将军们制订出军事计划后，希特勒开始为之铺平外交道路。他不想与西方的英国开战——目前还不想——同时他也无法承受与东方的苏联对峙的后果。

希特勒反复琢磨着他的地缘政治困境，还找来外交部部长商议。除了希特勒外，几乎所有人都认为这位外交部部长在处理问题时缺乏外交智慧和政治判断。连自己也谈不上老练的罗森堡都可以看到这一点。"他最大的敌人就是他的虚荣和傲慢……这已不是什么秘密了。"罗森堡在1936年写道，"我把这些在给他的信里写了出来——包括从早上太阳开始照耀他那一刻起，他的举止和表现。"[5]

里宾特洛甫是一个有教养的人。[6]他母亲去世后，父亲娶了一位贵族的女儿。因为不是贵族，成年后，里宾特洛甫将自己过继给一个远房亲戚，这样他就有权在名字里加上"冯"字了。[1]他从小学习网球和小提琴，少时在瑞士阿尔卑斯山区生活过一段时间，后去伦敦求学一年。17岁时，他和朋友一起乘船去了加拿大，在那里的4年间，他谈了恋爱，还做起了葡萄酒进口生意。

第一次世界大战将他带回德国。在停战以后,他又重操旧业。他的酒水生意非常成功,赚得盆满钵满。1932年,他加入了纳粹党,第二年年初,他发现自己处在一个能为希特勒获得权力的中间人的位置上。[7]战时,里宾特洛甫与弗朗茨·冯·帕彭曾一道在君士坦丁堡服役。1932年,帕彭升任为总理,而且在1933年1月关键的那几周里,他在兴登堡总统那里说得上话。那个月,里宾特洛甫频繁穿梭于帕彭和希特勒之间,因为二人正在协商权力分配的问题。里宾特洛甫的别墅位于柏林的富豪小区达勒姆,在他家举行了几次关键性的秘密会议。帕彭坐着里宾特洛甫的豪华轿车抵达,希特勒则从花园偷偷溜了进来。"他在1932年担当中间人的角色对元首相当重要,"罗森堡后来在日记里写道,"元首格外感激他。"[8]

在1932年自家举办的一个派对上,里宾特洛甫第一次和未来的"元首"说上话,他一直在大谈特谈英国,他只是短居英国,但这次对话一定令希特勒印象深刻,因为从那时开始希特勒就认为——实际上他大错特错了——这个酒贩子是英国问题的专家。"就是在我们相处的第一个晚上,我们对英国的一致看法,"里宾特洛甫回忆道,"在希特勒和我之间播下了信任的种子。"[9]

第三帝国初期,里宾特洛甫利用他在纳粹党内的地位,获得了与英法官员会面的机会。希特勒并不知道,这些国际外交家都把里宾特洛甫当成一个无名小卒。在外交档案上,他就是一个没受过教育的文盲,还是一位生硬而又狡诈的谈判者,而且他还同时做到了傲慢和无知。但这些都没能阻止希特勒让这位外交官组建自己的外交团队,名为"里宾特洛甫办公室"[10]。希特勒派他去伦敦与英国人协商一项重要的海军协定。让他的政敌包括罗森堡在内的很多人跌破眼镜的是，里宾特洛甫居然成功了。1936年，希特勒任命他为德国驻英大使。他试图修复英德关系，但英国人反复拒绝了他这种天真的示好，并开始称他为"冯·掉砖"(von Brickendrop)或是"冯·里宾势利眼"(von Ribbensnob)。[2]里宾特洛甫似乎认识所有英国政界要人，希特勒非常佩服，对此，戈林的反应是："是的——但问题是，他们了解里宾特洛甫。"[11]里宾特洛甫没能争取到英国人，他走向了另一个极端，坚决反对英国。

1938年，希特勒任命里宾特洛甫为外交部部长。一年以后，他叫"元首"不必担心英国会对他们入侵波兰的反应。里宾特洛甫保证说，就像他们对捷克斯洛伐克的问题视而不见，他们也不会为了波兰而与德国开战的。[12]

希特勒接受了这一危险的误导性建议，开始往东寻找联盟。

1939年春，众所周知，英法正在与苏联协商结盟以阻止纳粹侵略波兰。许多年来，希特勒一直没有停止过对苏联人的谴责，但现在，战事一触即发，面对西方的强敌，他决定不顾一切争取斯大林。因此，随着希特勒计划入侵的日子逐渐逼近——9月1日，最好是避开泥泞不堪的秋天——纳粹党迫切想要签下这一条约。[13]

斯大林对这些西方民主国家心存怀疑，他和希特勒一样冷酷和实际，他已经准备接受与纳粹携手合作的主意了。他担心如果与英法结盟，他收获的将只有一场世界大战，而战争的后果绝大部分将由苏联来承担，因为苏联是漫长的东线战场上唯一的防御力量。

8月20日，德苏数月来的谈话和电报往来终于可以画上句号了。[14]希特勒写信给斯大林说他想要"尽快"将条约确定下来，因为波兰的"危机"随时会爆发。"德国和波兰之间的紧张局势，"他写道，"已经变得不能容忍了。"

第二天晚上9点35分,斯大林电告希特勒表示同意。"德国政府同意签订一项互不侵犯条约,"他写道,"为消除两国政治紧张局势和建立两国合作奠定了基础。"这一消息立刻通过德国的广播得到散布。两天后,里宾特洛甫飞到莫斯科商议细节。[15]

下午,他与苏联人进行了长达3个小时的会谈,晚上返回德国。但其间没有产生任何真正的分歧,甚至是在协商一份有关两国势力范围划定的秘密附属议定书时,双方也保持了一致的意见。苏联将获得立陶宛北部疆界内的波罗的海区,苏德将大致以苏联的几条大河为瓜分波兰的势力分界。事实上,大半个晚上并不是在反复推敲技术细节,而是就国际事务侃侃而谈,以及热情地——反复地——向彼此祝酒致意。"我知道德国人民有多么爱戴他们的元首,"轮到斯大林时他说,"在此我应该提议为元首的健康干杯。"然后,他们还分别为斯大林的健康、为里宾特洛甫的健康、为第三帝国、以及为两国新的友好关系而多次干杯。

那天清晨,在会谈开始之前,斯大林将里宾特洛甫拉到一边,告诉里宾特洛甫他对他们的新条约有多么重视,他以他的名誉保证不会撕毁条约。

* * *

作为第三帝国最忠实的反共产主义者,罗森堡必然对协定前的这些谈判是毫不知情的。自始至终,他都在期待德国能与英国签订一项权力共享的协议。这两个雅利安国家应该通力合作,而不是反目成仇,他们应该携手统治世界。但这是不可能发生的,罗森堡愤愤地迁怒于里宾特洛甫——这个"世界历史上的笑话"[16]——将对英事务搞得一塌糊涂。里宾特洛甫在英国并没有努力培养好感，反而火上浇油。"冯·里宾特洛甫自称在英国'人脉甚广'，因此被派到伦敦，他在那里的所作所为把大家的鼻子都气歪了。"罗森堡在日记里写道，"毫无疑问，这是他的个性问题。"罗森堡显然已经忘记了几年前他自己那趟灾难性的"英国亲善之旅"。

"我相信他在英国的表现也和他在这里一样愚蠢傲慢，"罗森堡记得年初他就和戈林这样说过，"因此也像在这里一样不受待见。"

戈林回答说，外交部部长在德国真的只有一个朋友，那就是希特勒。"里宾特洛甫到底是小丑还是笨蛋啊？"[17]

"是一个真正的蠢货，"罗森堡嘀咕道，"还常常很傲慢。"

"他和我们吹牛说他'人脉甚广'，如果你细察一下(他认识的)那些法国伯爵和英国贵族，不过就是些香槟、威士忌和白兰地酒厂老板而已，"戈林说，"今天，那个蠢货相信自己在哪里都不得不扮演'铁血总理'。""然而，这样的蠢货还是管好他自己吧，只有他才是可怕的灾难之源。"

现在，随着莫斯科条约的签订，这个灾难降临了。罗森堡笃定"元首"犯了一个极其糟糕的错误，因此他对希特勒的忠诚也突然受到了冲击。罗森堡能理解一段短暂的结盟关系，他有一次甚至还和戈林谈起了这一狡诈的安排。但一切听上去并不像是短暂的。报纸宣称德国人和俄国人历来都是朋友与盟友。"似乎我们对莫斯科的敌对成了一个误会，布尔什维克是真正的俄国人，而所有的苏联犹太人更是！这个小小的拥抱简直太尴尬了。"

罗森堡一直都愿意相信他心目中的英雄的智慧，他努力劝自己说希特勒也是别无选择，他必须抢在英法结盟前与苏联人达成协定，这只是出于自保。"元首改变方向，"他在日记里承认，"也许只是出于现实状况的需要。"但他还是认为希特勒在进行一场高风险的赌博。

"我觉得这个莫斯科条约最终会给纳粹主义带来严重的后果，"他在日记里写道，"这不是我们的自主选择，而是被迫之举——因为一场革命去哀求另一场革命的领袖……如果我们必须要向一位欧洲的破坏者求助，又何谈去拯救和重塑欧洲呢？"[18]

"现在问题又来了：这个情况是不可避免的吗？波兰问题必须要现在解决吗？必须要以这种方式解决吗？"

他想，没有人能回答这些问题。

* * *

"收起你们的同情心！"希特勒在派兵入侵波兰前10天，对军事将领们说道，"打一场野蛮仗！……残酷到底！硬下心来，不要有任何同情心！"他想要的不是简单打一场胜仗，他想要的是"消灭敌人的肉体……我派我的'骷髅头'编队打头阵，誓要毫不留情地把有波兰血统和讲波兰语的男女老少送上西天。"[19]

希特勒这种野蛮行径还是一如既往地源于他的种族偏见：所有德国人从小就被教育说，波兰人是混乱的、落后的民族，他们理应被强大的主人所统治。同时，地理因素也起了作用：波兰挡住了德国往东扩张的道路，希特勒叫嚣着要波兰割让领土，但其领导人拒绝了，希特勒被激怒了。

所以，9月1日，德军分别从北方、南方和西方呼啸而入[20]：150万人，30万匹驮着大炮和物资的战马，1500辆坦克，还有纳粹空军的数百架新型飞机。面对这场"闪电战",波兰人毫无还击之力。战斗机一番低空扫射,再加上装甲坦克师的横冲直撞,道路毁于一旦;空军横遭灭顶;城市被夷为平地。成千上万的平民仓皇逃窜,有开小汽车的,有驾四轮马车的,有骑自行车的,还有步行的。他们往东逃去,但他们的路被苏联人堵上了。在这场战役中,共有12万名波兰士兵死亡——10倍于德军,100万人沦为战俘。

德国一战战败后,纳粹党诞生,20年后德国人制造出了世界上最可怕的战争机器。"今天的这支军队是1914年望尘莫及的,"罗森堡沉浸在辉煌的胜利里,"领导人和军队之间的关系也完全不同于往日:将军们和士兵同寝同食,战场上将军们也身先士卒。这支队伍在不断进步……(希特勒认为)也许再也不会有这么人性化的军队了。"[21]

罗森堡自己也使不上力——从字面意义上来说,确实使不上力——自从第二次世界大战打响的那一天起,8月和9月的大部分时间里,他都因为慢性踝关节痛而卧病在床,他一直以来都饱受健康问题的困扰。1935年、1936年和1938年,罗森堡在柏林霍亨林青的党卫军医院里住了好几个月,接受关节炎的治疗,他已经痛得无法走路了。"严重的踝关节炎又犯了,还是一样的痛苦,背部的肌肉又在造反了。"[22]1936年他在日记里写道。主治医生卡尔·格布哈特(Karl Gebhardt)诊断说,罗森堡的关节容易受到天气变化的影响,而且长期久坐的生活习惯导致他过度肥胖[23],医生还指责了他的"心理孤离",因为罗森堡没有任何能开诚布公聊天的朋友。

1939年罗森堡在日记里愤愤地写道:即使他没有卧病在家,在入侵前的关键时刻,希特勒也不会来拜访他的。此时的"元首"不需要一位这样的思想家,一位以反对德国最新盟友而闻名的头号煽动者。

"那些并没有和元首一起奋斗过的人最终组成了元首的圈子。"[24]

战争开始的那一天，罗森堡一瘸一拐地来到国会大厦，听希特勒在那里慷慨陈词。希特勒坚持说，波兰人才是罪魁祸首[25]，他们拒绝了他非常明智的提议。他们拒绝和平解决。他别无选择，只能出击。"如果说我对和平的热爱和耐心被误认为是软弱甚至是懦弱，那是我错了，"他说，"因此我决定对波兰人以牙还牙。"波兰人向德国士兵开火，他宣称——但这不是事实——德军现在只是报复而已。"从现在开始，"他说，"我们只会用炸弹来回报炸弹。"[26]

在讲话之前，罗森堡遇到了戈林。两人在中庭聊了会儿天，等待希特勒的到来。"我只是觉得，"罗森堡说，"英国应该被刻意低估了。"[27]

他说对了。在入侵波兰前的几天里，英国的领导人试图将德国人和波兰人拉回到谈判桌上。希特勒向英国驻德大使内维尔·亨德森(Nevile Henderson)保证，他只想和英国保持和平，他只是针对不妥协的波兰人。一旦波兰的问题解决了，他就会结束战争——永远结束。但时至今日，有奥地利、慕尼黑、捷克斯洛伐克的前车之鉴，伦敦不会再相信希特勒的承诺了。8月25日，英国与波兰签订了一项互助协定。里宾特洛甫错了：英国人不会坐视不理。

几天的外交谈判毫无成果。在入侵波兰前的几个小时，亨德森与戈林一起喝茶，戈林的心情还是一贯的豁达开朗。他向大使解释说，如果波兰人不投降，德国会"像捏死虱子一样捏死他们"[28]，如果英国要介入的话，将是"最不明智的"。

9月3日上午，亨德森来到德国外交部传达英国的正式宣战声明。在这样关键性的一天里，里宾特洛甫并没有接待亨德森，而是他的翻译与大使进行简短交流后匆匆跑去了希特勒的办公室汇报。"元首"

坐在桌边，而里宾特洛甫站在窗边，大家都安静地听着翻译的汇报。接着，时间过了很久——"像是过了一个世纪"，翻译后来写道——希特勒"面露凶光"，转向他的外交部部长："现在怎么办？"[29]

此刻，哥伦比亚广播公司驻柏林记者威廉·夏伊勒就站在总理府外面的广场上，广场上一大群德国人在凝神听着广播，扩音器里传来消息，希特勒带领国家进入了又一场世界大战。"这是9月里美好的一天，阳光明媚，空气宜人，在这样的日子里，柏林人最喜欢在附近的林中漫步，或去湖边戏耍。"他在日记里写道。当广播结束后，"广场上鸦雀无声。他们只是像之前那样站在那里，目瞪口呆"[30]。

法国和英国在同一天宣战，但两国都没有做好参战准备，他们并没有采取任何行动来阻止德国侵占波兰。在接下来的几周里，纳粹主动拉拢英法进行和平谈判，但是没能成功。罗森堡不能理解为何英国如此固执。[31]即使6年来一直在研究英国领导人的讲话，罗森堡还是和其他柏林人一样困惑，不明白他们到底想要什么。他在日记里写道："除了没有允许一个疯狂的犹太少数族群政权存在外，我们已经做了一切能做的。张伯伦是一个意志薄弱的老头，他们似乎是不见棺材不掉泪。"[32]

在总理府，希特勒意识到他无法劝说英国停战。他告诉罗森堡，是时候用武力让他们屈服了。

"如果英国人不想要和平，"在开战后一个月，罗森堡写道，"元首会动用一切力量来攻击和摧毁他们。"[33]

* * *

同时，纳粹将这一极端的世界观实践在波兰人身上。[34]海因里希·希姆莱是带头人。

在1934年的"长刀之夜",是希姆莱伪造了罗姆密谋政变的证据,也是希姆莱的党卫军为执行希特勒的大清洗命令而进行了大屠杀。[35]就是从那些年开始,党卫军成长为一支骇人的力量。军官们穿着黑色制服,衣领上有一个类似古代闪电符号的标志,帽子上绣着骷髅头徽章。"我知道很多人一见到这种黑色制服就病倒了,"有一次希姆莱说,"我们能理解,我们不期待有很多人爱戴我们。"[36]他憧憬着党卫军成为一种宗教秩序[37],延续从条顿人和维京人那里传承下来的异教徒的仪式,因为纳粹党信奉条顿人和维京人就是他们的雅利安祖先。罗森堡不是唯一的叛教者。希姆莱也相信他们要承担"与基督教的最终对决"。他的党卫军不过圣诞节,他们过夏至。

在吞并奥地利以后,希姆莱的人紧跟军队的步伐,逮捕了数万名犹太人,然后对他们进行残酷的侮辱。夏伊勒来到维也纳进行现场报道,他很震惊地见到犹太人在擦洗人行道上的涂鸦和清洗厕所,而暴徒们则在一边嘲笑。"很多犹太人自杀了,"这名记者写道,"纳粹虐待犹太人的各种各样的报道满天飞。"[38]

就在入侵波兰后不久,希姆莱立刻着手将其全面而强大的警察组织整合成为国家安全总局[39],由赖因哈德·海德里希出任局长。铁石心肠、是非不分的海德里希办事效率很高,这很讽刺[40],大家对他又恨又怕。海德里希的父亲在歌剧院工作,母亲在戏剧院工作,他拉得一手优美的小提琴,还是一名击剑能手。他曾在海军晋升为中尉,但因为搞大了一名大工业家的女儿的肚子,军事生涯就此结束。希姆莱将他带到党卫军,让他负责搜集政敌或纳粹党员的情报。他很快成了希姆莱的亲信之一,到了1936年,他总揽德国的盖世太保和刑事警察事务。3年后，所有警察组织都归他一人统管。

就在军队攻破波兰的防卫之后，海德里希派出了5个名为"别动队"的特别行动队来横扫波兰这个战败国，任何试图组织反抗的人，包括知识分子、贵族、大企业家和牧师，全都遭到射杀或被绞死。

战争结束后，波兰被分为三部分。东部归苏联所有，西部由德国侵占，就在入侵波兰的几天前，希特勒曾对他的将军们宣称，"将减少波兰人口，把德国人安置过来"[41]。而包括华沙、克拉科夫、卢布林等城市在内的中央地带则成为德国殖民地，成立"普通政府"，由残酷无情的汉斯·弗兰克出任总督，在他的领导下，这片住着1100万人的土地成为"不受纳粹党欢迎者"的垃圾场。

10月，希特勒为希姆莱又新添了一个头衔：巩固德意志种族国家专员。他将负责协调复杂的德国人在新殖民地的安置工作，以及监督消除"危害帝国的外来人口所造成的有害影响"。

在接下来的一年里，希姆莱残忍地将100多万波兰人和犹太人驱逐到被孤立的"普通政府"。他们被从家中带走，像羊群一样被赶到没有暖气的列车上，还不提供食物。他们一到达目的地——如果他们能活着抵达的话，因为很多人死于途中——弗兰克就对他们施以残酷的统治：贫民窟、强迫劳动、剥夺食物。"我对犹太人并不感兴趣，"他在1940年春天说道，"他们是否能果腹是我最不关心的一件事。"[42]

其他波兰人被运到德国，拿着奴工的工资，工作环境恶劣，营地人满为患，他们的衣服上缝着"东方"的标签，以防德国人与他们交好而玷污了自己。波兰孤儿院的孤儿很多是因为父母被纳粹带走后被送到德国的养父母那儿的。

与此同时，来自爱沙尼亚、拉脱维亚、罗马尼亚等地的德意志人被遣返，搬到了被兼并到第三帝国的波兰西部地区，包括波兹南和罗兹等城市。

据罗森堡所说，在对这片新征服土地的一次短暂访问中，希特勒关于波兰人的黑暗观点得到了证实。"波兰人：一个拙劣的阶层，一种可怕的存在。"[43]在1939年9月末，这个具有决定性意义的时间里，罗森堡在与"元首"会面后，在日记里写道："犹太人是最可怕的一种人，城市裹满尘埃。他在过去的这几周里了解了很多。最重要的是：如果波兰再统治帝国的故土几十年的话，这里会变得肮脏堕落。只有精明的主人才能统治这里。"

* * *

在这场巨大的欧洲动荡中，罗森堡开始寻找别的事情解闷。有一天他在日记里写道："我21年前的画作被从雷瓦尔寄来了。在很久以后的今天，我再加以修饰，也还是没变得多好。"[44]生日那天，他收到了让他高兴的信件。"当我得知成千上万的人因为我的作品内心一点点发生变化，很多人从中找到了内心的宁静和解脱，那是一种奇怪的感觉。在旧的意义丢失后，他们找到了新的意义。成年男女、少男少女这样写道。有人写来诗歌，其中很多描绘了他们的进步。"[45]他想着当下的战争，即将到来的战争，以及自1919年他开始为之写作的人民——德国人民。他好奇他们是否真的知道他们要面对的是什么。

他写道，他好奇他们是否有能力去"背负即将到来的重压"。

译者注

[1] von，汉语多译作"冯"，是个德语词汇，原意相当于英语的of或from，即汉语的"……的"或"来自……"，当它用于人名前并组成一个不可分的词组时，表示用这个姓的人乃是德国贵族出身。

[2] brickendrop意为"掉砖"，snob意为势利小人。这两个均为英国人给里宾特洛甫起的绰号。

第15章 野心勃勃

从布洛涅港出发，经过一周的旅程，罗伯特和鲁特·肯普纳终于抵达纽约，他们在第七大道宾夕法尼亚酒店的1063号房间安顿了下来，酒店与宾州火车站充满艺术感的正面隔街相望。在一张酒店的明信片上，鲁特给帮他们成功移民的奥托·雷内留写了几句话。这一路的旅程，迷人的曼哈顿，特别是他们的好运气[1]，都令她百感交集。

据报纸的报道，如果他们晚出发一周的话，船长将不得不熄灭游轮上的灯光，以免被U型潜艇瞄上。而且荷美邮轮公司决定暂停肯普纳夫妇乘坐的"SS新阿姆斯特丹号"，战争时期就不去北大西洋冒险了。肯普纳夫妇的其他朋友和伙伴仍然被困在德国和法国，他们疯狂的求助信很快就纷至沓来。

鲁特的老母亲也一起跟过来了，还有玛戈特·李普顿。不管肯普纳与李普顿的婚外情对婚姻造成了多大的压力，鲁特不得不接受这个安排：李普顿将搬来一起住。李普顿的父母留在了法兰克福，他们会被送往位于前捷克境内的特雷西恩施塔特集中营[2]，恐怕无法生还；而她的兄弟姐妹也离开了德国，在英国、美国以及以色列等地定居下来。这些年相处下来，李普顿也把肯普纳一家当成了亲人，显然他们对她也有着同样的感情。

在来美国前的几个月，肯普纳夫妇开始恶补英语。可除了英语，他们对这个国家几乎一无所知。肯普纳后来说，重要的是，他们来到了"一个辽阔富庶、政治自由的国家"[3]。

肯普纳知道移民生活不易，柏林的一切一去不返了，他从普鲁士内政部辞职前已升任地方高级官员，可这对于美国人来说一文不值。他对德国法律和警务管理的透彻了解并不能帮他理解美国的制度，当然也不能改变他给人留下的第一印象总是古怪的。有记者就有关20世纪40年代流亡学者的问题采访过他，提到他的"衣着相当随意"，"弯着身子坐在椅子上"。肯普纳眼睛一眨不眨地盯着记者。"他提供的一些情况以及他的回答看上去不像是真的，"记者写道，"他给我的印象就是一个精神不正常的人。"[4]

至少他有了一份工作，在宾夕法尼亚大学的地方和州政府研究所做一名研究员，虽然薪水微薄，职位不高。他知道一些小有名气的法官、企业家和教授来了这里也只能从洗碗工或簿记员做起。并不是每个移民都是爱因斯坦，也不是人人都能进入纽约社会研究新学院的流亡大学，这是专门为流亡而来的学者成立的。地位和学位并不能通过翻译移植过来。很多新移民不得不为了生存重新开始，他们一直在关注难民报纸上的招聘广告。

肯普纳就是肯普纳，他才不会仅仅从报纸上找工作，他着手在媒体上留下他的大名，这样机会就会自己找上门来了。让人惊喜的是——也许又是得到了雷内曼的帮忙，雷内曼在费城政府工作，很可能认识几个记者——肯普纳的一篇关于他在9月前抵达美国的故事登上了报纸。

9月29日费城的《公共纪事晚报》(Evening Public Ledger)头条新闻写着《德国警察前顾问抵美开始新生活》(Ex-Advisor to Germany's Police Comes Here to Begin New life),在这篇短短的专题文章里,肯普纳回顾了他母亲在宾州女子医学院的工作以及他是如何逃离纳粹魔爪的。他在报纸上说,他打算在美国定居下来,欧洲已经没有什么值得他留恋的了;他只字未提卢西恩和安德烈。他解释说:"最好是在这个国家开始新生活。"

他向记者澄清了一个问题,他在柏林的警务工作和盖世太保没有一点儿关系。他只是在纳粹上台前当过法律和行政官员。

"请这样理解,我只是大学里的一名学生,"他总结道,"我不是一个政治人物,而且不会谈论政治。"[5]

肯普纳后来在自传里解释道,他有理由为自己辩护。在战争年月,美国人有一个简单的公式:"德国人就是德国人。"[6]美国人担心移民是纳粹派来的破坏者和间谍,他们相信所有的移民都是一丘之貉,都是不可信任的,不管他们是不是犹太人,是不是被希特勒剥夺了选举权利,是不是与纳粹抗争过。

《公共纪事晚报》的这篇小文成了肯普纳的一张名片,为他开始立足于这片陌生的领土带来了一丝可信度。

* * *

肯普纳一家一开始搬到了费城的奥萨奇大街上的一幢红砖排屋里,距离宾夕法尼亚大学不远。他的办公室位于布兰查德厅的顶楼。布兰查德厅在胡桃街上,是一幢古色古香的三层楼房,哥特式的正面由石墙砌成,爬满了常春藤,折线形的屋顶,还有极其厚重的胡桃木大门。

开始新工作后,肯普纳忙着写报告,做演讲,在学术期刊上发表文章。他还修了政治学的课程,在费城的一档"反纳粹广播"周播节目上采访德国逃难者,还极力争取一些公共演说的邀请。他宣称自己是从"元首"手下的暴徒那里逃命的幸存者。肯普纳还称他曾九死一生,一些欧洲报纸还曾误报他在1935年被盖世太保逮捕后枪决了。他在一些本地俱乐部、高中和大学做的演讲有着吸引眼球的标题:"我认识这些人:希特勒、戈林、希姆莱和戈培尔","独裁制度下的爱情",当然还有"我的剪贴簿从我的死亡开始"。[7]

1939年肯普纳靠着自己支付薪水获得现在这份工作,后来几年,他收到了一些拨款,包括援助外国流亡学者紧急委员会发放的一笔津贴。同时他还从卡耐基基金会赢得了一笔1000美元的经费,用于研究第三帝国的警务和行政方法。他解释说,从纳粹德国购买研究资料需要一些特别的手段。"因为我已被列入纳粹的黑名单了,被当成侨居国外的政权的敌人,我的藏书也都被纳粹一把火烧了,所以我现在都化名为肯普尔或是肯普恩。"[8]

他的研究有时会让他走上不同寻常的道路。一次,他给华盛顿大学的一位教授写信,咨询希特勒青年团及党卫军军官的"新纳粹面貌问题"。"新兴的纳粹一代,"肯普纳写道,"有着'冻僵的'脸庞,这是由某种行政手段塑造的。基于这一事实,我想请教您的意见,是否存在类似的研究课题呢,比如说,关于长期囚犯和移民群体的面貌改变问题。"[9]

肯普纳的大部分藏书都随他从纳粹德国跨越重洋,历经跋涉来到了美国,而且还派上了用场。他自费出版了他在1930年帮助纳粹党起草确定犯罪性质的报告，经过重新包装，他将其命名为《秘密警察报告中泄露的纳粹党地下组织蓝图》(*Blueprint for the Nazi Underground as Revealed in Confidential Police Reports*)[10]。

他还试图吸引出版商出版《二十世纪的神话》的加注释英译本，这本"占卜大师——罗森堡的预言集"，"英语国家需要读的'现存唯一一部关于纳粹哲学、新宗教及政治理论的官方基础著作'"。罗森堡在给克诺夫出版社、牛津大学出版社、麦克米伦出版公司及其他出版商的推销邮件中这样写道。

他确信这将是一本畅销书。[11]他还说他们可以将收益捐给那些流离失所的德国流亡者。

出版社一一拒绝了他。"我只是担心这种浮夸的作品在美国没有市场，"一位编辑回信说，"对99%的美国读者来说这本书没有任何意义。"

* * *

在所有的研究、写作和演讲中，肯普纳一直抱有更大的野心，他想要去世界上最著名的执法机构。

1938年12月，肯普纳给美国联邦调查局局长J.埃德加·胡佛写了第一封信，那时他还在尼斯。虽然这位难民的英语还不是很流畅优美——相比英语，他在学校学了更多希腊语——他还是将他的观点表达清楚了。

他自称是一名"犯罪专家"，一名前警务顾问，以及"德国内政部警察局总署的第一秘书"。他询问联邦调查局是否有适合他的岗位，肯普纳向胡佛保证他能为美国提供最好的服务，因为他对犯罪学的多个分支都颇有了解,而这些对于当前的美国是最重要的。[12]

他的收信人胡佛在美国早就是响当当的人物了[13],这要得益于好莱坞电影刻画了他怒追臭名昭著的银行抢劫犯和杀人犯的故事。在一战开始3个月后,胡佛就进入了美国司法部工作,当时对敌方间谍和破坏分子的恐慌席卷了全国。美国参战的那一天,将近100名德国人被围捕,约1200人遭到监禁。《1917年间谍法》(The Espionage Act of 1917)规定,一切对国家不忠的行为都是犯罪,甚至在口头上反战也是一种犯罪行为。联邦调查局追查德国间谍,打击世界产业工人联盟组织的反战劳工运动,还逮捕了数万名疑似逃兵役者。

战后,胡佛调至司法部新成立的情报部门,手下一共有61名特工,他很快建立了关于数千名可能为反政府组织工作的人员的档案。特工们渗透进了美国的共产主义组织,逮捕共产党员,扑灭共产主义运动。当人们发现特工们正在监控议员时,批评人士开始担忧公民自由可能会遭到践踏,卡尔文·柯立芝(Calvin Coolidge)总统不得不对他们进行管控。"一个秘密警察系统也许会对自由政府和自由机构造成威胁,"柯立芝的新任总检察长哈伦·菲斯克·斯通(Harlan Fiske Stone)说,"因为它(联邦调查局)可能存在滥用权力的问题,所以通常不会很快得到大众的理解。"他开除了联邦调查局局长,让胡佛取而代之,条件是:监控行为必须终止。胡佛嘴上同意——却换了方式偷偷继续。

1938年,在一场新的战争打响之际,美国人的恐惧是与纳粹党和法西斯密切相关的。德裔美国人同盟会在杂志和街头鼓吹支持纳粹的言论。查尔斯·库格林(Charles Coughlin)神父是位于密歇根州罗亚尔奥克的天主教神父,战前他在一家电台做节目,积累了4000万粉丝,他煽动人们反对"犹太阴谋者"和共产主义者,"当我们和犹太人打交道时,"他在布朗克斯的一次演讲中大声疾呼,"他们会认为他们在德国的遭遇不算什么。"[14] 辛克莱·刘易斯[1]的畅销书更是为这场偏执火上浇油,此书名为《不会在这里发生》(It Can't Happen Here),书中展望了一个合法当选的美国总统宣布独裁的情景。

就在对间谍和阴谋的恐慌中,新总统找上了胡佛。

1936年8月25日,罗斯福下了一道口头密令,令这位联邦调查局局长搜集在美国的纳粹党和共产党的情报。胡佛却做得更加周到,他不仅呈上了有关外国特工和潜入者的情报,还调查了罗斯福的政敌,包括飞行员查尔斯·林德伯格[2],林德伯格的德国之旅让他对希特勒及其第三帝国印象深刻。"我绝对相信林德伯格是一名纳粹党员。"[15] 罗斯福告诉他的一名内阁成员。

1938年2月,特工发现一批德国间谍潜入了美国军事和国防工程的承包公司。潜伏10年后,犯罪分子成功偷到了新飞机和战舰的蓝图。这个案件令大众意识到一个让人毛骨悚然的事实:纳粹真的来到了大西洋彼岸。[16]

胡佛很快劝说罗斯福授予他权力来全面掌控美国的情报和反间谍行动。总统秘密授权他可以窃听潜在的间谍和颠覆分子,可以完全无视最高法庭的禁令。联邦调查局编辑了一份疑似叛国者的名单,一旦美国参战,这些人就应该被捕或受到监控。

公民自由意志主义者——其中包括司法部总检察长罗伯特·H.杰克逊,他也是将来纽伦堡审判中美国的首席检察官——对胡佛这种攻击性手段深感苦恼。当埃莉诺·罗斯福[3]发现特工们在调查她秘书的背景时,她写了封私信给胡佛:"在我看来,这种方式的调查似乎颇有一些盖世太保的意味。"[17]

这就是1938年夏天罗伯特·肯普纳想为之效力的领导和机构。

然而，肯普纳写给胡佛的信并没能为他与这位联邦调查局局长的会面扫清道路。胡佛办公室回复了一张简短字条和一本概述如何成为一名特工的小册子。局长也并没能给这位素不相识的德国难民以只言片语的鼓励。[18]

不屈不挠的肯普纳在1939年7月再次写信报告说他在美国找到工作了。他去华盛顿时可否拜访胡佛？他想要呈报在现阶段美国联邦调查局肯定会特别感兴趣的消息。胡佛回复说，当然欢迎肯普纳来华盛顿，届时会带他"详细参观我们的设备和展品"。

即使是这样的拒绝依然没有让肯普纳气馁。1939年9月25日，这位流亡律师再次写信告知胡佛他已经抵达美国。"我感到特别荣幸，能在美国生活和工作，能用许多年来我在柏林和其他地方在这个领域积累的知识，贡献我的绵薄之力，我希望有机会尽快去华盛顿。如果能拜访您，能与您探讨共同关心之事宜，我将不胜欢喜。"

对于这个新国家，肯普纳似乎明白了一件事情：在美国，不耍诡计办不成大事。

译者注

[1] 辛克莱·刘易斯（Sinclair lewis, 1885—1951），美国第一位诺贝尔文学奖获得者，主要作品有《大街》《巴比特》《阿罗史密斯》等。

[2] 查尔斯·林德伯格（Charles lindbergh, 1902—1974），美国飞行员与社会活动家，首个进行单人不着陆跨大西洋飞行的人。

[3] 埃莉诺·罗斯福（Eleanor Roosevelt, 1884—1962），美国前总统罗斯福的妻子，二战后出任美国首任驻联合国大使。

第16章　洗劫巴黎

在第三帝国内，到处潜伏着想要取希特勒性命的密谋组织，其中一个由部队的将军们组成，他们担心，在捣毁波兰以后，希特勒会继续西进，并迅速进攻法国。他们坚称，军队还没有做好准备。希特勒震怒，称他们意志软弱，并暗示他可能怀疑他们有叛国之心。密谋者散布在各地。[1]

1939年11月8日，正值未遂的"啤酒馆政变"16周年纪念日，希特勒站在市民啤酒馆的讲台上，这正是多年前他朝天花板开枪，还将巴伐利亚领导人扣为人质的那家啤酒馆。每年老兵们南下慕尼黑，像1923年那样在街道上行军，只有此时他们才是胜利者，他们被欢呼的人群称颂为无坚不摧的英雄。这是希特勒喜闻乐见的场景。有一年，他转头对行进在第二排的罗森堡愉快地说："你的那些老圣人是无法引领你走到今天的。"[2]罗森堡喜欢称之为"日耳曼式的圣体节游行"——这也是纳粹对教皇于圣餐礼时所组织的罗马街头游行的一个挑衅。

希特勒在啤酒馆的纪念演讲已经成为一年一度的传统，时间通常定在晚上8点半到10点之间。今年，在讲台背后的柱子上，一个定时炸弹正在滴答作响[3]，预计爆炸时间是9点20分，那时演讲正进行到中途。

但这次希特勒一反常规，晚上9点多一点，他就结束了演讲，他没有像往年那样继续和听众打成一片，而是跳进一辆小汽车，往火车站疾驰而去。

"他告诉我，他必须要赶回柏林。"[4]三天后罗森堡在日记里写道。

柏林有一个有关入侵法国的会议正等着他参加，会议原定在11月7日举行，但由于天气恶劣，不得不推迟。"在作完简短的演讲后，他被邀请来到啤酒馆的走廊上和老兵们相聚。他问是什么时候了。9点10分……考虑到火车的发车时间，他不想迟到……因此他很快离开了。如果他没那么做，我们都会被埋在废墟中。"

炸弹定时爆炸了，柱子被炸毁，屋顶也被掀翻了。63人身受重伤，8人死亡。第二天，罗森堡的《人民观察家报》欢呼着"元首奇迹般地逃过一劫"。

罗森堡和希特勒都怀疑这是出自英国秘密情报局之手，他在日记里写道，一些从外国来的阴谋破坏者"费尽心思要置我们于死地"。这场暗杀行动促使罗森堡加强了对其居所的监控。"想在夜里往我那处在荒郊野外的家、我的卧室扔一颗炸弹，简直就是件轻而易举的事情。"同时，他也很理性。不入虎穴，焉得虎子。这不就是1923年未遂的"啤酒馆政变"所传递的信息吗？"总之，没有一点猛打猛撞的精神，我们永远都不会开始革命。"

这次死里逃生也让他开始思考德国的舆论状况。罗森堡还是一如既往地将之归咎于戈培尔。是这位宣传部部长毁掉了人民的信任，罗森堡写道，责任都在他，"国内滋生的敌意……被戈培尔博士的傲慢和其他人的炫耀毁掉的信任是不可估量的。我们都在付出代价……为个别人的虚荣心和黎凡特人[1]的自负所造成的破坏。"

罗森堡并不知道，他确实说到了点子上。啤酒馆的定时炸弹是一名叫格奥尔格·埃尔赛（Georg Elser）的木匠安置的，物色定时炸弹，在柱子上凿洞，把炸弹安装上去，花了他好几个月时间。

而在炸弹爆炸时，他已经被逮捕了。他是在试图非法潜入瑞士时被抓的。

一番审讯后，他坦白说，对于希特勒欲将德国引向何方他很不安，担心会有另一场世界大战，而且纳粹对公民自由的践踏也让他感到震惊。他认为希特勒必须死，还有戈培尔和戈林。

* * *

1939年年末至1940年年初，英法加大了军备生产的力度，以应对即将到来的大战。同时，纳粹将目光瞄准了丹麦和挪威。[5]

有两个战略因素驱使柏林决定对付中立的斯堪的纳维亚地区。德国海军不想他们的海上通道被英国设置在北海上的封锁线所阻扰，这在第一次世界大战时就曾发生过。同时，他们还警告希特勒——事实证明他们说对了——英国人想要占领斯堪的纳维亚地区，切断德国在瑞典的铁矿源。一到冬天，从瑞典通往德国的海路就被冻结了，铁矿石不得不通过挪威的一个港口运回。

罗森堡在这场战争中找到了用武之地。自1933年起，他与挪威一位名叫维德孔·吉斯林（Vidkun Quisling）的右翼政治家交好[6]，吉斯林领导的国家统一党致力于把纳粹主义引入挪威。1939年8月，罗森堡安排了一小批吉斯林的追随者在德国接受训练，随后，有关斯堪的纳维亚人将采取军事行动的传言在柏林散布开来。那年年末，罗森堡传话给德国海军，称吉斯林正在谋划一场政变。罗森堡建议，也许德国人可以和挪威的阴谋者合作？

1939年12月，吉斯林与希特勒见了三次面。他概述了他的政变计划，保证说他获得了挪威军队的支持。希特勒不愿牵涉其中，他告诉吉斯林，他更喜欢作为中立国的挪威，但如果英国出兵侵占挪威的港口，并阻碍德国进口的话，他是不会袖手旁观的。目前，希特勒只能承诺向吉斯林提供经济支持。

吉斯林在离开柏林以前还拜访了罗森堡，感谢他的热情帮忙。

罗森堡回答说，他期待能访问斯堪的纳维亚，希望能受到欢迎。"我们紧紧握住对方的手，"罗森堡在日记里写道，"很有可能在行动取得成功、吉斯林当上挪威首相之前，我们都没有机会再见面了。"

在接下来的几个月里，希特勒对占领斯堪的纳维亚地区的主意越来越感兴趣。1940年4月9日，德国军队向丹麦和挪威发起冲锋。丹麦人立刻投降了，但在挪威，德国人遇到了来自英国海军和挪威军队的顽强反击。

入侵那天，吉斯林通过广播宣布他是挪威的新领导人，并敦促国人终止对德国人的反抗。"今天是德国历史上伟大的一天，"罗森堡在日记里写道，"丹麦和挪威被我们占领了。我向元首表示祝贺，当然军功章里也有我的一份。"[7]

挪威的国王和政府部长们都往北逃去，第二天，他们给纳粹发来了一条另类信息：他们并不支持吉斯林，他们会坚持战斗。但他们的反抗和英国人的援助没能改变结果。德国人迅速占领了奥斯陆和其他主要城市。

罗森堡扬扬自得地夸耀他在这场入侵行动中的功劳。4月末他在日记里写道，不可否认，他的外交政策办公室的确完成了"一项历史任务"，他们为这场行动打下了基础。"占领挪威对于整个战争来说是具有决定性意义的。"[8]

虽然称不上决定性的，但德国在斯堪的纳维亚地区的胜利的确产生了一个重要的结果：它引发了英国议会对内维尔·张伯伦的集体反对。继奥地利被吞并、捷克斯洛伐克亡国，以及波兰灭亡后，挪威的再次落败宣告了张伯伦政权的终结。

5月10日，张伯伦下台，一位以与第三帝国誓死抗争著称的首相上台了：温斯顿·丘吉尔（Winston Churchill）。

* * *

1940年4月，罗森堡去德国西部进行巡回演讲，顺道参观了萨尔布吕肯以及城南高地上的防御工事。在边界上，德国人有齐格菲防线[2]，法国人有马其诺防线[3]，这都是无法穿越的大型防御网络：深深的反坦克壕，一排排倒刺铁丝网，地雷场和装甲炮塔。自1939年9月起，法国正式向德国宣战，但双方都没有打算主动进击。然而，到1940年春，"假战争"演变成了真正的战争。就在罗森堡这趟侦察之旅的几周前，法军和德军展开了重型火炮战，也拉开了近距离空战。当德国巡逻队去打探盟军防御工事时[9]，双方发生了遭遇战。冲突不断升级。

罗森堡漫步在一片荒凉的景色中，在日记里草草记下了他的印象。"在这片无人之地，乡村被炸成了碎片，废弃的法国旧战壕里（散落着）床垫和毯子。一家法国咖啡馆被扩建成了一个小型混凝土碉堡。地堡建设从没停过。"[10]他见到的德国军官和战士似乎都斗志高昂。但是在萨尔布吕肯，房屋已经被炸成一堆瓦砾。

"如果有一天整个西部都成了这副模样，"罗森堡写道，"那将是一场噩梦。"

* * *

1940年5月10日，"终极大战开始了，"罗森堡写道，"可以说永远改变了德国的命运,至少是几个世纪。"[11]

盟军准备了好几年,但是对于纳粹德国发动的西线进攻[12],他们还是猝不及防。他们以为德国人会跨过荷兰和比利时的腹地突击,但希特勒采取了一个冒险的举动,集结大规模的坦克和装甲兵力从更远的南部阿登高地[4]突破。阿登高地上到处是茂密的森林和绵延的山地,一片荒凉,地势恶劣,常常大雾弥漫,所以防御相对薄弱;盟军认为此地如此崎岖,德军的装甲部队难以展开形势。

这个计划堪称完美。在北部,5月14日,德军轰炸了鹿特丹,荷兰人迅速投降。在比利时,盟军先坚守在北部,他们集中兵力来对抗他们所认为的主力入侵部队。

同时,在南方的阿登高地,德国的坦克和装甲车从四条线路往西碾进了100多英里。德国人毫发无损地开进到默兹河,5月14日,他们突破了盟军的阵线,冲进比利时,无人可挡。5月20日,他们抵达英吉利海峡,迅速将英法盟军围困在敦刻尔克。34万盟军得以渡过英吉利海峡逃到安全之地,第一轮战争基本结束了。德军浩浩荡荡往南开进,6月14日,他们畅行无阻地来到了巴黎。

法国领导人请求停战。一周后,他们被召到贡比涅森林[13],这里正是1918年11月德国向盟军投降的地方。希特勒率领一个代表团来到这片林中空地,举行和谈。他特意来到一座纪念一战结束和德国战败的纪念碑前,上面写着:"1918年11月11日,罪恶的德意志帝国屈服了,它被它想征服的自由人民所征服。"他带着明显的不屑阅读了碑文。为了报道这一历史时刻,威廉·夏伊勒也来到了现场,他近距离地观察着元首。"在他生命中很多个重要的时刻,我都见到了那张脸,"之后夏伊勒在日记里写道,"但是今天,这张脸上燃烧着嘲笑、愤怒、憎恨、报复和胜利的狂欢。"

第二天，法国人签署了一个屈辱的停战协定。两天后，德国人就拆毁了那座纪念碑。

* * *

自被希特勒任命为首席思想教化官6年来，罗森堡看到他们的教化成果已经渗透到德国人生活的每一个角落。"一体化"[14]的推行让纳粹党得以控制工会、商会、教师联盟、学生社团、青年协会以及其他所有的社会社区团体，甚至小到地方一级的射击、歌唱和运动俱乐部等。

每一位德国公民时时刻刻都在接受意识形态的教育，他们当然不可避免地要被灌输罗森堡的激进思想。

罗森堡会定期给希特勒青年团的领袖们讲课，到1939年一共有870万名儿童加入了青年团。希特勒将这个组织视为培养未来战士和党的忠诚卫士的培训基地。为了配合不间断的体能教育，比如远足、野营和运动——此外，随着战争的继续，还增加了更多军人素质训练活动，比如莫尔斯密码、辨认方向，以及行军等——孩子们还接受了一系列意识形态的教育。他们唱歌，读书，学习有关"元首"、日耳曼神话和种族纯粹性等经过精心包装的课程。希特勒青年团的讲师们需要学习和教授的材料中就有一本是《二十世纪的神话》。

这本书在第三帝国似乎无处不在。中学教师必须要通过资格考试才能上岗，而其中的考点就包括书中提出的理论。1935年，一本纳粹主义教师联盟出版的书中宣称："每一位为思想和灵魂的自由而战斗的德国人"都有义务阅读本书。"罗森堡在他的《二十世纪的神话》

中送给德国人一种武器以重拾他们的荣光和精神自主权。"[15]教育者、大学生、公务员,甚至是商人都必须参加纳粹的教化营[16],学习《我的奋斗》和《二十世纪的神话》来了解种族纯粹的重要性。"纳粹主义是一种意识形态,这种意识形态存在于罗森堡的《二十世纪的神话》中,"一名培训官员在1935年9月举办的大学生教导会上讲道,"那些不拥戴我们的信仰,以及由于种族低劣而无法加入我们的信仰的人,都必须被铲除。"[17]

希姆莱的人通过党卫军的机关文化报《黑色军团报》(Das Schwartze Korps)也接收到了罗森堡的信息;罗森堡的文章还被重印在《党卫军导报》(SS-Leitheft)上,这是一份为党卫军领导层制作的意识形态培训类简报,醒目的封面上印有党卫军的闪电标志,背景或是黑色,或是红色。

然而,即使罗森堡见到他的思想渗进了各个文化角落,他仍一再向希特勒主张,要进一步扩大他对德国人思想和灵魂的影响力。罗森堡想要更大的布道讲台。他认为,现在德国处在战争时期,希特勒需要罗森堡一个人的声音来让党和大众对纳粹的信条保持忠诚。

罗森堡盘算着要在这个过程中削弱他的主要对手约瑟夫·戈培尔的巨大影响力,这当然并非巧合。

"人民现在正在寻找他们心中的党。"[18]1939年9月的一天,他在日记里写道。他回忆起与希特勒的"副元首"鲁道夫·赫斯的一次争论。人民通过投票交出了他们的信任,但是领袖们辜负了这种信任。戈培尔的帝国文化协会腐败丛生。罗伯特·莱伊在安排罗森堡准备党内的教导材料后,"却在背后利用我以毕生心血写成的著作牟利,"罗森堡抱怨道,"因此党的形象遭受重创:在一些地方,暴发户们极其招摇,出于一种孔雀开屏般的虚荣心,他们总是为难他人,毫无同志情义，充满了小资产阶级的软弱和犹豫不决。成千上万理智尚存的人不断发问：'元首就这样坐视不管吗？他还会继续将G.博士强加于我们头上吗？就没有其他组织来取代它吗？'他们还是一如既往地忠诚工作——因为他们挣扎过，但是这种挣扎我们不能放弃——却失去了我们曾经拥有的完全发自内心的信仰。"

罗森堡看到纳粹党由于缺乏他的强势的意识形态引导而开始分裂。唯一将第三帝国凝聚在一起的只是希特勒不容置疑的权威。一旦"元首"过世，他的党羽就会陷入争斗，就像古希腊时期，亚历山大大帝的将军们为了他留下的战利品而争得头破血流一样。是时候进行一场"改革"了，而他将是这场改革的领袖。

1939年年末，罗森堡带着他的想法找到希特勒。他告诉希特勒，这场战争无关领土，这是一场关于灵魂的战争。他担心群众会被新出现的领袖和"新艺术哲学家"[19]诱导。教会正在加强颠覆活动，纳粹绝不能放松打击力度。神职人员仍然坚持认为他们——不是纳粹，也不是罗森堡——应该为德国人的精神福祉负责。一名神学家甚至胆大包天地建议说，党的思想教化应由教会负责。"这一大言不惭的建议充满了天真的、狭隘的傲慢，却说明了满是《旧约》教义的、浮夸的基督教思想在面对德国人民的生活时，是多么不可理喻。"罗森堡写道，"这种落后的思想不止一次让人感知到它有多么过时。"在一些地区，牧师们还宣扬战争是来自上帝的惩罚。他们在腐蚀人类的灵魂，而戈培尔的伎俩——"童话故事、虚假宣传和杂耍表演"[20]——是无法取得这场胜利的。

"我相信这段时间我已经努力奋斗过，不负党的信任，"他争辩道，"如果我们不够严格，我们在将来就会一败涂地。"[21]

罗森堡将他的思想记录下来，并将其引入纳粹党的决策机制，通过协商和妥协让对手们能接受他的思想。但在1940年春，希特勒突然否定了他的思想[22]，这要归咎于贝尼托·墨索里尼，这位意大利独裁者担心，如果希特勒给异教徒罗森堡一个新的高级职位，会在罗马天主教中造成恶劣的反响。希特勒对罗森堡说他能理解墨索里尼的担忧。这一举动"就像在大战前夕的关键时刻扔下一颗炸弹"[23]。只要得胜，纳粹可以为所欲为，但现在不是处理教会新起叛乱的时机。"教会仍然怀抱希望，比如能够永久维持下去，"希特勒解释说，"如果任命了你，他们的希望将彻底幻灭，那一切都会解禁了。"

但"元首"很快又找到新的职位来安抚他这名忠诚的下属。

在接下来的5年里，罗森堡无边无际的野心和对个人权力永不疲倦的追求，让他在纳粹德国最臭名昭著的罪行中扮演了领导者的角色。

* * *

罗森堡人生的新篇章从筹建一个新图书馆开始[24]，这本来是一件纯良无害的差事。得到希特勒的指示后，罗森堡开始设计一所"高等学校"，他们希望这所学校能让纳粹党的教义世世代代流传下去。主校区将建在基姆湖畔，这是一片风景秀丽的淡水湖，四面环山，位于巴伐利亚南部。建筑师设想着建造一幢雄伟壮观的主楼[25]，用石板筑成，高262英尺，线条朴素，是典型的纳粹风格，顶部屹立着巨大的石柱，上面还有两只石鹰高高耸立。

这所"高等学校"将是精英思想教育体系[26]的巅峰之作。有志于将来在党内担任领导职位的德国青少年必须去其中一所新建的"阿道夫·希特勒学校"学习，学校由希特勒青年团运营，在教育上强调军事和体能上的准备。优秀毕业生可以继续去"骑士堡"深造——其中三所坐落于莱茵兰、巴伐利亚和波美拉尼亚，花费巨大——在这里，这些被精选出来的少数人将接受种族生物学、高级田径运动和意识形态培训等方面的教育。"骑士堡"也是纳粹党现任领导们接受培训和继续教育的地方，而"高等学校"则负责为"阿道夫·希特勒学校"和"骑士堡"培训讲师，这样，罗森堡等于控制了整个党的教育系统。

除此以外，罗森堡的"高等学校"还负责培训党的教导人员，成了纳粹研究的中心，在全国都建立了前哨基地，研究共产主义、神学、"种族卫生学"、日耳曼民俗、艺术等。其中第一个基地在法兰克福，在那里，纳粹学者主要研究当下最紧要的课题：犹太人问题。

这些机构需要图书馆，而图书馆又需要书。1940年1月，希特勒命令党和政府的官员协助罗森堡为"高等学校"收集藏书。[27]罗森堡也力劝法兰克福市分享他们的犹太人资料，还开始购买其他藏书。

但在战争前夕，罗森堡看到一个新的良机。6月18日，就在巴黎沦陷四天后，罗森堡手下的一名工作人员发现巴黎一些大型的犹太机构和共济会被废弃了，他们的档案将成为罗森堡研究机构的宝藏。

机不可失，罗森堡向希特勒申请正式许可，准他组织一个任务小组来收集那些出逃的犹太人留下的资料，以供未来学者研究之用。希特勒马上同意了，很快臭名远扬的"国家领袖罗森堡的特别任务小组"诞生了。在短时间内，他的人马——在盖世太保、党卫军安全部门、秘密军事警察的帮助下——在荷兰、比利时和法国境内大肆洗劫图书馆、档案馆和私人收藏馆。

在巴黎，他们主要洗劫了两个犹太机构：世界以色列人联盟和拉比学院，从这两处掠夺了5万本图书，还侵占了巴黎一家大型的犹太书店"利普舒茨书店"的2万本图书。他们还在罗斯柴尔德家族的私人收藏馆里抢劫掳掠，占据了两处主要共济会会址，在罗森堡看来，共济会就是"反抗组织"[28]。因为这一切都是罗森堡的"杰作"，所以他们还瞄准了东方沦陷区的乌克兰的图书馆。特别任务小组也面临激烈的竞争，特别是来自希姆莱的帝国安全办公室，他们也在筹建一个大型的秘密研究藏书馆[29]，用以研究纳粹敌人。罗森堡很快就洗劫了数十万本图书。1940年8月，他们运送了一批书籍，一共1224箱，装了11节火车车厢。[30]

"我的特别任务小组从巴黎没收来的资料，"罗森堡在日记里写道，"无疑是独一无二的。"[31]

在法兰克福新成立的犹太问题研究所里，罗森堡拥有世界上最大的犹太文物馆藏，其中包含几十万册盗窃来的图书。他想为学者们提供资料，以对德国的主要敌人进行鞭辟入里的研究。"任何想要研究犹太问题的人，"他在日记里写道，"都必须来法兰克福。"[32]

但不久以后，罗森堡的特别任务小组的使命范围就进一步扩大了。当第三帝国的领导人在新征服的领土上巡视时，他们贪婪的目光瞄准了那些远比一摞摞布满灰尘的书籍更有价值的物品。

* * *

希特勒设想着在他的家乡奥地利的林茨建设一个大型博物馆。[33]他在1938年匆匆拜访过佛罗伦萨的乌菲齐美术馆和波格赛美术馆[5]，此行让他想起他的祖国并没有这样世界一流的文物，而文物正是他的博物馆所需要的。他必须改变这个状况。在德国本土，盖世太保从犹太人手中没收了艺术品和其他贵重物品——以"代为保管"的名义。最珍贵的文物将放置在林茨或其他德国博物馆中，剩下的将被卖掉或销毁。

1939年，大量的艺术品涌入希特勒的储藏室，他任命艺术史学家汉斯·波塞(Hans Posse)来整理这些没收来的艺术品，然后筛选出能陈列于"元首博物馆"的藏品。因为有无限的预算作为支撑，波塞也开始从公开市场收购新品，而且有"元首"撑腰，往往能将价格压到最低。

可他面临着来自赫尔曼·戈林的竞争。作为一名掠夺者，戈林可是无人能敌的。[34]戈林想象自己来自文艺复兴时期，他柏林的家中摆放着从德国博物馆借来的画作，还有一张巨幅的鲁本斯[6]作品藏在电影屏幕后面。自纳粹上台后，戈林就开始着手建设他的私人大型艺术品收藏馆。1936年，希特勒让他负责德国经济，因此政府的资金就流入了他的私人小金库，那些想谋求商业利益的生意人还送给他大量丰厚的礼物。这位帝国元帅在柏林以北50英里处的肖夫海德森林，建造了一座奢华的卡琳宫，外国访客不仅感叹于它巨大的规模，更惊叹于它的铺张浮华。一走进卡琳宫，铺面而来的就是几百幅绘画作品，两边矗立着巨型狮子和野牛标本。戈林的办公桌上还摆着一碗钻石，以供他在开会时随意摆弄。

在吞并奥地利之后，德国人也洗劫了维也纳。[35]一些显贵家庭失去了他们的珍藏；一些犹太人上缴了他们的收藏，以换得移民许可。神圣罗马帝国的御宝——权杖、王权宝球、查理曼大帝的祈祷书，以及装饰有宝石的一切——都被纽伦堡市市长侵占了[36]，他的理由是，这些珍品曾在纽伦堡保存了4个世纪，后来在1794年被维也纳侵占后再也没有归还。

在第二年入侵波兰后，纳粹还占有了德国雕塑家维特·施托斯[7]在克拉科夫圣母玛利亚教堂创作的世界上最大的哥特式祭坛，还盗取了伦勃朗、拉斐尔（Raphael）和列奥纳多（Leonardo）等人的知名画作。

在荷兰，戈林的特工们也在计划抢夺战利品，当时盟军正被困在敦刻尔克。在纳粹密布的搜索网之下[37]，似乎没有任何漏网之鱼：那些被捕者，那些在入侵前逃离的人，那些将艺术品留在艺术馆里的人，那些试图将贵重物品运出去的人，所有人的财产全部落网。

这一切并非都是公开盗走的。纳粹也会购买一些收藏品，以赋予他们的行动一种合法的矫饰。[38]但这些都是以低价强买而来的，买家往往遭到被没收的威胁。"如果您这次还是无法决定的话，"戈林警告一名犹豫不决的比利时经销商，"我就不得不撤销我的出价，那事情就会按常规的流程来走了，我肯定是没法干预了。"[39]

有时候，对于走投无路的卖家来说，一张出境签证也是交易的一部分。一名经销商曾用四幅勃鲁盖尔（Brueghel）的画作换回了两名犹太员工的自由。还有人用伦勃朗1634年创作的《拉曼家族一个男人的肖像》（Portrait of a Man of the Raman Family）为25位亲戚换取了签证。而最重要的一笔交易涉及雅克·戈德斯提克尔（Jacques Goudstikker）遗留下的藏品。戈德斯提克尔是一名犹太艺术品经销商，主要经手一些绘画大师的作品。1940年5月，他在乘船逃离纳粹魔爪的途中，从甲板上的舱口掉进了货舱，摔断了脖子。他的两名员工劝他的遗孀以极低的价格将他的藏品出售掉，否则都会被没收。从这起交易中戈林获得了600幅画作，其中包括9幅鲁本斯的作品。

1940年夏天，在战败的法国，希特勒命令纳粹党将注意力转移到"受保护的"艺术品上。驻法国大使奥托·阿贝茨（Otto Abetz）立刻着手这项工作。他的手下洗劫了银行金库、美术馆,以及犹太人的私宅。战利品在大使馆堆积成山。但军官们——相信挖掘艺术品的应是他们,而不是大使——反对阿贝茨这种抢占行为,努力阻止阿贝茨将这些艺术品运出法国。其他各方也争相觊觎这些战利品,其中包括帝国文化协会主席戈培尔。

但这次,罗森堡打败了他的对手们。希特勒将没收"无主人认领的犹太财产"[40]这项工作交给了特别任务小组。和戈林不同的是,罗森堡并没有私人收藏馆,因此"元首"可以指望他一心一意为其大肆掳掠战利品。

当然,戈林的特工们已经在法国开工了,因此罗森堡马上写信给他,说希望能充分合作。帝国元帅也写了一封热情洋溢的回信。他主动提出可以为罗森堡解决一个问题:如何将艺术品运回德国。火车很难通行,但戈林可以把空军交给罗森堡差遣,以助其打包、整理、保护和运输这些艺术品。

这两位纳粹头目间的关系相当复杂。1923年至1924年,罗森堡曾短暂担任纳粹党领袖,其间戈林流亡海外,同时疗养在"啤酒馆政变"中所受的枪伤。罗森堡将戈林从纳粹党除名了,戈林永远也不会忘记这一点。10年后,当盖世太保头子鲁道夫·狄尔斯向戈林汇报普鲁士内政部那些疑似不忠官员的档案时,同时提供了其他纳粹党员的相关情报。狄尔斯在他的回忆录里写道,罗森堡的档案里有一封他给一位名叫李斯特·科尔劳施(Lisette Kohlrausch)的犹太妇女所写的情书[41],此人已被盖世太保逮捕。他写道,罗森堡动用关系将其释放了,但这一事件让罗森堡处于被动之中。戈林随时可以将此事透露给希特勒,那么罗森堡的事业将毁于一旦。(即便狄尔斯提过的情书真的存在,也已经找不到了。)

但在1940年年中，戈林的支持对于罗森堡来说犹如天助。[42]对手们很快都开始顺从特别任务小组的权威。戈林的外汇保护部（一个货币控制机构）帮助罗森堡洗劫艺术品，甚至还将他们独自搜刮来的艺术品移交给罗森堡的组织。纳粹似乎无须咨询就知道在哪里能找到最重要的美术馆、博物馆、银行、仓库和私宅。大型搬运车出现在一些犹太富人的家门口。一名目击者在日记里写道："漂亮的挂毯、地毯、半身雕像、大师作品、瓷器、家具、毯子、床单，一股脑儿被运回了德国。"[43]

纳粹将巴黎协和广场上的小型网球场美术馆建成了一个中央仓库，很快，大量的艺术品迅速涌入这里，以至于罗森堡的艺术史学家几乎来不及将它们一一登记入库。"我们用尽了一切方法和手段，发掘并占有了所有犹太人的艺术品，不管是藏在巴黎犹太人家中的，还是各个大区城堡中的，抑或仓库和其他藏身之处的。"罗森堡向希特勒汇报，"那些逃跑的犹太人知道怎样藏匿这些艺术品的藏身之所。"[44]有名的法国罗斯柴尔德家族的收藏就分散藏匿于巴黎、波尔多和卢瓦尔大区。

9月初，罗森堡与希特勒共进午餐时，他兴奋地汇报起在巴黎一处罗斯柴尔德家的城堡中的收获。在一个秘密地窖中[45]，打开地板门，里面躺着满满的62箱文件和藏书，还有一个装着瓷纽扣的小箱子，全是腓特烈大帝佩戴过的纽扣。

战后，罗森堡接受审讯，当被问及大肆侵占艺术品和古董，却未支付任何赔偿时，罗森堡只是淡淡地狡辩了一句：

"主人们都不在了。"[46]

***

很快,罗森堡就意识到,与戈林的合作是要付出代价的。

戈林与巴黎的特别任务小组的成员们建立了亲密的关系,尤其是库尔特·冯·贝尔——就是那个在5年后带领盟军找到罗森堡藏在班茨古堡的文件的贝尔。专横又虚荣[47]的冯·贝尔出生在一个贵族家庭,曾经领导过德国红十字会。虽然他在一战时不曾参军,但他从法国军政府那儿谋了一个中校的军衔。他说着法语,穿着华丽的制服四处显摆,一心结交权贵,常常举办奢华派对。他的妻子是英国人,却痛恨她的祖国。特别任务小组的其他成员抱怨冯·贝尔是一个"毫无诚信的极端利己主义者",他对艺术一无所知,表现得就像一个流氓。即使在这样一个将巧取豪夺演绎到极致的政权里,冯·贝尔也能脱颖而出。

根据美国战略情报局在战争末期所做的调查,在罗森堡领导下的特别任务小组中,巴黎办事处和其他各处都不一样。这里的负责人与秘书们公开交往。一名女士曾"将那些贵重物品挪为己用,比如皮草、珠宝和银器"[48],并因此与一名同事争斗不休,甚至发展成为"歇斯底里的诽谤和反诉"。还有一名员工被怀疑为她的老板监控其他小组成员。德国军事当局都非常憎恶冯·贝尔及其领导的整个办事处。

11月初,戈林来到巴黎采购。[49]他的特工们已经抢在那些私藏品被没收之前搜刮了一通,并确保将最佳的藏品送到了网球场美术馆。

在美术馆,冯·贝尔为帝国"元首"举办了一场精心设计的私人展览。香槟开启,艺术馆里装饰着棕榈树、优雅的家具和精致的地毯。这位尊贵的客人整天都在艺术品中徜徉。两天后,戈林回归正题,他比较了更多艺术品的价值,然后自己扣下了20多件作品——一幅伦勃朗的作品，一幅凡·戴克[8]的作品，一套彩色玻璃窗，几幅挂毯——然后象征性地为希特勒的"元首博物馆"指定了一些其他作品，最有名的是维米尔[9]的杰作《天文学家》(The Astronomer)。

最后，戈林擅自下达了关于如何瓜分这些战利品的指示——虽然他从没有被正式授权指挥巴黎的特别任务小组和分配这些艺术战利品。

戈林下令，首先，希特勒的代表将为林茨的博物馆留下他们想要的艺术品，然后，戈林将拿走他需要的艺术品，"来完善帝国元帅的收藏"。之后，罗森堡可以为他的"高等学校"拿走一部分资料。最后，德国和法国的博物馆也可以各自挑选他们所需要的。戈林还假惺惺地表达了他的慷慨，宣称不管还剩下什么艺术品——如果还有任何剩余的话——都可以拍卖，拍卖款将捐给寡妇和战争孤儿。

* * *

在戈林疯狂采购三周后，罗森堡抵达巴黎，这座连纳粹都不忍轰炸的城市。

"我无意攻打这座美丽的法国都城。"[50]1940年夏天，当德军在法国街头横冲直撞时，希特勒说。他的一部分理由是出于战略考量。纳粹知道，摧毁巴黎——比如，就像他们摧毁鹿特丹一样——会激怒英国人，他们还指望着法国战败后能将英国人带入和平谈判。而且希特勒也欣赏巴黎的美丽和时尚，他称巴黎为"欧洲的一颗明珠"，并发誓要保护它。

德国人没费一兵一卒就开进了巴黎，"元首"爬进了一辆梅赛德斯敞篷车，在整个城市巡游。街道上空如梦幻——将近400万人全部逃离了。他在歌剧院门口停留片刻，感慨于这壮观的建筑，他们来到巴黎荣军院参观拿破仑的墓。希特勒也像每位来巴黎的游客一样，站在埃菲尔铁塔前摆姿势，拍照留念。

纳粹并没有摧毁巴黎，但他们的存在感却铺天盖地而来。巴黎人在投降后返回巴黎时发现，这座城市四处横行着身穿制服的年轻士兵，似乎每一个阳台上都飘扬着纳粹的记号，新鲜粉刷出炉的标牌出现在主要的十字路口，交通指示语都改成了德语。以知名犹太人命名的街道也改名了，香榭丽舍大街上空置的巴黎大皇宫被仓促改装成军用车服务站，纳粹政府占领了巴黎大部分有名的豪华酒店和宫殿，他们强行征用的场所名单长达600页。[51]

纳粹们沉醉在这座城市的欢愉之中：餐厅、咖啡馆、夜总会、巴黎赌场和巴黎歌舞场。兜里揣着满满的以低汇率换取的法郎，他们涌入巴黎各大雅致的商店和商业步行街。他们很高兴让"巴黎还是巴黎"，这也是宣传部部长的命令。很多士兵，不管是驻在巴黎，还是请假来此参观的，都靠着在占领巴黎一个月后印发的一本薄薄的德语版旅游指南在巴黎行走。"对于我们大部分人来说，巴黎是一片陌生的土地。我们带着复杂的感情来到这座城市：优越感，好奇心，还有紧张的期待。巴黎这个名字能唤起一些特别的东西。"[52]当他们那些曾于1870年在法兰西战斗过的祖父谈起巴黎时，这个名字听上去就"神秘而又不凡。现在我们也来到了这里，我们可以自由地享受这座城市了"。

罗森堡前往巴黎的波旁宫发表演讲，这里曾是法国议会所在地，现在已经被纳粹占领。德国空军元帅胡戈·施佩勒（Hugo Sperrle）和其他司令官也在600名听众之列，他们汇聚在波旁宫的半圆形会议厅中，聆听罗森堡的演讲。

"站在这个地方发言有一种奇怪的感觉，这是克列孟梭[10]和庞加莱[11]曾经大声谴责我们第三帝国的地方，也是全世界一次又一次对德国发难的源头所在，"后来，罗森堡在日记里回顾道，"可以说，我是第一个站在法国大革命的墓穴里为纳粹主义革命发声的演讲者。"[53]罗森堡的讲话名为《热血与黄金》(Blood and Gold)，在巴黎受到了媒体的广泛关注。"据我所听到的，那天所有的法国人都在谈论这次演讲，"之后罗森堡在日记里写道，"徘徊在教会和民主之间的法国人今天见到了一条新的精神通道。然而，我们现在还不期待法国人真正从内心有所改变……他们还没反应过来法国已经彻底垮台了。"

当天晚上，罗森堡在里兹酒店参加了一场晚会，然后去拜访了施佩勒位于卢森堡宫的住所，这里富丽堂皇，粉刷一新。在法国取得胜利之后，德国空军开始轰炸英国的机场、基础设施和城市，为横跨英吉利海峡、登陆英国的入侵计划作准备。经过几个月的近距离空战之后，英国的"喷火"和"飓风"战斗机击败了德国的"梅塞施密特"战斗机，取得了空中优势。1940年9月，希特勒取消了入侵英国的计划，但闪电战还在继续：他们在夜间对伦敦、利物浦和其他英国城市发起空袭，英国人四处奔逃，寻找掩护。在巴黎，施佩勒向罗森堡炫耀着他的飞行员所造成的破坏的航拍影像。

在巴黎时，罗森堡还去慰问了他的特别任务小组成员，他们正在网球场美术馆努力工作。为了欢迎罗森堡，美术馆还摆上了很多菊花。"可以见到很多珍贵的东西，"他在日记里写道，"罗斯柴尔德、威尔 (Weill)、塞利格曼 (Seligmann) 不得不将他们珍藏了100年的存货移交给我们：大量伦勃朗、鲁本斯、维米尔、布歇[12]、弗拉戈纳尔[13]以及戈雅（Goya）……的作品。(还有)古雕塑，哥白林挂毯，等等。艺术品评估师对它们的估值达到了将近10亿马克！"

但罗森堡还是心有担忧，戈林已经开始将其中一些艺术品据为己有。

* * *

在从巴黎返回柏林的途中，罗森堡差点儿遭遇空难。[54]在剧院看完演出后，他迅速赶到机场，爬上了陆军元帅格尔德·冯·伦德施泰特（Gerd von Rundstedt）的飞机，开始了长达600英里的返回柏林的旅程。在飞行途中，飞行员发现仪表被冻住了，不得不返航，在匆匆着陆时，其中一侧机翼"砰"的一声重重摔到了地上。"听到这一消息时，"罗森堡回忆道，"施佩勒愤怒地揪住那可怜的机长的纽扣，几乎把他举到了半空中。"

回到柏林，罗森堡便着手让戈林远离法国的艺术品掠夺。[55]

戈林写了一封信给罗森堡，称他全力服从特别任务小组的安排。但他也提到，他的手下和情报人员帮助追寻了很多宝物，他解释说，他会给自己留下一些——"一少部分"，他写道——他承诺在他死后会把这些归还给帝国。

罗森堡派遣他在柏林的艺术顾问罗伯特·绍尔茨（Robert Scholz）去巴黎视察特别任务小组。他回来汇报说，事实上，戈林正在计划将艺术品"成批运到"卡琳宫。这给罗森堡敲响了警钟。难道不是希特勒才能决定如何处置这些搜刮来的艺术品吗？罗森堡只能寻求"元首"的帮助。他叫绍尔茨给身在总理府的希特勒的助理写信，建议将15车珍贵的艺术品即刻运出法国，以便将其拆包清点并移交给希特勒。

12月31日，希特勒为他的博物馆选定了物件，一共45幅画作，还有一些挂毯和几件18世纪的法式家具。这些大部分来自罗斯柴尔德家族的藏品：维米尔的《天文学家》，一幅伦勃朗、两幅戈雅、三幅鲁本斯及三幅布歇的作品。1941年2月，这些艺术品搭乘戈林的专列来到慕尼黑，被藏在"元首"地堡的防空洞里。戈林得到了59件艺术品。

这些还仅仅是开始。

据估计，待他们收手时，法国1/3的私藏艺术品被纳粹掠走了。

特别任务小组从法国的200多户犹太人私人藏品中侵占了2.2万件珍品：油画、水彩画、素描、铜雕、挂毯、硬币、瓷器、珠宝和古董花瓶。从1941年到1944年，一共有29批艺术品被运往德国6座城堡的仓库中，其中包括位于慕尼黑西南崎岖山区的童话般的新天鹅城堡。在纳粹掳掠的艺术品中，有布歇的《蓬巴杜侯爵夫人》(Portrait of Madame Pompadour) 和帕尼尼 [14] 的《毕士大池边的基督》(Christ at the Pool of Bethesda)，弗兰斯·哈尔斯 [15] 的一幅妇女肖像画，韦尔内 [16] 的一幅海港风景画，以及贝尔赫姆 [17] 的河流风景画。

法国人提出抗议，但无济于事。罗森堡的手下提醒他们，德国人正在捣毁一起全球性的犹太阴谋。他们从法国查抄了无价的宝藏，仅仅是为了补偿所谓的"帝国为欧洲人民做出的伟大牺牲"。

戈林至少拜访了网球场美术馆20次，拿走了600件艺术品。有一次，工作人员给他展示了从罗斯柴尔德家族位于乡村的宅子中窃来的22箱珠宝。戈林打量着这些珠宝，其中还包括16世纪的垂饰。他优中选优，挑中了6件，收入囊中。

罗森堡对戈林的横加干预深感憎恶。作为一名忠诚的纳粹党员，罗森堡认为这些珠宝不应该属于个人，而是属于全党，这是纳粹党

"用20年与犹太人抗争的努力换来的"。

后来,罗森堡坚持"严禁所有参与行动者侵占哪怕是一颗子弹来作为纪念品"[56]。但他没有能力阻止戈林。后来的事实证明,面对诱惑,罗森堡也并非完全免疫。他在柏林的家中也摆放了从荷兰得来的三幅珍贵名画[57],其中一幅出自荷兰的肖像画家弗兰斯·哈尔斯(Frans Hals)之手。

最后,两人皆大欢喜:戈林得到了他想要的艺术品战利品,而罗森堡掌控着特别任务小组,这场行动被认为是历史上最大范围的艺术品掠夺行动。

罗森堡的特别任务小组将这些现在已经收归德国所有的珍宝拍照,编纂成一本本羊皮封面的册子。某年4月,罗森堡给希特勒送去了一些,并附言:"我希望能为您,我的元首,送去生日的喜悦。"[58]他解释说,还有更多的珍宝,他会亲自为"元首"送去,"希望这些漂亮的、深得您心的艺术品,能给您受人尊敬的生活带去些许美好与快乐"。

至于那些"堕落的"画作,比如那些法国印象派的作品,以及其他对纳粹主义不敬的现代派作品,则被用来交换一些大师的作品。美国调查人员发现,戈林批准了一场发生在巴黎的交易,对方是一位名叫古斯塔夫·罗赫利茨(Gustav Rochlitz)的德国艺术品经销商,他选了11幅画作,其中包括德加[18]、马蒂斯、毕加索、雷诺阿[19]和塞尚[20]等知名画家的作品,从纳粹手中换取了"一幅高度可疑的提香[21]的肖像画以及让·威尼克斯[22]的一幅乏味的作品"。

后来,其他现代作品——毕加索、米罗(Miró)和达利(Dalí)的作品——被剥去画框,拿到网球场美术馆的花园里,烧成了灰烬。[59]在特

别任务小组所编撰的详细清单中,那些被封杀的艺术品的名字已经被划掉,只标记了一个词语:

"已销毁。"

1941年春,罗森堡的注意力转到了一场更黑暗的毁灭行动上,这次毁灭的不是艺术品,而是人命。

译者注

[1] 黎凡特(Levant)是历史上的一个不精确的地理名称,大致指中东托罗斯山脉以南、地中海以东地区。这个词在18世纪被广泛应用,从狭义上讲,即古叙利亚地区。

[2] 齐格菲防线(Siegfried Line)是纳粹德国在第二次世界大战开始前,在其西部边境地区构筑的对抗法国马其诺防线的筑垒体系。

[3] 马其诺防线(Maginot Line)是法国在第一次世界大战后,为防德军入侵在其东北边境地区构筑的防线。

[4] 阿登高地(the Ardennes)位于比利时东南、卢森堡北部和法国东北部的森林台地。面积约1万平方公里,多森林、泥炭地、荒地和沼泽。最高处的博特朗日山海拔694米(比利时境内),是重要的煤、铁产区。

[5] 波格赛美术馆(Borghese Gallery)位于罗马,是由西皮奥内·波格赛枢机大臣的别墅改建而成的,波格赛是贝尼尼的赞助者,也是著名的收藏家。它建成于1613年,属巴洛克风格,收藏珍品包括《基督的葬礼》《达那埃》等。

[6] 彼得·保罗·鲁本斯(Peter Paul Rubens, 1577—1640),17世纪佛兰德斯画家,早期巴洛克艺术的杰出代表,西班牙哈布斯堡王朝外交使节。

[7] 维特·施托斯(Veit Stoss, 约1447—1533),德国著名雕塑家,哥特时代晚期伟大的木刻家之一,代表作为《最后的晚餐》《基督被捕》,有"晚期哥特式巴洛克"之称。

[8] 安东尼·凡·戴克(Anthony van Dyck, 1599—1641),佛兰德斯巴洛克艺术家,英

国著名宫廷画家,引领了英国18世纪肖像画风潮。

[9]约翰内斯·维米尔(Johannes Vermeer, 1632—1675),荷兰风俗画家,"荷兰小画派"代表画家。代表作品有《戴珍珠耳环的少女》《花边女工》《德尔夫特》。

[10]乔治·克列孟梭(Georges Eugène Benjamin, 1841—1929),法国政治家、新闻记者、法兰西第三共和国总理,为第一次世界大战协约国的胜利和《凡尔赛条约》的签订做出重要贡献,被当时的欧洲人称为"胜利之父"。

[11]亨利·庞加莱(Henri Poincaré, 1854—1912),法国数学家、天体力学家、数学物理学家、科学哲学家。

[12]弗朗索瓦·布歇(Francois Boucher, 1703—1770),法国画家、版画家和设计师,是一位将洛可可风格发挥到极致的画家,还曾绘制过以中国为主题的系列油画。作品有《蓬巴杜夫人》《狄安娜出浴》《化妆》等。

[13]让-奥诺雷·弗拉戈纳尔(Jean-Honoré Fragonard, 1732—1806),法国洛可可风格画家,代表作品有《秋千》《读书女孩》《狄德罗》等。

[14]乔瓦尼·保罗·帕尼尼(Giovanni Paolo Panini, 1691—1765),18世纪意大利画家、建筑师,以画罗马建筑及古罗马遗迹为主,代表作为《罗马万神殿的内部》。

[15]弗兰斯·哈尔斯(Frans Hals, 1581—1666),荷兰现实主义画派的奠基人,也是17世纪杰出的肖像画家。

[16]霍勒斯·韦尔内(Horace Vernet, 1789—1863),法国画家,擅长历史战争题材创作,作品包括《伊斯里之战》《坦吉尔的攻克》等。同时他也创作肖像画、风俗画和宗教画。

[17]尼古拉斯·贝尔赫姆(Nicolaes Berchem, 1620—1683),荷兰黄金时代的风景画家,作品多为田园景观、神话与《圣经》人物、寓言类画作。

[18]埃德加·德加(Edgar Degas, 1834—1917),法国画家、雕塑家。

[19]皮耶尔-奥古斯特·雷诺阿(Pierre-Auguste Renoir, 1841—1919),法国著名印

象派画家、雕刻家。

[20] 保罗·塞尚（Paul Cézanne, 1839—1906），法国著名画家，后期印象派的主将，从19世纪末便被推崇为"新艺术之父"，作为现代艺术的先驱，西方现代画家称他为"现代艺术之父""造型之父""现代绘画之父"。

[21] 提香·韦切利奥（Tiziano Vecelli, 约1488/1490—1576），意大利文艺复兴后期威尼斯画派的代表画家。

[22] 让·威尼克斯（Jan Baptist Weenix, 1642—1719），荷兰派画家。

第17章 "罗森堡，你的伟大时刻来了"

1941年3月底，德国人打开收音机，听到希特勒的意识形态理论大师低沉有力的声音通过无线电波传来。罗森堡在讲犹太人，虽然他的讲话相当正式又生硬，但即使只有半只耳朵的听众都能听得出来，他的发言充满杀气。

"我们相信这场伟大的战争是一场净化生物世界的革命，"这位帝国领导人说，"今天，我们认为犹太人问题是我们在欧洲面临的最重要的政治问题之一，我们需要也必须解决这个问题。我们希望，是的，而且今天我们也已经知道，欧洲的所有民族最终都会追随这场净化运动。"[1]

那个周末，纳粹的政要们正汇聚在法兰克福中世纪的市政厅，参加罗森堡的犹太问题研究所落成典礼。一大群反犹太的记者、作家，以及另外10个欧洲国家的基层官员蜂拥而来[2]，讨论如何将犹太人从欧洲大陆清除出去。大家都知道，时机正好：当下纳粹已经控制了大半个欧洲，犹太人的仇敌终于有能力付诸行动了。[3]罗森堡参加了第一部分的会议，但希特勒紧急召他回首都，他没能及时赶回法兰克福，所以他只能在柏林通过广播向全国发表这场主旨演讲。

"(这场战争将消灭)所有犹太及其杂种带来的种族污染的细菌，"他对听众说，"所有民族对这个问题的解决都很感兴趣，在这里，我们必须热情地宣布：我们将不会也不能再忍受犹太金融败类的脏手侵扰德国人民和欧洲其他民族的利益了。我们也不想再见到犹太人和黑人杂种在德国的小镇、村庄四处乱窜，而德国人的小孩却不见踪影。"

唯一的问题是"将犹太人安置在哪里"。建立一个独立的犹太国家是不可能的，因为这只会为犹太复国主义阴谋创建一个基地，这样犹太人就可以继续图谋控制全球了。罗森堡建议将他们运到一个居留地，"派老练的警察监控他们"。

无论运输条件如何，"我们，作为纳粹主义者，在这里对所有问题只能给出一个明确的答案：对于德国来说，只有当最后一个犹太人离开了我们大德国，才可以说犹太人问题解决了，"他说，"对于欧洲来说，也是如此。"

说出这些话时，罗森堡知道，这是他人生第一次有机会将他的言论付诸实践。

希特勒最终给了罗森堡塑造世界历史的权力。

* * *

到1940年7月，希特勒已经将注意力转到了他的终极目标：苏联。罗森堡一直都是对的。虽然曾与莫斯科签订了条约，但希特勒仍然在秘密筹谋着摧毁苏联——越快越好。

他不相信斯大林会遵守他们的协议。趁着德国在1940年5月和6月入侵西方之时，这位贪婪的苏联领袖也侵占了新的领土。首先，经过精心谋划，斯大林占领了爱沙尼亚、拉脱维亚和立陶宛，然后成功地要求罗马尼亚将东部两个省份割让给了苏联。斯大林再次找德国人谈判，要求在东欧获得更多的领土——控制芬兰，苏联还与保加利亚达成协议，允许苏联在关键的达达尼尔海峡和博斯普鲁斯海峡建立军事基地，于是希特勒决定启动他的战争计划。

德国制订了一个代号为"巴巴罗萨行动"的计划，打算粉碎苏联军队，占领延伸自乌拉尔山脉，远至莫斯科以东的领土。当德军涌入边境时，希特勒扬扬自得地夸口说："全世界都将屏住呼吸。"[4]值得一提的是，通常多疑到偏执的斯大林这次却并没有相信他收到的关于希特勒即将背叛他的忠告。

近十年来，罗森堡的外交政策办公室对苏联问题做了深入研究。1936年8月，他在日记里第一次提到这项工作："元首已经两次叫我准备好解释性的文件，以防苏联入侵。"[5]他的部下全是东欧问题专家，密切关注着东方的事态[6]，准备对东方实施种族分裂和政治分裂，并与反共产主义的领袖保持着密切的联络。他们还研究了战后如何瓜分苏联。1940年秋，他们每两周为党内官员印发一次有关苏联内政的内部通讯。

他们都清楚地知道，自从被并入苏联，乌克兰、白俄罗斯以及俄罗斯西部地区的人们就生活在水深火热之中。[7]

20世纪30年代初期，全苏联的农场都被征收，转成集体化生产，变成一片片杂乱无序的农业区，旨在让全国的农场提高效率，从而出售过剩的粮食，资助国家现代化建设。

第一步是打击富农。为了攻击富农，苏联人采取的宣传手段近似于纳粹德国："这些人是贪婪的猩猩，而非人类。"将近200万富农被捕，并被送到集中营。苏联这一严厉的农业政策，主要打击的是乌克兰人。集体化生产遭遇惨败，预期的粮食盈余也没能实现。即使在500万农民饿死的情况下，斯大林还是坚持执行这一政策。

挣扎在贫困线上的城市居民还要遭到肚子肿胀的乞儿们的困扰——讽刺的是，这些孩子无法在农田里喂饱自己。卫兵们在塔楼顶上守卫着田野，以防盗窃。从集体农田里长出来的一切都是国有财产，哪怕是收割一丁点儿粮食来养活自己或家人的行为都是犯罪。如果收成没有达到预定的配额，有关当局便会控告农民蓄意破坏，会洗劫他们的家，没收他们所有的食物，在很多地方，甚至出现了人吃人的现象。

1932年夏天，斯大林无视饥荒，乘坐一辆奢华的火车招摇地前往南部的索契度假。

5年后，在"大恐怖"时期，苏联遭遇了新的冲击。斯大林再次下令对富农加以迫害，但这次针对的是波兰人和生活在苏维埃乌克兰和白俄罗斯的其他少数民族。他高喊道，这些家伙都是志在颠覆共产主义国家的外国间谍。"我们要彻底摧毁一切敌人及其亲属！"[8]

7万多名乌克兰人在"富农清洗"行动中被处决，通常是在"三头领导"举行狂热的秘密听证会后，子弹便瞄准了这些富农的后脑勺。乌克兰和白俄罗斯的数万名波兰人被装进黑色卡车里运走。他们的归宿是集中营，或是墓地。他们的妻子被流放，孩子被送到孤儿院，这样就可以避免其后代被作为波兰人养大。

奇怪的是，这场大屠杀居然没有激发国际上的强烈反对。几乎无人问津。

现在,1940年,希特勒看向东方,他密谋为那里的人民制造新一轮的恐怖。[9]在研究地图时,他憧憬着在那里实施一个千年乌托邦计划。必须要将不良分子从那片广袤的土地上清除出去,可驱逐之、枪毙之,或将其饿死,后来事实证明,还能用毒气将其毒死。然后,忠诚的纯种雅利安人将重新在那里安顿下来,帝国可以获得那里丰富的粮食和石油。"德国殖民者应生活在宽敞的农场里。德国的公共事业单位将进驻壮观的大楼,而州长们将住在宫殿里,"希特勒宣称,"印度之于英国,将如苏联之于我们。"[10]

* * *

1941年3月,希特勒召见罗森堡,告之他已经决定了在军队挺进至苏联、大败苏军之后,将苏联的政权很快移交给一个新的德国政府。"元首"令罗森堡负责"东方占领区"的政治重建,但罗森堡迟到了一会儿,很多重要的决定已经做完了,从一开始,希特勒的政治计划就是排在已经讨论了数月的军事和经济目标之后的。

戈林负责监管从苏联地区攫取军工厂所需的原材料和掠夺德国本土居民所需的食物,二者同等重要。即使是在和平时期,德国的食品也不得不依靠进口。现在,英国海军常常在海上拦截和搜查开往第三帝国的船只,并侵占他们的必需品、原材料和食品——这一封锁已经加剧了德国的资源短缺。希特勒担心在食品上要依赖斯大林。如果苏联人以此为筹码怎么办呢?如果他们威胁要将德国人饿死怎么办呢,就像他们在1932年对乌克兰人所做的那样?[11]德国已经出现面包、水果和蔬菜的短缺,食物的配给也岌岌可危。戈林担心德国会因为饥荒爆发内乱。

正是在这样的背景下，1940年—1941年冬，帝国食品与农业部国务秘书赫伯特·巴克(Herbert Backe)制订了一个计划，而且得到了最高统帅部经济与军备局局长格奥尔格·托马斯(Georg Thomas)的附议。托马斯在1941年呈给希特勒的一份报告中写道：德国的粮食短缺问题可以通过从苏联的粮仓——乌克兰获取粮食来解决。

根据他的计算，从理论上说，从苏联人的口粮中挤出一小部分，则可以为德国人提供数百万吨粮食。在入侵苏联之前，巴克在给部下的指示中写道：我们不必去担心那些因此而少粮的人。他们本就是"劣等民族"，他争辩说，无论如何，"俄国人已经忍受了几个世纪的贫困、饥饿和艰苦。他们的胃有着很强的适应性；因此，不必同情心泛滥！"[12]

戈林的经济规划师们在5月起草了一份饥饿计划概要，其中可没有这样的合理化解释。苏联人将"面临战时最严重的饥荒"。纳粹将切断莫斯科、列宁格勒(今彼得格勒)和北部的其他城市与南部的食品供给。然后入侵的军队可以优先享受这些食物，剩余的粮食将往西运送给德国和欧洲占领区的人民。"这片领土上将会有数千万人过剩，他们将会饿死，或不得不迁徙至西伯利亚"，报告中写道，解决德国的食物短缺问题，这是为了赢得战争而必须采取的手段，"考虑到这一点，我们的思路必须绝对清晰"。[13]

军方高层并没有阻挠这一计划，反而将其视为他们的战争策略的关键。如果士兵能就地解决军饷问题，无须靠火车运送弹药、燃料等其他军需品，部队就可以行进得更快。就像在波兰一样，速度是关键。

德军期待能在10周之内解决苏联红军。

* * *

当罗森堡也加入策划组时,他——"这名纳粹蠢蛋在误解历史方面有着极高的天赋"[14],用外国记者威廉·夏伊勒的话来说——开始做他最擅长的事情,写材料。

4月2日,他将第一份文件带到希特勒的一场私人晚宴上。"元首"想在一处远离办公室喧嚣的住所谈事,所以他们在希特勒位于威廉大街的旧总理府的餐厅里用餐。晚餐过后,两人躲到了隔壁的阳光房,从这里的窗户可以俯瞰楼下的庭院,芳草青青,绿树成荫。

在向希特勒提交的计划中,罗森堡提出在苏联更大范围实施严酷政策。纳粹应该摧毁莫斯科的"犹太布尔什维克"政府,阻止他们建立新的合法政府;应该解散苏联的工业,摧毁其交通运输网络;应该将垃圾倾倒到苏联,将其"作为人类中的不良分子的倾销地"[15]。

关于如何处置波罗的海、白俄罗斯和乌克兰的问题,罗森堡有不同意见。他认为,他们需要智慧地处理,需要有政治考量。战后,他们还需要与这些地区结盟,来形成环莫斯科的防御带。

罗森堡建议对拉脱维亚的知识分子进行"必要的驱逐"和将立陶宛人中的"劣等种族"剔除后——1941年,一共有25万名犹太人生活在立陶宛,将这三个波罗的海国家并入德国。

至于乌克兰,罗森堡支持它在文化和政治上保持独立,但同时他认为这一地区应该在战时和战后向德国提供所有的原材料和粮食。

白俄罗斯则是无可救药的,经济落后,又有犹太人聚居,所以永远都不能让其独立。

在罗森堡概述了他的想法之后,希特勒当晚看了他呈上来的备忘录。"我想要为解决整个苏联问题建立一个事务部,你来当这个负责人吧,"希特勒说,"制定全面的指导方针,不管你需要多少钱,都任凭你支配。罗森堡,你的伟大时刻来临了。"[16]两人一起观看了一段新闻短片,然后回到阳光房,一直谈到深夜,从苏联人的心理谈到犹太人在苏联扮演的角色。"我无须再深刻地表达我的感情,"那天返回家中后,对希特勒充满崇拜的罗森堡在日记里写道,"20年的反布尔什维克之旅现在终于能产生一个政治结果了,这个结果将改变世界历史。数百万人……他们的命运将掌握在我手中。德国将摆脱几个世纪以来以不同形式加诸其身上的负担。就算其他数百万人会咒骂这一计划的实施,又有什么关系呢?只要将来强大的德国会称颂这些行为就够了!"

罗森堡还为这个"阳光房之夜"作了一个神秘的注脚。他写道:希特勒极其详尽地描述了他自己对东方的愿景。"元首"对罗森堡讲的话在罗森堡看来应该是相当敏感的,以至于即使是在私人日记里,罗森堡也不愿记录下来。

"今天我不想记录(它),"他写道,"但我会永远铭记。"[17]

显然,有一件事情希特勒没有告诉罗森堡,他无意听取罗森堡关于东方领土的建议。

* * *

后来一名历史学家这样描述这些年的罗森堡:"他贪婪而又幼稚地伸出双手去攫取权力。"[18]

随着入侵苏联的日子临近,一个事实变得明朗起来,那就是罗森堡并不是在简单地策划建立一个监管东方的民政管理部门。希特勒决定,一旦开战,一旦德国占领了苏联领土,就派罗森堡去负责这个新的部门。但没人看好这个决定,都觉得派罗森堡去负责这个部门,尤其是这样一个从文件上看权力无限的部门,并非明智之举。戈培尔写道,罗森堡"只会理论……不会管理"[19]。

几乎立刻就有对手跳出来为罗森堡的任命制造障碍。没有人比希姆莱更加强势和无情了,他之前的一年半时间都在蹂躏波兰人。希特勒想派这名党卫军首领紧随军队之后去东方,将新征服的领土上的犹太人、共产党领袖、游击队员和其他敌对分子,不管是真实的还是想象中的,统统清除掉。"帝国党卫军全国领袖代表的是元首,他将带着特别任务去东方,为政治管理做好准备,解决两种相反的政治体制之间的冲突,"1941年3月13日的一条军事训令中这样写道,"在这些任务框架内,帝国党卫军全国领袖有权独自行使他的权力。"[20]

基于这一训令,希姆莱拒绝将他的警察部队派到东方去供罗森堡的新部门差遣。

罗森堡陷入了犹豫之中。"这样的话,我就不能接受这一任命。"[21]4月,他这样告诉汉斯·拉默斯(Hans Lammers)。希特勒总理府的一切官方命令都是通过这位右眼斜视、秃顶的律师对外发布的。罗森堡抱怨说,他已经不得不和军队以及戈林的经济部门分享权力,如果连希姆莱也可以任意妄为,那么他的东方事务部将毫无实权。

"警察不可能组建一个平行政府,"罗森堡对拉默斯愤怒地喊道,"他们的手段很可能会阻碍我们实现我们的政治目标。"

拉默斯答应第二天早上和希姆莱谈一谈。他们的谈话久久没能结束,罗森堡知道希姆莱一定会拒不让步。12点15分,拉默斯终于回来了。

"简直让人绝望,"罗森堡写道,"希姆莱声称戈林将总揽一切,而他拥有自由的执行权，我到时也就是充当个顾问。我辛辛苦苦研究一个问题20年，不可能是为了给希姆莱先生提供'建议'的，他在这个问题上从来就没有过独立的观点，在过去的15年间，他对乌克兰等地的任何了解都是通过我的工作得来的。他手下的年轻人搞砸的事情不止一两件，这些可不是什么光辉的历史。"

罗森堡愤然出走，找了个地方独自沉思去了。1941年年初，他在奥地利的月亮湖购买了一座小型农场，"这是一处宜人之地，宛若天堂"[22]，这座乡村宅第里有果园，有家畜，还有树林，离萨尔茨堡外一处风景如画的湖泊仅半英里。他在那里思考自己的困境。希姆莱再次"企图夺走他的东西"，希姆莱不是为了任何信仰而奋斗，他只是想攫取更多权力。"从理论上来说，他手上已经有足够多的重要任务，够他为之奋斗一生了。"

罗森堡眼前像是在播放一幕电影：眼看就要成就伟业时，却功亏一篑。

"我希望，"他写道，"能有一个不同的结果。"[23]

* * *

5月2日，罗森堡与负责东方经济开发的高层领导举行了一次重要会议。[24]他们探讨了如果德国的计划得以实施，将会产生的残酷结果：如果军队就地解决军饷问题，"毫无疑问数百万人"[25]将会饿死，这些饿殍也包括被俘虏的苏联战士，因为没有食物留给他们。

会议结束后，罗森堡在日记里写道，"总参谋部的工作很棒"[26]。

那天，他向希特勒做了汇报。他们的对话很快就绕到了罗森堡的使命问题上，谈话进行了很久。罗森堡感谢"元首"对他的信任。在过去的一个月里,他对新的工作,时而感到不安,时而感到兴奋。[27]他即将要管理一片从波罗的海延伸至里海的广大区域。看着军事地图,对于即将受辖于他的这片广袤的土地,他心怀敬畏。很有可能会产生诸多动乱。"我思考这些问题越久,"罗森堡说,"我面对的任务似乎越艰巨。"

"但你要接受的是一个伟大的、很有建设性的任务。"[28]希特勒说。罗森堡继续说道,无论如何,"我必须要对此承担责任"。他说这些时,希特勒激动得热泪盈眶,罗森堡之后在日记里记录了这一点。

6月20日,就在"巴巴罗萨行动"开始前两天,罗森堡对几位主要同事谈起让苏联西部地区与莫斯科脱离开来,建立属于德国统治的区域。在东方表示亲善、赢得人心是至关重要的。"几年后,我是否赢得了4000万人民的自愿合作,还是我必须派一名士兵站在每一个农民身后,这二者之间有着天壤之别。"矛盾的是,他同时也支持"饥饿政策"。罗森堡说,让处在战争中的德国人吃饱饭是首要任务,我们没有义务也喂饱这些东方人。

"我们知道这是一个残酷无情的事实,进行大范围的人口疏散是十分必要而且毫无疑问的,"他说,"苏联人的苦日子肯定还在后头。"[29]

* * *

罗森堡原计划于1941年5月10日,星期六晚上,与希特勒的"副元首"鲁道夫·赫斯见面,告知赫斯新任务。但就在前一天,赫斯的助理来电,告知罗森堡这次会面不得不提前到周六上午,"副元首"有紧急的事情要处理,必须离开。

助理没有详述,罗森堡也摸不着头脑,但他很快发现这是鲁道夫·赫斯人生中最关键的一天。罗森堡也将成为在战争结束前最后见到赫斯的几名纳粹领导人之一。

罗森堡欲从柏林搭乘火车，但时间不够了，因此赫斯派了一架飞机将他接到慕尼黑参加会面。当赫斯在上午11点半迎接他时[30]，赫斯看上去"脸色苍白，病恹恹的"，虽然这是他的常态。从一开始，赫斯就是希特勒的忠诚追随者，他在党内曾权倾一时，但战争开始后，他就很难与希特勒见上一面了。[31]赫斯的办公室主任马丁·鲍曼（Martin Bormann）渐渐赢得了"元首"越来越多的关注。

罗森堡和赫斯坐定开始讨论策划中的东方事务部的人事问题。但当罗森堡试图深入探讨细节时，赫斯却打断了他。赫斯只想讨论最重要的事情，他脑海中要考虑的问题太多，以至于根本无暇考虑任何无关紧要的事情。

午餐前，赫斯3岁的孩子下楼来，和他聊了一小会儿天。

"后来，我才明白，"罗森堡写道，"他想要和他的'小家伙'告别，而他的儿子自此以后都不得不承担他父亲行为的后果。"

赫斯显然没有告诉罗森堡他面临着什么样的麻烦，但他似乎非常恐惧即将来临的两线作战。和罗森堡一样，他认为英国是属于纳粹阵营的。如果他能与英国议和，那么希特勒和德国就可以无所顾忌地对苏联发起进攻了。

那天晚上，就在与罗森堡午餐结束几小时后，这位"副元首"从慕尼黑外的一个机场起飞。晚上10点左右，在格拉斯哥附近，他驾驶的梅塞施密特战斗机燃烧着坠毁，赫斯跳伞着陆。

赫斯在着陆后遇到了一个农民，然后要求觐见英国皇家空军中校汉密尔顿公爵，他宣称在1936年奥运会时见过公爵。赫斯告诉汉密尔顿,他是来英国提出议和请求的。其他官员对赫斯进行了进一步的审讯,英国人意识到赫斯是在希特勒不知情的情况下来到英国的,他力劝英国人在事情不可挽回之前放下武器。

赫斯看上去有点儿精神失常了。英国人决定在战争期间将此人囚禁起来。

就在赫斯飞往英国的第二天,希特勒收到他留下的一封信。信中概述了他的计划,他建议,如果"元首"反对他这一步有点儿疯狂的开局棋,可以斥他为一个失常的疯子。希特勒——据罗森堡的说法,读到赫斯的信时,"感到恶心"——确实将他当成了一个疯子。

在星期天晚上的广播中,纳粹向全世界发布了赫斯飞往英国的新闻,并报道说赫斯患上了精神病。

罗森堡和党内其他所有人一样震惊。他在与赫斯共进午餐时也毫无察觉,那时的赫斯正要开启那场令人难以置信的飞行。"那次会面非常美好,远离政治,我们一开始都很沉默,"罗森堡在日记里写道,"但我以为赫斯正在遭受抑郁症的折磨,实际上他正无所事事,下属已经脱离了他的领导,他也觉得他无法胜任他的职位……一事无成对他造成的压抑最终以一种出乎意料的方式爆发……赫斯生活在一个虚幻的世界,对灵摆探测、占星师以及巫术师等东西的热爱都明显深植于他的内心,从而决定了他的行为……总有一天,鲁道夫·赫斯这些超脱凡俗的幻想,会成为未来历史悲剧作家的写作题材。"

他认为赫斯从德国消失倒也有好的一面。第三帝国也就无须面临未来由"一个病入膏肓的人"来领导的惨淡前景了。

但罗森堡并没有预见到未来的麻烦。取代赫斯的是他本人讨厌的办公室主任,也就是脖子粗大的"坐在办公桌前的马基雅维利"[32]——马丁·鲍曼,在名义上的上司飞去英国之前,他已经是党内真正的掌权者。沉默而又严肃的马丁·鲍曼就是典型的幕后操纵者,他永远都伴在希特勒身旁。"赫斯显然已经让元首深感困扰,所以鲍曼取代了他,元首的要求和任务都由鲍曼来完成,"罗森堡在战后的监狱回忆录里写道,"就是从这时起,鲍曼变得不可或缺。在我们的午餐谈话中,如果提到了某个事件,鲍曼会掏出他的笔记本来做记录。或者,如果元首表达了对某个言论、某种措施、某部电影的不满,鲍曼也会做好笔记。如果有些问题不是那么清楚的话,鲍曼会起身离开房间,但很快就会返回——下令他的手下去调查、打电话、拍电报或是发送电传。往往宴会结束之前,鲍曼已经准备好了合适的解释。"[33]

鲍曼渐渐成了罗森堡进阶中的头号障碍。

* * *

占领苏联的计划仍然在迅速推进。戈培尔在日记里写道,罗森堡已经表现得像"俄国沙皇一样,本质都是一样的:为了权力而战"。希姆莱仍然在想尽一切办法不让罗森堡染指苏联,但戈林已经明确下令,委托国家安全总局局长海德里希找出犹太问题的最终解决方案,在必要时,罗森堡的部门也要参与进来。[34]

在"巴巴罗萨行动"实施前的几个月里,海德里希试图在希姆莱和罗森堡之间进行调解。为什么不向希特勒推荐任命希姆莱手下的高级党卫军领袖和警察领袖来管理各占领区内的"总督辖区"?这样的"人事结合"在第三帝国非常常见。一名官员同时在两个机构任职,要么可以促进合作,要么会轻易导致棘手的利益冲突。[35]这样一来,希姆莱将成为罗森堡的事务部的实际领导者。

"这就意味着警察要来搞政治领导!"[36]罗森堡喊道,他拒绝了海德里希的提议。罗森堡还反驳了让希姆莱任命一名党卫军官员以职级仅次于部长的身份到他办公室任职的建议。几天后,问题仍然没有得到解决,他写信给希姆莱,看他们能否一起合作。"我很关心他的反应。"[37]

他的信并没有改变希姆莱的想法。罗森堡要求他提交有关东部准备工作的报告,还打算通过希姆莱在占领区的人事任免方案。但对于这位帝国党卫军全国领袖来说,还是不能接受的。希姆莱敦促鲍曼不要理会罗森堡的干预。"元首告诉过我……我执行我的任务,不需要听命于罗森堡,"他写信给鲍曼说,"罗森堡处理这个问题的方式又一次使得与他共事变得非常困难……与罗森堡共事已经是纳粹党内最困难的工作了,更别提在他手下工作了。"[38]6月,鲍曼反复和拉默斯说起希姆莱的想法:"尤其是在最初的几周和几月里,为了执行艰巨的任务,在任何情况下,警察都必须摆脱一切由管辖权争议引发的障碍。"[39]

但争议还在激化。希姆莱甚至开始争辩说,他不应该只负责管理警察——他也应该负责占领区的政治事务。

罗森堡说,这是"完全不能忍受的",这只会导致"空前的混乱"。[40]

* * *

1941年6月22日凌晨,当德国人开始入侵苏联时[41],这个问题依然没有定论。

苏联人被攻了个措手不及。起初斯大林并不相信从千里之外的前线(从芬兰到黑海)传来的战火消息。这是历史上最大规模的侵略军:350万名士兵驾驶着50多万辆卡车和坦克,还有70万挺机枪和将近3000

架飞机支援。德国人横扫波罗的海诸国和乌克兰，红军在他们眼前土崩瓦解，或战死于正面对抗中，或撤退或逃匿到森林中，或是大批投降。几天后，德国的将军们就已经在宣布获胜了。身在莫斯科的斯大林毫无反击的余地。6月末，他离开克里姆林宫前往他在城外昆采沃的乡间别墅。他这样告诉他的助手："一切都完了。"[42]

成千上万的苏联红军——最终是数百万——成了德军的战俘。德军并没有拘禁他们的计划，事实上是并没有让他们活着的打算。希特勒下令枪毙了共产党的政委们。苏联降军参差不齐地行进在去往德国战俘营的路上，动辄被棍棒加身，还被迫为了一点食物争得头破血流。1941年秋的德国战俘营往往就是简单地用带倒刺的铁丝网围起来的露天旷野。"他们看起来像饥饿的动物，没有人样了。"[43]一名目击者在一本战后出版的日记里写道。如果是用铁路运输的话，这些苏联人会被塞进家畜运输车厢，直到塞满，仅有立足之地。

在很多营地上，士兵们别无选择，只得在拥挤的人群中就地解决大小便。在其中一个战俘营，营房着火后，那些没有被烧死的战俘在试图逃生时被就地击毙。[44]在另一个营地，战俘们甚至主动请死，以结束这种悲惨的生活。德国警卫还汇报过在营地里发生的食人现象。1941年年末，战俘营的死亡人数达到了30万。最终，300多万名苏联战俘死于战争结束之前。

随着战争的继续，罗森堡写道：历史是残酷的。俄国人曾经杀死和驱逐了数十万德意志人，他辩称，"全体俄国人必须为他们犯下的谋杀罪付出代价"[45]。他还加上了合理化的解释：要怪就怪俄国人自己，他们不该允许共产党上台。

换句话说，俄国人就像是和警卫讲和的囚犯——却与能解放他们的人拼死抗争。

* * *

在入侵苏联3周后的7月中旬，关于新占领区管辖权的官僚争斗也到了紧要关头。希特勒大获全胜。德国即将占领一大片苏联领土，现在是时候讨论如何开展占领区的全面重建问题了。就在一顿简单的午餐加啤酒后，第三帝国的高层在希特勒位于东普鲁士的"狼堡"召开了一次漫长的会议。[46]出席会议的有罗森堡、戈林、鲍曼、拉默斯，以及武装部队最高统帅部总参谋长威廉·凯特尔。

希特勒宣称，德军是去解放苏联的。至少他们是这样告诉世人的。至于德国的真正计划，"元首"下令严格保密。没人能看到——到当下为止——他们正在准备"一劳永逸"地解决问题。真正要紧的是，所有的德国领导人一致同意采取以下必要的措施："枪毙、人口迁移，诸如此类。"希特勒说，每个人都需要明白一件事情："我们是永远不会再离开这些地区的。"

"现在我们必须面对这个任务，"希特勒告诉他们，"按照我们的需求来切分苏联这块蛋糕，目的是能够：一、统治它，二、管理它，三、开发它。"

这些领导人看着希特勒在地图上画出的新领土。"将被夷为平地"的列宁格勒归于芬兰人，他们曾在1939年至1940年与苏联人发生过一场短暂的、血腥的战争，因而丧失了部分领土，在这次"巴巴罗萨行动"中他们与德国携手夺回了失去的领土。东普鲁士将获得比亚韦斯托克。而波罗的海诸国将被并入第三帝国。克里米亚之前的人口将被清理，以重新安置德意志人。

希特勒收到报告，苏联游击队员已经开始在后方反击德军，但希特勒并没有把这当回事。这点儿可怜的抗争正好给纳粹提供了完美的掩护，希特勒说："正好让我们能够消灭一切反对者。"

"元首"还提出疑问：德军有必要派出装甲车吗？

戈林回复说：没必要。如果这些人蠢到敢来制造暴乱，那么德国空军可以轻易地将他们炸到投降。

"自然可以，"希特勒阅读着由鲍曼作的会议记录，"必须尽快平息这片泱泱大地上的战火，最好的解决办法是将心有旁骛的人一律击毙。"

其间，罗森堡还在继续他偏执的争论：能否试着赢得其中一些被征服人民的心。但戈林打断了罗森堡的独白。战争机器需要原材料，德国人需要食物。他没有时间来关心未来建立联盟的问题。

轮到讨论眼前的实际问题时，罗森堡的境况变得更加糟糕：辖区总督的任命问题，也就是罗森堡在东方占领区的副手们的任命。罗森堡想要一位盟友一起管理极其重要的乌克兰地区。希特勒却驳回了他的意见，指派党内一位名叫埃里希·科赫（Erich Koch）的领导人去管理乌克兰。罗森堡对这个决定提出抗议。他对科赫心怀畏惧，科赫行事残忍，只讲实用，毫不掩饰，以致他在柏林的支持者都称他为"斯大林第二"，这样的人是不会听命于罗森堡的。但希特勒驳回了罗森堡的抗议。"所有的法令都只是理论上的，"他说，"如果它们不符合实际需求，那就改动。"但希特勒还是接受了罗森堡的其他推荐，任命海因里希·洛泽（Hinrich Lohse）为波罗的海诸国以及白俄罗斯的总督。

会议结束后，罗森堡与戈林握了握手。"都是为了更好地合作。"帝国元帅说道。

罗森堡却隐隐看到了即将到来的斗争。

* * *

希姆莱没有参加这次会议。他已经开始在东方占领区大展拳脚了。

6月，希姆莱提出，因为希特勒派他负责在东方新占领区重新安置德意志人的工作，他必须拥有广泛的权威，以"安抚和巩固东方地区的政治局势"。在入侵苏联两天后，希姆莱甚至还命令一名助手拟订了他个人的东方重建总体规划。

罗森堡强烈反对希姆莱如此公然侵犯他的地盘，他似乎赢得了这场战斗——但仅仅是在书面上。希姆莱的确没得到有明确保证的政治权力，但他可以在罗森堡的地盘上自由地独立行事。[47]辖区总督不仅听命于他们名义上的上司罗森堡，当涉及警务问题时，也听命于希姆莱。如果有紧急情况发生，希姆莱甚至不用知会罗森堡，就可以直接对辖区总督下令。党卫军和警察头子也被安排进各级行政管理部门，他们也听命于希姆莱，而非东方事务部的官员们。

而且地理因素也扩大了希姆莱的权力：当这位帝国党卫军全国领袖漫步在占领区，忙着监控事态发展、发布命令时，罗森堡决定转战柏林。这样一来，希姆莱将获得他想要的一切自由空间。

对于这位新上任的帝国部长而言，这并非他所期待的胜利。怎么会这样呢？就在他与希特勒那次胜利会晤三个半月后，他怎么就只剩下一个随时准备应对灾难的部门了呢？希特勒到底在想什么？难道他把东方占领区事务部当成一个巨大的幌子，以掩饰幕后进行的剥削和杀戮，抑或将之当成德国监管秩序的遮羞布？[48]后来历史学家设法研究这些问题长达几十年，一直没能得到一个满意的答案。希特勒官僚机构的决策并不总是那么有理可循的。

背后的阴谋也许在官员的任免中发挥了作用。令人惊讶的是，罗森堡赢得了鲍曼的支持。鲍曼曾经厌恶罗森堡，但在占领苏联前夕，他认为罗森堡是一位他可以掌控的部长，至少是可以忽略的部长。[49]鲍曼私底下强力地将罗森堡推上这个位置，虽然罗森堡并没有获得完全的、不受阻碍的权力。

"我被分配了一个艰巨的任务，"就在希特勒下令让他领导东方占领区事务部三天后，罗森堡在日记里写道，"这很可能是帝国成立以来指派的最伟大的一个任务：守护几个世纪以来欧洲的独立。"[50]罗森堡真希望希特勒能赋予他"充分的权威来履行这一任务"，但他并没有打算轻易地向他的政敌投降。

他指挥着一个中央政府部门，他打算充分利用它。

在接下来的三年中，纳粹党开始发出反犹太的威胁，这绝大部分是源自罗森堡那次愤怒的长篇大论的演讲——1941年3月，他在电台演讲中已经明确发出了这样令人毛骨悚然的威胁，他称之为"净化生物世界的革命"——罗森堡很清楚，他的部门将为此贡献力量。

第18章 特别任务

在帝国总理府的餐厅里，参加希特勒常规午餐会的每一个人似乎都情绪高昂。[1]罗森堡在列，还有鲍曼、赫斯和拉默斯。那是1940年1月，距离"巴巴罗萨行动"还有一年半，纳粹领导人在讨论一些常规的重要事项：对英战争以及波兰种族清洗运动的进展。但后来，对话演变成了一场黑色幽默。

话题转移到了犹太人身上。罗森堡预言，如果苏联人觉醒过来，释放他们那反犹太的愤怒情绪，将会发生"一场可怕的犹太人大屠杀"。

这时，希特勒插嘴了。

"元首"微笑着说，如果苏联爆发大屠杀，也许欧洲会叫他横扫苏联，保护东部的犹太人。

在座的纳粹狂笑起来。

狂笑过后，希特勒继续说，也许他和罗森堡可以组织一个特别代表大会，讨论当下急需解决的问题——"犹太人的人道主义处置"。

* * *

在1941年3月犹太问题研究所开幕时，罗森堡在电台演讲中说，直到最后一个犹太人离开欧洲，犹太问题才能得到解决。要把这样的话变成实际行动，就要靠希姆莱和国家安全总局局长海德里希。

1941年年初，纳粹规划者的普遍思路是将犹太人驱逐到一些遥远而又荒凉的地方。他们先考虑了距离非洲海岸5000英里的法属殖民地马达加斯加，考虑到运输问题不切实际，就否定了这一方案。"巴巴罗萨行动"似乎为犹太人的处置提供了一个更加可行的地点：就在即将被打败的苏联境内。但在年底之前，侵苏行动陷入了停滞，纳粹党对犹太人问题的看法也出现了根本性转变。他们计划将犹太人彻底灭绝。

波罗的海、白俄罗斯和乌克兰地区的犹太人将是纳粹政策这一致命转变的首批受害者，罗森堡及其下属部门在屠杀犹太人的过程中将发挥重要的辅助作用。[2]

"巴巴罗萨行动"期间，罗森堡的一个重大错误思想成了德国在东方战略的重要组成部分。追溯到1919年，罗森堡辩称，犹太人才是苏联和其他地方的共产主义运动的幕后操纵者，这个说法不但夸张，而且严重扭曲事实，直到大家都一致认为，实际上全部的犹太人都是共产党——为了消除红色威胁，德国人需要消灭犹太人。

希特勒也相信了这一错误的结论，在入侵苏联之前，这成了传达给涌入东方的德国人的基本指示中的重要内容。他们被告知这不是一场普通的战争。这将是纳粹主义和布尔什维克主义、雅利安人和犹太人之间不可调和的价值观的冲突[3]。在侵苏之前，希特勒对各军事指挥官发表讲话，呼吁他们用"最野蛮的武力"来打这场"歼灭战"。德国士兵接受的指导方针是：苏联人是不共戴天的仇人。"这场战争需要我们对布尔什维克煽动者、非正规军人、蓄意破坏者和犹太人，发起无情的、激烈的进攻，要求我们彻底消灭一切形式的反抗，不管是主动的还是被动的。"

党卫军、警察部队以及希姆莱手下的"特别行动队"也收到了同样的信息。他们将在军队之后进入苏联，负责"抚慰"被征服的领土。用1941年军事训令中的暗语来说，这是希特勒给帝国党卫军全国领袖下达的"特别任务"[4]。

在战争初期，"特别行动队"在东方为所欲为。海德里希指示说，他的手下有充分的权力决定处决谁：共产党、党内或政府里的犹太人，以及"其他激进分子"(破坏分子、宣传员、狙击手、刺客、煽动者，等等[5])。希姆莱告诉一队前往前线的党卫军战士说，他们将要处置"1.8亿人，各个种族的人都有，他们的名字很难发音，他们体格庞大，你可以毫无怜悯和同情地向他们射击……这些人被犹太人紧密团结起来，他们信仰一种宗教,一种意识形态,那就是布尔什维克主义"[6]。

一开始,希姆莱的"特别行动队"和安全部队迫害的都是男人。他们在制造一个幌子,似乎纳粹枪杀的都是反抗分子、苏维埃特工、共产主义煽动者和犹太知识分子。这些受害者被指控进行了劫掠破坏,传播不良消息,或是携带瘟疫。

但几乎很快地,纳粹就将他们的屠杀行动扩大到了妇孺身上,他们开始在新的占领区内有计划地杀害平民,人数多达数十万人。

通常,犹太人会被集中到一个中央广场上,然后一起行进到城外的一个偏僻之处。如果事先没有挖好集体墓穴,纳粹会命令最先抵达的受害者动手开挖。然后受害者将站在深坑的边缘,或者躺在先于他们被枪决的尸体身上,被射杀。有些人在被掩埋之前甚至一息尚存。[7]

最大的屠杀行动发生在1941年9月下旬乌克兰基辅郊外,就在苏联反抗军放置的炸弹和地雷破坏了德国占领区的指挥部门之后。纳粹非常愤怒,迁怒于苏联的秘密警察和基辅的犹太人。海报贴满了城内外,纳粹命令这些人于9月29日在一个特定的十字路口集合,还叫他们带上文件、钱财、行李和珠宝,因为他们将被重新安置。第二天是犹太人的赎罪日。

抵达以后,犹太人发现并没有载他们去安置地的火车。相反,他们被驱赶到犹太公墓以外的一个边防关卡。很快,排在队伍后面的人就知道发生了什么。他们听到了远处的枪声。

到了关卡处,他们要交出随身携带的物品,甚至包括结婚戒指和衣物。他们被分成十人一组,在前往巴比谷路上不断遭到殴打和鞭笞。在接下来的几天里,一共有33761人遭到枪杀。"后来,尸体被转移和焚烧，没能火化的骨头被捣碎，然后与沙子混合在一起，"历史学家蒂莫西·斯奈德（Timothy Snyder）写道，"留下的只是一个数字。"⁸

"巴比谷屠杀"还只是1941年下半年一系列大屠杀事件中的一件。8月，2.3万多名被从匈牙利驱逐出来的外籍犹太人——大部分是俄国人和波兰人——在乌克兰西部的卡曼特斯–波多里斯克遭到大规模屠杀。10月，又有1万名犹太人在第聂伯罗彼得罗夫斯克被枪杀。同时，从波罗的海诸国到黑海的城镇和村庄里，不断有犹太人消失。

在柏林的罗森堡定期收到报告，报告上说，在他管理的广袤的东方领土上，有哪些城市已经"没有犹太人"了。

不只是个别城市，而是整个国家：罗森堡的故乡爱沙尼亚是第一个没有犹太人的国家。这里的1500名犹太人全部被消灭干净了。9月，罗森堡收到了两名从拉脱维亚和爱沙尼亚视察回来的官员呈上来的报告，他很是高兴。他们告诉他那里的人民——在纳粹的进攻下幸存下来的人民——为得到解放而高兴，自1940年至1941年波罗的海诸国被苏维埃占领后，他们一直生活在残酷的统治之下，数千名爱沙尼亚人、拉脱维亚人和立陶宛人遭到处决或被驱逐出境。

"不仅有犹太人在毒害他们的思想，他们内部也分裂了，"在讨论会后他在日记里写道，"他们经历了这么可怕的事情，所以他们的德国主子对他们来说就是拯救者。既然犹太人和共产主义者都被铲除了，这里的人获得了重生。"⁹

* * *

在很多地方，纳粹的屠杀行动变得有些复杂，因为德国人想要雇佣犹太人为工厂、商店和建设工程做工。那些"适合劳动"的犹太人虽然暂时可以逃过一劫，但他们也生活在极度的惶恐不安之中，他们常常眼睁睁看着警察将他们的邻居拖出去处死。

白俄罗斯的首都明斯克就是一个例子。这个城市进入战争已经6天了。7月初，所有45岁以下的男子被圈禁起来，带到一个野外的营地。[10]14万多名战俘和平民挤在一个城市广场大小的区域，水和食物都很有限。他们常常被用橡胶警棍鞭打，因为一个芝麻大的借口就可能被枪决。7月，罗森堡收到一封关于这个营地状况的急件。"承担守卫责任的警卫部队非常有限，常常连续工作，无人替岗，所以对待这些囚犯就只有一种方式，那就是用武器说话，而且动起武来非常残酷。"[11]过了一段时间，这些囚犯被按照国籍和种族进行分类，俄国人和波兰人被释放了，只有犹太人被留下了。

一天早上，警卫叫所有受过教育的犹太人——工程师、医生和会计——登记劳动。两天后，剩下的人被拉出营地枪杀了。他们被赶回城区，搬到一个犹太居住区，与城里剩下的犹太人一起为建设占领区劳动。明斯克的犹太居住区至少有7万犹太人，是苏联占领区内最大的。

犹太人就靠着荨麻和土豆片果腹，生活在饥饿和恐惧之中。"驾着卡车的盖世太保会突然袭击犹太居民区，开始抓人。"米哈伊尔·格里查尼(Mikhail Grichanik)写道，他是一名裁缝，在明斯克的一家制衣厂工作，在逃离之前曾在犹太居民区生活过好几个月，纳粹杀死了他的母亲、妻子、三个孩子，还有其他亲戚。"纳粹闯进公寓，用橡胶警棍殴打犹太人，将他们带了出去，假装是让他们去工作，实际上他们是被带去了泥滩沼泽一类的地方。没人见过他们活着回来。""特别行动队"的报告记录了这一现象，还给出了非常精确的统计数据：8月16日，处决615人；8月31日和9月1日，1914人；9月4

日, 214人; 9月23日, 2278人。

9月, 据报道, 科瓦尔斯基家的父亲和他的一个儿子曾躲在暗处, 亲眼看到警察冲进了他们家, 杀死了他的另外两个儿子、两个女儿和孩子们的奶奶。最大的女儿一开始还被迫脱了衣服, 在桌上为他们跳舞。[12]

夜间窗户被遮起来的黑色货车开始在街道上巡逻, 专门抓犹太人、游击队员和流浪儿童。犹太居民区的人惊恐地发现, 这些车是纳粹用来进行毒气试验的: 这些车经过改装以后, 引擎产生的尾气会被重新导入封闭的汽车后车厢, 里面的乘客会中毒窒息而死。犹太人将这些车辆称为"灵魂的毁灭者"。

1941年11月7日, 警方将明斯克犹太居民区的全部人员都赶到了街上。"惶恐不安的号叫声, 绝望的哭喊声, 小孩的啼哭声, 妇女的抽噎声……响彻整座城市上空。"[13]在这次流血事件中幸存的一位名叫索菲娅·奥泽斯卡(Sofia Ozerskaya)的老师回忆道。这个日子很有象征意义: 这正是苏联人庆祝革命胜利的日子。纳粹举办了一场极具嘲讽意义的模拟庆祝活动, 他们命令一些犹太人穿上最漂亮的服饰, 由一名举着红旗的领队带领, 唱着爱国主义歌曲, 在街道上游行。游行结束以后, 全体犹太人被赶到卡车上, 驱往附近的一个营地, 然后这些人被赶入一个谷仓, 等待末日的来临。在接下来的几天里, 他们被拖到战壕处一一击毙。这次行动一共屠杀了12000人。

两周后, 又有7000人被围剿。一位名叫莱文(Levin)的犹太理发师, 因技艺娴熟在一些纳粹军官中小有名气, 因而得到保护。他疯狂地乞求纳粹指挥官放过他的妻子和女儿, 但德国人只同意免一人死, 他必须做出抉择。

"莱文选择了女儿，"裁缝格里查尼 (Grichanik) 说，"当这些工人被带回工厂时，个个面色惨白，一言不发。"

德国人对明斯克的统治持续了近三年。

* * *

就在希姆莱的手下对犹太人进行大屠杀之时，罗森堡计划在新占领区建立七个"总督辖区"，已经建成了两个：一个是由埃里希·科赫管辖的乌克兰，另一个是由海因里希·洛泽管辖的包括波罗的海诸国和白俄罗斯部分领土在内的奥斯兰。

1941年7月末，在与包括希特勒在内的柏林的官员沟通后，洛泽被派往立陶宛考纳斯。在那里，洛泽与希姆莱见了两次，希姆莱简单告知了他有关屠杀犹太人的情况，洛泽很快就上道了。7月，在立陶宛，一共1.5万名犹太人被捕[14]，他们被驱往郊区，遭到枪杀后就被埋在万人冢里。"特别行动队"还得到了数千名立陶宛志愿者的帮助。8月1日，洛泽返回柏林，向罗森堡和其他东方占领区事务部的高层领导汇报他的发现。在描述立陶宛的犹太人大屠杀时——他说这个数字达到了1万，而且这些受害者都是死于"立陶宛人民之手"——洛泽说大屠杀还在夜以继日地进行着。"遵照元首的决定，"他说，"这个地区的犹太人必须被彻底铲除。"[15]

会面后第二天，洛泽在他的辖区也开始配合希姆莱的犹太人政策。他也听从了罗森堡在1941年春季描绘对东方的政治管理时建议采取的方针："强迫犹太人劳动，建立犹太居民区，等等"，以此作为处理犹太人问题的"临时解决方案"[16]。按照洛泽制定的更加细化的实施条例，农村的犹太人将全部被"清除"：在没有获得许可的前提下，他们不得搬移;"在必要的情况下",他们随时可能被逮捕;他们必须佩戴黄星;他们不能使用人行道、汽车或公共交通工具;他们不能去剧院、图书馆、博物馆、游泳池、游乐场或运动场;他们的财产要被没收。

虽然这些措施听起来很严酷,但是对党卫军来说,这还远远不够,他们对这种践踏到他们地盘上的做法非常愤怒。

驻奥斯兰"特别行动队"A队指挥官弗朗茨·瓦尔特·斯塔列克尔(Franz Walter Stahlecker)发起了反击。他写道:洛泽忽略了一个事实,现在"根治犹太人问题"第一次变得有可能了。他呼吁召开一次会议进一步探讨这个问题,因为洛泽的指导方针"包括来自某位高官的命令……所以无法通过书面讨论来解决"[17]。

在回复中,洛泽修改了他制定的条例,强调他所列出来的限制规定只是"暂时的……是最低限度的措施"[18],总督辖区的官员们不会干预希姆莱的安全部队的工作。自法令颁布后,斯塔列克尔给他手下的"特别行动队"的官员们写信,再次强调了洛泽会全力支持党卫军对犹太问题进行终极解决。[19]

斯塔列克尔是对的。这样的争议,与在1941年至1942年发生在党卫军和东方占领区事务部之间的其他很多起争议一样,都与管辖权有关。问题的关键在于东方占领区的犹太人政策,到底应该是一个由帝国党卫军全国领袖来处理的警务问题,还是一个应该由东方占领区事务部部长来监管的政治事件。罗森堡也没有放弃让他的部门在东方拥有绝对权威的抗争。他的一个助手奥托·布朗蒂加姆(Otto Bräutigam)认为这并非明智之举,当谈到犹太问题时,他说,他"不认为强调党卫军和警察领袖的管辖权是不得人心的"[20]。

但在1941年，当希姆莱的部队在他的地盘屠杀犹太人时，罗森堡并不想袖手旁观。

* * *

1941年9月，罗森堡迈出了决定性的一步。[21]柏林方面了解到斯大林驱逐了60万名居住在伏尔加河沿岸的德意志人，用牛车将他们运往西伯利亚和哈萨克斯坦。"对莫斯科的仇恨再次在所有人心中燃起，并比以往更加炽热。"[22]罗森堡在日记里写道。驱逐就等于谋杀。"我下达了一个非常严厉的指示，并将这份措辞严厉的草稿发送给元首，而他作了更加尖锐的批示。昨天我叫人准备一份发送给苏联、英国和美国的无线电报稿，他警告苏联，如果这样的大屠杀还要继续的话，德国将会让中欧的犹太人尝点儿苦头。"在他的备忘录中，罗森堡建议希特勒立刻将"中欧所有的犹太人"驱逐至东方，以其人之道还治其人之身。

希特勒拒绝马上开始驱逐犹太人。他计划在取得对苏战争的胜利后再行动，他预计这场战争将是一场力量悬殊的、短暂的战争。但斯大林的军队在最初几次失利后恢复了过来，在德军入侵3个月后，柏林方面清楚地意识到，莫斯科不会轻易崩溃，也不会很快投降。

在与里宾特洛甫和希姆莱进行了一轮讨论之后，希特勒决定不再拖延。9月17日，他命令希姆莱启动驱逐德国、奥地利和捷克的犹太人的行动。

戈培尔对此欣喜若狂：他在一个月前就曾在日记里写道，犹太人去了东方以后将会"处境恶劣"。

当奥斯兰的官员们了解到数千名犹太人将被驱逐到他们的地盘

上，并且要在里加和明斯克建设新的集中营时，他们并不高兴。[23]最终从罗森堡那边传达下来的消息令他们稍感宽慰——这只是权宜之计，之后犹太人会永久消失。罗森堡的种族问题顾问埃哈德·韦策尔(Viktor Brack)给洛泽起草了一封回信，信中提议在里加和拉脱维亚建设一个"释放毒气的装置"[24]来处置那些"不适合劳动"的被驱逐者。维克多·布拉克(Viktor Brack)还帮助启动过一个项目，对数万名患有精神病的德国人实施"安乐死"，很多人是被毒气毒死的。布拉克非常乐意派他的技术人员前往里加来建设这类设施，以帮助处理洛泽辖区的犹太人。

没有证据证明这封信最终发出与否[25]，这个建议并没有实施——只是在波兰建立了集中营——但重要的是罗森堡的部门承认，他们"并不反对在布拉克的协助下消灭掉那些不适合劳动的犹太人"。

* * *

10月4日，海德里希与罗森堡部门的领导们会面，推进合作。[26]他说，他不是来争吵的，无论如何，"对犹太人的处置从哪个方面来说都是安全警察的工作"。但1941年秋，洛泽手下的辖区官员开始对希姆莱手下那帮狩猎的安全部队执行的部分杀戮行动提出反对意见。

争论的重点不是杀戮本身。没有纳粹对犹太人心慈手软。这些官员反对只是因为对方没有提前和他们商议，或者是对方在光天化日之下进行的大屠杀给他们治下的城市造成了动荡，又或者是他们想赦免一些犹太人以强迫其劳动。

洛泽手下一名分区领导海因里希·卡尔(Heinrich Carl)报告说，10月27日早上8点，一名警察大队的官员出现在白俄罗斯的斯卢茨克，宣布他的部队受命前来消灭这里的所有犹太人。[27]在一份层层上报并最终到了洛泽手上的备忘录中，卡尔抗议道，他事先没有接到任何通知，此外，其中一些犹太人是工匠，包括制革匠、木匠、铁匠。如果处死他们，那么这个城市的工厂就要立刻关门大吉了。但是那位警官告诉卡尔，他接到的命令是"清理全城的犹太人，不放过一个"。

这些持枪的警察开始以近乎"施虐狂"般的"令人难以置信的野蛮"工作起来，他们将犹太人拖出工作场所，赶上卡车，然后在城外射杀。犹太人还被用橡胶警棍和步枪枪托狠狠殴打。"枪声响彻城市的各个角落，"卡尔在备忘录中写道，"在各条街道上，被射杀的犹太人尸横遍野，血流成河。"

一些犹太人被活活掩埋。一个女孩曾在全城奔走，希望筹集资金来挽救她父亲的生命。

这些警察从受害者手上脱下手表和戒指，将他们的靴子、皮衣、黄金和其他一切能带走的物品掳掠回家。城里的非犹太人也"整个傻眼了"，他写道，"要想重拾这些人对我们的信心，要花费很长一段时间"。

几乎同时，另一位分区领导也汇报说，在拉脱维亚靠近波罗的海海岸的利耶帕亚，也发生了对犹太人的屠杀，造成了重大的动荡。"那些警官甚至还问我有没有必要连儿童也一起清理掉。"[28]洛泽开始采取行动阻止更多的屠杀。他也反对清理里加的犹太居民区的计划，但很快希姆莱就派来一位信使，叫洛泽不要插手："告诉洛泽，这是我的命令，也是元首的愿望。"[29]

党卫军也对罗森堡的部门发起了抗议，叫洛泽对自己的行为做出解释。

"我禁止在利耶帕亚野蛮处决犹太人，因为这个方式是站不住脚的，"洛泽回复说，"我想知道是否可以将您在10月31日的查问理解为清理东方所有的犹太人？"[30]洛泽对屠杀犹太人倒是觉得心安理得，但是他需要一些特殊的犹太人。"当然，清理东方的犹太人是一项必要的任务；然而，这个问题的解决方式必须与军需生产加以协调。"在培训出替补的劳工之前，洛泽不想失去这些宝贵的劳工资源。

12月，罗森堡的东方占领区事务部给洛泽发了一份含糊其辞的回复。此前在柏林进行了一番讨论，问题解决了。"现在通过口头讨论，犹太问题很有可能已经明朗了，"信中写道，"在处理这个问题时，经济因素应该基本上不予考虑。"[31]如果有任何问题，洛泽可以咨询党卫军。

显然，他没有异议。他放弃了。

* * *

1941年11月中，罗森堡和希姆莱在柏林会面[32]，就厘清犹太问题展开了讨论。11月15日，星期六，两位领导人在下午两点共进完午餐后，展开了四个小时的谈话，主要围绕着罗森堡手下的政治领导和希姆莱手下的安全部队之间发生的争议展开。

不知道希姆莱是否和罗森堡详细讨论过他越来越激进的计划，也就是加剧在欧洲肃清犹太人的行动。自从8月亲自观摩了一场在明斯克的屠杀行动后，希姆莱一直在琢磨更高效的杀人方法。他很苦恼，认为射杀数千人也会对杀人者的心理造成很大的负担。当他与罗森堡在11月会面时，在波兰东南部的贝尔茨克，第一个成熟的毒气室正在建设中。

希姆莱告诉罗森堡，最好的办法是，在他们会面三天后，罗森堡就对犹太人进行"生物学上的根除"发表一次讲话。

11月18日，星期二，德国新闻界的代表被邀请到罗森堡的东方占领区事务部总部参加下午的新闻发布会，这里处在柏林蒂尔加滕公园的西南角，是一幢巨大的石灰石建筑。此前正是在这里，罗森堡被官方宣布为东方占领区事务部部长。他的任命刚刚才对外宣布，因为希特勒认为在"巴巴罗萨行动"的前几个月，对他们计划任命的占领区领袖的人选严格保密才比较明智。

罗森堡穿着一件条纹西装，翻领上戴着一枚纳粹党党徽，他告诉汇聚一堂的忠诚的德国记者们（在第三帝国内由宣传部部长管理），他召开这次会议是因为他想要他们理解在东方发生的事情。但他们不能写出来，至少不能明确写出来。这只是一场背景介绍会，他接下来要说的一切都是严格保密的。

果然没有媒体报道罗森堡的讲话，但是他的讲话稿副本在战后被找到了。在讲述了与苏联永久决裂和开发苏联的自然资源计划后，他的话题转向了犹太人问题。

"在东方，"罗森堡告诉记者们，"还有约600万犹太人存活着，这个问题只能通过对欧洲的犹太人进行生物学上的根除来解决。在德国，只有最后一个犹太人离开了德国，在欧洲，只有当从欧洲大陆到乌拉尔山脉都见不到一个犹太人时，犹太人问题才算解决了。这是命运赋予我们的任务。"[33]他提及德国在1918年11月9日的投降，那是"一个命中注定的、决定性的日子。那时，犹太人表现出要摧毁德国的意图。多亏了元首和德意志民族的坚强性格，他们没能得逞"。但只要犹太人生活在欧洲大陆，这个危险就依然存在，同情心泛滥的欧洲人会让犹太人卷土重来。这就是为什么必须要消灭他们的原因，也是为什么有必要"将他们赶到乌拉尔山脉以外，或者用其他的方式来根除他们"的原因。

他已经说得非常清楚了。"流放到东方"只是一种委婉的修辞。到1941年年末，流放其实就意味着死亡。

* * *

洛泽和其他辖区官员在10月和11月出于技术原因提出的反对是一个例外。自罗森堡而下，东方占领区事务部的行政官员们全都支持屠杀犹太人，他们与希姆莱的警察部队合作，为大屠杀行动扫清了道路。[34]

他们将犹太人的财产列出了清单，圈禁了受害者。他们站在一旁观摩大屠杀，其中一些人甚至亲自参与到射杀行动中。

11月底，在被告知希姆莱甚至是"元首"已经下令清除里加的犹太居民区后，洛泽眼看着希姆莱的人和拉脱维亚的警察[35]将1.4万人驱逐到城外6英里处的伦布拉森林，没有提出反对意见。在那里，这些人和最早被从柏林驱赶到东方的一批犹太人中的幸存者会合了。一路上，很多人冻死了。这些受害者光着身子，躺在战壕里，被集体射杀。[36]当尘土将他们掩埋后，压路机再碾压上去将地面夯实一番。

1941年12月，立陶宛的"特别行动队"队长卡尔·耶格尔（Karl Jäger）直白地记录了他自夏天以来在东方的所作所为。"除了参加劳动的犹太人和他们的家人外，"他汇报说，"立陶宛已经没有犹太人了。"幸存的犹太人将被抓去做劳工。耶格尔估计，在超过25万的被占领人口中，大约还剩3.5万名幸存者。

他补充道：如果不是因为那些微不足道的经济上的反对意见，他会很乐意把这些剩下的人也送上西天。[37]

到1941年年底，立陶宛70%的犹太人——17.7万人，丢掉了性命，几乎全部是在洛泽抵达后被屠杀的。[38]在拉脱维亚，全国约90%的犹太人被杀死。在整个东方，多达80万名犹太平民遇害。[39]

* * *

与此同时，在1941年下半年，天主教的神父们通过演讲和印发文章再次对纳粹发起讨伐，希特勒大为不悦。他告诉罗森堡："一些光头"——一个蔑称，指代那些剃光头发来向外界表达宗教虔诚的神父——"似乎犯了头疼病，看来只能把他们的头砍了才能治愈这个病"。[40]

"显然，"罗森堡在日记里补充道，"这些绅士还不是很了解元首。"

神父的抗议与一场有别于东方正在进行的大屠杀行动有关[41]：纳粹正在实施一个让残疾儿童和成人"安乐死"的项目，这个项目被称为"T4项目"，因为纳粹党在柏林的总部就位于蒂尔加滕大街4号。希特勒在1939年发起这一项目，这也是纳粹党建设一个纯种雅利安种族的一部分。就在相关医疗机构被要求填写他们的病人调查问卷时，有关这个项目的真相被传了出去。很多受害者得到了教会组织的照看，虽然一些宗教领袖收到了警告，他们也偷偷游说反对这样的屠杀，但他们并没有发起公开要求结束这个项目的运动，因为担心纳粹会对他们实施报复。

但是在1941年8月3日，明斯特主教克莱门斯·冯·格伦最终决定在小讲坛发表对这种屠杀行为的谴责。"据可靠消息，"他告诉圣兰伯特教堂的教徒们,"在威斯特伐利亚地区的医院和精神病院,已经准备好了病人清单,他们被归类为'民族共同体中的无生产力成员'。他们将被移出医院,之后很快就会被杀死。在这周内,第一批病人就离开了明斯特附近的马琳塔精神病院。"他说,很快,亲眷们就会收到受害者的骨灰,他们得到的解释将是,他们亲爱的家人死于自然原因。

冯·格伦说,这就是谋杀。按照纳粹统治集团的意见,人如果不再"有生产力",就应该去死。如果这样扭曲的原则站得住脚的话,"那么当我们变得年老体弱时,我们就该遭殃了……那些残疾人就该遭殃了……我们那些勇敢的战士带着伤残返回家乡时,他们成了跛子,成了体弱多病者,他们也该遭殃了!"在这样的政策之下,主教继续讲道,"没有人是安全的:随便某个委员会就可以把他列为'无生产力'者,按照他们的判断,他就'不配活着了'。没有警察保护他,没有法庭来为他的死报仇,将凶手绳之以法。"

他的讲话引发了一场风暴。8月24日,希特勒悄悄地终止了"T4项目",就像其悄悄地开始一样。也许除了舆论原因外还有其他理由。"T4项目"已经完成了希特勒设定的配额目标:7万名受害者。此外——在罗森堡的办公室,韦策尔在他那封告知辖区总督洛泽关于"布拉克的助手"的臭名昭著的信中,已经暗示——执行"T4项目"计划的人员将被派遣到东方,而此时的东方,正在计划更大范围地布置毒气。

4个月后,1941年12月,罗森堡和希特勒还在谈论之前的起义事件。希特勒想不明白。"如果教会坚决要留下那些傻子的话,"罗森堡在日记里写道,"他会让所有这些低能儿成为神父和他们的信徒。"[42]他们的布道是通过BBC进行广播的,还被翻译成其他语言,印成小册子，英国人将其空投到德国、法国、荷兰、波兰和欧洲其他被占领区。其他的神父也通过写信和发表讲话来接力起义。

"元首说这帮绅士估计想变成'烈士'，期待被光荣监禁吧。"罗森堡写道，在有些地方，他们如愿以偿了。盖世太保将那些传播冯·格伦布道的人抓了起来，并将他们送进了集中营。但主教本人并没有被抓。一些纳粹领袖要求绞死冯·格伦，但希特勒担心这会造成内部的政治后果[43]，所以暂时不想将他变成烈士。他决定等到战争取得胜利后再说。罗森堡在日记里写道，不管怎样，"明斯特主教总有一天会面临枪决"。

尽管"T4项目"取消了，但在德国对残疾儿童使用毒气的行动还在继续。

对犹太人的谋杀也在继续。当犹太人开始被驱逐出德国时，冯·格伦没有说什么[44]，至少没有公开表态。

* * *

1941年12月12日——日本轰炸珍珠港5天后，也是德国对美宣战次日——希特勒邀请了纳粹党的高层来他位于柏林的私人住所，告诉他们现在是时候彻底解决犹太人问题了。"元首决心要清理犹太人，"戈培尔在日记里提到了这次秘密谈话，"他警告过犹太人，如果他们引发了另一场世界大战，那么他们就是在自取灭亡。现在世界大战开始了……那些导致这场血腥冲突的人将付出生命的代价。"[45]

那个月末，罗森堡将在柏林的体育宫竞技场发表讲话，威胁要对犹太人发起新的报复行动，因为盟军持续封锁德国的海上运输。他原计划要说，"德国将对生活在东方的犹太人采取相应的行动"来回应由"纽约犹太人"煽动的"全世界对德国的敌意"。[46]在东方占领区，一共有600万名犹太人生活在纳粹统治之下，他们是"全世界犹太人的力量之源"。德国需要开始"摧毁这个纽约犹太人获得力量的源泉"，德国将开始"对这些寄生虫进行根除"。这个演讲和他在一个月以前在德国媒体面前所做的秘密讲话如出一辙。

但是随着美国宣布参战，罗森堡认为在此时发表这样激发仇恨的言论似乎不妥，因为纳粹威胁要消灭犹太人的动机之一就是要阻止美国人参战。但是现在美国人突然宣布参战了。

12月14日，他与希特勒会面，讨论如何应对。"关于犹太人的问题，"罗森堡将这次会面的情况写进了一份备忘录，"我说，在那个决定之后，我那番关于纽约犹太人的言论现在不得不做出改变。"他口中的这个"决定"很可能是指美国参战的"决定"。"我的意见是现在不应该提要灭绝犹太人。"[47]希特勒也同意了，还说了一些不便说出来的气话。这是罗森堡整个政治生涯最重要的驱动力：犹太人导致了这场战争和破坏，他们将是第一个尝到苦果的人。

就在同一天，希特勒分别会见了罗森堡、希姆莱和"T4项目"的一位主要负责人菲力普·鲍赫勒(Philipp Bouhler)。[48]

既然纳粹不打算公开谈论灭绝犹太人的话题，在希特勒秘密会见几名高层后的几天内，这成了纳粹领导人讨论的一个核心话题。波兰辖区总督汉斯·弗兰克就是一个例子。他也参与了与希特勒的会面，然后抱着一种风雨欲来的心态回到了自己的辖区。"至于犹太人，嗯，我可以非常坦白地告诉你们，我们无论如何也要了结这个问题……他们将会消失，"他对辖区内的一群纳粹官员说，"他们将被彻底消灭。"[49]

***

5周后,1942年1月的一个星期二,15名纳粹官员驱车来到位于柏林郊区的万湖边,他们的车停在了一家党卫军宾馆前。这个小镇里有一个漂亮的滨水区和沙滩,夏天很多富人和名人将纷纷到此度假。但这天上午,窗外的湖面上下起了纷纷扬扬的大雪。坐定后,这些人先喝了白兰地暖身。

围桌而坐的这些官员包括外交部、内政部、司法部、经济部和波兰总督府的国务秘书与副秘书,其中7人是处理过犹太人问题的党卫军军官。罗伯特·肯普纳后来这样描述这个组合:"这些先生了解你必须知道的一切事情。"[50]和其他部长一样,罗森堡没有亲自参加这次会议。他派了东方占领区事务部两名重要成员参加:他的副部长阿尔弗雷德·迈耶(Alfred Meyer)和政务委员与联络官格奥尔格·莱波布朗特(Georg Leibbrandt)。毫无疑问,在会后他们向罗森堡介绍了与会情况。

赖因哈德·海德里希将这些官员召集到一起,不过邀请函上对议题的描述特别谨慎。阿道夫·艾希曼是海德里希下辖的帝国保安总局犹太人事务办公室主任,他主要负责将欧洲所有犹太人驱逐到东方,他起草了会议纪要,分发给每一位与会者和其他官员。因为艾希曼起草的这份纪要足以成为犯罪证据,所以除了一人以外,收到这份文件的30名官员全都将其销毁了;幸存的副本确保了这一个半小时的讨论,将作为纳粹针对犹太人的最终解决方案的分水岭载入史册。

海德里希想要集这几个部门之力,一起实现他的"最终解决方案"的蓝图。他提醒在座的官员说,他的使命是要让欧洲再也没有犹太人,他解释说之前那些"鼓励"犹太人移民的措施——10年来对犹太人的攻击、逮捕和歧视——并没能解决这个问题。现在希特勒批准了一个新的解决方案："将犹太人撤离到东方。"

海德里希概述了他的总体规划。欧洲将从西到东对犹太人进行"梳理"，那些身强体壮的犹太人将会从事生产劳动，直到累死。"按性别编成庞大的劳动大队，适合劳动的犹太人将被送往东方修路。多数犹太人无疑会因自然因素而被淘汰，"艾希曼在会议纪要中写道，"而那些幸存下来的无疑是最顽强的，只得对他们做出相应处理了，因为，不处理的话，经历了自然淘汰的他们将会成为犹太民族新生的苗子(参见历史经验)。"[51]

尽管这一政策已经描述得如此直白，无论怎样都等于给欧洲所有的犹太人判了死刑，但与会的所有人都矢口否认海德里希在会上谈到了种族灭绝。不过艾希曼后来证明，他的会议纪要使用了委婉词语，使用一种暗语来掩饰万湖别墅里的15人的真正想法：对犹太人并非转移，而是灭绝。

后来这场会议成了大屠杀那种令人费解的恐怖的象征：德国这样一个开明的、先进的国家何以堕落到出现这种最恶劣的野蛮行径。"这是一座优雅的别墅，有着高贵的格调，这里处于欧洲最古老的首都之一，"历史学家马克·罗斯曼 (Mark Roseman) 写道，"这里坐着的是15位受过良好教育的文明官员，他们来自一个受过教育的文明社会，他们亲眼见过一切最端庄的礼仪。但就在这里，他们一致通过了种族灭绝政策。"[52]

* * *

就在万湖会议召开前几个月，希特勒思索着他为了让德国隔离犹太人所做的一切。一个严肃的类比突然涌入脑海中——他将这场自20世纪20年代开始的邪恶运动的口号，与著名细菌学家(也就是罗伯特·肯普纳与之同名的教父)的伟大成就联系到了一起。

"我由罗伯特·科赫想到了政治。"⁵³"元首"告诉一名同僚。他们的对话发生在黎明之前，东方刚刚破晓。希特勒自己解释说："他发现了结核杆菌，为医学探索出了新的道路。而我发现犹太人就是那种结核杆菌和酵母菌，会导致一切社会腐烂，他们会持续发酵。"

"我已经证明了一件事：一个国家没有犹太人也能存活。"

第19章 "我们特有的悲剧命运"

就在第二次世界大战开始的那一天，柏林一对名叫弗里达（Frieda）和马克斯·雷纳赫（Max Reinach）的犹太夫妇打开了一个笔记本[1]，开始在小小的黑色方格纸上，为他们得以逃出德国的成年孩子记日记。半个世纪以后，这本黑色封面上缠满透明胶布的小小日记本，来到了这个家族两代以后的一个远方亲戚——亨利·梅耶手中，他是华盛顿大屠杀纪念馆的档案管理员。

"我想在这本小册子里记下接下来的日日夜夜，我这么做是为了你们，我亲爱的孩子们，有一天你们会理解和认识到我们生活的这个时代，我们所遭受的苦难，"马克斯写道，"你们的父母信仰上帝，他在之前的艰苦岁月里保护着我们，今后也会继续保护我们。因此才有这样的说法：'你们是永恒的上帝的儿女。就算一个父亲跟孩子生气，他也不会任他们遭受灭顶之灾。'我们的良心是干净而纯洁的，我们唯一畏惧的只有上帝。"

战争开始前，弗里达一直在当老师，而马克斯则做点雪茄的生意。失去工作后，他们都来到犹太社区中心的施粥场当志愿者。但是一天天过去了，随着战争的继续，对犹太人的搅扰越来越多，弗里达变得日渐沮丧。他们的家庭原本没有那么笃信宗教，但马克斯重回宗教的怀抱，对于生活在第三帝国期间的德国的种种考验越来越坚定和达观。他发誓，他和弗里达绝对不会停止抗争，一定要生存下去。他们不会像其他失去信仰的人一样变得不堪一击。"不能言说的痛苦和悲伤淹没了我们所有人，我们需要像岩石般坚定地信仰上帝，以通过当前的这些考验生存下来。"他告诉他的孩子们，"你们的父母有坚定的意志，在这个充满恐怖的时期活下来，走向一个不一样的未来，那时也许就是和平岁月了。"

* * *

"根据法律，我们必须佩戴六芒星……星星下面还标注着：犹太佬。"1941年9月，马克斯写道。按规定，六芒星的标志要被缝到衣服的左胸前。有商家生产了约100万个六芒星标志，印在卷布之上，裁剪之后以每个10芬尼的价格卖给犹太人。[2]犹太人戴着六芒星是为了方便盖世太保随时审讯他们，没有佩戴者则很有可能被捕。马克斯吓坏了："我从没想过会发生这样的事情。"

年复一年，限制条件越来越严苛。[3]没有许可的话，犹太人不得进入火车站，不得进入柏林的中央政府区，不得驾驶车辆。一本纳粹手册上写着："犹太人再也不可能开车在德国做生意了！"他们必须遵守晚上8点开始的宵禁——周末是晚上9点开始；他们还必须上交他们的公司股份、珠宝和艺术收藏品；他们不能使用电话服务；在他们最神圣的赎罪日那天,他们上交了他们的收音机;他们的口粮定量要比那些雅利安邻居少得多,一天之中他们只有晚上一小时的购物时间,这时商铺基本都卖空了。

"60年来,"马克斯感叹道,"我们一直都坚持一个想法,那就是不要或者不要看上去与众不同。但现在,街上的毛头小孩都在欢快地数着犹太人。我们作为公民的平等性已经荡然无存。"

* * *

宣传部到处张贴海报,上面印有希特勒的"箴言"——于1939年1月30日在国会大厦前发表的演讲:"如果欧洲境内外的国际犹太金融家再一次将诸国带入另一场世界大战的话,结果绝不是布尔什维克称霸天下、犹太人大获全胜,而是欧洲所有的犹太人都将有灭顶之灾!"[4]

* * *

1942年5月,正在马克斯为犹太人和"我们特有的悲剧命运"陷入沉思时,对犹太人的驱逐早已开始了。

1941年10月18日,第一批火车缓缓驶出柏林,从那时起,移民通道就已对犹太人关闭了。[5]

马克斯在日记中指出,他和他妻子的兄弟姐妹全部被"撤离了"——马克斯、朱尔、莫里茨、玛莎、莉亚妮、阿黛尔和伯恩德。"我们在这儿的大部分朋友也被带走了,生活变得异常孤独。"然而他还是笃定能再见到孩子们。他写道:如果他错了,请不要为他哀伤。"你们一直是我们的阳光,直到黑夜来临,直到暗夜将我们包围,"他写道,"不管是你们还是我们,忆及你们的童年,都觉得充满欢乐,这些回忆将长存心中。"

几天后,弗里达打开日记本,她无法掩饰她的愤怒。"自1941年10月以来,有多少万犹太人被'撤离了'?"她写道,"德国人称之为'撤离'。说是'撤离',他们说得好听……一想到要'被撤离',我就非常恐惧。这种可怕的可能性每时每刻都悬在我们的脑海中,而且这样的恐惧不无道理。每每想到此事,我就陷入了彻底的恐慌中,我知道:如果我也不得不踏上这条路,那我可能再也见不到你们了,亲爱的孩子们。"

曾经有一段时间,他们还给住在波兰罗兹犹太居民区的亲戚送过钱粮,尽管他们自己也食不果腹,还瘦了一大圈。后来,他们的食物定量供给卡不能再用于购买肉、鱼、黄油、鸡蛋、水果、咖啡、酒水和烟草,而且他们也买不到鞋子、肥皂和木柴了。[6]

去公园时,他们只能坐在标有"犹太人专座"的长凳上。"长凳被漆成了黄色,"弗里达写道,"我们拒绝使用这些长凳。"后来他们干脆被完全禁止进入公园。

不久之后,犹太人被命令上缴他们的宠物。"如果违反这一规定,"官方的通知写道,"警方将会采取措施。"

* * *

1942年5月24日,和他们同住一幢公寓的一位女士被命令交出她的房间。马克斯写道:"这往往是将被送走的第一步。"

6月,他们绞尽脑汁在思考一个问题:马克斯是否应该去登记为纳粹工作。他们不需要这笔工钱,因为他们基本买不到任何商品了,但这个工作也许能让他们免遭"撤离"。他们为犹太社区中心工作,这让他们得到了一时的保护，而如果马克斯到为战争助力的兵工厂工作的话[7]，他们就会更加安全了。但另一方面，如果去登记工作的话，也可能反而引得纳粹来对付他们。"这个决定太难太复杂了，"弗里达写道，"因为不管作什么决定，都可能是错的。"

他们还没有收到过去被送往东方的亲戚们的来信。"他们在哪里？"她写道，"他们还好吗？"

他们不得不交出他们的电器——吸尘器、熨斗、电热毯、电炉子。连理发店也进不了了。他们还被迫交出打字机、自行车、相机和望远镜。"这很有趣吗？一点都不。"弗里达写道，"然而这还不算真的糟糕。逮捕、枪杀、处决每天都在上演。所以你还惊讶我何以感到恐惧吗？……只有奇迹能拯救我们，而且那个奇迹还必须马上发生。否则，我们就全完了。"他们试图怀抱期待，希望德国输掉战争，但这似乎只是他们一厢情愿的想法。"现在不是做梦的时候。"

这是夏天，但是下着雨，很冷。年初，他们就被迫交出了他们的皮草和羊毛衫。

* * *

6月29日，马克斯去登记为纳粹工作。他们叫他等待结果。一周后，消息传来：他们被安排"撤离"了，4个月后去目的地报到。他们充满了恐惧，可马克斯却有好几次"奇怪地觉得，内心反而更加平静"。

"你们也看到了，我去登记工作是一个错误的决定，"他写道，"但每个人都有他自己的命运。我的保护神不会将我们丢在这种恐惧和折磨之中，他永远和我们同在。"

***

三个半月后，1942年10月20日早上7点，弗里达和马克斯被传唤到奥拉宁堡大街上的犹太社区中心。在那里，他们和社区中心的其他1500名员工一起战战兢兢地等待着盖世太保的出现。

一年前，柏林的犹太人领袖被迫帮助纳粹组织修筑通往东方的路。[8]蒂尔加滕区的一座前犹太教堂被改造成了一个"集合营"，犹太社区中心的工作人员就是在这里清点被选择去东方的犹太人的。据一位幸存者回忆：犹太人的领袖"尽管疑虑重重"，但还是只能配合工作。他们那时还没有意识到这样的驱逐意味着死亡。他们想确保火车上的乘客带了合适的衣物，旅途中有足够的食物。他们认为如果没有把一切都留给盖世太保，也许接下来的日子没有那么悲惨。

但现在盖世太保即将为了他们而来。[9]

犹太社区中心的员工们等了好几个小时，他们挤满了会议室、走廊和办公室。警察到了，他们宣布500名员工即将立刻失业，那些被选中的人两天后要到"集合营"报到。纳粹威胁说，如果有一个人没有出现的话，就枪毙一名犹太领袖。

一张流放人员名单张贴了出来。雷纳赫夫妇也赫然在列。

那天下午3点，他们回到了家中，处在震惊之中。

那天午夜，弗里达拿起笔给孩子们写下了最后几句话，寄望有一天这本日记能到达孩子们手中："我们是我们的犹太命运的受害者，我们失去了我们的祖国，我们的家园，我们的财产，一切……还可以在我们心爱的家中待上几日，之后——便什么都没有了。"她祝愿儿孙们生活幸福。"我知道你们永远不会忘记我们，但我还有一个愿望：不要让你们的生活因我们的命运而蒙上阴影。"

两天后，马克斯也留下了他的临终遗言。他保证说，他会无所畏惧地上路。命里有时终须有。"我们失去了所有的物质财产，我们几乎是赤条条地离开这个我们生活了400多年的国家，"他写道，"我们还不知道要去往哪里，但上帝无处不在，无论我们在哪里呼唤他，我们都能找到他。"

* * *

驱逐犹太人已经成了家常便饭。1942年10月22日，弗里达和马克斯来到"集合营"。他们的剩余资产在登记后被没收了。他们的行李也要接受搜查，以免有些零星的贵重物品漏网。[10]4天后的大清早，他们从"集合营"出发来到北部2英里以外的货运火车站，和其他800人，其中包括88名15周岁以下的儿童，一起登上了一辆三等客车，出发前往东方。

他们的行李并没有上车，而他们在柏林的公寓也很是抢手。

10月29日，弗里达和马克斯及其他被宣判死刑的犹太人一起抵达了拉脱维亚里加的一个郊区火车站，这里距离柏林700多英里。他们下车后，就被带到森林里，全体被枪杀。[11]

不久后，他们在以色列的女儿特露德（Trude）收到了父母在被驱逐的前几天，通过德国红十字会传递的消息："我们以深深不舍的心情，向你永别。愿上帝保佑你。"

署名非常简单："你悲伤的父母。"

* * *

一个月后，纳粹开始从柏林直接发车去往奥斯维辛。在战争结束前,一共有50000名犹太人被驱逐出柏林,柏林的犹太人只有8000人得以幸存。[12]

一名历史学家后来写道,纳粹企图做的,正是要"将被驱逐者的社会存在仔细地、彻底地抹去"[13]。

在雷纳赫夫妇离开之前,一名和他们住在同一幢公寓的女士答应替他们保管日记[14],并尽力把它转交给他们的孩子们。这位女士非常忠诚于这一使命,她甚至将日记缝进了腰带里,随身带着。战后,她将日记给了一名美国士兵,并附上了雷纳赫夫妇身处美国的亲人的地址。那名士兵回到美国后,将日记寄给了住在波士顿城外的雷纳赫夫妇的女儿莉莲(Lillian)。

几年后,特露德将日记为她那些讲英语的孙辈们翻译成了英语。她不仅是想要他们阅读这本日记,她还有一个"更深层次的动机":将日记传递给下一代,以追念她的父母,她丈夫的父母,以及在纳粹手中丧生的数百万犹太人。

她在信的结尾处引用了一句诗,她认为这句诗是来自一位名叫阿尔弗雷德·克尔(Alfred Kerr)[15]的德国作家:

只有那些被遗忘的人才会死亡。

第20章 美国本土的纳粹分子

据罗伯特·肯普纳的判断,来到纽约的德国移民半数决定留在这里。很多人最终在华盛顿高地社区定居下来,这一社区甚至因此被称为"第四帝国"。肯普纳选择了费城,他不喜欢城市生活[1],一理清财务问题,他就去了兰斯当郊区,这里方圆约1平方英里,古树丛生,有很多大型的维多利亚庄园,这让他想起柏林的利歇尔费尔德社区。他在一处安静的地方买了一栋房子,时常邀请城里的朋友过来小住,他们一起坐在游廊上俯瞰远处,一条小溪潺潺流过公园。

尽管肯普纳的这片乐土听上去很有诗情画意,但对于新近抵达的德国人而言,生活就要复杂多了,因为现在的美国正与纳粹交战。"我是不是一名敌国侨民的问题,还没有定论。"[2]罗伯特在一封抗议信中写道,因为有关部门要求他捣毁他的短波收音机,以防他收听德国电台。"我是通过希特勒政权签发的特殊法令得以移民的,因此,我不是德国公民,而是无国籍者。我不效忠任何外国政权,我只效忠美国。"尽管在收音机的问题上,肯普纳赢了,但这意味着他和他的移民同胞在他们的新家园也要面对一场艰苦的斗争。

"移民全都有一个严重的缺陷,"肯普纳写道,"他们的口音很重。"人们就会好奇:"那是德国人吗?因为他是或者有可能是希特勒派来的特工,我们就要对他加以监视吗?"[3]

这些都是肯普纳可以回答的问题。事实上,在1939年秋天刚抵达纽约时,他曾将这些问题的答案拿来出售:他能帮忙确定纳粹派到美国来秘密推动其事业的特工的身份。

身为一个收藏者,他将7箱德国政府文档原件漂洋过海带了过来,并以此为工具赚钱,他可没打算免费透露任何资料。

几年后,肯普纳讲述了他如何与美国司法部合作的故事。一天,有两名联邦检察官来宾夕法尼亚州找他,也许是看了他给华盛顿的官员写的信,他在信中提出可以为美国政府提供服务。1940年,美国司法部成立了一个"特别防卫小组",主要负责收集纳粹在美国宣传情况的信息,并据此为刑事起诉案件立案。该小组将成为"美国政府清除颠覆活动的调度台"[4],主要通过监控和打压亲法西斯的媒体来实现。1941年夏,肯普纳与这一组织取得了联系。[5]

据肯普纳的回忆,来访的检察官很随意地称呼他为鲍勃,问他能为他们做些什么。"你能为我们弄到文件资料吗?"[6]

他还是一如既往的直白,问道:"那报酬是多少呢?"

"报酬方面有点儿困难,"其中一人回复道,"事实上你还是一名敌国侨民。"

"听着,"肯普纳耸了耸肩,说道,"如果你们单位没有这方面的经费,那就是说这一切都一文不值了。"

那两人笑了。

其中一个说:当然,"我们做什么都是有经费的"。

既然报酬不成问题,肯普纳给他们展示了一个样本文件,是有关恩斯特·威廉·伯赫尔(Ernst Wilhelm Bohle)领导的纳粹境外组织的。这一机构主要负责协调境外纳粹党员的活动,被怀疑正在领导一支由情报人员和破坏分子组成的第五纵队。肯普纳给律师们展示的文件里罗列了该组织的使命和策略。

伯赫尔一开始支持曾于1934年在麦迪逊广场花园制造过骚乱的反犹太组织"新德国之友",但该组织太过无能,二者之间很快陷入了一种尴尬境地。柏林的纳粹担心他们这一非官方的美国外围组织言辞太过直白,会让已经十分紧张的德美关系更加恶化,于是公开表示与该组织疏远。"新德国之友"迅速解散。它的继承者"德美同盟"取而代之,但就在肯普纳抵美的1939年,该组织的领导人弗里兹·库恩(Fritz Kuhn)因为挪用公款和伪造文件罪被判入狱。

不过，在美国还是有很多为希特勒摇旗呐喊的亲纳粹者。华盛顿的检察官和决策者担心他们正在策划一场危险的全国法西斯阴谋——志在通过煽动民族仇恨来推翻民主政权。鉴于希特勒的宣传机器取得的巨大成功，这些已经纳粹化的深谙人心的战士[7]，很可能像最佳广告商那样渗透到美国人的潜意识中，造成巨大破坏。

后来，肯普纳对德国试图在美国挑起事端的可笑举动进行了一番嘲讽。"纳粹行事非常愚蠢，非常难看，也非常野蛮，"他这样说，"我的意思是，几个零星的小小组织就想搞破坏，组织纳粹宣传和间谍活动……第五纵队试图为德国有所图谋，这是非常可笑的。事实上，他们向柏林保证可以凭一己之力在美国建立一个德国阵线，无论如何都会阻止美国参战的。"

但是在战争期间，这些在美国的煽动者似乎不可小觑。很多人对此发出警告，认为他们对美国的安全造成了严重的威胁，肯普纳也是其中一位呐喊者。

司法部着手对这些宣传者进行监视、压制和逮捕。司法部部长罗伯特·H.杰克逊和其继任者弗朗西斯·比德尔 (Francis Biddle) 领导的联邦检察官队伍，曾将数十名纳粹支持者送上审判台，罪名是违反新通过的煽动叛乱法——《史密斯法案》(the Smith Act)，或是更缺乏想象力的罪行：未向美国政府登记，疑似外国势力派来的特工，这就相当于起诉黑社会的流氓逃税。

肯普纳很快成了经常帮忙处理这些案件的付费独立专家之一。[8]检察官们感激他的协助，因为他目睹了纳粹的崛起，能描绘出纳粹和美国宣传者之间的相似之处。但他的穿衣风格似乎成了唯一的问题，他喜欢穿五颜六色的夹克和裤子。他们希望肯普纳能像美国商人与公务员一样保持一致的穿衣风格：黑西装，白衬衫，单色的丝质醒目领带。

肯普纳帮忙起诉过的人员中有德国海洋通讯社的员工[9]，德国海洋通讯社是一个亲纳粹的组织，与柏林的外交部和宣传部有着密切的联系；还有亲纳粹团体"美国联谊论坛"的负责人、哥伦比亚大学前教授弗里德里希·恩斯特·奥哈根（Friedrich Ernst Auhagen），以及卡尔·贡特·奥尔格尔（Carl Günther Orgell），他的德国侨民委员会受过罗森堡的外交政策办公室资助，帮忙广泛传播纳粹信仰。

检察官O.约翰·罗格（O. John Rogge）写道，在美国历史上最大的煽动叛乱罪审判中，也就是1944年诉麦克威廉斯的案件中，肯普纳"为这起艰难的案件提供了理论支持"[10]。在美国，29名叫嚣的亲德宣传者被关了起来，全体被送上审判台。这群人非常粗暴，很多天里，审判几乎成了一场闹剧。华盛顿一名旁听诉讼的记者写道："很少见到这么多横眉怒目、神经质的狂热分子汇集一堂。"[11]

检方辩称，被告是纳粹推翻世界民主政府的阴谋的一部分。他们违反了1940年的《史密斯法案》，他们不仅和德国政府及纳粹官员合作——也相互合作——印刷和分发书籍、报纸、宣传册，极大地鼓动了"我们的一些武装部队成员不服从上级命令和不忠"。他们的宣传旨在说服部队，宣扬美国的民主制度"不值得捍卫，也不值得为之奋斗"。[12]

罗格告诉陪审团，这帮阴谋者计划照搬整个纳粹剧本，他们想培养一个本土的希特勒，他们想要采取行动对付犹太人，他们谈到暴力革命、大屠杀和"将人绞死在灯杆上"，他们憧憬着更加暴力的大屠杀，"让希特勒的大屠杀看上去只是主日学校的一顿野餐而已"。就像纳粹一样，美国的法西斯主义者想首先赢得在美国的宣传战，接着破坏美国的民主制度，然后在军队叛变分子的帮助下攫取权力。被告否认参与了这些阴谋——"我是一名共和党员,不是纳粹!"一人喊道——在法庭上引起了极大的骚动,使得庭审持续了好几个月。要不是法官心脏病发作,最终宣布审判未决,这场审判恐怕会没完没了。

罗格和肯普纳试图重新启动这起案件,但战后此案被驳回。

美国的公民自由论者担心起诉会造成什么不利的影响,但刚刚作为一名颠覆分子被赶出自己祖国的肯普纳并没有因此停下脚步,他要帮助美国人压制和铲除他们的潜在敌人。重要的是他又在与纳粹斗争了——同时也为自己挣名声。在肯普纳于霍博肯港下船登陆美国大陆短短几年后,他的名字已经在美国的政要中流传开来。

像是命运的安排一样,检察官们对纳粹破坏分子的审讯获得了成功。

不久,他们拉着肯普纳一起走向了他们一生中最重要的机会。

* * *

在帮助司法部检察官的同时,肯普纳继续给胡佛写一些谄媚示好的信件[13],仍然希望能引起这位联邦调查局局长的注意。联邦调查局对潜在颠覆分子的打击范围远远超过了"特别国防队"。到1941年5月,联邦调查局给出的"疑似敌人"清单——利用罗斯福5年前秘密授权的全国范围监视计划所搜集到的情报——已经包括1.8万人。[14]

肯普纳给胡佛写了一封短信,建议联邦调查局为战后的欧洲做好准备,只需通过研究一些基本的警务问题:"人员、地区、目前指挥部的地点、当地部队的性质,等等……我很乐意为所涉及的主要问题编写一份备忘录,但愿能服务于不同的目的。"

他还提出可以分享有关纳粹警察官员、被提拔为波希米亚-摩拉维亚保护国长官的"危险分子"库尔特·达吕格（Kurt Daluege）的消息。

他还使出了送礼的招数。1942年圣诞节，他给局长大人送了一本有关纳粹的书，是以艾凯·冯·雷普科（Eike von Repkow）的笔名于1932年出版的《正义的黎明》（Twilight of Justice）。他声称，此书目前只剩两本，其余的都被希特勒下令焚毁了。还有一次，肯普纳给胡佛献上了他在1930年帮助普鲁士内政部起草的有关纳粹的原始报告。他向胡佛保证，"我冒着个人危险"把这份"有关历史和未来的"文件带出德国，这一定会成为联邦调查局档案馆很好的补充。

肯普纳开始意识到，他写去的信总是能收到简短的、礼貌客气的回信。[15]虽然这些通信没能让他得到与这位美国最有名的律师私下会面的机会，但胡佛的确将其中的一封信转发给了负责费城工作的特工[16]，叫对方跟进此事。1942年，肯普纳被雇为研究员和秘密线人。肯普纳只是一名"特别雇员"，实际上他只是一名自由职业者，联邦调查局给他14美元的日薪，但他认为无论以什么身份为联邦调查局效劳都是"一种莫大的荣幸"。考虑到他投入的时间较少，这个工作算是给了他一份可观的月薪。那年年末，肯普纳向胡佛表示了感谢，让他有机会"在与希特勒的斗争中贡献自己的绵薄之力；而且这次是站在胜利者这一边，不像1928年至1932年时我是身处失败者的阵营"[17]。在另一封一贯简短的回信中，胡佛说肯普纳的帮忙"非常令人鼓舞"。

那时，作为联邦调查局的特别雇员，其主要任务是打击共产党。甚至在二战还没结束时，胡佛的冷战政策就开始了。他相信克里姆林宫正和美国的共产党联合起来暗中监视美国。

肯普纳率领一小队说德语的研究员和翻译为德国共产党领袖编辑传记文件[18]，监视费城的共产主义团体，并汇报潜在的共产主义掩护组织的行动。他提供了有关宾夕法尼亚德国人协会和特拉华州沿岸的船舶运动的消息。[19]他的团队翻译了摘自伦敦、墨西哥城、布宜诺斯艾利斯和纽约等地德裔共产党的报纸上的文章。他还每月去一趟曼哈顿购买共产党的文艺资料,以供联邦调查局分析。

1943年2月,他甚至提出暗中监视在纽约的"与中欧共产党有关联的人士",这些人正准备返回欧洲,接管战后的政府。肯普纳向负责的特工汇报:"这位作者谈论了他不得不就战后规划所展开的科学研究。"

他还搜集并传递了少数个人的情报,既有知名人士的,也有无名小卒的;既有在美国的,也有在德国的。其中包括:1937年回到德国教书的美国教授哈利·艾森布朗(Harry Eisenbrown);公开宣布支持希特勒的美国诗人埃兹拉·庞德[1];出生在艾奥瓦州迪比克的弗雷德·卡尔滕巴赫(Fred Kaltenbach),战争期间他从德国向美国的重要区域发送支持纳粹的电台广播;德国作家鲁特·多米诺(Ruth Domino),联邦调查局认为她与在美国的一名重要的共产国际联络人加尔哈特·埃斯勒(Gerhart Eisler)结成了夫妻,这是一个错误的结合。

鲁道夫·狄尔斯曾说过,肯普纳是"一名真正的盖世太保",现在看来似乎有点儿道理。

联邦调查局正在创建一个大型的秘密档案库,记录了数百万美国人的活动。肯普纳也正在为这项事业贡献他的一己之力。

译者注

[1]埃兹拉·庞德(Ezra Pound, 1885—1972),美国诗人和文学评论家,意象派诗歌运动的重要代表人物。他和艾略特同为后期象征主义诗歌的领军人物。

第21章 "混沌部"

乌克兰的民族主义者陷入了绝望，他们曾以为1941年德国人的入侵预示着将一个独立的新祖国。7月，赖因哈德·海德里希的安全部队展开了一轮逮捕，迅速扑灭了利沃夫（Lviv）短暂燃起的建国意识火苗。[1]还没等夏天结束，希特勒已经在忙着瓜分乌克兰了。

不管占领区上空飞扬着的宣传单说得如何天花乱坠，纳粹毫无真正解放东方人民的意思。

8月1日，希特勒决定将加利西亚划归汉斯·弗兰克所管理的波兰中央政府。次月，希特勒开会讨论将乌克兰西南部一片狭长的土地移交给罗马尼亚的问题，这其中还包括黑海岸上的重要港口敖德萨。罗马尼亚的总理扬·安东内斯库（Ion Antonescu）将军已经和德国结盟，1941年夏，在"巴巴罗萨行动"中，他曾派本国士兵上前线支援纳粹。这些士兵也成了犹太人最终解决方案中最狂热的刽子手：在战争的第一年，安东内斯库派去的士兵屠杀了38万名犹太人——射杀一批，烧死一批，活活饿死一批。

罗森堡在9月1日的日记中写道："元首真的很喜欢安东内斯库，他展示出了卓越的军事才能和超凡的个人魅力。"

当希特勒提出把敖德萨港划给罗马尼亚时，安东内斯库拒绝了：他说无法保卫这样一个关键港口。但罗森堡认定这位将军肯定会改变主意的。8月，罗马尼亚人包围了这座城市，10月中旬，敖德萨投降，一共1.7万名罗马尼亚士兵死亡，7.4万名受伤。"罗马尼亚军队包围了敖德萨，在这场战争中，他们伤亡惨重，"罗森堡在日记中写道，"安东内斯库出动了15个师。而胃口是越吃越大的。"[2]

罗森堡抱怨道,"瓜分"乌克兰是一个馊主意。"显然,为何说这个主意很愚蠢,全在于眼前这场胜负未分的战争……原本想要赢得乌克兰的民心,动员他们从政治上敌对莫斯科,现在完全被毁了。如果我们不这么做,本来还是有可能实现的。"[3]

很显然,希特勒和战前判如两人,完全不按照他对罗森堡和其他人所说的那样行事,他绝不会允许东方人民拥有自主权。一个自由的、复兴的乌克兰很可能会成为未来威慑德国的对手。同样,希特勒也反对罗森堡关于在基辅建设一所新大学的提议,因为这只会导致斯拉夫文化的复兴和民族自豪感的重燃。"提出让本土人接受教育是错误的,"在一次战时举办的私人宴会上,希特勒对他的亲信们发表了一番长篇大论,鲍曼作了记录,而且在战后发表了这番言论,"我们只能让他们一知半解——他们只需要学到足够展开一场革命的知识就可以了!"[4]他甚至不想教会他们读书认字。

乌克兰人从纳粹手中得不到任何好处。

事实上,不只没有好处,情况完全相反:尽管罗森堡强烈反对[5],希特勒还是给了安东内斯库一大块乌克兰的领土,这个地区位于德涅斯特河和布格河之间,被称为"德涅斯特河东岸"。

1941年9月,罗森堡终于意识到他已经输了。"元首的观点是,如果这样一个人口众多的民族能任由自己不断受到压迫,那么他们就不值得被当成一个独立的民族。"[6]他在日记里写道。但他也无法掩饰自己的困惑:是不是被他的英雄误导了呢?"这个观点……和我的大相径庭——而且我有理由相信——和他之前的想法也有出入。"

但罗森堡还是一如既往地追随他的"元首"。希特勒访问了别尔季切夫和日托米尔两座城市,这让他更加确信这个民族的堕落。"这并没有非常令人惊讶,"罗森堡在日记里写道,"因为这两座城市里大都住着犹太人。"他想,也许希特勒是对的,也许试图从文化上去启迪乌克兰人是毫无意义的,也许让他们保持原样最好,"也就是现在这种原始状态"[7]。"这片肥沃的土地、富饶的自然资源,以及德国将士付出的鲜血最终让元首的态度有所改变,出于要为整个欧洲提供粮食的考虑,他决定保护这些资源,并亲自管辖。毕竟,他才是乌克兰的征服者。"

罗森堡仍然担心。很快他手下的官员们将面临"消极抵抗"和暗杀的问题。需要100万名士兵才镇压得了愤怒的民众。乌克兰人也许会和俄国人联合起来"建立一个泛斯拉夫阵线,这正是我原计划里要避免发生的事情"。如果不管不顾的话,这将轻易发展成一场激烈的反纳粹革命。

乌克兰人已经开始意识到,现在只是换了个暴君来压迫他们而已。

* * *

希特勒对东方的宏伟构想,是把它变成德国的殖民地。德国人像主人一样来统治东方,德国人生来就是主人。他说:"我们要在新征服的东方领土上建设一座伊甸园。"[8]这些年来他一直在谈论的"生存空间"终于触手可及了。

但当纳粹抵达他们的新帝国时,一切乱作一团。罗森堡的下属们离他的柏林大本营有数百英里之远,待他的命令抵达这片内陆时,多少有些滞后了。那时电话不畅,邮政服务很慢,这让罗森堡无法主事。因此,上至辖区总督,下至地方领导,人人都有自由解读和忽略罗森堡从遥远的东方占领区事务部发出的指令。戈培尔注意到,在东方,

"人人可以为所欲为"[9]。

罗森堡的部门如此庞大而又杂乱无序，因此戈培尔将其称为"混沌部"。"在那个部门，计划都是为未来几十年制订的，但当下的现实问题如此紧急，刻不容缓，"戈培尔在日记里写道，"这个部门之所以如此无能，是因为他们的理论家太多，而实干家太少。"[10]还有一个词汇也传开了，那就是"东方无名之辈"(Ostnieten)，专门用来形容罗森堡手下的行政官员。

罗森堡无权管辖希姆莱部下的党卫军，而且他还有义务支持戈林从乌克兰人民手中没收食物和原材料。

更糟糕的是，他在乌克兰的名义下属埃里希·科赫实际上是一个完全不可控的专制暴君，希特勒在7月任命他的时候，罗森堡就已经预见到了。这名45岁的前铁路官员曾经说过，如果不是为了希特勒，他会成为"一名狂热的共产主义者"。他曾写过一本亲苏联的书，而且在过去的多年里，他甚至支持纳粹党和布尔什维克亲密结盟——这在罗森堡眼中本身就是一个严重的缺陷。1928年，科赫成了东普鲁士的领导人，这里大部分都是农村。在东普鲁士，科赫是个出了名的傲慢自大而又爱耍阴谋的领导者。与之相熟的汉斯·贝尔德·吉维维斯(Hans Bernd Gisevius)是一名战时德国情报人员，他回忆道："(埃里希·科赫是)一个一流的善于蛊惑民心的政客，敢于冒险，在各个阶层都能左右逢源，游刃有余，能从他的同僚中脱颖而出。他有着朝气勃发的想象力，总是传播一些极度疯狂的故事——在保证严格保密的情况下。"[11]在东普鲁士，他的"埃里希·科赫协会"已经发展成一个庞大、腐败的商业帝国，在各种各样的公司都持有股份。有时，他们强迫企业主将股份卖给他们，否则就威胁要逮捕对方。从他的大集团所获得的收入让他过着穷奢极侈的生活。

吉维维斯写道，在东普鲁士，科赫"也许做了很多好事"，"但他这般为所欲为，必然结果就是将其全面的才能用于欺诈。到1941年他被派遣到乌克兰时，他已经完全成了一个自大狂"。在东普鲁士的柯尼斯堡，他曾生活得像一个国王——这样说再准确不过了。

科赫和罗森堡在东方问题上持截然相反的观点。科赫与希特勒持一致意见，简直到了过分的地步：德国人是主人，乌克兰人是奴隶。没有什么能阻止纳粹对他们进行残酷剥削。"我可不是来这里传福音的，"他在一次演讲中说，"我是来帮助元首的。这里的人必须劳动，劳动，再劳动。"[12]

科赫留着和希特勒一样的小胡子，头发从高高的额头往后梳。他从不掩饰这些极端的观点，即使是在那些被压迫者面前也是这样直言不讳。有一次，他说："如果我能找出一个有资格和我同坐一桌的人，我一定会枪毙他！""我们是优等民族，"在另一个场合，他说，"必须要记住一点：即使是最底层的德国工人在种族上和生物学上都要比这里的人有价值一千倍。"[13]他们把这里的人当成次等人，应该限制两个种族之间的联系，更不用说发生性关系。"这些人必须要用铁腕手段来统治，这样才能帮我们赢得目前的战争，"他说，"我们解放乌克兰可不是要为它带来幸运的，而是要为德国赢得必需的生存空间和食物来源。"

任职期间，科赫实施恐怖统治，他的手段"非常强硬"。任何不服从命令的人都会受到最严厉的惩罚，甚至包括死亡。科赫希望这里的人民感受到"持续的威胁"，即使他们没有任何挑衅纳粹的举动。

简而言之，用科赫自己的话说，乌克兰人的待遇就"像黑人一样"[14]。就像在内战前的美国南方,他们在辽阔的种植园里劳作,为德国人民提供食物。在乌克兰,人民遭到当众鞭打的现象随处可见。罗森堡写信来抗议这样的虐待,并叫停鞭刑,科赫不屑地耸了耸肩膀。他提到了一个事件:"警察对20名乌克兰人施以鞭刑,这确实是真的,那是因为他们蓄意破坏第聂伯河上的重要桥梁建筑。事先我对此一无所知。要是知道这会引发一阵斥责的浪潮,我很可能会直接以蓄意破坏罪将那些乌克兰人枪毙。"[15]

罗森堡说得很清楚了,他与科赫的分歧不在于道德上的质疑,更多的是出于实用考虑。是的,纳粹需要安抚这个地区,这样才能得到他们想要的,但科赫"喜怒无常的即兴表演和歇斯底里的挑衅行为"[16]只会起到反作用。他在一封信里斥责这名辖区总督:科赫公开发表的言论只会将乌克兰人民与纳粹对立起来,促使他们加入"反抗军"。将纳粹党对斯拉夫人的真正看法藏在心里显然是更明智的做法。科赫的暴力行径将会导致"蓄意破坏行动和人民游击队的形成"。后来罗森堡在日记里写道:"战争中的人民可以忍受一切,但无法忍受公开的蔑视。"[17]

罗森堡向希特勒抱怨,"元首"却站在科赫那边。而且,科赫占据了地利优势:希特勒的军事指挥部"狼堡"就位于东普鲁士,就在科赫的领地中央,而罗森堡的部门还远在400英里以外的柏林。

在朋友兼盟友马丁·鲍曼的帮助下,科赫定期直接向"元首"汇报,而罗森堡只能从千里之外发来简报。[18]

罗森堡获悉,他的对手正在总部对他大加贬损,称他软弱无能。

倘若战争在几周或几月内就能结束,罗森堡和科赫之间的分歧倒也无伤大雅。但到1941年年末,苏联人终于加强了他们的防御,阻挡了纳粹军队继续挺进。在东线战场,一共有30多万名德国士兵牺牲或受伤。第一批部队开始撤退,结果遇上大雪,苏联军队在莫斯科郊外袭击了德军。一切——一切野蛮的计划和蓝图以及乌托邦的设想——都是建立在东方战争速战速决基础上的。

现在德国卷入了一场持久战。

"还有些人不明白,"罗森堡在日记里写道,"现在一切得从长计议了。"[19]

* * *

当罗森堡还在为乌克兰人的遭遇争论不休时,他手下配合希姆莱的党卫军官员,已经开始在东方占领区展开新一轮屠杀犹太人的行动了。1942年4月,海德里希到访明斯克。5月中旬,在5天的时间里,一共有1.6万名生活在这里的犹太人被处决。这个春夏,在新的一波杀戮之后,奥斯兰辖区总督洛泽从驻白俄罗斯的威廉·库贝(Wilhelm Kube)那里获悉:"在过去的10周里,我们一共清除了约5.5万名犹太人。"[20]同样的故事也在乌克兰上演,只有几千人作为强制劳工幸存下来。1942年12月26日,希姆莱收到一份报告:过去的4个月里,在乌克兰和波兰的比亚韦斯托克市,一共处决了363211名犹太人。

在精心策划这些大屠杀行动时,一个主谋者却丢掉了自己的性命。

1941年9月,希特勒任命海德里希为波希米亚和摩拉维亚保护国的最高领导人,这里原属于被瓜分的捷克斯洛伐克。海德里希对反对派实施了疯狂镇压。为了报复,流亡伦敦的捷克领导人与英国人联手策划了一场刺杀行动。1942年5月27日,两名暗杀者朝海德里希的座驾一阵扫射,还扔了手榴弹。一周后,海德里希伤重不治。纳粹以又一波杀戮回应了对海德里希的暗杀。[21]利迪策村被控窝藏了暗杀者，16周岁以上的成年男性全部枪决，妇女被送往集中营，之后整个村庄被付之一炬，夷为平地。利迪策村的儿童被按照种族进行了分类：那些合格者被德国家庭收养，其他人则全被处死。

当然，海德里希的死并没有减缓纳粹灭绝犹太人的进程。

波兰的海乌姆诺开设了第一个死亡集中营。自1941年12月开始，大批犹太人被分成50名一组，锁进毒气车的后车厢毒死，这些毒气车曾令生活在明斯克犹太居民区的人闻之色变。第一个毒气室在波兰东部的贝尔赛克死亡集中营建成，于1942年3月投入使用，房间看上去像一个淋浴间，不同的是，管道系统导入的不是水，而是汽车尾气。

那年春夏，在北方的特雷布林卡和索比堡，也建成了类似的死亡集中营，而且他们还在现成的马伊达内克集中营里安装了毒气室。渐渐地，受害者不再被"淋浴"的骗术所愚弄了。在特雷布林卡，赤身裸体的犹太人战战兢兢地通过一条"管道"去往毒气室，一路上还会遭到拷打。党卫军称这条"管道"为"通往天堂之路"。

最大的一个死亡集中营是位于维斯杜拉河以西几百英里的奥斯维辛-比克瑙死亡集中营，于1942年2月开始运作，这里成了德国、法国、比利时、荷兰、意大利、塞尔维亚、斯洛伐克、罗马尼亚、克罗地亚、波兰、丹麦、芬兰、挪威、保加利亚、匈牙利和希腊等多国犹太人的最终归宿。在那里，德国人建造了一个高效的杀人体系，其设计师甚至还为此申请了专利。受害者首先被锁入地下室，然后装有齐克隆B（一种用作杀虫剂的氰化物颗粒）的容器从天花板处慢慢下放。在他们全部死亡之后，其他的囚犯们则奉命进来挖去他们的金牙，卸掉他们的假肢，剃掉他们的头发，然后把尸体搬进电梯，送进焚尸炉火化。

纳粹在六个死亡集中营里一共处死了300多万人[22]，大部分是犹太人——大约占战争期间整个犹太人死亡人数的一半。

在这场血腥杀戮持续进行时，一天晚上，希姆莱在波兰波兹南市一个大厅里，向一群党卫军领导坦率地聊起了他们现在正在做的事："你们大部分都知道，当100具尸体并排躺在那里，或是当500人、1000人横尸眼前时，意味着什么。耐着性子坚持下去……这会让我们变得坚忍。这是我们历史上的光辉一页，这是从未记载过，但是也绝不能记载下来的历史。"[23]

* * *

1942年德军在苏联取得了一系列胜利，给了德国人希望。纳粹军队占领了克里米亚和高加索。9月12日，在纳粹空军进行了几周地毯式轰炸后，弗里德里希·保卢斯（Friedrich Paulus）统率的德军第六集团军攻进了斯大林格勒（今伏尔加格勒）。[24]

这是位于伏尔加河河畔的一个关键城市，处在莫斯科和里海之间。希特勒迫不及待地想要来宣示主权，他誓言要杀光城里的所有男性，驱逐所有妇孺。斯大林也意识到了这座以他的名字命名的城市的重要战略价值和象征意义，因此投入全力展开保卫战。红军拒不投降，他们从废墟上朝着纳粹开火，到处设置诡雷。德军不断遭到袭击，完全措手不及。11月，苏军发起了一次大规模的反击战，将25万名德军团团围困。纳粹试图通过空投进行支援，还展开过一次营救行动，均以失败告终，德国士兵很快就陷入饥寒交加、虱子缠身、弹药短缺的状态。被围困的士兵给家人发去了数百万封邮件，这让德国人意识到了这场危机。

希特勒不准保卢斯将军从斯大林格勒突围,因为这意味着临阵撤退;也不允许他们投降。1943年1月31日,保卢斯意识到已无回天之力,最终带领他的部队投降苏军。

此役战败令德国举国震惊,整个帝国陷入了失败的阴霾。早在此时,就有人认定斯大林格勒战役是战争结束的开端,事后证明确实如此。

在占领区,罗森堡也开始恐惧起来。占领区的人们受够了德国人不断升级的残暴统治,开始激烈地反抗。异见者加入了有组织的游击运动[25],展开蓄意破坏,组织暗杀和反抗行动。1942年5月,罗森堡取消了去奥斯兰的一次访问,他很幸运,他原定要搭乘的火车发生了脱轨事故,因为蓄意破坏者事先切断了铁轨。[26]那年年末,一名苏联间谍在基辅被捕,他交代说曾策划过趁罗森堡访问乌克兰时将其暗杀的行动。[27]他们还策划炸毁歌剧院,但是当时,歌剧院里全是乌克兰平民,他们临时改变了计划,也没能采取进一步的行动。

罗森堡在日记里讲述道,在苏联流传着这样的说法,自从在旅途中遭到游击队员伏击后,罗森堡"就躲在家里大门不出二门不迈了:家里安上了双层铁百叶窗,加固了围墙,所有的窗户下都隐藏了机关枪"。[28]还有传言说他外出时,都会穿着防弹背心,并且有一支大型的安保部队随行。这些都是假的,让罗森堡忍俊不禁。"此刻我的房中一个男的都没有,我也从未受过党卫军的保护。"在罗森堡听来,电台报道的大意像是呼吁在德国的共产党对他采取行动,"也就是说,煽动人来谋杀我"。

纳粹为寻找强迫劳工而展开了一次野蛮行动[29],这是激发人们起来反抗的又一诱因。为支撑数百万德军在前线战斗，德国的工厂、农场和矿场需要大量劳工。一开始，纳粹主要靠在东方占领区散发宣传册和张贴海报来招募劳工，还在电影院里播放了一则宣传短片《欢迎来到美丽的德国》(Come to Lovely Germany)。德国人向劳工们承诺了可观的薪水，免费的住宿和医疗，甚至还答应为他们开设个人储蓄账户。

一开始，乐观的乌克兰人踊跃报名，但是不久之后，从德国传回了可怕的消息：运载工人们的列车不供给食物，也没有厕所，那些试图逃离的人被送去了集中营。到1942年年中，再也无人主动报名了。有人担心纳粹会像对待犹太人那样来对待他们，人们中间还流传着这样一个故事：登上劳工列车的人都被枪杀了，尸体做成了油肥皂。

柏林当局下令要抓更多的劳工。在乌克兰当地领导人的帮助下，纳粹在市场和电影院将人们直接围捕起来；他们还在午夜洗劫了村庄，如果居民试图逃跑，就放火烧了他们的家园，没收他们的牲畜。在火车站发生了暴力事件，因为纳粹强行拆散劳工的家庭。还有报道说，纳粹宁愿强迫孕妇堕胎，也不让她们摆脱劳动。

最终，男女老幼全都被征为劳工。这场强制征用劳工行动的受害者说："乌克兰正在解脱乌克兰人民。"[30]

战争期间，一共有300多万人从苏联占领区被运到西方，其中有150万人来自乌克兰。

守在柏林的罗森堡却为这场强制征用劳工行动感到担忧。这个计划的策划者只考虑了眼前利益和完成劳工征用配额，而根本没想过这些不断升级的暴力行动的后果。"帝国确实需要200万东方劳工，"他写道，"但这对东方的建设工作却是致命一击……如果开始就将村庄包围起来，只会强化他们之前被布尔什维克驱逐的恐惧，这样下去对大家都不好。"[31]

强制征用劳工只会产生一个后果：促使整个乌克兰反对纳粹统治。

* * *

罗森堡的部门还面临一个问题：他在东方占领区的下属迫切需要装修他们的办公室。

为了解决这些"糟糕的情况"[32]，这位部长写信给希特勒，请求收缴西方占领区内犹太人的"家具"——包括那些逃离的和"很快要离开的"犹太人。纳粹已经从离开的犹太人手中夺走了一切无价的艺术品。现在，这场"家具行动"[33]要把他们那些寻常的财产也掠夺一空：桌椅、厨具、毯子，还有镜子。

库尔特·冯·贝尔坐镇一幢有50个房间的豪宅，这幢豪宅是从两名富裕的犹太人手中抢来的，他雇来了搬家公司，指挥手下从法国、比利时和荷兰空置的犹太公寓里洗劫财产。在两年半的时间里，他至少清空了6.9万户住宅。[34]为了对这些掳掠来的家具进行分类、修复和改装，冯·贝尔在巴黎市中心建立了三个仓库，并从东北部的德朗西拘留营征用了一些犹太工人。其中一个仓库由前家具厂改装而来，另外一个是位于巴黎富人区的一幢宽敞而雅致的豪宅，第三个曾是铁路仓库。

每天有成千上万的板条箱涌入这些仓库，不仅有家具，还有地毯、保险箱、厨具、银器、玩具、书籍、毯子、灯具、仪器、服装，甚至是睡衣——一切，总之，就是一个家中可能包括的一切。

分拣的工人发现有的盘子里甚至还有吃剩的食物。

还有写了一半的信件。

有时,他们还会惊讶地碰到一些他们自己的物品。有一位分拣工就曾发现了自己女儿的照片。[35]

犹太女裁缝用这些掳掠来的布匹为纳粹官员及其家属缝制衣服,包括为冯·贝尔的妻子制作连衣裙、手袋和鞋子。

被驱逐的威胁还是无时无刻不笼罩在这些犹太工人的头上。不仅仅是那些试图逃跑的,连那些染上虱子的工人都会被遣送回德朗西。每次冯·贝尔来任何一个仓库视察时,总是坚持要工人一直和他面对面。要不是后果致命而沉重,这样的规定显得多么可笑荒谬。后来,这些犹太工人得知,那些被送回拘留营的劳工再也没有回来。

这些战利品不仅被送往罗森堡的东方事务部、党卫军、盖世太保,还有戈林位于贝希特斯加登的一所住宅,以及其他纳粹达官显贵处。劳工们将一些精致的物件擦得锃亮,将它们置于架子上,冯·贝尔带着那些权贵来此处挑选,好像他们正在柏林莱比锡大街上的韦尔特海姆购物村采购一般。还有一些特殊的订单来自法国的合作者、纳粹的将士们,以及那些和冯·贝尔相熟的德国平民,甚至是电影明星。

罗森堡个人也预订了"大量的床单、毛巾和其他衣物配饰"[36],据一名劳工说。还有一位自称是冯·贝尔的侄女,为帮其老板采购而来到巴黎,她的老板家位于柏林郊外的达勒姆富人区,需要家具。家具的需求如此庞大,以致驻比利时列日市实施"家具行动"的官员甚至要求逮捕更多的犹太人[37],这样一来,就可以洗劫他们的家产了。

然而,大部分的战利品都落在了普通的德国平民手中。尽管"家具行动"是以为罗森堡的部门添置家具为由,但这一任务很快变了性质。自盟军开始轰炸德国的大城市后,大量的家具流入了成千上万的德国家庭，因为他们的家园被毁后，不得不重新安置。[38]

同时，在东方占领区内，特别任务小组还在执行他们最初的任务：掠夺艺术品和珍贵的档案。[39]

而且不同的任务小组之间还在竞赛。一支特种部队将位于列宁格勒以南普希金市的凯瑟琳大帝的"琥珀屋"[1]拆整为零，将这些传奇的嵌满珠宝的壁板——闪烁着琥珀的光芒，辅以金叶背衬——打包运回了柯尼斯堡，并陈列出来。纳粹还劫掠了沙皇有名的戈托普天球仪[2]，天球仪直径长达9英尺，球面上的星座图叠映在与其同名的动物图上：有狮子、大熊和天鹅。

德国人拿走了他们想要的一切后，开始肆意破坏对于俄国人民有着非凡意义的宫殿和历史遗址。[40]他们洗劫了诗人亚历山大·普希金 (Alexander Pushkin) 的故居，用柴可夫斯基 (Tchaikovsky) 的老宅来停放摩托车，还焚毁了从亚斯纳亚-波利亚纳的托尔斯泰 (Tolstoy) 家中找到的珍贵手稿。

同时，党卫军还在明斯克和基辅等城市大肆掳掠，将精选出来的物件送往希姆莱的维威尔士堡，供装饰之用，以及他的考古组织"德意志研究会"，供研究之用。

罗森堡的人也在东方占领区发现了大量珍宝。他们劫掠了宫殿图书馆、博物馆、共产党的档案馆，还没收了数十万本图书。在立陶宛的维尔纽斯，特别任务小组接管了犹太研究所，成为多个中央收集点中的一个。纳粹从当地的犹太居民区押来40名犹太人，命令他们登记从周边地区运送来的资料，将最珍贵的书籍整理出来以待运回德国。在里加、明斯克和基辅，也在上演同样的一幕。

火车满载着俄国的艺术品、书籍、家具和考古宝藏——还有一套著名的蝴蝶藏品——穿过这片和着鲜血与泥泞的欧洲大地，咔嗒咔嗒往西驶去。

并非所有运回去的掠夺品都得到了珍藏，数万本他们认为一文不值的图书被捣成了纸浆。罗森堡办公室的人对携来的《妥拉》[3]经卷毫无兴趣。当时特别任务小组的成员就如何处置这些经卷从现场发来请示，一名官员指示说，可以将其带回，因为羊皮可以用来装帧其他书籍，或是做成皮带和鞋子。

一批书被直接从火车上抛下，以便腾出空间来运送他们认为更有价值的东西：生猪肉。

"来自整个欧洲的珍品都汇集于此，这真的太美妙了，"1943年的一天，罗森堡在访问了爱沙尼亚的一个战利品储藏库后，在日记里写道，"有最宝贵的文学作品，有狄德罗[4]的手稿，有威尔第、罗西尼[5]和拿破仑三世等的书信，当然还有那些煽动大家反对我们的犹太文学。"[41]他喜不自胜。他那个"小得荒唐的"组织居然在短短几年里取得了这么辉煌的成绩。

* * *

1943年年初，即将迎来50岁生日的罗森堡开始了与忧郁症的搏斗。战争开始后，他的生日都是低调地和戈林一起庆祝的，但今年，他打算举办一个盛大的庆祝仪式，以匹配他作为纳粹高官的身份。"毕竟，"他写道，"我和戈林都已成为纳粹主义革命历史的一部分。"早上，来自希特勒青年团和德国少女联盟的合唱团到家中为他献唱，纳粹的头目们也纷纷来办公室向他表示祝贺，在他那栋位于菩提树下大街、由原来的苏联大使馆改造而来的部委大楼里，200多名宾客在舞厅中开怀大吃,举杯畅饮。

其他人也带来了感人的信件。"最感动我的是元首亲笔写的贺词。"罗森堡写道。希特勒称罗森堡是"党内最重要的思想塑造者"之一,并感谢了他的忠诚,还奖励了他一份礼物:25万马克。"我们都知道,我们有很多分歧,"罗森堡继续写道,"也许是出于为国家大局考虑,他将一些人放在重要职位上,他知道我把这些人当成了害群之马。"罗森堡心想,至少希特勒还是欣赏他的,他备感欣慰。"我给他回了信:我现在想表达的是,这些年来,我对他和他的事业的信念从未动摇过,能与他并肩作战是我此生最大的荣光。"[42]

但他的这一信念即将受到严峻的考验。

* * *

罗森堡与科赫之间的争端不断升级。罗森堡和希姆莱的一名高级助手,即党卫军最高指挥总局局长戈特洛布·伯格尔,讨论了东方占领区事务部的领导层人事问题。罗森堡表明了最后的立场,他想要罢免这个不听管教的乌克兰辖区总督,他知道他需要一位像希姆莱这样有分量的人物站在他这一边。罗森堡提出结盟[43]:他任命伯格尔为监管人事和政策方面的总督——条件是他能够帮罗森堡在这场与科赫的斗争中争取到党卫军的支持。

1943年1月,罗森堡与希姆莱在波兰会面了三个小时[44],希姆莱愉快地同意了对伯格尔的任命[45],只等希特勒的批准。

对于希姆莱来说,这是一个简单的决定,安插一名忠诚的助手到罗森堡的部门,他在东方的影响力就会进一步扩大。至于科赫的问题,希姆莱没有表态。"希姆莱突然对科赫非常宽容,甚至还称其是一个'驱动力',"罗森堡在日记里写道,"他也认为元首不会革除科赫的职位。"

与希姆莱的交易使罗森堡不得不放弃他的忠诚助手格奥尔格·莱波布朗特,自1933年至1941年,莱波布朗特一直在罗森堡的外交政策办公室工作,后来加入东方占领区事务部。1931年至1933年,莱波布朗特获得一笔洛克菲勒资金在巴黎和美国工作,自那时起,党卫军和盖世太保就开始质疑他的忠诚度。[46]

被革职的莱波布朗特非常愤怒。"如果战败,"他预言道,"那么你,部长先生,将会被绞死。"[47]

* * *

在1943年的前几个月,罗森堡与科赫之间的战争终于告一段落。罗森堡对科赫颁布的一项严酷的新指令提出反对;作为反击,科赫发表了一篇长达52页的文章来声讨他的宿敌,指责罗森堡破坏他的地位,并请求希特勒出来主持公道。

罗森堡叫科赫来柏林见面,会面期间,两个死对头相互大吼。罗森堡并不担心他会被"元首"开除,他给总理府写了一封信,请求"元首"允许他革除科赫的职务,说科赫"已经成了蓄意和公开藐视人民的象征","几乎彻底毁掉了一次伟大的政治机遇","他那种不正常的精神状态我只能定义为病态"。

在二人的争端激化之时,希姆莱一直保持中立。他和罗森堡在1月达成的短暂联盟毫无成果。3月,希特勒驳回了对伯格尔的任命。几天后,希姆莱邀请科赫上门,以便"详谈一切"[48]。

5月19日,希特勒终于在他的战地大本营,也就是现在的乌克兰文尼察会见了关系不和的双方。

罗森堡很快发现，过去的两年并没有改变"元首"对乌克兰的看法。事实上，在最近的一次晚宴上，希特勒曾告诉宾客："任何说要爱护这些本土人、让他们接受教化的人，都该直接关进集中营！"[49]同时希特勒还告诉他的将军们，如果这些做法真的有用的话，他完全可以骗那些乌克兰人，承诺会解放他们。但对于要采取实际行动来激励他们，这只会给他们增加虚假的希望，会给将来控制人口带来问题。

在听完罗森堡和科赫各自的牢骚后，"元首"开始裁断。他重申德国需要从东方占领区获得食物和工人，他终于开始谴责罗森堡多年来的主张。"现状迫使我们不得不采取这种严酷的措施，"希特勒说，"我们永远都不能期待乌克兰人从政治上支持我们的行动。"

会面结束时，罗森堡非常愤怒。他甚至不愿和科赫握手。

罗森堡被彻底打败了[50]，永远也无法恢复了。

* * *

罗森堡对着日记咆哮起来。"元首"被他身边以鲍曼为代表的守门人隔绝开来，而且他太专注于处理军事和外交事务，以至于无暇处理德国内部的重要事务了。没有了辩论，也没有商讨。不知道鲍曼是否再帮罗森堡呈递过备忘录，或是根本没读就直接丢在了一边。当鲍曼传递希特勒的指示时，没人知道这是"元首"的真正旨意还是他在假传旨意。[51]

在赫斯飞去英国后，罗森堡曾很高兴鲍曼取而代之。因为鲍曼似乎是"一个理性的实干家，充满活力，又意志坚定"，而且他非常赞同罗森堡反对基督教教会的运动。有一次，鲍曼甚至叫他起草一份"关于德国人新的生活之道的指令",用以取代宗教道德指南而成为一种纳粹教义。他告诉罗森堡,每一个男孩、女孩都应该学会"勇敢的法则,对抗懦弱的法则……以及保持血统纯正的戒条"。[52]

他们之间的交恶似乎是始于鲍曼将希特勒私下发表的一些对教会的批判性言论进行编辑,并印成措辞直白的声明在党内的地方领袖中秘密发行。很快,一名新教徒牧师就被发现得到了一份副本。"正如我们国家消除和压制了占星术士、预言家和其他骗子所带来的恶劣影响一样,"鲍曼写道,"教会的影响力也能被完全消除。"[53]罗森堡给鲍曼写信说,他认为这一声明并没有得到有力的执行,并建议这样的材料以后可以由他代劳。"你不能一刀切断两千年的欧洲历史,"在和鲍曼交流后,罗森堡在日记里写道,"鲍曼是一个实干家,但他真的不适合分析这类问题。"[54]罗森堡试图巧妙地提出他的反对意见,因为鲍曼可不是什么小人物。鲍曼回复说,"他从没试图干一件什么大事",在涉及教会事务时,当然罗森堡才是主要负责人。

罗森堡写道,但是接着开始发生奇怪的事情,"明显有人在蓄意破坏我的部门"。他揣测,鲍曼一定认为"有些人权力太大威胁到他了,这人首先是我"。[55]

鲍曼认为,因为罗森堡首先应该把工作重心放在东方,许多与他作为希特勒意识形态代表角色相关的办公室都应该关闭。鲍曼还试图从特别任务小组手上抢走艺术品掠夺的项目,让筹建林茨"元首博物馆"的人员接手,他指责罗森堡的手下无能而且腐败。罗森堡予以回击,但接着他的一位亲密盟友遭到攻击,罗森堡认为纯属诬告。鲍曼令人调查此案,并要求开除此人。"真的,这是最基本的不公不义——是前厅政治[6]最悲惨的一个例子了,"罗森堡写道,"他们攻击他,但实际目标是我。"

他要求与鲍曼会面，亲自去请求由罗森堡办公室来调查这个案件。他从未改变过鲍曼的主意。

在整个事件后，他对于第三帝国被像鲍曼这样惯耍手段的人操纵深表忧虑。"使用法庭密党，滥用成千上万的将士用鲜血换来的权力，肆无忌惮地诋毁和清除那些高尚人士，并且连一个申辩的机会都不给他们——这是一个体面的纳粹党人和体面的人无法长期忍受的……然而，我也无望当着元首的面去直抒这番胸臆。元首会把这看成是我对一名资深老党员的攻击，甚至也许会当成是一个'理论家'对'实干家'的嫉妒。"

"如果鲍曼的道路被证明是成功的，"他又补充道，"那么我毕生的工作也将变得一文不值。"

战争已进入第四个年头的年末了。一切似乎都在分崩离析。

译者注

[1] 琥珀屋是1716年普鲁士国王威廉一世送给俄国彼得大帝的礼物，墙面镶嵌有6吨多的琥珀和名贵珠宝，曾被列为"世界第八大奇迹"。二战期间，这座宝屋被纳粹劫掠窃取，直到圣彼得堡建城300年（2003年）纪念的时候，才由俄罗斯巧匠重新复原。这一复原工程历时25年。

[2] 戈托普天球仪是彼得大帝引以为豪的三件瑰宝之一，现存于圣彼得堡罗蒙诺索夫博物馆塔楼里。它集地球仪与天象馆于一体，是迄今世界上最大的地球仪。二战期间，被纳粹从俄罗斯掳掠到了德国。

[3] 在犹太教中，《妥拉》（Torah）占据着《圣经·旧约》的核心地位，为其神圣、最重要的部分。它规范着所有团体和个人的行为。

［4］德尼·狄德罗（Denis Diderot, 1713—1784），法国启蒙思想家、唯物主义哲学家、作家、百科全书派代表人物。主编了《百科全书》，著有《哲学思想录》《对自然的解释》《达朗贝尔和狄德罗的谈话》等作品。

［5］吉奥阿基诺·安东尼奥·罗西尼（Gioacchino Rossini, 1792—1868），意大利作曲家，以创作喜歌剧闻名，歌剧作品有《塞维利亚理发师》《威廉·退尔》《软梯》等。

［6］德国著名法学家和政治家卡尔·施米特（Carl Schmitt）认为，在直接权力的每个房间前都形成了一个间接影响权力的前厅，是一条非常的权力通道，会对政治产生重要影响。

第22章　一片废墟

入侵苏联两年后，1943年夏，德军失去了东线的主动权，因为斯大林投入了大量兵力防守。7月到8月，红军损失了150多万人，但他们在基辅以东300英里的库尔斯克大败德军，取得了历史上最大规模的陆地战的胜利。希特勒本想灰溜溜地撤退，但德军别无选择，只能一边正面迎挡持续追击的苏军，一边组织撤退。在乌克兰境内，苏军一路高速行军，追击到了基辅，一直到1943年年底。纳粹为了不给苏军留下任何物资，在撤退时烧毁村庄，炸毁房屋。一名士兵在家书中写道，"那是一幅恐怖而美丽的画面"[1]。

与此同时，英军试图通过直接轰炸德国首都来摧毁德国人的意志。在1943年11月下旬，一个多云的夜晚，700多架英国轰炸机飞到柏林上空，投放了所有炸弹。[2]

罗森堡带着妻子海德维希和女儿艾琳，躲到了他们位于柏林达勒姆小区莱茵巴本纳莱街家中的防空洞里，等待空袭结束。[3]爆炸的闷雷声终于停止，解除警报的信号传来，一家人来到了黑漆漆的户外，只见东北部"一片烧得通红的天空"。罗森堡决定暂时不带家人撤离到奥地利北部阿尔卑斯山脚月亮湖边的别墅，而是带着他们径直去了动乱的中心。他们来到了恺撒霍夫酒店，从这里跨过威廉广场就是帝国总理府。

汽车疾驰在主干道上，一路穿过火焰和废墟，来到柏林市中心。在选帝侯大街上，威廉皇帝纪念教堂被炸弹击中，不远处的动物园仍在燃烧。四处浓烟滚滚，能见度几乎为零。司机在宛如末日景象的街道上蜿蜒而行，小心躲避着弹坑和火球，绕过被废墟挡住的街道，捡了条行得通的路往东开向陶恩沁恩大街上的政府中心。"没有一条路是畅通的：火花四溅，浓烟滚滚。"罗森堡报告说。汽车干脆开上了人行道，朝着刚刚失去家园、惊慌失措地到处逃难的柏林人使劲鸣笛。"从街道两侧燃烧的建筑上喷泻而下的火花形成了巨大的火炬。"司机发现了一条通往蒂尔加滕公园的路。胜利柱旁，一辆巴士在燃烧，勃兰登堡门旁的巴黎广场上法国大使馆也燃起了大火。车子终于抵达了恺撒霍夫酒店，罗森堡和家人看见消防员们正朝威廉广场对面的交通部喷水灭火，每次水柱一碰上烈焰冲天的火海，浓烟就会喷薄而出。

风扬起燃烧的碎屑，吹过广场，导致古老的帝国总理府屋顶上也燃起了大火。

恺撒霍夫酒店的电话坏了，但罗森堡的副手终于现身了，他头戴钢盔，全身都是烟灰，汇报说：罗森堡办公室的其中一个房间被炸弹击中了。

第二天早上，灰尘满天飞，人们几乎无法张口说话。灰尘扬至两万英尺的高空，幸存的人们用布捂住眼睛和嘴巴，艰难呼吸着。"我只是不明白，英国人是怎么做到通过一场空袭就重创帝国首都的。"戈培尔写道。威廉广场"完全是一片荒凉"[4]景象。

帝国总理府的很多房间都烧毁了。在戈培尔家中，门窗被炸，房间里到处都是水。部长们也被迫搬了家，通讯员只有穿过废墟才能找到他们。"元首"地堡也被迫挪作一个庇护所，以收容那些刚刚变得无家可归的人。

罗森堡乘车去了波茨坦广场附近，视察他办公室的受损情况。"一片废墟，"他写道，"在冒着烟的瓦砾堆下躺着坠毁的保险柜，只能通过一口狭窄的竖井去往地下室。"成堆的备忘录遭到焚毁[5]，一个不锈钢保险柜里的两万马克也化为灰烬。菩提树下大街上的东方占领区事务部总部得以幸存，损失了几扇窗户，只是整个蒙上了一层厚厚的尘土。

罗森堡很快意识到带着家人来到战争区是多么愚蠢。入夜，又是新一轮的空袭。罗森堡一家不得不躲进"元首"地堡。即使在深深的地下，还是能感受到墙壁随着爆炸而剧烈震动。[6]平安躲过一劫的罗森堡见到了一个深深的弹坑：一枚炸弹径直落在了防空洞上面。恺撒霍夫酒店也被炸弹击中了，但没有人救火，因为根本找不到水龙带。罗森堡穿过燃烧的走廊，冲进了他的房间，将能打包的一切收进行李箱，逃到了"元首"地堡，大家都窝在简易床上过夜。

"我们的城市遭到狂轰滥炸，未来的剧作家也许会将这些大楼和地堡里正在发生和即将发生的一切，描绘成一个民族所遭受过的最可怕的磨难。"罗森堡在日记里写道。他将柏林比成了1631年在"三十年战争"[1]中沦陷的马格德堡，当时，四处掳掠的神圣罗马帝国的士兵进城屠杀了2万人，整个城市被付之一炬。"而现在，"罗森堡写道，

"那样的数据只是一天的损失。20个大城市已经化成废墟,下面埋葬着成千上万的妇女和儿童。"

他有些夸张了。1943年至1944年的空袭确实将造成9000多名平民的死亡,让80多万人无家可归,也让德国人民感受到了恐惧。

但要让希特勒眨眨眼,这些行动还不够——远远不够。

"面对困境,坚持挺住,这是纳粹主义运动的光荣,"罗森堡写道,"今天,勇敢已经成了整个民族的美德。"

* * *

在这个黑暗的1944年夏天,罗森堡在日记中写道:"在东线,我们节节败退。"[7]12万轴心国的士兵在克里米亚被阻断,因为苏军一直往西穷追猛打。[8]6月,在坦克和大炮的支援下,150万苏军在白俄罗斯大败德军,消灭和俘虏了30万德国士兵,然后继续向柏林500英里之内推进。在西线,盟军于6月6日在诺曼底登陆,冲破了德军的防线,解放了巴黎。

在德国国内,密谋者试图再次刺杀希特勒。[9]一些高级军官早就愤怒于希特勒对战事的处理,以及他对整个欧洲的肆意摧毁。此外,希姆莱管理下的警察体制、纳粹对犹太人的灭绝行动,以及他们对东方人民的暴行,也让一些前任政府官员深感惊恐,所以他们也加入了密谋者的行列。不管出于何种动机,所有密谋者都紧密团结在一个信念下:希特勒正在将德国引向灭顶之灾,他们想阻止德国陨落,结束战争,挽救生命。

"必须不惜一切代价来完成暗杀行动,"军队的一名参谋长海宁·冯·特莱斯科夫(Henning von Tresckow)说,"我们必须向世界、向后代证明，我们德国抵抗运动的成员是敢于冒着生命危险迈出关键一步的。"

1943年3月，也就是第六集团军在斯大林格勒投降6周后，特莱斯科夫成功地将一枚炸弹放上了希特勒的飞机，"元首"欲乘机去斯摩棱斯克访问一个军事指挥部。但那枚看起来像一个白兰地酒瓶的劣质炸弹是由军事间谍制作的，最终没能引爆。另外一起自杀性爆炸行动也失败了，因为希特勒提前离开了一个公众场合，重蹈了6年前慕尼黑"啤酒馆政变"失败的覆辙。

密谋行动的领袖们并没有因此退却，他们起草了一个叫"瓦尔基里行动"的蓝图，策划先暗杀希特勒，接着由驻柏林的后备军发起军事政变。1944年7月20日，机会终于来了，就在拉斯腾堡附近希特勒的军事指挥部"狼堡"，一位名叫克劳斯·冯·施陶芬伯格（Claus von Stauffenberg）的德国军官，将一个装有定时炸弹的皮包带了进去，希特勒将出席在这里举行的军事会议。他将皮包放在了"元首"身边一张厚厚的木桌旁，然后借机离开，来到军营启动了引爆装置，之后他逃离了"狼堡"，并打电话告诉他的盟友们：希特勒死了。

在柏林，这一消息几乎立刻引发了联动效应。希特勒军事指挥部与柏林的电话并没有被切断，消息很快传到了柏林：炸弹炸毁了军营的墙壁，但"元首"不知怎么却幸存了下来。那张厚厚的桌子替希特勒阻挡了一部分爆炸的力量。希特勒走出军营，他的裤子还在燃烧，耳膜受到了严重的损伤，他立刻着手剿灭叛乱分子。

柏林后备军司令弗雷德里希·弗罗姆（Friedrich Fromm）将军事先知晓这起密谋。他原打算在暗杀行动后派兵占领关键的政府大楼，发动政变。但在得知希特勒幸存以后，他拒绝配合行动。当密谋者们抵达他的司令部时，弗罗姆试图将他们逮捕起来，但事与愿违，他反而沦为了对方的阶下囚。后来经过一轮枪战，弗罗姆得救了，密谋者被捕。考虑到他事先就知道这起密谋，弗罗姆担心自己会被出卖，所以将四名关键人物——包括施陶芬伯格——带到院子里直接枪决了。第二天早上，希特勒通过广播公开谴责密谋者，并感谢苍天再次救他一命，就像1939年11月在慕尼黑那次。

罗森堡不能理解为何军事将领们——他们不曾起来反抗他们憎恨的魏玛共和国——会试图暗杀第三帝国的建国英雄。他声称："此前从来没有一个军官想要以这样一种懦夫的方式来刺杀他们的最高司令官。"[10]

希姆莱设法逮捕与这场刺杀或是其他密谋刺杀"元首"行动相关的一切人士。一些人为了避免被捕，选择了用手枪、手榴弹或毒药自杀，而被捕者在狱中受尽了鞭笞和折磨，被逼着供出合谋者消息。那些幸存下来的则被送上了臭名昭著的"人民法院"接受审判，然后被希特勒下令绞死，用的是天花板挂钩和一条细线，以确保死亡的过程缓慢而痛苦。远在"狼堡"的希特勒则通过拍摄下来的视频欣赏这些恐怖的处决。希姆莱还逮捕了一些密谋者的亲人，把他们送到集中营，把他们的孩子送到了孤儿院。

审讯中的一个细节激起了罗森堡的愤怒。路德维希·冯·莱昂诺德(Ludwig von Leonrod)少校是一名天主教徒，他曾找到随军神父，也是他的朋友赫尔曼·韦尔勒(Hermann Wehrle)，询问教会的教义是否允许人们暗杀一名暴君。神父说不允许，但是在法庭上，他却作证说莱昂诺德的问题似乎只是假设的[11]，于是他向他的主教汇报了——却没有向纳粹汇报。

"也就是说，梵蒂冈已经知情半年了，并且一直在等待像施陶芬伯格这样胸前总是挂着金色十字架的天主教暗杀者，"罗森堡写道，"可惜施陶芬伯格在审讯前就被枪杀了，所以听不到关于他的听告解神父的祈祷了。"[12]

莱昂诺德和韦尔勒也被处决了。

* * *

1944年10月，罗森堡睡在米兴多夫森林的小木屋里，第一次沉浸在"这片深深的平静之中，而外面的世界正风雨大作"。那个夏天，有好几次，他躺在一趟名叫"哥德兰"的专列上，躲到了这个波茨坦以南的村庄，以逃避柏林正在发生的破坏和毁灭。他的家乡爱沙尼亚的雷瓦尔曾在战争中遭过多次袭击，还有温泉小镇亚琛和科隆——所有他年轻时去过的城市。罗森堡从来不觉得有什么比他第一次来到纳粹主义的发源地慕尼黑更让人震撼。"我们在午夜里开车，"他在日记里讲述道，"像是行走在一个由废墟和电线搭建的迷宫之中，附近的街道悉数被毁。"整个城市"千疮百孔……体无完肤"。[13]

第三帝国的支柱全部崩塌了。苏联人逆转了德国所有的进程。"现在，"罗森堡写道，"最大的战争已经来到了德国本土，就在元首的大本营附近。"他仍然是东方占领区事务部部长，但现在只剩下一个空壳头衔了。一名官僚辛辣地指出，现在这个部门应该改名为"不复存在的东方占领区事务部"[14]。他的老对头戈培尔也幸灾乐祸地说，罗森堡就像一个"没有国家或臣民的"[15]欧洲君主。

1944年年末的几个月，罗森堡试图回击对他工作的根本质疑——虽然最终证明这是毫无意义的。这涉及希姆莱和一名在前线被俘的苏联将军安德烈·弗拉索夫(Andrei Vlasov)。[16]三年来，罗森堡和其他许多人试图劝希特勒征募东方各民族来对付莫斯科，但都是徒劳的，"元首"不为所动。给了他们武器，他们有可能会反过来对付纳粹党：这是希特勒的坚定信念，不可能改变。

在军队里，一场策反俄国人来对付俄国人的运动正在展开，1942年7月，他们认为弗拉索夫就是他们所需要的那种魅力超凡的领袖。他告诉德国人，红军已经做好对付斯大林、推翻共产党的准备了。如果能够煽动人们的爱国热情来对付他们的独裁者，那么就有可能发起一场革命。他所需要的是一支军队和一场政治行动。军队的宣传组织着手把弗拉索夫打造成虚构的"俄国解放委员会"的领袖，寄望能够以此将梦想变为现实。

罗森堡很是谨慎。弗拉索夫谈论的是一个统一的俄国。听上去似乎要请纳粹党帮他们建立一个强大的新俄国，而这正是纳粹党在过去20年里致力于摧毁的目标。但这时的罗森堡也绝望了。他同意建一个"俄罗斯解放委员会"，只要其他主要的东方民族——乌克兰人、白俄罗斯人和爱沙尼亚人——能各自独立。

1943年1月，一本由弗拉索夫签字的册子被空投到战区，呼吁俄国人民支持他的事业：推翻斯大林，与德国议和，建立一个既不由共产主义者也不由资本主义者统治的"新俄国"。宣传册引起了很大的轰动，弗拉索夫继续在东方占领区展开巡回演讲，他的演讲自由奔放，也许太过奔放了。他对纳粹的强制劳工项目及残酷的德国统治大加谴责。"俄国人过去、现在、将来都应该有自己的生活，"弗拉索夫宣称，"俄国人永远不可能沦为殖民地人民。"

纳粹非常愤怒。这本应该是一个无害的宣传，但现在听起来像是在挑衅纳粹党。1943年6月，弗拉索夫的行动引起了希特勒的关注。希姆莱也谴责了弗拉索夫及其关于德国人的演讲。"弗拉索夫先生开始用他的俄国式的傲慢给我们讲故事，"那年年末，希姆莱在对党卫军军官发表的一次演讲中说道，"他说，'德国还从未打败过俄国，只有俄国人自己能打败俄国'。各位先生，你们听听，这样的话对一个民族和一支军队是多么致命啊。"[17]

但是现在，一年后，随着战争形势对纳粹越来越不利，弗拉索夫再次登场[18]，这次他的支持者正是海因里希·希姆莱。对于罗森堡来说，更糟糕的是，希姆莱支持弗拉索夫建立一个统一的俄国的想法，而且，希特勒居然点头同意了。

这真是太丢人了。1944年10月12日，罗森堡向希特勒发了一份抗议书。他抱怨说，纳粹对东方的看法正在滑向堕落的深渊。"我的元首，我请求您告诉我，您是否仍然需要我继续从事有关东方的工作，"他写道，"鉴于目前事态的发展，我不得不斗胆揣测，您觉得我的工作已经没有必要了。"

鲍曼告诉罗森堡，希特勒近来卧床不起，所以没有阅读罗森堡的报告。罗森堡也没有再收到希特勒的回复。

11月14日，弗拉索夫出现在布拉格的赫拉德恰尼城堡，宣布成立"俄国各民族解放委员会"，并发表宣言。弗拉索夫承诺"保证各民族都是平等的，都拥有真正的民族发展权、自决权和国家地位"。

但罗森堡认为这些都是空话。事实上，希姆莱只是想通过支持弗拉索夫来强化建立一个新帝国主义俄国的想法。罗森堡知道这项任务从一开始就注定是失败的——战争发展到了现在，已经太迟了——但他仍然感到不安，因为他知道一旦惨败，他多多少少难辞其咎。

"如果他们全都失败了，那问题就出在对东方问题朝令夕改的方针上，然后他们就将此抛诸脑后了，他们认为东方问题没什么严重的，"他在日记里草草写道，"之后我会写下我个人在这个问题上的痛苦和愤怒。此刻的感觉还不够深刻。考虑到整个帝国的命运，他们这些人也变得无足轻重了……我只能希望德意志帝国遭受的破坏，不要比之前像科赫那样的政治蠢材所造成的破坏更严重。"[19]

他对科赫的嘲讽丝毫没有减轻。那个人就是"世界政坛上一个庸俗褊狭、胡作非为的教科书般的典范，最适合他的工作就是去东普鲁士养猪或者去波兰的齐赫瑙拓荒，现在却成了帝国东方政策的一个灾难"[20]。科赫竟然有胆说乌克兰人民没有历史。"没有人会说出比这更蠢的话来，"罗森堡大发雷霆，"他的好几个同事遭到暗杀，很有可能都要归咎于他的这些以及其他的愚蠢言论和行为。"尤其是驻白俄罗斯的辖区总督威廉·库贝的死亡。1943年9月，库贝的一名加入反抗军的女仆，在他床头安置了一枚定时炸弹，库贝被炸身亡。

"我完全可以理解尼采处在他那个世界为什么会疯掉，"罗森堡写道，"他眼睁睁地看着一切来临，却无力改变。"[21]如果希特勒听了他的话该多好。整个战争的进程本来可以改写。"100万怀揣着建立一个新国家愿景的乌克兰人，也许能让我们免遭斯大林格勒的灾难。"[22]

然而，尽管经历了这所有的拒绝、失望和失败，罗森堡还是不愿反对希特勒。

他依然留在他的岗位上，尽管只剩下一个空头衔。

* * *

1944年12月初，在宾馆住了一年后，罗森堡搬回了柏林的达勒姆小区，轰炸过后，他的家已经得到了修缮。第二天，他写了一篇日记，这是战争中幸存下来的最后一篇日记。"从我家的废墟中，我挑拣出书房里的残存资料，有的被撕碎，有的被砸毁，上面仍然覆盖着砂浆块和玻璃碎片。"他捡起一卷由神秘的奥地利诗人赖内·马利亚·里尔克(Rainer Maria Rilke)创作的诗集，这将他迅速带回到了年轻时代，那些无忧无虑的沉浸在诗歌中的岁月。

"青春已逝经年。"[23]罗森堡写道。他几乎不敢相信。

苏联人已经打到家门口了。[24]1944年年末，为了柏林的安全，希特勒终于不得不逃离位于东普鲁士的"狼堡"。12月，他来到西线监督战事，指导20万德军突破盟军阵线，但是在"突出部战役"[2]中，英美盟军迫使德军撤退，这也是纳粹军队在二战中发动的最后一次大规模攻势。

1945年1月，败局几乎已定，希特勒返回首都。数百万盟军从东西两面向柏林逼近。

到1945年年初，罗森堡已经有一年多时间没和希特勒私下会面了。2月24日，希特勒发表演讲，试图鼓舞党内领袖的士气，这是罗森堡最后一次见到希特勒。希特勒的状况糟糕得有些吓人[25]，他像个老人一样蹒跚地走了进来，左手晃得厉害，甚至都无法端起一杯水送到嘴边。罗森堡只是和希特勒握了握手，他通过希特勒的助手一再请求私下会面。希特勒传信说，他很乐意和罗森堡喝茶小聚，但他知道部长先生坚持要进行"技术讨论"[26]，他已经无意于此了。

"如果不进行技术讨论，那国家元首是干什么的？"

3月的一个夜晚，美军对柏林发起了最大规模的一次空袭[27]，派遣了1000架飞机在白昼飞到柏林上空。此次空袭共造成约3000人丧生，10万人无家可归，城市大部分地区的水电被切断。

同月，在之后的一次空袭中，罗森堡家的屋顶突然坍塌了，他和海德维希、艾琳搬到了地下室。在空袭过后，"我做了一件看起来很重要的事，"后来他在写于狱中的回忆录里记录道，"我把花园里的地翻了一遍，种上了蔬菜和土豆。"空袭毁掉了他们为艾琳举办15岁生日宴会的计划。罗森堡看见女儿坐在地下室的打字机旁写着什么。[28]"我不知道她在写什么，但也许是关于柏林的生活，是她亲眼所见的毁灭，以及她在城市中心听到的关于死亡的消息。"

罗森堡得知，他的朋友兼亲密同事阿诺·希克丹斯 (Arno Schickedanz) 带着妻子及8岁的女儿一起自杀了，他开始考虑自己的出路。纳粹领导层都被分发了剧毒胶囊，罗森堡为他的家人也储存了一些，他是不会让他挚爱的亲人被苏联人带走的。

* * *

到4月，德军几乎全线溃败，单从1945年年初开始，就已经有100多万德国士兵死亡。[29]

希特勒还是没有投降。

4月20日，罗森堡56岁生日那天，苏军对柏林发起最后攻势。

第二天，一个下雨的早晨，罗森堡站在窗前，俯瞰着花园。他将要永远离开这里了。"我们曾经漫步的小路，"他写道，"在后院，有艾琳的秋千和已经拆了一半的圆亭。右边，刚刚栽上纤细的桦树。我们现在仍然拥有的这一切，都不得不被留在身后。"[30]

＊＊＊

苏军带着牺牲战友的仇恨,加上他们沿路推翻集中营时的震惊,开启了报复之旅。

一名士兵写道:"他们将会久久记得我军踏上德国领土的这次征途。"[31]苏军大肆抢劫掳掠,从艺术品到工业机器,从自行车到收音机和腕表。他们放火烧了多座德国城市,强奸了成千上万的妇女。"我们只是在报复,"另一名士兵在家书中写道,"我们的报复是正义的,以牙还牙,以眼还眼,血债血偿。"[32]

希特勒在帝国总理府的公寓已被摧毁,他带着女友爱娃·布劳恩(Eva Braun),他最忠诚的拥护者鲍曼、几位高级将军,以及个人助理等,躲到了地堡。[33]戈培尔也带着妻子和六个孩子搬到了这个庇护所。就在希特勒生日后的两天里,他来了一场情绪大爆发,比身边人之前见过的样子更加歇斯底里,他最终承认战争失败了,所有人都背叛了他。

他骄傲地拒绝了将他从柏林偷偷运到贝希特斯加登的提议。他不走。他坚持要留下来做一件正确的事情:他打算饮弹自尽。

他建议目前正在他位于上萨尔茨堡巴伐利亚庄园的戈林负责德国南部,甚至和盟军展开谈判。当这一消息传到戈林耳朵里时,戈林拿出一份1941年法令的复印本,这一法令规定如果"元首"的"行动自由"受限的话,他将继任"元首"。

戈林向地堡发去电文,询问是否是时候让他继位了。"若到22点仍未收到回电,我将假定您失去了行动自由,"戈林写道,"届时,我将认为执行您的法令的条件已具备,我将为国家与人民的最高利益而采取行动。"[34]

鲍曼将这一电文呈给了希特勒,并附上另外一封戈林写给里宾特洛甫的电报，煽动希特勒相信戈林要发动政变。

希特勒被愤怒蒙蔽了双眼，他迅速解除了戈林的所有职务，鲍曼派党卫军逮捕戈林将其软禁。罗伯特·里特尔·冯·格莱姆（Robert Ritter von Greim）躲过重重防空炮火，飞回柏林，作为戈林的继任者接受空军元帅的职位。当BBC报道说希姆莱已经决定无条件投降时，希特勒命令格莱姆飞离柏林，去将他的核心集团的另一员大将软禁起来。他哭喊道："叛徒决不能继任我的元首一职！"

同时，苏军包围了政府区域。希特勒在地堡里崩溃一周后，他的敌人已经到了离此不到0.25英里远的波茨坦广场。

第二天，1945年4月30日，将军们带来了一个让人警醒的消息：他们再也扛不住了。

* * *

就在同一周，美军抵达了新天鹅堡的塔楼和炮塔，这座童话般的城堡高高耸立在慕尼黑以南一道崎岖的山脊上，当时是为巴伐利亚的"疯王路德维希"建造的。詹姆斯·罗里默（James Rorimer）是纽约大都会艺术博物馆的馆长，也是当时盟军组建的古迹、艺术与档案战队成员之一，几个星期以来，他一直在他们战队的地图室附近徘徊，等待盟军占领新天鹅堡的消息传来。得到消息后，他从红十字会征用了一辆吉普车——完全忽略了他将要在德国境内驾驶130英里，而且德军还没有完全缴械投降的状况——冲到南方展开调查。

"盟军夺宝队"[35]是一支由学者和建筑师组成的小型队伍。1944年至1945年，盟军往柏林逼近时，他们一路相随保护和寻找欧洲的艺术珍宝，他们的行为将被永远铭记。巴黎解放后，罗里默曾在那里待过一段时间。1944年8月,他在那里遇到了法国的艺术史学家罗斯·瓦朗(Rose Valland),后者曾经为罗森堡的"网球场美术馆"项目工作过。其间,瓦朗曾偷偷地记录下纳粹所掠夺的艺术品及其流向。她领着罗里默参观了特别任务小组曾经储藏艺术品的那些场所,并邀请他去公寓小坐。几杯香槟后,她给罗里默展示了她那份记录详尽的艺术品清单,并向他保证,去新天鹅堡和其他几个城堡,他一定能找到失窃的法国艺术品。

抵达新天鹅堡后,罗里默得知纳粹已经离开了,但一名老看管人还留在那里守护那些珍宝。"这座高耸入云的城堡因为那些自我而又疯狂的权力欲望者而复苏过来,"罗里默后来写道,"这座古色古香、地处偏远的浪漫城堡居然成了一帮盗匪用来储存掠夺来的艺术品的窝点。"[36]

那名德国看管人费劲地拿着一串巨大的钥匙,领着罗里默和其他队员上了一段几乎与这座城堡下那些崎岖的岩石一样陡峭的楼梯。馆长带着队员们一间房一间房地参观,事实上,每间房里都塞满了掠夺品。他们发现被封的板条箱上凸印着"德国领导人罗森堡的特别任务小组"这一机构名称的首字母——ERR,还有挂毯、书籍、版画,当然还有不计其数的绘画作品。在一扇钢门后,他们找到了纳粹从罗斯柴尔德家族掠夺的两箱珠宝,以及属于银行家大卫·威尔(David Weill)家族的1000件银器。

"我恍恍惚惚地参观完这些房间,"罗里默写道,"真希望德国人能对得起他们办事有条不紊的名声,真希望他们留下了所有这些珍宝的照片、名录和记录。如果没有的话,将要花上20年时间才能甄别这一大堆战利品。"

他是幸运的。在城堡的另一侧，他们找到了8000张照片底片，还有一张记录了罗森堡的手下掳掠来的2.2万件艺术品的名录卡。

可盟军还是没有找到这些宝藏的母脉，一些无价之宝仍然不见踪影。其他两名夺宝队成员罗伯特·波西(Robert Posey)和林肯·柯尔斯坦(Lincoln Kirstein)知道它们可能在哪儿。3月末，他们遇到了一名曾在巴黎为戈林和冯·贝尔工作过的年轻艺术史学家，那人告诉他们，希特勒那些偷窃来的艺术品全部深深藏在一座盐矿的隧道中，盐矿坐落在萨尔茨堡以东一个名叫奥尔陶斯的村庄外。

在美军占领奥尔陶斯几天后，波西和柯尔斯坦赶到奥地利去查看究竟。[37]他们穿过陡峭而崎岖的小路，来到盐矿入口，但他们惊恐地发现，逃亡的纳粹分子居然用爆炸物封死了入口。好在第二天他们找到了另外一个狭小的入口，进入了隧道。很快他们就找到了目标，它们在烛光的照射下闪着微光。

他们检查到第二个房间，发现了鼎鼎有名的作于1432年的《根特祭坛画》(Ghent altarpiece)。再往山的深处走，一个大房间里放着多箱艺术品，在一块脏兮兮的垫子上躺着米开朗琪罗的雕塑作品《布鲁日圣母》(Madonna)。几天后，他们从这个巨大的宝藏中发现了维米尔的画作《天文学家》。

夺宝队盘点了所有的战利品，估算纳粹在这座奥尔陶斯的盐矿里，一共藏匿了将近9000件无价的艺术品——一卡车一卡车的画作、素描、版画、雕塑和挂毯。

合计来算，纳粹一共盗取了65万件艺术品。盟军决定将这些艺术品物归原主。先是《根特祭坛画》被空运回比利时进行修复，随后展出。夺宝队花了6年时间来登记和返还这些艺术品，但还是有很多艺术品失踪了——一些在几十年后找到了，一些显然永远消失了——很多艺术品永远无法回到主人的手上了，因为他们的合法主人已经死于大屠杀中。而其他很多艺术品被趁着战时的混乱肆无忌惮地买卖交易，后来造成了长期的国际争议。

接下来数年间，一些艺术品会匪夷所思地出现在一些奇怪的地方，比如一个保险柜出现在苏黎世，他的主人是一名艺术品经销商，因为参与了法国的艺术品掠夺而坐了几年牢，出来后他重操旧业。几个世代以后，在2012年，当局在科尼利厄斯·古利特（Cornelius Gurlitt）的慕尼黑公寓中找到了1400多幅画作[38]，价值10亿美元，他的父亲虽然有犹太血统，但是曾为希特勒的博物馆购买过艺术品，同时他自己也从一些逃亡的犹太人手中，暗中以低价购入了一些"堕落的艺术家"的画作——马蒂斯、奥托·迪克斯和毕加索。

罗森堡艺术品掠夺事件的涟漪波及了几代人之远。

* * *

1945年4月21日，罗森堡携家人北上，一路经过废墟和逃亡的难民，最终抵达位于柏林东北方向275英里的弗伦斯堡，接近波兰边境。

当轰炸来临时，他已经到了弗伦斯堡。4月30日下午3点半，于前一天结为夫妻的希特勒和爱娃·布劳恩将自己锁在书房，结束了生命，他饮弹自尽，而她服毒自杀。5个小时后，戈培尔夫妻坚持要求身边的医生将他们的6个孩子麻醉后毒杀，然后，他们二人也自杀了。

希特勒在他的临终遗嘱中宣布了继任者，他没有选择戈林和希姆莱，而是选择了海军总司令卡尔·邓尼茨（Karl Dönitz）元帅，邓尼茨新颖的U型潜艇战术曾帮助纳粹击沉过3000艘商船和盟军的海军舰艇。但这一任命只是将德国正式降于盟军的屈辱传递给了邓尼茨，5月8日，在希特勒自杀8天后，邓尼茨投降。

5月6日，邓尼茨已经正式革除罗森堡东方占领区事务部部长一职。此刻罗森堡走在弗伦斯堡湾的岸边[39]，这里也是波罗的海的一个狭长的入海口，他思考着他的人生走到了何处。他想起距此东北方600英里远的故乡爱沙尼亚。他知道他再也回不去了。在回到家时，他重重地摔了一跤，脚受伤了，他又回到了病床上。他将这次摔跤归咎于困扰了他多年的脚疼的毛病，但希特勒的建筑师，以及1942年担任军备和战时生产部部长的阿尔伯特·施佩尔却讲述了一个不同的故事。

"他被发现时几乎快没命了，"施佩尔写道，"他说自己中毒了，我们怀疑他有自杀企图，但结果他只是喝醉了。"[40]

5月18日，英国人为了抓他而来。罗森堡说他在6天前给伯纳德·蒙哥马利 (Field Marshal) 元帅写了一封信："要杀要剐，悉听尊便。"[41]但据其他说法，盟军战士们在搜寻希姆莱时，偶然发现了罗森堡。5月21日，希姆莱在试图乔装逃跑时被盟军抓获，两天后，他服下一颗剧毒胶囊自杀身亡。

罗森堡吻别了他哭泣的妻女，一瘸一拐地走向那辆将载他去监狱的汽车。坐在牢房里的罗森堡听到两名盟军的守卫试着哼唱《莉莉玛莲》(Lili Marlene)，这是交战双方都喜欢的一首歌曲，讲述了一位战士与爱人分离的哀愁和情思。

几天后，罗森堡被铐起来带到机场，往南飞去。俯瞰窗外，他认出了残破的科隆。"科隆就像被巨兽践踏过一般，教堂只剩下一副骨架，它的周围是堆积如山的瓦砾，"罗森堡后来写道，"河上的桥梁被炸毁，这里成了一片荒原，见证了帝国和人民的悲惨命运。"

当他意识到飞机在往西行时，一种解脱感涌上心头。他不会落到苏联人手中了。

* * *

罗森堡被暂押在皇宫酒店，这里位于卢森堡的温泉镇蒙多夫莱班，刚刚跨过德国边境。

当罗森堡抵达时，其他幸存的第三帝国的头目已经在那里了，其中包括从上萨尔茨堡的软禁中逃脱后被盟军拘留的戈林。

这座八层楼的酒店已经褪去了一切奢华，被改成一座朴素的临时监狱，关押着20世纪最大的战争罪犯。吊灯、地毯、窗帘和床都不见了，窗户都装了铁栅，囚犯们就睡在铺着草席的行军床上，盖着粗布毯子。为了防止他们自杀，装配的桌子也不足以承受一个人的重量。

他们对罗森堡来了个全身搜查，防止他在衣服里藏剧毒胶囊或尖锐物体，连鞋带和皮带都解去了。

这个临时居所也不再是"皇宫酒店"了，美国人给它取了一个新名字：轴心国盟军最高司令部——简称ASHCAN。

译者注

[1] 三十年战争（1618—1648），是由神圣罗马帝国的内战演变而成的一次大规模的欧洲国家混战，也是历史上第一次全欧洲大战。战争以哈布斯堡王朝战败并签订《威斯特伐利亚和约》而告结束。

[2] "突出部战役"（the Battle of the Bulge）又称"阿登战役""亚尔丁之役"，盟军

将士依作战经过称之为"突出部战役",而德国B集团军群则称之为"守望莱茵河作战"。战争发生于1944年12月16日到1945年1月25日,是纳粹德国于二战末期在欧洲西线战场比利时瓦隆的阿登地区发动的攻势。

第23章 "至死忠诚于他"

1945年3月8日,罗伯特·肯普纳和妻子来到位于费城第九市场的联邦法院,宣誓成为美国公民。[1]他一身笔挺西装,打着条纹领带,妻子戴着一顶带花饰的帽子。

肯普纳赢得了美国国籍。他为政府提供服务的领域在战争的最后3年里有了很大的拓展,他不仅为司法部提供专家证词,为联邦调查局提供情报,还服务于战争部的军事情报处。同时,他与妻子和几名助理组成了一个团队,为中央情报局的前身战略情报局提供了广泛的报告。[2]在为战略情报局工作时,他与人类学家亨利·菲尔德(Henry Field)搭档,后者是罗斯福总统派来的,主要研究总统认为战后最为迫切的一个问题:国际难民的移民和安置。他们参与了这个属于最高机密的"M"计划,撰写了600多份国际性报告,肯普纳夫妇提供了一份德国大小官员的名单,以及一份有关纳粹德国妇女的报告,一共包括五个部分。这些研究成果被分发到华盛顿的高层官员手中,但罗斯福死后,这些文件就进入了"提交然后被遗忘的边缘化状态"[3]。

肯普纳仍然希望摆脱作为一名特殊雇员的身份,他想在联邦调查局谋得一份全职。尽管这个前景并不明朗,但他还是拒绝了华盛顿两份薪水丰厚的工作[4],其中一份是在美外侨资产管理局的调查员,年薪6200美元,负责监督敌人在美国的资产状况;另一份工作是在战争部担任研究员，年薪5600美元，因为战争部正在着手准备纳粹战犯的审判。

随着盟军在柏林的作战任务结束，对战争罪的起诉即将提上议程，肯普纳渴望能在这场世纪大审判中占得一席之地。他之前对德国煽动叛乱者的起诉帮他打下了重要基础。为了能进入检察官团队，他写信说，他认为这次审判可以为他在20世纪30年代那桩案子做一个结案。"也许这是一个好主意，"他写道，"你们的队伍里至少要有一个人对德国行政、法律和惯例，以及被告那些谎言背后的真相有所了解。"[5]

自1942年以来，盟军就开始呼吁将敌人送上战犯审判台，尽管在如何操作上存在意见分歧。丘吉尔要求即时处决；而斯大林主张审判；罗斯福的财政部部长亨利·摩根索（Henry Morgenthau）则建议，对那些将欧美拖入两次世界大战的国家进行严惩，解散他们的军队，永久性地摧毁德国工业，拘禁纳粹并判处其服苦役，而那些高级头目则就地枪决；战争部部长亨利·史汀生则反对这些报复性的措施，他认为以纳粹之道还治纳粹之身是毫不讲理的。"主要还是要通过全面拘押、调查和审判所有的纳粹头目以及他们的恐怖主义体系，比如盖世太保，"史汀生写道，"我们才能展示出全世界对他们有多么憎恶。"罗斯福支持史汀生，到1945年，盟军达成一致意见：第二次世界大战应该以将纳粹头目送上被告席[6]，来画上圆满的句号。

关于战争罪审判应如何运作，还存在无数的问题。没有先例，也没有可以借鉴的规则和机制。史汀生让他的战争部研究这个问题。一名初级律师默里·C.伯奈斯（Murray C. Bernays）上校起草了一份简要的章程，而并不完美的国际军事法庭正是基于此成立的。伯奈斯认为纳粹体系是一个巨大的阴谋，因此纳粹领袖应该作为罪犯为此负责。同时，纳粹机器的各个组成部分——纳粹党、党卫军和盖世太保——都是犯罪组织，它们的每个成员也应该被当成罪犯。在这份6页的文件中，伯奈斯找到了一种方式，能让纳粹高级领袖和普通纳粹士兵在一场大型的审判中被绳之以法。[7]

这些主意招来了一些批评。首先，整个诉讼将有点儿追溯既往的意味，纳粹犯下的罪行是在事发后才被定性为违法的。这不就是让数百万人仅仅因为加入了一个庞大的犯罪组织而被判有罪吗？

1945年5月，伯奈斯的计划引起了最高法院大法官罗伯特·H.杰克逊的关注，杰克逊被提名为审判中的美国总检察官。整个夏天，杰克逊会见了英国、法国和苏联代表团的领导人，拟为战争法庭起草一份备忘录。总的来说，这份备忘录最终还是采纳了战争部的律师伯奈斯的意见。纳粹将接受四项罪状的审讯：密谋罪；发动侵略战争罪；战争罪——谋杀和虐待平民，雇佣奴工，滥杀囚犯；反人道罪，包括灭绝犹太人。23人被宣判为"主要战犯"，包括戈林、里宾特洛甫、赫斯、罗森堡以及战后就下落不明、不在场的鲍曼。

罗伯特·H.杰克逊认为，这场审判不仅是创立一个新的国际法先例的伟大历史机遇，也是一项道德事业。同时，他尽力避免造成这样一种印象：法庭只是走了个过场，名为审判，实为报复。[8]

肯普纳效力于战争部为其赢得了杰克逊的关注。按照肯普纳一贯的做法，他向主管战争罪的部门就即将到来的审判提供了一些不请自来的建议。尽管他拒绝了一份战争部的全职工作邀请，因为他仍然对联邦调查局心怀期待，但他很快被聘为自由顾问，撰写报告，主要是关于德国政府的"组织、人事和活动"、纳粹党的历史和德国记录制度的细节。肯普纳得到的日薪为25美元，这些报告可以作为背景材料[9]，供那些逮捕和起诉战争罪犯的人参考。肯普纳也为几名重要的纳粹头目写过简短的传记，包括一份关于戈林的详尽文件。

这位逃难的律师写道，戈林创建了"非法逮捕、拘留和没收财产的机器"——盖世太保。他的意思是指，戈林与国会纵火案有关，并导致兴登堡总统签署了暂停德国公民权利的紧急法令。该法令使得全国迅速开始对共产主义者、和平主义者和其他纳粹对头展开镇压。"直到1945年第三帝国垮台，该法令才失效，它成为纳粹在整个欧洲实施灭绝和征收物资政策的主要工具。因此，戈林……要为这一切负责。"

而戈林是不会反对的。肯普纳在报告里写道：就在1933年纳粹上台后不久，戈林曾在多特蒙德发表的一次讲话中，公开为他下属的行为负责："从警用枪里射出的每一颗子弹都是我的子弹。如果那被称为谋杀，那我就杀人了。我下的命令，我来担当。我来为此负责，我没什么好怕的。"

肯普纳的简报[10]还算不上一份起诉书，但至少开了个头。

报告在战争部内流传，由此肯普纳引起了包括伯奈斯在内的杰克逊核心集团的关注。"他对上台之前的纳粹相当熟悉，他直到1935年或1936年才离开德国，此后一直在跟进纳粹的动态，在美国从事与纳粹渗透和颠覆活动有关的案子，积累了丰富的经验，"7月17日，伯奈斯在给杰克逊的信中写道，"他对戈林的研究……是准确而又可靠的。我认为我们可以发挥他的优势。"[11]3天后，肯普纳正式加入检察官团队，他告诉他在联邦调查局的上级说，他要休10周的"无薪假"。

多年来肯普纳孜孜不倦地写了数百封信件、备忘录和报告，现在终于获得了回报。他被配发了一件文职军官的外套，翻领上饰有三角形的贴片。8月3日,他从华盛顿飞往伦敦,途经百慕大、亚速尔群岛和巴黎。他将他收集到的有关德国和纳粹的资料——重达91磅[12]——分装在两个箱子里,一起运了过去。

肯普纳是一个很自我的人,他忍不住觉得,现在他是在作为一支战胜部队中的关键人物重返故里。

"我正在完成我16年前开始的工作。"[13]他告诉一名报纸记者。多年后他说:"我只是想还世界一点点公道。"[14]

* * *

纽伦堡变成了一片废墟[15],一个坟场。成千上万的尸体就埋在一个又一个被炸毁的街区下。空气中弥漫着消毒剂的味道。游客被警告说不要喝那里的水。巴伐利亚的法庭正义宫在战争中也患了"脑震荡",窗户被炸飞了,水管受损严重,走廊被大火烧焦了,还有一枚炸弹径直落入了地下室,但神奇的是,这座石头砌成的大厦居然在一堆残骸中屹立不倒。国际军事法庭的官员们决定就在这里审判纳粹战犯,不过先得让那些将主法庭改造成一间酒吧的美军搬出去。之前律师来审查场地时,发现标牌上写着:"今夜的啤酒只需0.5马克。"

选择纽伦堡也具有象征意义。正是在纽伦堡,纳粹党举行了盛大的党代会,庆祝德国的复兴;也正是在纽伦堡,纳粹党于1935年剥夺了犹太人的公民权;而现在,正是在纽伦堡,那些始作俑者将被追究罪责。

8月12日,罗森堡和其他纳粹被告被押上一架C-47飞机,从蒙多夫莱班起飞。"好吧,我的朋友们,"戈林往窗外看去,说道,"好好看看莱茵河吧,也许这将是我们最后一次见它。"[16]这些纳粹分子被关进了正义宫后面的监狱，他们将在那里等待所谓的"C翼大审判"。

罗森堡被分配到较低级别的16号牢房，位于阿尔伯特·施佩尔和汉斯·弗兰克之间，前者是希特勒的建筑师，依靠强制劳工来维持德国军工厂的运转，而后者是波兰占领区总督。每间牢房里配有一张简易床、一把椅子和一张摇摇晃晃的桌子。角落里的厕所是唯一一个能躲避警卫监视的地方，警卫24小时值班，以防囚犯自杀。晚上，聚光灯打在囚犯身上。"我想象他们蜷缩在牢房里，就像受伤的困兽一般，"英国检察官团队成员艾瑞·尼夫(Airey Neave)曾在战时从德国的监狱中逃脱，他写道，"我害怕接近他们，就像人不敢接近一具尸体一样。"[17]

囚犯们必须时时刻刻把手放在毯子外面，罗森堡对这条规定尤为抗拒。每次他试图将手放进被窝里暖和暖和时，警卫就会将他戳醒。[18] 被告之间的联系是受到严格限制的，与家人之间也仅限于一周接收一封家书。他们唯一真正的人际交往，来自于与监狱心理学家和审讯人员的会面。

在审判开始前的几个月里，罗森堡被审讯了20多次。8月14日，在纽伦堡进行了第一次开庭，审讯人员拿出罗森堡的日记与其对质，但他称之为"笔记"和"简短的印象记录"。审讯人员指责罗森堡在回避真相，并警告他，盟军手上现在有大量的文献证据来推翻他的答案。

"我们手上有你所有的私人文件，你难道不知道吗？"

"我听说了，"罗森堡回答，"但我不知道。"

"今晚考虑一下这些事吧，"审讯人员说，"如果你今天不爽快地说出真相，很可能会面临很多麻烦。"[19]

当天在场的还有另一名律师托马斯·J.多德(Thomas J. Dodd)[20]，这位联邦检察官曾在1942年与肯普纳合作过康涅狄格州的一个纳粹间谍案。他发现罗森堡"非常敏锐、狡猾和谨慎",但他还是忍不住注意到罗森堡的褐色西装上有磨损的痕迹。"我在思考他是如何没落的,"多德在给妻子的家书中写道,"就在这座他曾经穿着威武的纳粹制服、在街头高视阔步的城市,现在他沦为了废墟中的囚徒。"[21]一个月后,罗森堡试图向多德解释他的哲学思想,试图逃过关于希特勒和他阴谋策划在战后摧毁教会的指控,但一切都是徒劳的。

多德问:"你的目的就是要废除旧的国教[22],这不是事实吗?"

"嗯,好吧——"罗森堡开口了。

"关于这个问题,你无须作长篇大论。"多德打断他。

"对于这样的问题,我不得不做出否定回答。"他说道。检察官建议罗森堡读读他自己的书,但罗森堡声称他从来都无意于与神职人员展开一场"官方争斗"。

"但你一定是支持打压犹太人的,对吗?"

"是的,"罗森堡说,"我支持将犹太人从帝国的政治领导层中清理出去。"

"你根本就是想把他们全部从德国清理出去。"

"好吧,这确实是解决问题的捷径。"

罗森堡承认他的犹太人理论被纳粹"非常频繁地应用于实践"。

"现在,你还是不为当权后多年来所表达的观点感到羞愧吗?"多德问道,"回答是还是不。"

"不。"罗森堡回答。

"现在你认识到你对德国的困境负有责任吗?"

"在过去的一个月里,我经常在思考我是否可以做得更好,"罗森堡说,"也许在这20年里,我说过一些话,彼时我的头脑是清醒的,现在我也许不会再这么说了。但那是一个挣扎困顿的时刻，作为为所发生的一切负有责任的纳粹运动的一员，我当然在一定程度上也有责任。这么说吧，我所瞄准和前进的方向，我想要实现的目标，都是体面而正直的，即使在今天，我也不会否定我的想法。"

然后他停了下来，显然意识到自己似乎承认了什么，又改了个说法："我只能为我个人的行为负责。"

在接下来的9月和10月，审讯员托马斯·辛克尔（Thomas Hinkel）拿出一份又一份文件与罗森堡进行数小时的对质，而这位斗志昂扬的纳粹分子为自己进行着毫无道理又晦涩费解的辩护。

罗森堡辩称纳粹的反犹政策是对摧毁德国的仇敌的一种"防御"措施。[23]德国人驱逐犹太人，就像据说犹太复国主义者也曾逼迫巴勒斯坦人离开他们的土地一样。罗森堡承认，战俘死于曝晒和营养不良，但德军也一样。[24]他试图否认纳粹意识形态的中心思想是雅利安人比其他一切种族都要优越。[25]他说，当他的特别任务小组没收书籍和艺术品时，德国可能在某一天会物归原主的。[26]他说不知道集中营的内情。他说他从没有去过任何一个集中营，"警察对那个话题守口如瓶"[27]。他还否认他与东方占领区内屠杀犹太人有半点儿关系[28]，虽然他管辖的各个辖区曾深度参与了大屠杀。

9月22日，罗森堡承认："我听说一些犹太人被枪决了。"

"你听说后做了什么呢？"审讯员辛克尔问道，"你有没有过问呢？"

"没有。"

"为什么没有？"

"我不能过问，"罗森堡说，"那不是我管辖的范围。"

他争辩说，他想了解更多，但是被党卫军断然拒绝了，如果他执意再问更多的话，"也是得不到任何答复的"。

"你知道灭绝犹太人是希姆莱的政策，不是吗？"

"但我到最后都不相信是以这样的形式或方式。"

"你事先是知道的，不是吗？"

"不，"罗森堡声称，"我并不知情。"

他故意弱化他的部门的作用，听起来他的部门似乎毫无权力，也毫无意义。"我想说的是，我的总部在柏林，我只是对下面的辖区发布一些一般的规则和法令，"他说，"但具体到地方事务，我并没有参与。"[29]他对质说，来自东方占领区的报告并没有那么详尽。

10月4日，也就是8天后的第11次庭审，他说，事实上，作为东方占领区事务部部长的他和处决犹太人问题毫无关系。"我从没有参与过任何有关犹太人问题的讨论"，罗森堡告诉辛克尔。他个人希望能"通过在犹太人的故乡建立一个全是犹太居住的地方，来减少德国犹太人的数量"，但这轮不到他来决定——这是希姆莱的责任。

"多年来，你一直对犹太问题很感兴趣，不是吗？"辛克尔问道。

"但我忙着建立我自己的部门，已经不堪重负了，而整个犹太问题又完全不是我的职责所在，所以我没有花任何时间在这个问题上。"罗森堡说。他以为犹太人过着丰衣足食、安居乐业的日子。

"你的意思是，自从你被任命为东方占领区事务部部长后，你就没有和任何人讨论过犹太人问题，"辛克尔问道，"这是你的陈述吗？……我觉得有点儿难以相信，就凭你多年来对这个问题的执着兴趣，你会在当上东方占领区事务部部长后突然对此不闻不问吗？对于你管辖区内的人民将受到何种处置你就一点儿不好奇吗？你就不会向任何人问起或是没有收到过任何相关报告吗？"[30]

"这是我一直以来的习惯，"罗森堡声称，"一旦任务交给了某个人，旁人绝不要去干涉。"

辛克尔带着一些文件返回来找他，文件表明罗森堡曾收到过关于东方占领区内发生的暴行的汇报。

10月19日，针对被关在纽伦堡C区牢房中的罗森堡及其他纳粹头目的起诉书终于下达了。英国检察官尼夫负责送达起诉书。当他来到罗森堡的牢房时，发现罗森堡身上沾满了面包屑，却懒得费力将它们从衣服上掸落。"他流露出一副病狗的表情。"[31]尼夫写道。

"他看上去就像波利斯·卡洛夫（Boris Karloff）主演的恐怖电影中一名歌班的殡仪执事，他那蜡黄的脸色与此非常相称。"

牢房里散发出一种臭烘烘的气味，到处是乱七八糟的纸屑，罗森堡起身迎接来访者，他在颤抖。

* * *

1945年8月4日，肯普纳飞抵巴黎。"在经历了27个半小时的飞行之后，当然还要减去2个小时的经停时间，（我回到了宾夕法尼亚州的兰斯当）。"他给妻子、曾经的情人玛戈特·李普顿写信时这样说道。然后他又飞往伦敦执行任务。经过德军多年的轰炸，伦敦也是一片断壁残垣的景象，到处是被摧毁的建筑、弹坑和成堆的瓦砾。

在成为美国公民5个月后，肯普纳已经开始相信他移居的国家是当今世界上最伟大的国家，欧洲已是明日黄花。对于欧洲能否重回昔日辉煌，他甚至不抱任何希望。他告诉妻子：返回德国，然后重建他们过去的生活，是毫无意义的。最好是继续现在的生活。"你无法想象，我们有多么幸运(顺便说一句,也是多么自私)。所有那些鸡毛蒜皮的烦恼比起欧洲现在的光景简直不值一提……哪里都不如兰斯当好,我只是把这趟公差当成一种历练自己和获得新的视角的方式(除了我必须完成的工作外)。"32

几天后,肯普纳重返巴黎,他的任务是帮助分析涌入国际法庭设立的档案处理中心的德语文件,该机构设在距香榭丽舍大街和凯旋门仅一个街区的一幢楼里。

盟军下令部队在横扫欧洲时,注意寻找关键档案,结果他们发现了一大堆真正的原始文件。巴黎是三个档案中心之一,分析师们根本无法应对这些潮涌而来的文件。没有时间一一翻译所有文档,更不用说审查它们有没有作为证据的价值了。"这些纳粹分子都热衷于记录,"9月,杰克逊的首席审讯官约翰·哈伦·阿芒(John Harlan Amen)告诉记者说,"现在我们被文件淹没了,在给定的时限内我们不可能全面地翻阅这些文件,而且每天都有一批又一批新文档被发现。"33

罗森堡的文件是在利希滕费尔斯以外的一座城堡中发现的,然而这还只是一个开始。德国外交部的档案员海因里希·瓦伦丁(Heinrich Valentin)领着调查员来到德国中部崎岖的哈尔茨山脉,这里隐藏着将近500吨外交档案。他甚至还帮助盟军整理和打包。译员保罗·施密特(Paul Schmidt)曾经出席过纳粹时期的数场最重要的外交会议,他也交出了他手上那些浩繁的记录;他将这些记录分装在巨大的铁箱和木箱里,埋在了一片森林里。戈林的纳粹空军文档被零散地藏在了巴伐利亚州各地,官方历史学家汉斯−德特勒夫·赫尔德特·冯·罗登(Hans-Detlef Herhudt von Rohden)少将护送这些文档去了英国。他早就开始撰写空军的历史,他得到指示要把这本历史写完。纳粹原打算在一座城堡的一个空池子里焚毁6万份海军记录,最终这些记录也被完好无损地移交给了盟军。希特勒的御用摄影师海因里希·霍夫曼（Heinrich Hoffmann）的档案也来到了纽伦堡，交由霍夫曼自己整理。

在巴黎的档案中心，肯普纳开始浏览被没收来的文件。一天，他正在翻阅罗森堡的文件，突然接到命令，叫他立刻飞往德国。这是近十年来，他第一次返回故国。

他乘坐一架军用飞机前往法兰克福，航程很短。多年后他在回忆录里写道，奇怪的是，当看到飞机下方的祖国一片废墟时，他居然无动于衷。他只记得这一切看起来多么熟悉，他感觉自己好像穿越回了1918年，那时他一路穿过满目疮痍的比利时和法国回到德国。随后，飞机降落，肯普纳被送到了法因海姆，在那里他审查了被缴获的军事档案。他面前是作恶者亲自写下的摧毁欧洲的令状。面对第三帝国犯罪者的笔迹，肯普纳终于有些激动起来。

在那趟差事中，他后来还去了法兰克福，来到帝国银行的地下室。他见到了纳粹在战争结束时藏在德国中部盐矿里的几十个箱子。这些木箱里，装着纳粹从他们的受害者口中抠出来的金牙，成千上万的金牙——肯普纳想，每一颗都将成为一起谋杀加盗窃财物案的证据。

"在我的一生中，从没想过，"他写道，"会见到眼前这种景象。"[34]

* * *

罗伯特·H. 杰克逊决定，法庭应该采用纳粹分子自己说过的话来给他们定罪。但是要想从这些浩繁的文件中筛选出有用的证据，解释德国人在整个欧洲大陆犯下的这些暴行，并非一桩易事。

审讯和文档分析双管齐下。让肯普纳极其满意的是，他开始有机会审讯证人和被告了。后来他写道："我参与到纽伦堡的工作中，可不是罪犯们喜闻乐见的。现在，他们面对的是对他们的罪行知根知底的人。"[35]一天，他发现自己碰上了他的老对头之一。

"早上好，戈林先生，"肯普纳对这位在1933年将他解雇的人说，"我想知道您是否还记得在下，好久不见。"[36]

上一周，审讯人员已经就国会纵火案和相关报告质询过戈林，那些报告显示，戈林是纵火烧掉德国国会大厦的幕后黑手，因为这样一来，1933年，纳粹就有借口打压他们的对手共产党了。

"这绝对是无稽之谈。"戈林坚称。那时他是国会议长——他又怎么会烧掉自己的房子呢？

肯普纳被派进来质疑他的这番言论。据肯普纳说，戈林也记得这位被他剥夺了公民权的律师，见肯普纳走进来，他吃了一惊。一开始，戈林拒绝回答肯普纳的问题。这人肯定不会秉公办案的。肯普纳只是笑了笑："帝国元帅大人，我对您没有偏见。我很庆幸您在1933年2月3日将我驱逐了出去。否则，我现在已经化作一缕青烟了。"[37]

这样一说，审讯才得以开始。

肯普纳用他在1933年从他的好友、盖世太保首领鲁道夫·狄尔斯那儿听来的消息与戈林对质。[38]狄尔斯在战争中幸存下来，被作为潜在证人带到了纽伦堡。"狄尔斯说你确切地知道，那场大火即将以某种方式点燃，"肯普纳说，"而且他已经准备好了逮捕名单。"戈林告诉肯普纳，名单确实准备好了，因为纳粹很早就想要粉碎共产党，但那都无关紧要，即使国会大厦没烧，"他们无论如何也会被逮捕的"。

他再次否认他对纵火案是知情的，声称那太"疯狂了"。他也告诉肯普纳，他想要他的指控者来"当面"指控他。

肯普纳继续质问戈林，为什么他的新闻官曾告诉肯普纳，就在纵火案发生一个小时后，戈林就宣布了共产党是纵火者呢？"没有任何调查，就宣布是共产党纵火，是否有点为时过早呢？"

"是的，也许是有点早，"戈林承认，"但那是元首的意思。"

肯普纳反复盘问，逼问细节，质疑戈林的供词。为什么社会民主党和和平主义者被逮捕了？为什么戈林没有跟进冲锋队头目卷入火灾的报告？为什么国会大厦和戈林官邸之间的通道那天晚上没有锁上？

尽管如此，戈林依然坚持他的说辞[39]，并否认纳粹需要通过放火，才能迫使兴登堡签署那份剥夺德国公民权利的臭名昭著的法令。

戈林告诉肯普纳，无论如何，如果他参与了共谋烧毁国会大厦，那也是出于另外一个原因：那地方太丑了。

* * *

肯普纳定期给家里写信。在其中一封信中，他写道，他每天都有几个小时来满足对纳粹政权的无尽的好奇心。"这样的生活不是很美好吗？"[40]一天，他给鲁特和李普顿都寄去了浪漫的明信片[41]，她们仍然一起住在费城以外的那个家中。给鲁特的明信片中写道："我的心只属于你！"而给李普顿的则写道："世界上没有比你更甜的了！"她们给他回寄了信件、电报和装有巧克力与肥皂的爱心包裹。他有时也发发牢骚。"到今天，我已经来欧洲5周了，"9月9日，他从法兰克福写信回去，"似乎太漫长了，度日如年。"[42]他听上去有些压抑。整个法庭组织松散，"我闲坐了太久……日子在孤独中流逝"。他接到了去埃森市的调查任务，但他试图回绝这项差事。"那里的废墟更多，所以那里的粉尘也更加肆虐。而且只有英国食物可以吃。"他主要和检察官队伍里的其他律师打交道，但一旦闲下来，无聊就开始侵袭他。

这也许可以解释，为何10月他邮寄了一份新闻稿回家，让住在兰斯当的女士们转投给《费城记录报》(Philadelphia Record)。肯普纳在公关上爱出风头已经到了登峰造极的地步，文章中充满了欲说还休的暗示："在纽伦堡开始流传一种谣言，说是发现了阿道夫·希特勒和爱娃·布劳恩的新踪迹，这与美国来的研究希特勒和纳粹机器的最有名的专家罗伯特·M.W.肯普纳有关。肯普纳博士从华盛顿飞了过来，但在正义宫短暂停留后即因为一个神秘任务而离开了纽伦堡。"[43]

果然，疯狂的故事开始登上美国的报纸[44]，一篇头条新闻大声疾呼："一名受命于白宫的费城公民力图追猎希特勒，活要见人，死要见尸。"这些荒诞故事的大意是说肯普纳多年来一直在"盯梢"希特勒，他是世界上为数不多的了解希特勒的人之一。"他对希特勒的外貌，甚至是骨骼结构都有详细了解，他能指着做了整容手术的希特勒，或是已经火化过的希特勒的尸体，十分确定地说：'那是元首。'"

一位记者写道："昨天得知，4周以前他拿着白宫签发的旅行特权令离开美国去了德国。"报道中还提到，肯普纳于普鲁士内政部任职的数年间，组织了一支由12名秘密特工组成的团队，从1928年到1933年，经常性地跟踪希特勒。"肯普纳曾在采访中说，希特勒有一些特定的外貌特征是他无论怎么隐藏或伪装都无法掩盖的，"《星条旗报》(Stars and Stripe)上写道，"按照他的描述，希特勒的右耳尖尖的，右手的大拇指长得有些不正常，下巴和牙龈都有萎缩症状，而且他习惯性地弓着背。"

这当然是荒谬的，但这些报道出现在10月22日和23日，当时肯普纳正要从巴黎前往纽伦堡。"我从广播上听说了'追猎希特勒'的新闻，"肯普纳在给兰斯当的家书中写道，"大家开心就好。"[45]

这些新闻引发了极大的关注，以至于白宫的助理新闻秘书都被问到相关问题。他说，白宫并没有派律师去德国。这是公开将肯普纳和涌向纽伦堡的检察官团队划分开来。为了补救他散布的不良新闻，肯普纳给一名播音员写信说，他"现在"并没有在追猎希特勒，而是帮忙准备对纳粹罪犯的审判。

杰克逊将肯普纳派往纽伦堡是为了负责七部分工作的第七部分：一组律师负责预测纳粹会如何为针对他们的指控辩护。[46]11月20日早上，那是一个周二，在战争结束6个月后，肯普纳发现自己快要接近——虽然还没抵达——正义宫里面向拥挤法庭的检控席。肯普纳坐在杰克逊身后的最后一排。如果他一转身，他的一个胳膊就能越过分隔律师和媒体的木质栏杆，坐满听众的旁听席一共有十几排。

他回想起他的父母，那两位细菌学家曾踏遍整个欧洲，只是为了让这片大陆摆脱传染病的困扰。现在他在纽伦堡的使命也很相似。他返回德国，是为了排干这片滋生了纳粹病毒的沼泽。[47]

他从12月3日的《时代周刊》(Time)上剪下了一页，此文全面报道了国际法庭的情况，他后仰着转了转他的小脑袋[48]，然后将这页纸寄回了兰斯当。

* * *

罗森堡和其他被告或者西装革履，或者身穿军装出席了第一天的审判。戴着手铐的他们由警卫押送着经过一条木质的斜槽，从牢房来到正义宫的地下室，然后搭乘升降梯来到法庭。[49]罗森堡坐在第一排，目睹了整个诉讼过程，他双眼深陷，双臂交叉，看上去有些弱小，但还是一如既往的严肃和冷峻。

法庭经历了一番重建,深色的墙板,明亮的日光灯,此刻坐满了人。法庭上坐着代表各国的法官——美国、苏联、英国和法国——他们坐在飘扬着四个胜利国国旗的法官席上。两排被告四周围着一队戴白帽子、系白腰带的警卫。辩护律师坐在被告前面,分坐在棕色木桌的两边。左方是译员,在玻璃隔板后面进行翻译;右方是检察官团队、记者席、摄像间和广播间,以及可容纳150人的旁听席。此刻的纽伦堡绝对像是世界的中心。

在第一天的庭审中,法官宣读了对22名纳粹领导人和7个组织的起诉书。第二天,被告进入辩护阶段,戈林试图用一段公开陈述来操纵诉讼程序,法庭阻止了他的行动。然后杰克逊走上审判席,他面对四位法官,发表了一段开场陈词,提醒在座的每一位,历史正在监视着他们。

杰克逊说:"我们要审判的这些罪恶曾是被精心策划的,是极端恶毒的,是充满破坏性的,人类文明无法容忍它们被忽视而不接受审判,更无法容忍它们卷土重来。"[50]他的左肘放在审判台上,右手拇指塞进条纹裤的口袋里。被告通过耳机听取译文。"那四个伟大的国家,为赢得胜利而备感振奋,也因遭受重创而备受折磨,但他们按下了复仇的双手,自愿将被俘之敌交给法律判决,这是权力向理智表达的最高敬意之一。"

这位美国首席检察官是在回应德国人对国际法庭合法性的攻击;一名辩护律师称这场审判"是战争的延续,只是换了一种方式"[51]。杰克逊争辩道,检察官并不是在向纳粹施以胜利者的报复,而是在国际法之下寻求正义。"将毒酒端给这些被告就等于是端给我们自己。"

杰克逊在他的开庭陈词中承诺，会发扬德国人"日耳曼式的缜密精神来判定"[52]。在接下来的数周和数月中，控方向被告证人出示了一份又一份显示罪犯有罪的文件证据。

11月，法庭观看了展示集中营和党卫军暴行场面的影片。当堆积如山的尸体和集体墓穴的画面在屏幕上闪现时，连一些纳粹被告都不忍直视。两周后，控方放映了一部名叫《纳粹计划》(The Nazi Plan)的影片，用戏剧化的形式来展示案情，其中一些镜头取自这些德国战犯在当权时所拍摄的真实影像。开场出来的是罗森堡，他穿着纳粹制服坐在一把椅子上，谈论着纳粹成立之初的那段岁月，那时他对希特勒思想的形成产生了巨大的影响。

12月，控方展示了党卫军头目于尔根·施特鲁普(Jürgen Stroop)少将制作的摧毁华沙犹太居民区的一卷资料。"这是华美的德国手工艺技术的绝佳呈现，皮面装帧，配有丰富的插图，用厚重的铜版纸印刷而成，"美国检察官说，"这是在向德军的勇敢和英雄主义致敬，他们对那些无助而且毫无招架之力的犹太人采取了残酷无情的行动，确切地说，是56065名犹太人，这其中当然也包括妇孺。"[53]

1946年1月，杀人组织"特别行动队"的一个头目作证说：在1941年至1942年夏天，他的属下枪杀了9万人。

随着大量关于纳粹暴行、奴工和大规模种族灭绝的证据呈现出来，监狱心理学家古斯塔夫·吉尔伯特(Gustave Gilbert)逐间牢房拜访了这些纳粹战犯，对他们即将在法庭上听到的内容进行心理建设。罗森堡似乎想和吉尔伯特预演一下他的辩词。荒谬的是，他居然说纳粹主义无关种族偏见，德国人只是想要一片属于他们自己的种族纯净的土地，因为犹太人也有他们的家园。他本人从未想过屠杀犹太人。"我并没有说过犹太人是低人一等的。"他声称。世界各地都存在种族歧视。"现在，仅仅因为德国人这样做了，就突然变成了犯罪！"他承认纳粹党确实应该被取缔，但至于目前还在审判中的战争罪，真正的罪魁祸首应该是希特勒、希姆莱、鲍曼和戈培尔。"我们其他人是无辜的。"[54]

控方当然不同意他的观点。1946年1月9日和10日，一位名叫瓦尔特·布鲁德诺（Walter Brudno）的律师慢条斯理、有条不紊地，为罗森堡罗列了一些他也犯了战争罪的理由。在四条罪行中，罗森堡被控"通过发展与传播反对教会和犹太人的纳粹主义来帮助纳粹党攫取权力；从心理上和政治上为德国发动侵略战争做好准备；作为东方占领区事务部部长犯下了战争罪和反人道罪"[55]。

"可以看出，每一条基本的纳粹哲学信条的权威表达都是来自罗森堡，"布鲁德诺在陈述时，被告在一旁认真做着笔记，"作为新兴异教的鼓吹者，拓展生存空间的倡导者，优越的北欧神话的赞美者，以及最早和最活跃的纳粹反犹的拥护者之一，他为德国人民团结在纳粹符号下做出了重大的贡献。"布鲁德诺还诵读了一篇罗森堡写的关于种族的文章，他反复提到罗森堡在1941年所做的臭名昭著的宣言，称犹太问题只有"当最后一名犹太人从欧洲消失时"，才能得到解决。他解释了罗森堡作为希特勒的代表，是如何向纳粹党员灌输纳粹意识形态的。

他还自如地引用了《二十世纪的神话》中的语句，但法庭主席打断了他："我们真的不希望再听到那些了。"

布鲁德诺转而谈论罗森堡在东方占领区的问题上扮演了协同者的角色，阐述了他如何帮助策划和执行对东方国家的野蛮占领，如何支持驱逐其他民族来为德意志民族腾出空间，如何赞成德国在苏联实施"饥饿计划"，如何配合将100多万名强制劳工赶回德国，如何定期接收关于"无法形容的残暴行动"的汇报。

就在布鲁德诺陈述完对罗森堡的指控几天后，可以定罪的证据出现了，一名曾被逮捕并监禁在达豪的医生，目睹了纳粹在他的狱友身上实施了可怕的医学试验。多德询问这名医生在集中营见过哪些被告，他列举了4人[56]，罗森堡就位列其中，虽然罗森堡矢口否认。

* * *

随着审判的全面展开，肯普纳与他的团队忙着为每一位控方证人和辩方证人制作档案，为检察官准备庭审概况，并且筹划针对个别被告的案情陈述。[57]这个团队的很多人都住在格兰德酒店，这是"城里最好的酒店"[58]，多德写道，虽然没有热水，而且为了穿过走廊，不得不走过三层楼高的铺在裂口上的木板。"我的房间还算舒服，但四壁千疮百孔——都是弹孔——窗户上没有玻璃，天花板也只剩一半了，不过与一些房间相比，这还算是上好的房间了。"在法庭上工作了数小时后，工作人员下班后是在酒店的大理石厅喝酒度过的[59]，伴着由德国的乐手们演奏的美国歌曲，他们舞动着身体，试图暂时忘记他们白天所揭露的纳粹暴行，以及外面街道上满目疮痍的惨相。

在审判的第35天——美国检方诉讼的最后一天——肯普纳终于有机会走到镁光灯下了。虽然他的故事这次并不需要锦上添花的报道，但还是没能阻止他提前通知媒体。"他是这里唯一一个受纳粹迫害的直接受害者，"一名记者在纽约的一份小报上写道，"他有机会参与到这些审判中，能在庭审中公开站出来，大声说出他的想法。"[60]

"简单地说，站在这里的检察官席上就等于站在了法律世界的中心。"[61]一名历史学家写道。1946年1月16日，肯普纳走上审判席，摆弄着成堆的文件，陈述了对"纳粹阴谋的运作者"、1933年至1943年担任内政部长的威廉·弗利克(Wilhelm Frick)的案情控诉。

肯普纳辩称，弗利克通过帮助希特勒赢得德国公民身份，进而为战争做了铺垫。[62]作为奥地利人的希特勒本来是无国籍的，但在弗利克的精心安排下，希特勒被任命为德国不伦瑞克市文化和测量局的政府顾问。肯普纳认为，要不是弗利克，希特勒永远不可能当上德国的总理。作为内政部长的弗利克负责监管中央和地方政府、选举、种族法律、医疗政策，甚至其监管对象在理论上还包括警察。肯普纳还表明弗利克通过了纳粹种族立法，尤其是在1935年签署了剥夺犹太人公民权的《纽伦堡法令》。

肯普纳告诉法庭："他是为纳粹主义设计国家机器的行政智囊，为侵略战争配备了机器。"弗利克不仅知晓"T4项目"，而且还签署了启动这一计划的密令。接着，肯普纳控诉道：弗利克还担任过德国在波希米亚和摩拉维亚的最高长官，其间，他将捷克斯洛伐克的犹太人驱逐到集中营。

肯普纳向来就善于自我炒作，他还找到一个机会宣读他对戈林关于国会纵火案的审讯结果，他知道这一定会是条大新闻。(这一段果然在第二天就登上了《纽约时报》。)

他的这番诵读引得法庭主席杰弗里·劳伦斯(Geoffrey Lawrence)爵士发问："那和弗利克有什么关系？"

"正如我之前所说，他第二天早上就签署了废除公民自由的法令。"肯普纳有些心虚地回答。

肯普纳的陈述让大家从以往枯燥乏味的检察官陈词中得以喘息片刻，他充分利用了这个属于他的时刻，作了一番新奇的表演。坐在被告席上的纳粹分子都忍不住对他这番夸张的道德说教嗤之以鼻。鲁道夫·赫斯本人就是一名英文演说家，他对这位检察官的口音悄悄嘲讽了一番，汉斯·弗兰克则不屑于肯普纳那些花哨的、戏剧化的手势。[63]

但是来自英国的检察官们却为肯普纳对纳粹历史了解之全面而叹服。[64]他们认为，这是杰克逊将近700人的团队里严重缺乏的人才。

* * *

肯普纳担心，德国公众对这场审判会有何反应[65]，他们正在通过无线广播、新闻短片和全面的新闻报道了解诉讼程序。检察官们想改变德国人的态度。经过多年的纳粹宣传洗脑后，有些德国人怀疑审判是否真正地、真实地在纽伦堡进行。因此杰克逊邀请了政治家、教授、老师、神职人员、法官和律师来纽伦堡亲自旁听庭审。之后，肯普纳将他们带到一个剧院，为他们放映了德国臭名昭著的影片《人民法院》(People's Court) 的影片，影片展示了"人民法院"如何审判被希姆莱逮捕的1944年试图暗杀希特勒的密谋者。对比太鲜明了，影片中的"人民法院"院长罗兰德·弗莱斯勒 (Roland Freisler) 正在殴打和虐待被告，被告看上去丑态百出，因为不允许他们系皮带，所以不得不一直提着裤子，即使是在法庭上。"你这个脏老头，"弗莱斯勒对着一名被告大吼，"你为什么一直不停摆弄你的裤子？"[66]当时戈培尔将这些诉讼过程录了下来，好对德国那些潜在的异见者起到杀一儆百的作用，但现在，这反而成了指控他们自己的证据。

＊＊＊

1946年4月15日，奥斯维辛集中营指挥官鲁道夫·赫斯走上证人席，作证说数百万男女老少死于他的死亡集中营中的毒气室。赫斯一开始负责达豪和萨克森豪森的集中营，直到1940年5月转到了奥斯维辛集中营。他说1941年他被召唤到柏林，接受了秘密任务。"他告诉我一些事情，我不太记得原话了，但意思是说元首下令执行犹太问题的最终解决方案。我们和党卫军不得不执行命令。如果现在还不执行的话，犹太人以后会消灭德国人的。"67

站在证人席上的赫斯说出了他为迫害行动签署的一份宣誓书的细节，包括火车如何抵达，那些适合劳动的人如何被分发条纹制服，然后送到营地，而剩下的人是如何被告知脱去衣服，然后去伪装成淋浴间的房间，这些房间一次可以容纳2000人，进去的人不到15分钟就会死亡，当里面的哀鸣停止后，外面的工作人员就知道受害者已经死了。

"你是否曾为这些受害者感到难过，你曾想过你自己的家人和孩子吗？"他被问道。

"是的。"

"尽管如此，你怎么还会去执行这样的行动呢？"

"唯一的决定性因素就是希姆莱下达的严格命令和给出的理由。"

之后，监狱心理学家吉尔伯特冒险去了赫斯的牢房。他想知道为什么这位指挥官要执着追求这样的灭绝政策。他真的相信犹太人该死吗？赫斯告诉他，在他的一生中，关于犹太人他只听到这样一种声音：犹太人是劣等人，他们活该被灭绝。赫斯说他读过罗森堡的《二十世纪的神话》、希特勒的《我的奋斗》，以及戈培尔发表在报纸上的社论。"作为一名资深的、狂热的纳粹党员，我把这一切当成真理，就像一名天主教徒信仰他们的教义一样，"他说，"这毫无疑问就是真理；我对此深信不疑。我绝对相信犹太人是站在德国人的对立面的，迟早会有一场生死决战。"[68]他说，他从书本中学到，虽然犹太人是一个少数群体，但他们控制着媒体、广播和电影。"如果反犹主义不能成功地扫除犹太人的影响，犹太人将会成功地发起一场毁灭德国的战争。这是人人都相信的，因为这是你能听到或读到的全部。"

因此，当希姆莱告诉他，他的使命是要灭绝犹太人时，"这与我这些年所接受的教育是吻合的"。

* * *

就在赫斯作证的这一天，罗森堡也终于有机会进行自我辩护了。在诉讼进行到第108天的时候，他走上了证人席自证，为期3天。让所有人都感到受挫的是——包括法庭为他任命的辩护律师、从未加入过纳粹党的地区律师阿尔弗雷德・托马（Alfred Thoma）——罗森堡就是不肯直接回答问题，他总是就一些毫不相干的问题发表一番枯燥的长篇大论。

就像他写的书和备忘录一样，就像他的演讲一样，就像他在审讯间发言一样，罗森堡带着他的读者或听众进入了一堆深深的灌木丛。一名在代号为"垃圾桶"的绝密审讯中心见过这位纳粹思想家的分析人士写道："一个凡人想要走进阿尔弗雷德・罗森堡的世界，需要足够的时间和耐心。"[69]

托马努力调整语调，让他的证词显得尽量可信[70]，他辩称，他的当事人曾经致力于提倡"尊重所有的种族"，"良心自由"，以及"理智处理犹太问题"。罗森堡对他那杂乱无序的哲学思想和纳粹党的政治理论，进行了一番详细的阐释和辩护，似乎他能够以他虚假的博学制造一场烟幕，来掩盖屠杀数百万人的事实。"工业化和对利润的狂热追求主导着人们的生活，创造了一个工业国和大都市，使人们远离了自然和历史。"罗森堡在法庭上陈述，"在世纪之交，很多人都想重新夺回家园，但历史却反对这种片面的运动。"他说，这是一场青年运动，一边对过往频频点头，一边昂首迈入现代化的未来。

"托马博士，"法庭主席劳伦斯打断了他，"您能否让证人的陈述限制在针对他的指控范围内？"

多德也站起来表示赞同。"检方不是对被告的思想进行指控，"多德说，"我想我们所有人的原则是，绝不会因为一个人的思想而起诉他。"

罗森堡说，他个人是希望大众能够自由地信仰上帝的。他将反对教会的措施归咎到鲍曼身上，但据说，目前鲍曼仍然处于失踪状态。[71]（事实上，在战争最后几天，鲍曼在试图逃离"元首"地堡时死亡，1972年，柏林一支建筑工队伍发现了他的尸体，并且在1998年通过DNA测试确认了他的身份。他的颚骨中嵌有玻璃碎片，历史学家推断，他的逃生之路可能被苏军阻断了，最终他咬碎了一颗剧毒胶囊自尽。）

罗森堡否认了任何掠夺欧洲的阴谋。当纳粹抵达巴黎时，他们发现犹太人已经逃离，财产也无人认领。保护这些财产的责任就落到了纳粹身上，罗森堡的手下将它们详细地登记，并小心翼翼地包装好。"这个情况我们没有预见到。"他说。他们将德国在过去的战争中掠夺的艺术品送回本国，他们获取档案只是为了调查那些煽动反对他们的敌人，不管怎样，纳粹的行为是正当的。

检察官们发现，罗森堡在1941年12月寄送了一份秘密备忘录[72]，就希特勒该如何应对在法国不断升级的针对德国军官的袭击，提出了一个致命的建议。10月，独裁者希特勒下令处决100名法国人质[73]，以报复2名德国军官在南特和波尔多被杀，但罗森堡认为反抗军的目的是诱使纳粹报复法国人，进而再次煽动对纳粹的敌意。"我向元首建议，不要处决100名法国人，可以用100名犹太银行家、律师等人来代替。是伦敦和纽约的犹太人在煽动法国共产党制造暴动，似乎让这个种族的人付出代价才算公平，"他写道，"不是犹太人中那些无名小卒，而是法国的那些犹太人领袖应该为此负责。这将会唤醒人们的反犹情绪。"在证人席上的罗森堡说，那份备忘录是在一时激动的情况下写的，希特勒并没有听从他的建议。以他一贯自相矛盾的方式，罗森堡一边说他很后悔给出这样的建议，一边又认为战时枪杀人质并不违法。

罗森堡继续自辩。他说他从来没参与策划"巴巴罗萨行动"，当希特勒叫他准备在占领区建一个管理机构时，这已经成了一个既定事实。大批屠杀东方人民绝不是他的计划。他被任命为东方占领区事务部部长时，对经济和政治问题并无实权，而且乌克兰辖区总督科赫从来都不听命于他。

虽然罗森堡试图往对自己有利的方向进行引导性的阐述，但他承认他确实支持过1944年夏天将东方国家的儿童带回德国的计划。这场"干草行动"[74]一共劫夺了4万至5万名10岁到14岁的儿童。一些孩子因为父母被纳粹征为修建防御工事的强制劳工而被留下，其他的则是被直接从家中带走的。纳粹将这些被绑架的孩子移交给德国工厂当学徒，而长期目的之一是破坏东方人民的"生物潜能"。罗森堡告诉法庭，他一开始是反对这个计划的，虽然他确实希望德军能抓一些较为年长的青少年。他说，他最终还是答应了，因为不管他允不允许，军队都会将他们抓去。罗森堡说，他认为如果他继续待在他的位置上，他手下的"青年部"一定会善待这些孩子的。他声称，他想把他们安置在乡村和小型营地，战后再将他们遣送回父母身边。

他的律师询问了1943年6月罗森堡收到的报告，那是关于白俄罗斯明斯克城外的暴行的。一名监狱管理员在报告中写道，警察们在将犹太囚徒移交给驻白俄罗斯的辖区总督威廉·库贝前，会先将他们的金牙抠出，报告中还提到在打击游击队员的"警察行动"中，还屠杀了妇女和儿童。

"犹太人需要特别对待的事实无须进一步讨论，然而，用这样的方式确实是让人难以置信的。"[75]洛泽办公室给罗森堡的一封信中写道。如果占领区的人民整天人心惶惶，他们如何能加以安抚和利用呢？"不施暴行，并安葬那些已经遇害的群众，这应该是有可能的。将男女老少锁进牲口棚里，然后一把火烧死似乎并不是打击对手的可取之道，虽然灭绝这个群体是众望所归。但这样的方法不利于我们德国的大业，对我们的声誉将造成严重的伤害。我请求您采取必要的措施。"

面对呈上法庭的这封信，罗森堡解释道，1943年希特勒开始偏袒科赫，命令罗森堡不要再瞎掺和东方的事务，这封信就是在那不久后收到的。"我当时心灰意冷，"罗森堡声称，"所以我根本就没打开这封信。"

他作证说，他确实听说了集中营，但他认为逮捕一些人"在政治上和国家管理上都是有必要的"。他声称他确实问过希姆莱有关国外发来的集中营暴行的汇报，希姆莱邀请他去达豪亲自参观一番。"我们那里有一个游泳池，还有清洁设施，"希姆莱说，"无可挑剔，也无可非议。"罗森堡告诉法庭他拒绝了这一邀请,"这是出于我个人的良好品位,我只是不想看到那些被剥夺了自由的人"。

至于屠杀欧洲的犹太人,罗森堡宣称并不知情。是的,他读过在东方发生的"严酷行径"的报告;是的,他听说过枪杀犹太人的事件。"但是我不能就此认定有人下令歼灭全体犹太人,"他说,"如果说在我们今天的论战中,也谈到了灭绝犹太人,我必须说这是鉴于目前的呈堂证供,这个词听上去当然非常可怕,但在当时,这一概念并不可以解释成灭绝和歼灭数百万犹太人。"

正是罗森堡无与伦比的反犹情绪为大屠杀铺平了道路,但是他现在却坚持说要"公平"地对待犹太人,虽然他并没有细说这种方式是什么。"事实证明这是一个悲剧,"他说,"发生的一切令人遗憾,而且我必须说这使我失去了内在的力量去继续请求元首支持我的想法。"

他坚称对大规模枪杀和集中营并不知情。

"即使是海因里希·希姆莱亲自告诉我,我也不会相信的,"他说,"甚至对于我来说,有些事情也超出了人类的能力,而这就是其中之一。"

* * *

4月17日,托马斯·J. 多德登上控方律师席盘问罗森堡。[76]他慢条斯理、有条不紊地重新捋了一遍罗森堡的自辩,直到谈到犹太问题。

"你有没有谈论过灭绝犹太人的问题?"多德问道。

"如果是您说的灭绝这个意思,那我基本没谈到过,"罗森堡回答说,"我们在这里必须要措辞严谨。"

多德拿出罗森堡在1941年12月14日与希特勒会面的备忘录与其对质，备忘录记录了两人决定罗森堡在即将发表的演讲中不要提到"灭绝"(德语为Ausrottung)这个词。

罗森堡辩称："那个词并不具备你所认为的意义。"

多德给了罗森堡一本德英字典，叫他查查。罗森堡拒绝了，继续对检察官说教。

"我不需要一本外语字典来解释'灭绝'这个词在德语里的多种意思，"他说，"人可以消灭一种思想、一种经济制度、一种社会秩序，以及一个最终结果，当然，也可以是一群人。这个词包含了许多可能性。从德语翻成英语后，意思通常都是错的。"

多德坚持说："你不会是认真逼着我同意你对这个词的解释吧，你显然没有这个能力，还是说你在拖延时间？"

罗森堡说他原计划在体育宫发表的演说只不过是"一种政治威胁"，并不是宣布最终解决方案。

"好吧，实际上，"多德说道，"在那时以及以后，东方占领区的犹太人正在遭到灭绝，不是吗？"

"是的。"

"是的，在那以后……你想让法庭相信这全是警察做的，你的人丝毫没有参与？"

接下来，多德拿出奥斯兰辖区总督洛泽的信与罗森堡对质，信中洛泽对他管辖的城市中"犹太人受到野蛮对待"提出了抗议，而来自总部的回复则指示，洛泽在犹太人问题上不要干预党卫军的行动。多德还向罗森堡出示了洛泽1942年7月收到的另一名地方总督寄的信，信中汇报了在过去的10周里，在白俄罗斯有5.5万名犹太人被"清理"

了，从其他辖区运来的犹太人将面临同样的命运。

尽管这两封信都是在罗森堡柏林办公室的文件里发现的，但他咬定他从没读到过。多德继续逼问，他指出罗森堡部门至少有5名高官是知情的——显然罗森堡一定也知道。

罗森堡试图改变话题，但法庭主席打断他："请你先回答这个问题，好吗？你是否同意这5人参与了灭绝犹太人的行动？"

"是的，他们确实知道几起清算犹太人的事件，这我承认，"罗森堡说，"他们告诉我了，或者如果他们没有说的话，我也会从其他渠道听说。"

罗森堡承认了这一点，已经证明他是有罪的，多德迫使他进一步认罪："证人赫斯作证时，你也在场吧？"

"是的，我听到他说的了。"罗森堡回答说。

"你听到他在证人席上讲的那个可怕的故事了吧？250万到300万人惨遭屠杀[77]，其中大部分是犹太人。"

"是的。"

"赫斯读过你的书，也听过你的演讲，这你知道吧？"

罗森堡说，不知道，他对此并不知情。

* * *

这天，多德给家里写了一封信，讲述了盘问罗森堡的过程。"他是最难盘问的一个——这是我见过的最闪烁其词、满口谎言的无赖。我真的不喜欢他——他是一个骗子，一个彻头彻尾的伪君子。"[78]

诉讼结束后，大批美国检察官离开了纽伦堡，但肯普纳被劝说与多德一起留了下来。他留下来是负责驳回被告和他们的辩护律师提出的申诉。"我还留在这里——可以说是最后几个留守的人了，"他在给一个朋友的信中写道，"大部分老检察官都走了。"法庭成立了一个单独的委员会，听取一些受审的团体，比如党卫军、盖世太保、冲锋队和军队等机构成员的证词。肯普纳成了美国检察官团队和这个从属委员会之间的主要联系人，对此他并没有表现得很高兴。"从各个角度来说，这是非常难的，"他写道，"有太多的角度需要去钻研，有关那些团体的案情从没经过详细的调查分析，有太多需要临时抱佛脚了。"[79]

他想回到兰斯当的家中。就在那个月，他在外逃亡多年的儿子卢西恩终于安全抵达兰斯当了。

从1941年到1943年，卢西恩在杜塞尔多夫和柏林上学。为了养活自己，他还曾当过夜间保安员。他一直都清楚，有着一半犹太人血统的他随时可能会被盖世太保逮捕[80]，1943年9月，他们终于来抓他了。

一开始他被发配到叙尔特岛上的韦斯特兰强制劳工营[81]，这座岛屿接近丹麦的边境，伸向北海。德国空军在那里建立了空军基地，1200名囚犯被发配到那里建筑防御工事，以防备盟军的进攻。1944年2月，卢西恩被押送到位于荷兰阿纳姆的另一个劳工营，加入另一个空军基地的扩建工作，最终他来到了阿默斯福特集中营，那里关押了数千名犹太人、拒绝服兵役者以及政治犯。

他多次试图逃跑。最终，1945年4月，在被运往柏林一个新建营地途中，他成功逃脱了。他从德国人的地盘溜了出来，骑着一辆偷来的自行车到了马格德堡附近易北河以西近100英里外的盟军地盘上。[82] 他向美国第九集团军投降，在经过审讯后，被作为一名翻译留在了该部队（他能说四种语言）。后来，就在那一年，他志愿加入了英国皇家诺福克团,成为一名士兵。闲暇时间,他还致力于对那些被纳粹洗脑的德国青少年进行再教育。

1945年下半年,他试图重新联系他的父亲,他甚至还给"美国之音"写过求助信。"请帮我寻找我的父亲,"他写道,"贵单位是我最后的希望。"[83]1945年年末,他们父子终于联络上了对方,也通了信。"我冒着生命危险,"卢西恩写道,"奇迹般地赢回了自由。"[84]

但这是一种奇怪的自由。他还在德国,驻扎在杜塞尔多夫和科隆之间的索林根,他还是没能拿到离开德国的许可文件,他仍然是一个受到历史冲击的人。"我就和今天的德国人一样,"他写信给他的父亲,"他们在全世界都声名狼藉——这是很自然的——而我也是被全世界所遗弃的人,也就是说是社会弃儿,就像在战前和战中,我被这些德国雅利安人所遗弃一样。我不是德国人、英国人,也不是美国人。那么我是什么人呢?"卢西恩绝望了。"您有没有可能帮我逃离这个可怕的国家呢?"

虽然英国人待他不错,但他还是非常痛苦。没有什么书可读,他的战友永远只会谈论"德国的女人和烟酒"。卢西恩甚至都拿不到配给卡,因此他只能向他的战友们讨要。

他的要求不高:"我只是想生活在一个自由的国家,做一个拥有平等权利的人。"

1946年2月,父亲和儿子终于有机会在纽伦堡的格兰德酒店短暂相聚。[85]肯普纳帮他的儿子获得了一张美国签证。1946年5月,卢西恩乘坐"海鲈"号货船来到美国,然后乘坐巴士到达肯普纳位于兰斯当的家中。他向白宫发去一份感谢电报,还接受了费城记者的采访。"他受过迫害和追捕,被殴打过,也挨过饿,"《费城问讯报》(the Philadelphia

Inquirer）上写道，"到昨天为止，他的这部现代版的《奥德赛》(Odyssey) 总算在兰斯当画上了句号。"⁸⁶鲁特买来鲜花将房间装扮一新，报纸将她写成了卢西恩的母亲，实际上他那位将他从意大利掳走的生母海琳，在战争结束前已死于德国。"从报纸上的片段来看，"罗伯特·肯普纳的老朋友记者库尔特·格罗斯曼给身在纽伦堡的肯普纳写信说，"我想说他真是肯普纳家的人。"⁸⁷

遭到囚禁后的卢西恩一度非常消瘦，自一年前他来到盟军阵营后又胖回了50磅。他说他打算加入美国军队。"为了救我，有很多男孩牺牲在欧洲战场上，"他对报纸记者说，"如果不是因为他们，我今天不会站在这里。我想要努力回报他们，这是我所知道的唯一的方式。"

同时，20世纪50年代初，被肯普纳夫妇正式收养的安德烈也将来到兰斯当。他最终在瑞典结婚定居下来。

* * *

1946年7月17日，肯普纳收到一封来信，寄信人让他万分惊讶：帝国元帅的夫人埃米·戈林。

"我可以请您帮一个大忙吗？"她写道，"在接下来的14天里，您有没有可能抽出半小时呢？"⁸⁸肯普纳答应了，虽然他并不清楚她的意图，只是隐约觉得她可能要请他帮忙获得探视监狱中的丈夫的许可，又或者只是想参与旁听——这对于被告的妻子来说都是不允许的。9月，这名前演员穿着裘皮大衣，轻巧活泼地走进了正义宫，但她很快就被认了出来，并被赶了出去。⁸⁹

战争结束后，她在巴伐利亚一个乡间小舍里被抓到，在那里她藏着大量的香槟、烈酒和古巴雪茄，还有一个装满珠宝和黄金的大木箱子。她被监禁了5个月。1946年2月，她被释放了，从此过上了落魄的生活，住处连热水和暖气都没有。对于在那个疯狂的最后时刻，地堡里的希特勒下令逮捕她的丈夫，她仍然愤愤不平。3月，纽伦堡的一位军事心理学家来到她家，希望她能劝服戈林放弃对"元首"的死忠。她给戈林写了一封信，但戈林无动于衷，他告诉心理师："没什么能动摇得了我。"[90]

肯普纳开始经常造访埃米，给她买食物和巧克力。[91]他知道如何去开发有价值的信息源，这是一种值得培养的关系。

* * *

肯普纳和另一位被拘禁在纽伦堡的纳粹有着更为复杂的关系：前盖世太保头子鲁道夫·狄尔斯。20世纪30年代，肯普纳曾帮助狄尔斯处理过一起与妓女的尴尬桃色纷争；而1935年当肯普纳被困哥伦比亚-豪斯监狱时，是狄尔斯出手相救的。10年后，在纽伦堡，英国检察官宣布这位首任秘密警察首领"要为那些最残酷、最野蛮的行为负责"，并且支持对其进行起诉，是肯普纳出手阻止了。[92]狄尔斯坚称，在纳粹上台后的日子里，他尽了最大的努力去阻止发生最严重的虐待行为。他同意向检察官提供一系列经过宣誓的证词，来揭发包括戈林和罗森堡在内的被告。他成了一个重要的早期告密者。"我们要尽快得到尽可能多的消息，"很多年后肯普纳在谈及他与像狄尔斯这样的纳粹成员的关系时说，"那就意味着我们必须要和一些人进行交谈，如果不是为了这个目的，你是不可能和他们一起喝茶的。"肯普纳在回忆录中写道："杀人者可以揭发与他们共谋的杀人者——不必关心他们这样做的动机是什么。"[93]

在法庭上，肯普纳和狄尔斯多次对望。作为证人的狄尔斯被要求待在美国设立的"证人之家"。值得一提的是，这间屋子里除了有纳粹外，还有集中营的幸存者。但狄尔斯还被允许去探望他的朋友辉柏嘉(Faber-Castell)伯爵夫妇，他们住在纽伦堡以南的一间狩猎小屋。这间小屋成了一个小小的社交中心，肯普纳也是那里的常客。

狄尔斯还是一如既往地风流，他与伯爵夫人谈起了婚外情。当她生下第一个孩子时，肯普纳断定狄尔斯是孩子的父亲。据推测，狄尔斯也是知情的[94]：他还成了孩子的教父。

* * *

7月26日，罗伯特·H. 杰克逊返回纽伦堡，作最后的陈词。说到罗森堡时，杰克逊讽刺他为"'优等民族'的思想上的大祭司"，正是他"灌输了仇恨犹太人的学说，才导致了对犹太人的灭绝行动；是他将对付东方占领区的异教徒理论付诸实践；他那混乱的思想体系，只是为纳粹罄竹难书的暴行增加了让人厌烦的一笔"[95]。

一个月后，被告站在被告席上，作了最后的简短陈述。

罗森堡否认对纳粹的屠杀行为负有任何责任："我知道我的良心是清白的，我根本就没有犯下过这些罪恶，也从未参与过任何谋杀人民的阴谋。"[96]他的确曾想煽动东方地区的人来对抗莫斯科，他也想过要犹太人去一个属于他们自己的祖国重新安居。"从身体上灭绝斯拉夫人和犹太人的想法——也就是说真正谋杀掉整个民族的这些想法——从没进入过我的脑海，当然我也从未支持过这样的行动。"他只是为纳粹意识形态建设服务，这并不是共谋，也不是犯罪，"我请求你们认识到这个真相。"

整个9月，4名大法官都在反复讨论。[97]争论的焦点围绕着临时制定的国际法准则中的一些特殊之处展开，这些观点从一开始就指导着纽伦堡审判，当然还有4个同盟国成员国的利益。戈林和里宾特洛甫很容易定罪，而罗森堡还需要一些争辩。9月2日，法官们再次提审这位纳粹思想家，因为他们并不愿意只是基于他的思想给纳粹迫害和大屠杀提供意识形态上的借口，就给一个人定下共谋罪。另一方面，对罗森堡的指控已经很难只用语言来形容了。他参与了对整个欧洲大陆的掠夺行动、强制劳工计划、对东方占领区的凶残野蛮行动。他在1940年入侵挪威的行动中也扮演了重要角色。

第一轮讨论结束后，对于是以全部还是部分罪名起诉罗森堡，以及他应该被判绞刑还是终身监禁，法官之间仍然存在分歧。到9月10日，4名法官中有3名支持以全部罪名起诉他——但其中苏联和英国方面想要判他死刑，而法国法官倾向于判他终身监禁，这就让罗森堡的命运落入了美国法官、前司法部长弗朗西斯·比德尔手中。

比德尔也很犹豫。他告诉其他人，他还需要考虑一个晚上才能投出最后一票。

* * *

10月1日，被告们最后一次齐齐坐在被告席上听候对他们的裁决。[98]戈林：被判有罪。赫斯：被判有罪。里宾特洛甫和凯特尔：被判有罪。罗森堡：被判有罪。在受审的22人中，有3人被判无罪：协助希特勒于1933年上台的德国原总理弗朗茨·冯·帕彭；宣传部官员汉斯·弗里彻；银行家亚尔马·沙赫特（Hjalmar Schacht）。下午1点45分，法庭短暂休庭。

休庭之后，被告一个个返回庭上听取对他们的宣判。罗森堡是第六个回来的，他乘坐电梯上楼，两侧是两名警卫。推拉门打开了，他步入法庭。灯光第一次被调得很暗，因为宣判部分不会被录像，日光灯闪闪烁烁。罗森堡迅速戴上耳机，听取法庭主席对他的简短宣判的译文。

"Tod durch den Strang."意思是被判绞刑。比德尔最终投票支持死刑。在他们的宣判中，法官声明给他定罪并非因为他的思想，纯粹是基于他的行为。

罗森堡什么也没说，摘下耳机，踱回电梯，下楼了。

* * *

负责给这些纳粹被告提供牧师服务的教士亨利·杰瑞克（Henry Gerecke）后来写道，他们中超过一半人在最后关头都开始忏悔和乞求宽恕，但罗森堡"仍然显得老于世故，他说他对童年的信仰不感兴趣"。他是拒绝监狱教士提供牧师服务的4个人中的一个。在宣判以后，被告的妻子和孩子可以探监。杰瑞克混在这群孩子中，他来到罗森堡十几岁的女儿艾琳身边，她说："可千万别给我来祈祷那一套。"

杰瑞克吃了一惊，问道："那我能为你做点儿别的吗？"

"可以啊，"她很冲地回答说，"有烟吗？"[99]

* * *

在监狱的几个月里，罗森堡写了一本回忆录，重写了一部第三帝国史。"希特勒做的一切，希特勒下的命令，他如何承担起最尊贵的身份，他如何把自己创造的运动理想拖入尘土[100]，这一切都太宏伟了，以至于无法用任何日常的形容词来描绘。"罗森堡写道。这几乎是在否认他对他的英雄和偶像造成过任何影响。他写道,希特勒在他生命的最后时刻爆发出"一阵自我陶醉"[101],大放厥词,那些狂妄的话语是"一个不再认真聆听他人建议,却仍然相信自己在倾听内心的声音的人的大爆发;这是他的独白,一部分还有点儿逻辑,一部分完全是夸大其词"。

他认为希特勒的重大过错是,他没有听取更多像罗森堡这样的人的意见,而是偏听了希姆莱和戈培尔——"我们这场曾经坦坦荡荡的运动中的恶魔"[102]。

"那两人能够肆无忌惮地为所欲为,"在安静的牢房里,罗森堡趴在一张不太结实的桌子上写着,"阿道夫·希特勒的疏忽之罪就根植于这片纯粹的人性的土壤,这些导致了如此可怕的结果——这种前后矛盾,浑浑噩噩,玩忽职守,以及长期的不公正,使得他的思考、计划和行动化为乌有。"[103]

他还提到了一个时刻,他断言那时的希姆莱曾想过篡权。当时,他和希姆莱的一位盟友在一起喝酒,他看见对方另一个房间的墙上挂着希姆莱的照片。"我忍不住看呆了,"罗森堡写道,"然后我想到,我似乎从来没机会直视希姆莱的眼睛,他的眼睛总是藏在他的夹鼻眼镜后。现在,从这张照片中,他的双眼正一眨不眨地注视着我,我想我看到的是恶意。"[104]

他继续写道,然而,"又有谁会相信希姆莱会犯下这些已被证明的、恶意昭昭的罪行呢?"[105]

他想起一名纳粹高官同僚在柏林拜访他时,谈到了要在山上对盟军所发起最后攻势。罗森堡对此事不太明白,但此人最后问了一个一直困扰他的问题：纳粹主义是不是一开始就错了？

"不，不，"罗森堡回答说，"这是一种伟大的主义，只是被小人滥用了。"[106]

罗森堡认为他的回忆录是为未来而作的，那时候，他的思想和纳粹党的理想将得到充分平反，而他将被尊为英雄。"那一天一定会到来，那时候，我们这一代人的孙辈将会为一个事实而惭愧，那就是我们这些人怀有崇高的思想，却被指控为罪犯。"[107]

到最后，罗森堡还是坚持认为纳粹事业是正直的，希特勒是伟大的，虽然他有缺点。

"我崇拜他，也至死忠诚于他，"罗森堡写道，"现在，德国和他本人一起走向了毁灭。有时，一想到数百万德国人被杀害和流放，一想到这种无法言说的痛苦，想到这个所剩无几的国家还要遭掠夺，想到上千年的财富被挥霍一空，我心里就会升腾起对他的恨意。但马上，我又会对他充满同情，他也是命运的受害者，他像我们其他任何人一样深爱着德国。"[108]

* * *

汉斯·弗兰克投入了宗教的怀抱。这名中央政府领导人曾在克拉科夫的瓦维尔城堡过着奢侈的生活，而战争期间，纳粹残酷地摧毁了被占领的波兰。在纽伦堡，他为他和他的纳粹同胞的一切言行深表忏悔。在听完死亡集中营指挥官赫斯的证词后，弗兰克告诉一名监狱心理学家，他父亲的密友就死于奥斯维辛。他觉得自己对此负有责任——他说，还有罗森堡。"不，我并没有亲手杀他，"弗兰克说，"但我所说的，罗森堡所说的，让那些恐怖的罪行变成了事实。"当弗兰克站起来陈词时，他承认了他在灭绝犹太人方面的罪行。"即使1000年过去了，德国的罪行也无法抹去。"[109]

罗森堡还是没有妥协。直到最后，这位纳粹的首席思想家不能也不会接受这个事实：他所鼓吹的思想导致了种族灭绝。

"那我会怎么样？"一天，他问他的律师。

律师引用了歌德一首很有名的诗歌《流浪者之夜歌2》(*Wanderer's Night Song II*)回应他，来暗示这位波罗的海人的重大转折：

> 一切的山峰上，
> 是寂静，
> 一切的树梢中，
> 感不到
> 些微的风，
> 森林中众鸟无音，
> 等着吧，你不久
> 也将得到安宁。[110]

10月15日，在熄灯后一小时，看管戈林牢房的警卫看到帝国元帅戈林将自己的一只手放到了脸上。3分钟后，他开始口吐白沫，呼吸困难。没来得及采取任何措施，他就已经死了。监狱官在他的胸前发现了两个信封，其中一个装有4封信[111]，另一个装着一个空的氰化物小药瓶。对戈林的处决原定于那晚进行，但他提前得到了消息。

午夜以后，其他10名被判死刑的纳粹分子听完宣判，吃了最后一顿晚餐：香肠、土豆沙拉和水果。

凌晨1点刚过，警卫们挨个来提人。罗森堡排在第四位。监狱牧师杰瑞克问是否可以为他祷告。"谢谢，不需要。"他回答说。

罗森堡戴着手铐，从监狱穿过庭院，来到不远处的监狱体育馆。此时是凌晨1点47分。体育馆内，来看行刑的人或是坐在桌边，或是站在后面。罗森堡的双手被皮带绑在后面，爬上13级台阶，来到了绞刑架边，之后他的双脚也被绑在了一起。

"罗森堡神情呆滞，双颊深陷，他环顾了法庭四周，"国际通讯社的记者金斯伯里·史密斯 (Kingsbury Smith) 目睹了罗森堡的处决过程，"他的脸色苍白又黯淡，但看上去并不紧张，他稳稳地一步一步迈上了绞刑架……尽管他公然宣称是无神论者，但在后面陪他走上绞刑架的依然是一名新教牧师，并站在他旁边为他祷告。罗森堡看了一眼这名牧师，面无表情。"[112]

在所有死刑犯中，唯独这位第三帝国史上最多产的作家，没有留下任何临终遗言。

罩上面罩的罗森堡，从活门中掉了下去。[113]几小时后，他的尸体和其他尸体一起被运往慕尼黑火化。骨灰被撒进了河中。

尾声　　　　　　　　Epilogue

2013年12月17日，美国大屠杀纪念馆馆长萨拉·布卢姆菲尔德(Sara Bloomfield)说：我们认为，这些来自另一个世纪、另一个大陆的历史文件现在已经找到它们最合适的家了。那天上午，在法律上拥有这本日记的"国家档案馆"，正式将它交给花费了巨大的时间和精力来追踪这本日记的大屠杀纪念馆。这本日记连同成千上万份讲述纳粹暴行的政府文件、信件、照片和录音，一起在纪念馆的档案室安了家。在犹太人大屠杀纪念馆下属的研究中心里，学者们仍然在利用这些资料研究大屠杀的历史，仍然在费力解释那些费解的现实，仍然在试图理解所发生的一切。

在文件移交几个月后，大屠杀纪念馆安排梅耶去当地和其他地区的犹太人团体中发表演讲。为了让纳粹的罪行不被遗忘，而且不再重演，纪念馆肩负着保存有关纳粹罪行的重要文件的使命，而梅耶的这项工作正是其中的典范。

一天晚上，梅耶来到位于费城独立宫的美国犹太人历史博物馆的讲台，展开了一个问答环节，台下挤满了听众。他谈到了对这些文档的漫长、复杂的追踪，以及它们对研究第三帝国的历史学家的重大意义。

接近尾声时，有人问他，手上拿着罗森堡那本失而复得的日记时是什么心情。

"很遗憾，没什么特别的心情，"梅耶冷淡地说，"这是必然的结果。"

然后他停顿了一下。

他不是那种去谈论他的祖辈在大屠杀中遭受了何种苦难的人，他们只是数百万悲剧中的几例。他的父亲甚至不认为自己是幸存者，虽然纪念馆认定他是，因为他是犹太人，而且在德国时不得不逃离迫害。

但梅耶无法否认他的同胞们所经历过的可怕的死亡——在居尔的泥沼里，在奥斯维辛的毒气室里，在拉脱维亚的森林里——这让他在纪念馆的工作也有了更深的意义。

梅耶朝下看了一眼提问者，笑了起来。

他说："是犹太人发现了这个家伙的日记，这个事实让我获得了极大的满足。"

虽然惠特曼已经不再是一名卧底特工，也无须躲避摄像机的镜头，但面对这样的场合，他还是一如既往地待在后排。梅耶在台上公开介绍了他，观众们都伸长脖子去看这位幕后高人，一些人还走过去和他握手。

在成功追回一件艺术品或是一份无价的手稿后，惠特曼很难描述他的感受。在成功的第一时刻，是一阵狂喜。也许这也证明了这种独一无二的文物具有不可名状的力量。对于惠特曼而言，阿尔弗雷德·罗森堡不仅仅是一本日记的作者，而大屠杀纪念馆也不仅仅是一个普通的博物馆。通过帮助追回纳粹的档案，帮助解决难解的纳粹种族灭绝的谜团，惠特曼用自己的绵薄之力推进完成了大屠杀纪念馆的使命——不仅是为了纪念数百万无辜的遇难者，也为了警醒下一代，这样的恐怖绝对不可以重来一次。

致谢　　　　　　　　　　　　　　　　　　　　Acknowledgments

非常感谢美国大屠杀纪念馆的亨利·梅耶和尤尔根·马图斯，国家档案和记录管理局的提姆·穆里根 (Tim Mulligan)，美国特拉华州的助理律师大卫·霍尔，以及美国移民与海关执法局的马克·奥莱夏，感谢他们在让罗森堡日记重见天日的过程中所发挥的关键作用。

我还想感谢梅耶慷慨地与我们分享他的时间和故事；感谢大屠杀纪念馆档案室的图书管理员罗恩·科尔曼 (Ron Coleman)、梅根·刘易斯 (Megan Lewis) 和文森特·斯莱特 (Vincent Slatt)，感谢他们一次次为我们指明正确的方向；感谢自由研究员赛图·哈斯-韦伯 (Satu Haase-Webb) 为我们在肯普纳的收藏中寻找信件和个人文件；感谢翻译员娜塔莎·霍夫梅耶 (Natascha Hoffmeyer)、尼卡·奈特 (Nika Knight) 帮助我们解密德国的文档，不仅仅是罗森堡的日记。我们也很感激乔纳森·布什、艾伦·斯泰贝克 (Allan Stypeck)、爱德华·杰西拉为我们付出的努力。感谢宾夕法尼亚大学的凡·派特图书馆。还要感谢位于马里兰大学帕克分校的国家档案和记录管理局，以及华盛顿的国会图书馆。

谢谢凯蒂·谢弗 (Katie Shaver) 和鲍勃·巴纳德 (Bob Barnard) 为我们在华盛顿提供住宿和红酒，还有陪伴。

还要特别感谢约翰·席福曼 (John Shiffman) 帮助推荐本书；感谢我们的代理拉里·韦斯曼 (Larry Weissman) 和萨沙·阿尔珀 (Sascha Alper)，感谢哈珀·柯林斯出版集团的乔纳森·伯恩罕 (Jonathan Burnham)、克莱尔·瓦赫特尔 (Claire Wachtel)、汉娜·伍德 (Hannah Wood)、乔纳森·饶 (Jonathan Jao)、索菲娅·埃尔加斯·古柏曼 (Sofia Ergas Groopman)、布伦达·西格尔 (Brenda Segel)、朱丽叶·夏普兰 (Juliette Shapland)、希瑟·德鲁克 (Heather Drucker) 和其他帮助发行本书的出版人。

最后要谢谢我的家人：唐娜 (Donna)、凯文 (Kevin)、蕾妮 (Renee)、杰弗 (Jeffrey) 里、克里斯汀 (Kristin)、莫妮卡 (Monica、简 (Jane) 和欧文 (Owen)。

附录1
第三帝国大事年表

Appendix A:
A Third Reich Timeline

1918年12月：阿尔弗雷德·罗森堡从他的故乡爱沙尼亚来到德国，定居慕尼黑，此时他25岁。

1919年1月5日：德国工人党在慕尼黑成立，罗森堡和希特勒在这一年加入该党。一年后，该组织发展成为纳粹党。

1920年12月：纳粹党收购了《人民观察家报》，罗森堡成为该报的主笔和编辑。

1923年11月8日至9日：纳粹党试图在慕尼黑的市民啤酒馆发动政变，以推翻巴伐利亚政府。希特勒在交火中受伤，遭到逮捕。罗森堡全身而退，受希特勒的任命，在他被释放之前担任纳粹党的领袖。

1933年1月30日：希特勒被任命为德国总理，纳粹党迅速掌控了整个国家。罗森堡搬到了柏林。

1933年2月：在普鲁士内政部担任高级政府官员的罗伯特·肯普纳遭到解雇。

1933年4月1日：纳粹党发起一场针对犹太商店的联合抵制。

1933年5月10日：在德国各大高校，被认为冒犯了纳粹党的书籍遭到焚毁。

1934年1月24日：希特勒任命罗森堡为民族社会主义工人党的思想和意识形态灌输，以及教育方面的全权代表。

1934年6月30日：在"长刀之夜"，希特勒将他的敌人清除出纳粹党，其中包括纳粹冲锋队队长恩斯特·罗姆。

1934年8月2日：保罗·冯·兴登堡总统过世，希特勒成为德国的独裁者。

1935年3月12日：肯普纳被盖世太保逮捕；在柏林的哥伦比亚-豪斯监狱待了两周后被释放出来。

1935年9月15日：《纽伦堡法令》规定犹太人为次等国民。

1936年3月7日：德国人重新占领了莱茵兰非军事区。

1936年夏天：肯普纳逃往意大利，在佛罗伦萨一所为犹太流亡人士开办的寄宿学校工作。

1938年3月12日：德国兼并奥地利。

1938年4月至5月：希特勒访问意大利，其间肯普纳和佛罗伦萨寄宿学校的其他犹太师生被监禁三周。

1938年9月3日：意大利官员关闭了肯普纳的寄宿学校；他带妻子及情人逃往法国。

1938年9月30日：英国和法国同意容忍纳粹德国占领捷克斯洛伐克的一部分领土：苏台德地区。

1938年11月9日至10日：在"水晶之夜"，整个德国的犹太教堂、商铺和房屋被毁。

1939年1月30日：希特勒在国会大厦前发表演讲，声称要消灭欧洲的犹太人。

1939年3月15日：德国入侵捷克斯洛伐克。

1939年8月23日：希特勒与苏联领导人约瑟夫·斯大林签订了一项互不侵犯协定，两国商定一起瓜分波兰。

1939年9月1日：德国入侵波兰，第二次世界大战开始。肯普纳在美国找到一份工作后，来到了纽约。

1939年11月8日：在希特勒演讲结束几分钟后，一枚炸弹在慕尼黑的市民啤酒馆爆炸。

1940年4月9日：德国人入侵挪威和丹麦。

1940年5月10日：德国人攻打荷兰、比利时、卢森堡和法国。

1940年6月22日：法国投降，并与德国签署停战协定。罗森堡成立了一个特别任务小组，策划掠夺欧洲占领区的图书和艺术品。

1941年6月22日：德国发起"巴巴罗萨行动"，入侵苏联，占领波罗的海诸国、白俄罗斯和乌克兰。

1941年7月17日：希特勒任命罗森堡为东方占领区事务部部长，负责管理苏联占领区的行政事务。

1941年12月7日： 日本偷袭美国的海军基地珍珠港。

1941年12月8日： 在波兰海乌姆诺建立的第一个纳粹死亡集中营开始运行。

1942年1月20日： 纳粹领导人在万湖开会讨论灭绝犹太人的问题。

1942年2月15日： 在奥斯维辛，犹太人遭到大规模的屠杀。

1943年1月31日： 弗里德里希·保卢斯将军率领他的部下在斯大林格勒向苏军投降；2月2日，德军第六集团军的其余部队也投降了苏军，这成为战争的转折点。

1943年5月16日： 在波兰的华沙，犹太居民区发动起义，经过一个月的战斗后，最终被德国人镇压。

1944年6月6日： 盟军在诺曼底登陆。

1944年7月20日： 在"瓦尔基里行动"中，德国官员们密谋刺杀希特勒，未能成功。

1944年8月25日： 盟军解放巴黎。

1945年1月25日： "突出部战役"结束，盟军击退德军最后一次大规模进攻。

1945年1月27日： 苏军解放奥斯维辛，在过去的3年里，这里有100多万人遭到屠杀。

1945年4月30日： 苏军包围柏林，希特勒自杀。

1945年5月8日： 德国投降。

1945年5月18日： 罗森堡被捕。

1945年11月20日： 针对罗森堡、赫尔曼·戈林、鲁道夫·赫斯以及其他活着的纳粹分子的战争罪指控审判在纽伦堡拉开序幕；肯普纳是美国检察官团队中的一员。

1946年10月16日： 被判犯有战争罪的罗森堡及其他9人被处以绞刑。

附录2
人物简表

Appendix B:
Cast of Characters

弗朗西斯·比德尔 (Francis Biddle)

1941—1945年任美国司法部部长，1945年在纽伦堡战争罪审判中担任大法官。

马丁·鲍曼 (Martin Bormann)

1933—1941年任鲁道夫·赫斯的办公室主任；1941—1945年任纳粹党党务总管；1943—1945年为希特勒的私人秘书。

爱娃·布劳恩 (Eva Braun)

希特勒的女朋友，最后成为他的妻子。

鲁道夫·狄尔斯 (Rudolf Diels)

1933—1934年间为盖世太保指挥官。

迪特里希·埃卡特 (Dietrich Eckart)

1920—1923年任纳粹党报《人民观察家报》的编辑；1919年将罗森堡引荐给希特勒。

米夏埃尔·福尔哈伯 (Michael Faulhaber)

1917—1952年担任天主教慕尼黑教区大主教；率众抗议罗森堡在文章中对教会的抨击。

贝拉·弗洛姆 (Bella Fromm)

柏林《福斯报》的外交记者。

约瑟夫·戈培尔 (Joseph Goebbels)

帝国国民启蒙宣传部部长。

赫尔曼·戈林 (Hermann Göring)

德国空军总司令，经济部部长，直到1945年4月，他都是希特勒选中的继任者。

大卫·霍尔 (David Hall)

美国特拉华州的助理律师，与罗伯特·K.惠特曼合作追回罗森堡的日记。

恩斯特·汉夫施丹格尔 (Ernst Hanfstaengl)

1922—1933年任纳粹党新闻部部长。他即人们熟知的"普奇"。

鲁道夫·赫斯 (Rudolf Hess)

1933—1941年任纳粹党"副元首"。

赖因哈德·海德里希 (Reinhard Heydrich)

1939—1942年任德国安全总局局长,负责监管德国的安全部门;受委托执行"犹太人的最终解决方案",主持了万湖会议;1942年被刺杀。

海因里希·希姆莱 (Heinrich Himmler)

帝国党卫军头目,大屠杀的缔造者。

保罗·冯·兴登堡 (Paul von Hindenburg)

参加第一次世界大战的(德国)将军;1925—1934年担任总统;1933年任命希特勒为总理。

罗伯特·H. 杰克逊 (Robert Jackson)

1940—1941年任美国司法部部长;1941—1954年任最高法院大法官;1945—1946年在纽伦堡战争罪审判中担任检察官。

威廉·凯特尔 (Wilhelm Keitel)

1938—1945年任德国最高统帅部总参谋长。

安德烈·肯普纳 (Andre Kempner)

罗伯特·肯普纳和他的律所秘书玛戈特·李普顿的儿子。出生后不久他被留在法国尼斯的一个"儿童之家",度过了战争时期。

卢西恩·肯普纳 (Lucian Kempner)

罗伯特·肯普纳和他的第一任妻子海琳的儿子;战争时期被困德国,后被送往强制劳工营;1945年得以逃脱,后加入美军。

罗伯特·肯普纳 (Robert Kempner)

律师。1936年逃离纳粹党;1939年抵达美国;效力于联邦调查局和战略情报局；1945—1949年在纽伦堡战争罪审判期间，他成为美国检察官团队中的一员。

鲁特·肯普纳 (Ruth Kempner)

罗伯特·肯普纳的第二任妻子，作家。

埃里希·科赫 (Erich Koch)

1941—1944年任驻乌克兰辖区总督。

阿尔伯特·克雷普斯 (Albert Krebs)

纳粹党早期汉堡区领袖，在一份公开支持纳粹党的报纸——《汉堡日报》任过编辑；1932年被逐出纳粹党。

威廉·库贝 (Wilhelm Kube)

1941—1943年任驻白俄罗斯辖区总督。

汉斯·拉默斯 (Hans Lammers)

1933—1945年任帝国总理府秘书长。

简·莱斯特 (Jane Lester)

二战结束后，她成为罗伯特·肯普纳的助手和法律秘书。

罗伯特·莱伊 (Robert Ley)

帝国组织的头目，总培训处总监，于1933—1945年负责监管德国劳工阵线和"快乐创造力量"工程。

玛戈特·李普顿 (Margot Lipton)

罗伯特·肯普纳的情人，也是他在意大利和美国时期的秘书；1939年移民美国，并将她的姓改成了"李普顿"。

海因里希·洛泽 (Hinrich Lohse)

1941—1943年任奥斯兰辖区总督（奥斯兰是德国占领区爱沙尼亚、拉脱维亚、立陶宛和白俄罗斯的统称）。

库尔特·吕德克 (Kurt Ludecke)

纳粹早期的支持者和募款者。

埃里希·鲁登道夫 (Erich Ludendorff)

以德国将军身份参加第一次世界大战，在1923年的"啤酒馆政变"中与纳粹为伍。

亨利·梅耶 (Henry Mayer)

1994—2010年任美国大屠杀纪念馆的档案管理员，后来成为馆里的档案高级顾问；发起了对罗森堡日记的追索行动。

马克·奥莱夏 (Mark Olexa)

美国国土安全部的特工；与罗伯特·K.惠特曼合作追回罗森堡日记。

弗朗茨·冯·帕彭 (Franz von Papen)

1932年担任德国总理；1933—1934年为德国副总理，为希特勒被任命为德国总理发挥了关键作用。

维尔纳·佩泽 (Werner Peiser)

1933—1938年运营意大利佛罗伦萨的犹太人寄宿学校。

维德孔·吉斯林 (Vidkun Quisling)

挪威民族主义政客，在德国于1940年入侵挪威之前与罗森堡及纳粹勾结。

约阿希姆·冯·里宾特洛甫 (Joachim von Ribbentrop)

1938—1945年任德国外交部部长。

赫伯特·理查德森 (Herbert Richardson)

教授，作家，埃德温·梅伦出版社的出版商，与肯普纳的秘书们，即莱斯特和李普顿是朋友关系。在联邦法庭传唤他出庭以后，理查德森将罗森堡日记上交给了联邦政府。

恩斯特·罗姆 (Ernst Rohm)

1931—1934年任冲锋队队长。1934年"长刀之夜"后，被希特勒处决。

威廉·夏伊勒 (William Shirer)

战前及战时赫斯特通讯社及哥伦比亚广播公司驻柏林记者。

奥托·施特拉瑟 (Otto Strasser)

柏林的纳粹党左翼领袖，1930年被逐出纳粹党；他的兄弟格雷戈尔在1934年的"长刀之夜"被杀害。

泰尔福德·泰勒 (Telford Taylor)

纽伦堡军事法庭中美国主诉检察官（在1946年至1949年的审判期间，185名纳粹战争罪犯被告遭到起诉，进行了12场审判）。

库尔特·冯·贝尔 (Kurt von Behr)

1941—1942年，在纳粹党发起的艺术品及图书掳掠行动中任巴黎总部的指挥官；后来又指挥了"家具行动"，即从西欧犹太人家庭中掠夺家具陈设。

克莱门斯·冯·格伦 (Clemens von Galen)

天主教明斯特主教，纳粹大屠杀的批评者。

古斯塔夫·里特尔·冯·卡尔 (Gustav Ritter von Kahr)

1923年镇压纳粹"啤酒馆政变"的巴伐利亚州总督，于1934年的"长刀之夜"被杀。

恩斯特·冯·魏茨泽克 (Ernst von Weizsacker)

1938—1943年任外交部国务秘书。

杰夫·惠特曼 (Jeff Wittman)

罗伯特·K. 惠特曼的儿子，帮助追回罗森堡的日记。

参考资料　　　　　　　　　　　Notes

档案材料

- High-quality scans of the Rosenberg diary are posted on the Web sites of the National Archives and the United States Holocaust Memorial Museum. Entries from 1934 to 1935 can be found by searching for "Alfred Rosenberg diary" at archives.gov/research/search and navigating to scans of Nuremberg documents labeled 1749-PS. Entries from 1936 to 1944 can be found at collections.ushmm.org/view/2001.62.14.
- American Friends Service Committee Refugee Assistance Case Files, Ruth Kempner file, United States Holocaust Memorial Museum, Washington, D.C.
- Correspondence with European Document Centers Relating to the Receipt and Return of Documents 1945–1946, Record Group 238, National Archives, College Park, Md.
- Einsatzstab Reichsleiter Rosenberg correspondence (microfilm M1946), Record Group 260, National Archives, College Park, Md.
- German Dossiers 1945–1946, Record Group 238, National Archives, College Park, Md.
- Interrogation Records Prepared for War Crimes Proceedings at Nuernberg 1945–1947 (microfilm M1270), Record Group 238, National Archives, College Park, Md.
- Irma Gideon collection, United States Holocaust Memorial Museum, Washington, D.C.
- Jackson, Robert H., Papers. Boxes 14, 101, and 106. Library of Congress, Washington, D.C.
- Kempner, Robert M.W., files from Department of Justice and Department of the Army. National Archives, National Personnel Records Center, St. Louis, Mo.
- Kempner, Robert M. W., and Ruth Benedicta Kempner Papers, Record Group 71.001, United States Holocaust Memorial Museum, Washington, D.C.
- Lester, Jane, oral history. USC Shoah Foundation Institute for Visual History and Education (sfi.usc.edu), Los Angeles.
- Lipton, Margot, probate and estate records. File 2006–80096. Niagara County Surrogate's Court, Lockport, New York.
- *Margot Lipton v. Samuel T. Swansen, et al.* Case no. 98-12106, Delaware County Court of Common Pleas, Office of Judicial Support, Media, Pa.
- Messersmith, George S., Papers. University of Delaware Library, Newark, Del.
- OSS Art Looting Investigation Unit reports, 1945–1946 (microfilm M1782), Record Group 239, National Archives, College Park, Md.
- Records of the Emergency Committee in Aid of Displaced Foreign Scholars, Robert Kempner file, Record Group 19.051, United States Holocaust Memorial Museum, Washington, D.C.
- Records of the Office of the Chief of Counsel for War Crimes, Record Group 260, National Archives, College Park, Md.
- Records of the United States Nuernberg War Crimes Trials Interrogations 1946–1949 (microfilm M1019), Record Group 238, National Archives, College Park, Md.
- Reinach, Frieda and Max, diary, Record Group 10.249, United States Holocaust Memorial Museum, Washington, D.C.

- Rosenberg, Alfred, diary, 1936-1944, Record Group 71, United States Holocaust Memorial Museum, Washington, D.C.
- Security-Classified General Correspondence 1945-1946, Record Group 238, National Archives, College Park, Md.
- Taylor, Telford, Papers, 1918-1998. Columbia University Library, Rare Book and Manuscript Library, New York.
- Third Army After Action Reports. U.S. Army Combined Arms Center, Combined Arms Research Library Digital Library (cgsc.contentdm.oclc.org).
- United States Evidence Files 1945-1946, Record Group 238, National Archives, College Park, Md.
- *United States v. William Martin,* Civil Action No. 03-01666.United States District Court for the Eastern District of Pennsylvania, Philadelphia.

期刊文章

- Arad, Yitzhak. "Alfred Rosenberg and the 'Final Solution' in the Occupied Soviet Territories." *Yad Vashem Studies* 13 (1979): 263-286.
- ———. "The 'Final Solution' in Lithuania in the Light of German Documentation." *Yad Vashem Studies* 11 (1976): 234-272.
- Baxa, Paul. "Capturing the Fascist Moment: Hitler's Visit to Italy in 1938 and the Radicalization of Fascist Italy." *Journal of Contemporary History* 42, no. 2 (2007): 227-242.
- Collins, Donald E., and Herbert P. Rothfeder. "The Einsatzstab Reichsleiter Rosenberg and the Looting of Jewish and Masonic Libraries During World War II ." Journal of Library History 18, no. 1 (Winter 1983): 21-36.
- Felstiner, Mary. "Refuge and Persecution in Italy, 1933-1945." *Simon Wiesenthal Center Annual* 4 (1987): n.p. Online archive.
- Gerlach, Christian. "The Wannsee Conference, the Fate of German Jews, and Hitler's Decision in Principle to Exterminate All European Jews." *Journal of Modern History* 70, no. 4 (December 1998): 759-812.
- Grimsted, Patricia Kennedy. "Roads to Ratibor: Library and Archival Plunder by the Einsatzstab Reichsleiter Rosenberg." *Holocaust and Genocide Studies* 19, no. 3 (Winter 2005): 390-458.
- Kempner, Robert M. W. "Blueprint of the Nazi Underground—Past and Future Subversive Activities." *Research Studies of the State College of Washington* 13, no. 2 (June 1945): 51-153.
- Layton, Roland V., Jr. "The *Völkischer Beobachter*, 1920-1933: The Nazi Party Newspaper in the Weimar Era." *Central European History* 3, no. 4 (December 1970): 353-382.
- Matthäus, Jürgen. "Controlled Escalation: Himmler's Men in the Summer of 1941 and the Holocaust in the Occupied Soviet Territories." *Holocaust and Genocide Studies* 21, no. 2 (Fall 2007): 218-242.

- Starr, Joshua. "Jewish Cultural Property under Nazi Control." *Jewish Social Studies* 12, no. 1 (January 1950): 27-48.
- Steinberg, Jonathan. "The Third Reich Reflected: German Civil Administration in the Occupied Soviet Union." *English Historical Review* 110, no. 437 (June 1995): 620-651.

图书

- Allen, William Sheridan, ed. *The Infancy of Nazism: The Memoirs of Ex-Gauleiter Albert Krebs 1923-1933.* New York: New Viewpoints, 1976.
- Andrus, Burton C. *I Was the Nuremberg Jailer.* New York: Tower Publications, 1970.
- Anonymous. *The Persecution of the Catholic Church in the Third Reich: Facts and Documents.* Gretna, La.: Pelican, 2003.
- Arad, Yitzhak. *The Holocaust in the Soviet Union.* Lincoln: University of Nebraska Press, 2009.
- Arendzen, Rev. John. Foreword to *"Mythus": The Character of the New Religion,* by Alfred Rosenberg. London: Friends of Europe, 1937.
- Baedeker, Karl. *Southern Germany (Wurtemberg and Bavaria): Handbook for Travelers.* Leipzig: Karl Baedeker, 1914.
- ———. *Berlin and Its Environs: Handbook for Travelers.* Leipzig: Karl Baedeker, 1923.
- Barbian, Jan-Pieter. *The Politics of Literature in Nazi Germany: Books in the Media Dictatorship.* Translated by Kate Sturge. New York: Bloomsbury Academic, 2013.
- Barnes, James J., and Patience P. Barnes. *Nazi Refugee Turned Gestapo Spy: The Life of Hans Wesemann, 1895-1971.* Westport, Conn.: Praeger, 2001.
- Baxa, Paul. *Roads and Ruins: The Symbolic Landscape of Fascist Rome.* Toronto: University of Toronto Press, 2010.
- Baynes, Norman H., ed. *The Speeches of Adolf Hitler, April 1922-August 1939.* 2 vols. London: Oxford University Press, 1942.
- Berkhoff, Karel C. *Harvest of Despair: Life and Death in Ukraine Under Nazi Rule.* Cambridge, Mass.: Harvard University Press, 2004.
- Bernstein, Arnie. *Swastika Nation: Fritz Kuhn and the Rise and Fall of the German-American Bund.* New York: St. Martin's, 2013.
- Biddle, Francis. *In Brief Authority.* New York: Doubleday, 1962.
- Blücher von Wahlstatt, Evelyn Mary. *An English Wife in Berlin: A Private Memoir of Events, Politics, and Daily Life in Germany Throughout the War and the Social Revolution of 1918.* New York: Dutton, 1920.
- Bollmus, Reinhard. "Alfred Rosenberg: National Socialism's 'Chief Ideologue'?" In *The Nazi Elite,* edited by Ronald Smelser and Rainer Zitelmann, pp. 183-193. New York: NYU Press, 1993.
- Bonney, Richard. *Confronting the Nazi War on Christianity: The Kulturkampf Newsletters,*

1936-1939. New York: Peter Lang, 2009.
- Bosworth, R. J. B. *Mussolini*. New York: Oxford University Press, 2002.
- Brandt, Willy. *My Road to Berlin*. New York: Doubleday, 1960.
- Breitman, Richard. *The Architect of Genocide: Himmler and the Final Solution*. New York: Knopf, 1991.
- Browning, Christopher R. *The Origins of the Final Solution*. Lincoln: University of Nebraska Press, 2004.
- Burden, Hamilton T. *The Nuremberg Party Rallies: 1923-1939*. London: Pall Mall, 1967.
- Burleigh, Michael. *The Third Reich: A New History*. New York: Hill & Wang, 2000.
- Buttar, Prit. *Battleground Prussia: The Assault of Germany's Eastern Front 1944-1945*. Oxford: Osprey, 2012.
- Cecil, Robert. *The Myth of the Master Race: Alfred Rosenberg and Nazi Ideology*. New York: Dodd, Mead, 1972.
- Ciano, Galeazzo. *Ciano's Diplomatic Papers*. Edited by Malcolm Muggeridge. London: Odhams, 1948.
- Charles, Douglas M. *J. Edgar Hoover and the Anti-Interventionists: FBI Political Surveillance and the Rise of the Domestic Security States, 1939-1945*. Columbus: Ohio State University Press, 2007.
- Creese, Mary R. S. *Ladies in the Laboratory II : West European Women in Science, 1800-1900: A Survey of Their Contributions to Research*. Lanham, Md.: Scarecrow Press, 2004.
- Dallin, Alexander. *German Rule in Russia 1941-1945: A Study in Occupation Politics*. New York: Macmillan, 1957.
- Davidson, Eugene. *The Trial of the Germans: An Account of the Twenty-Two Defendants Before the International Military Tribunal at Nuremberg*. New York: Macmillan, 1966.
- Delmer, Sefton. *Trail Sinister: An Autobiography*. London: Secker and Warburg, 1961.
- *Dial 22-0756, Pronto: Villa Pazzi: Memories of Landschulheim Florenz 1933-1938*. Ottawa: n.p., 1997.
- Diamond, Sander A. *The Nazi Movement in the United States 1924-1941*. Ithaca, NY: Cornell University Press, 1974.
- Diels, Rudolf. *Lucifer Ante Portas: Zwischen Severing und Heydrich*. Zurich: Interverlag, [1949?].
- Dippel, John V. H. *Bound Upon a Wheel of Fire: Why So Many German Jews Made the Tragic Decision to Remain in Nazi Germany*. New York: Basic Books, 1996.
- Dodd, Christopher J., with Lary Bloom. *Letters from Nuremberg: My Father's Narrative of a Quest for Justice*. New York: Crown, 2007.
- Dodd, William Jr., and Martha Dodd, eds. *Ambassador Dodd's Diary 1933-1938*. New York: Harcourt, Brace, 1941.
- Dreyfus, Jean-Marc, and Sarah Gensburger. *Nazi Labour Camps in Paris: Austerlitz, Lévitan, Bassano, July 1943-August 1944*. New York: Berghahn, 2011.
- Eckert, Astrid M. *The Struggle for the Files: The Western Allies and the Return of German Archives After the Second World War*. New York: Cambridge University Press, 2012.

- Edsel, Robert M., with Bret Witter. *The Monuments Men: Allied Heroes, Nazi Thieves, and the Greatest Treasure Hunt in History.* New York: Back Bay, 2009.
- Ehrenreich, Eric. *The Nazi Ancestral Proof: Genealogy, Racial Science, and the Final Solution.* Bloomington: Indiana University Press, 2007.
- Evans, Richard J. *The Coming of the Third Reich.* New York: Penguin, 2004.
- ———. *The Third Reich in Power.* New York: Penguin, 2005.
- ———. *The Third Reich at War.* New York: Penguin, 2009.
- Farago, Ladislas. *The Game of the Foxes: The Untold Story of German Espionage in the United States and Great Britain During World War II.* New York: David McKay, 1971.
- Faulhaber, Michael von. *Judaism, Christianity and Germany.* Translated by Rev. George D. Smith. New York: Macmillan, 1934.
- Fest, Joachim. *The Face of the Third Reich: Portraits of the Nazi Leadership.* London: I. B. Tauris, 2011.
- Frank, Werner L. *The Curse of Gurs: Way Station to Auschwitz.* Lexington, Ky.: n.p., 2012.
- Frei, Norbert. *Adenauer's Germany and the Nazi Past: The Politics of Amnesty and Integration.* New York: Columbia University Press, 1997.
- Fromm, Bella. *Blood and Banquets: A Berlin Social Diary.* New York: Harper, 1942.
- Gary, Brett. *The Nervous Liberals: Propaganda Anxieties from World War I to the Cold War.* New York: Columbia University Press, 1999.
- Gilbert, G. M. *Nuremberg Diary.* New York: Farrar, Straus, 1947.
- Gisevius, Hans Bernd. *To the Bitter End.* New York: Da Capo Press, 1998.
- Goldensohn, Leon. *The Nuremberg Interviews.* New York: Knopf, 2004.
- Griech-Polelle, Beth A. *Bishop von Galen: German Catholicism and National Socialism.* New Haven, Conn.: Yale University Press, 2002.
- Grimsted, Patricia Kennedy. *Reconstructing the Record of Nazi Cultural Plunder.* Amsterdam: International Institute of Social History, 2011.
- Gutman, Israel. *Encyclopedia of the Holocaust.* 4 vols. New York: Macmillan, 1990.
- Hanfstaengl, Ernst. *Hitler: The Missing Years.* New York: Arcade, 1994.
- Hastings, Derek. *Catholicism and the Roots of Nazism.* New York: Oxford University Press, 2010.
- Hermand, Jost. *Culture in Dark Times: Nazi Fascism, Inner Emigration, and Exile.* New York: Berghahn, 2013.
- Hett, Benjamin Carter. *Burning the Reichstag: An Investigation into the Third Reich's Enduring Mystery.* New York: Oxford University Press, 2014.
- Hitler, Adolf. *Mein Kampf.* Translated by Ralph Manheim. Boston: Mariner, 1999. First published 1925 by Franz Eher Nachfolger.
- Kaplan, Marion A. *Between Dignity and Despair: Jewish Life in Nazi Germany.* New York: Oxford University Press, 1998.
- Kay, Alex J. *Exploitation, Resettlement, Mass Murder: Political and Economic Planning for German Occupation Policy in the Soviet Union, 1940–1941.* New York: Berghahn, 2006.

- Kelley, Douglas M. *22 Cells in Nuremberg: A Psychiatrist Examines the Nazi Criminals.* New York: Greenberg, 1947.
- Kellogg, Michael. *The Russian Roots of Nazism: White Émigrés and the Making of National Socialism 1917–1945.* Cambridge, UK: Cambridge University Press, 2005.
- Kempner, Robert M. W. *Eichmann und Komplizen.* Zurich: Europa Verlag, 1961.
- ———. *SS im Kreuzverhör.* Munich: Rütten + Loening, 1964.
- ———. *Edith Stein und Anne Frank: Zwei von Hunderttausend.* Freiburg im Breisgau, Germany: Herder-Bücherei, 1968.
- ———. *Das Dritte Reich im Kreuzverhör: Aus den Vernehmungsprotokollen des Anklà[W1]gers.* Munich: Bechtle, 1969.
- ———. *Der Mord an 35 000 Berliner Juden: Der Judenmordprozess in Berlin schreibt Geschichte.* Heidelberg, Germany: Stiehm, 1970.
- ———. *Anklà[W2]ger einer Epoche: Lebenserinnerungen.* Frankfurt: Verlag Ullstein, 1983.
- ———. *Autobiographical Fragments.* Translated by Jane Lester. Lewiston, N.Y.: Edwin Mellen Press, 1996.
- Kershaw, Ian. *Hitler, 1889-1936: Hubris.* New York: Norton, 2000.
- ———. *Hitler, 1936–1945: Nemesis.* New York: Norton, 2000.
- ———. *Hitler: A Biography.* New York: Norton, 2008.
- Klarsfeld, Serge. *Memorial to the Jews Deported from France, 1942–1944: Documentation of the Deportation of the Victims of the Final Solution in France.* New York: B. Klarsfeld Foundation, 1983.
- Kohl, Christine. *The Witness House: Nazis and Holocaust Survivors Sharing a Villa During the Nuremberg Trials.* New York: Other Press, 2010.
- Krieg, Robert A. *Catholic Theologians in Nazi Germany.* New York: Continuum, 2004.
- Ladd, Brian. *The Ghosts of Berlin: Confronting German History in the Urban Landscape.* Chicago: University of Chicago Press, 1997.
- Lane, Barbara Miller, and Leila J. Rupp, eds. and trans. *Nazi Ideology Before 1933: A Documentation.* Manchester, UK: Manchester University Press, 1978.
- Lang, Serge, and Ernst von Schenck, eds. *Memoirs of Alfred Rosenberg.* Chicago: Ziff-Davis, 1949.
- Large, David Clay. *Where Ghosts Walked: Munich's Road to the Third Reich.* New York: Norton, 1997.
- Larson, Erik. *In the Garden of Beasts: Love, Terror, and an American Family in Hitler's Berlin.* New York: Broadway, 2011.
- Laub, Thomas J. *After the Fall: German Policy in Occupied France, 1940–1944.* Oxford, UK: Oxford University Press, 2010.
- Layton, Roland Vanderbilt, Jr. "The *Völkischer Beobachter,* 1925–1933: A Study of the Nazi Party Paper in the *Kampfzeit.*" Dissertation, University of Virginia, 1965.
- Lester, Jane. *An American College Girl in Hitler's Germany: A Memoir.* Lewiston, N.Y.: Edwin Mellen Press, 1999.

- Levine, Rhonda F. *Class, Networks, and Identity: Replanting Jewish Lives from Nazi Germany to Rural New York.* Lanham, Md.: Rowman & Littlefield, 2001.
- Lewy, Guenter. *The Catholic Church and Nazi Germany.* New York: Da Capo, 2000.
- Lochner, Louis P., ed. *The Goebbels Diaries.* Garden City, N.Y.: Doubleday, 1948.
- Longerich, Peter. *Holocaust: The Nazi Persecution and Murder of the Jews.* New York: Oxford University Press, 2010.
- ———. *Goebbels: A Biography.* New York: Random House, 2015.
- Lower, Wendy. *Nazi Empire-Building and the Holocaust in Ukraine.* Chapel Hill: University of North Carolina Press, 2005.
- ———. "On Him Rests the Weight of the Administration: Nazi Civilian Rulers and the Holocaust in Zhytomyr." In *The Shoah in Ukraine: History, Testimony, Memorialization,* ed. Ray Brandon and Wendy Lower, pp. 224–227. Bloomington: Indiana University Press, 2008.
- Lüdecke, Kurt G. W. *I Knew Hitler: The Story of a Nazi Who Escaped the Blood Purge.* New York: Charles Scribner's Sons, 1937.
- Maguire, Peter. *Law and War: International Law and American History.* Rev. ed. New York: Columbia University Press, 2010.
- Matthäus, Jürgen, and Frank Bajohr, eds. *Alfred Rosenberg: Die Tagebücher von 1934 bis 1944.* Frankfurt: S. Fischer, 2015.
- Megargee, Geoffrey P., ed. *The United States Holocaust Memorial Museum Encyclopedia of Camps and Ghettos, 1933–1945.* Vol. I. Bloomington: Indiana University Press, 2009.
- Meyer, Beate, Hermann Simon, and Chana Schütz, eds. *Jews in Nazi Berlin: From Kristallnacht to Liberation.* Chicago: University of Chicago Press, 2009.
- Morris, Jeffrey. *Establishing Justice in Middle America: A History of the United States Court of Appeals for the Eighth Circuit.* Minneapolis: University of Minnesota Press, 2007.
- Mosley, Leonard. *The Reich Marshal: A Biography of Hermann Goering.* London: Pan Books, 1977.
- Mulligan, Timothy Patrick. *The Politics of Illusion and Empire: German Occupation Policy in the Soviet Union, 1942–1943.* New York: Praeger, 1988.
- Neave, Airey. *On Trial at Nuremberg.* Boston: Little Brown, 1979.
- Nicholas, Lynn H. *The Rape of Europa: The Fate of Europe's Treasures in the Third Reich and the Second World War.* New York: Knopf, 1994.
- Nicosia, Francis R. "German Zionism and Jewish Life in Nazi Berlin." In *Jewish Life in Nazi Germany: Dilemmas and Responses,* ed. Francis R. Nicosia and David Scrase, pp. 89–116. New York: Berghahn, 2010.
- Noakes, J., and G. Pridham, eds. *Nazism: A History in Documents and Eyewitness Accounts, 1919–1945.* 2 vols. New York: Schocken, 1983–1988.
- Nova, Fritz. *Alfred Rosenberg: Philosopher of the Third Reich.* New York: Hippocrene, 1986.
- O'Brien, Kenneth Paul, and Lynn Hudson Parsons. *The Homefront War: World War II and American Society.* Westport, Conn.: Greenwood Press, 1995.

- Office of the U.S. Chief of Counsel for the Prosecution of Axis Criminality. *Nazi Conspiracy and Aggression.* 8 vols. Washington, D.C.: U.S. Government Printing Office, 1946.
- Olson, Lynne. *Those Angry Days: Roosevelt, Lindbergh, and America's Fight Over World War II, 1939–1941.* New York: Random House, 2013.
- Palmier, Jean Michel. *Weimar in Exile: The Antifascist Emigration in Europe and America.* New York: Verso, 2006.
- Papen, Franz von. *Memoirs.* New York: Dutton, 1953.
- Papen-Bodek, Patricia von. "Anti-Jewish Research of the Institut zur Erforschung der Judenfrage in Frankfurt am Main between 1939 and 1945." In *Lessons and Legacies VI: New Currents in Holocaust Research,* ed. Jeffry Diefendorf, pp. 155–189. Evanston, Ill.: Northwestern University Press, 2004.
- Persico, Joseph E. *Nuremberg: Infamy on Trial.* New York: Penguin, 1994.
- Petropoulos, Jonathan. *Art as Politics in the Third Reich.* Chapel Hill: University of North Carolina Press, 1996.
- Piper, Ernst. *Alfred Rosenberg: Hitlers Chefideologe.* Munich: Karl Blessing Verlag, 2005.
- Pöppmann, Dirk. "Robert Kempner und Ernst von Weizsäcker im Wilhelmstrassenprozess." In *Im Labyrinth der Schuld: Tà[W3]ter, Opfer, Anklà[W4]ger,* ed. Irmtrud Wojak and Susanne Meinl, pp. 163–197. Frankfurt: Campus Verlag, 2003.
- ———. "The Trials of Robert Kempner: From Stateless Immigrant to Prosecutor of the Foreign Office." In *Reassessing the Nuremberg Military Tribunals,* ed. Kim C. Priemel and Alexa Stiller. New York: Berghahn, 2012.
- Posnanski, Renée. *Jews in France During World War II.* Hanover, N.H.: University Press of New England, 2001.
- Prange, Gordon W., ed. *Hitler's Words.* Washington, D.C.: American Council on Public Affairs, 1944.
- Pringle, Heather. *The Master Plan: Himmler's Scholars and the Holocaust.* New York: Hyperion, 2006.
- Read, Anthony. *The Devil's Disciples: Hitler's Inner Circle.* New York: Norton, 2003.
- Reinemann, John Otto. *Carried Away . . . Recollections and Reflections.* Philadelphia: n.p., 1976.
- Ribuffo, Leo P. *The Old Christian Right: The Protestant Far Right from the Great Depression to the Cold War.* Philadelphia: Temple University Press, 1983.
- Rogge, O. John. *The Official German Report: Nazi Penetration 1924–1942, Pan-Arabism 1939-Today.* New York: Thomas Yoseloff, 1961.
- Rorimer, James. *Survival: The Salvage and Protection of Art in War.* New York: Abelard, 1950.
- Rosbottom, Ronald C. *When Paris Went Dark: The City of Light Under German Occupation, 1940–1944.* New York: Back Bay, 2014.
- Roseman, Mark. *The Villa, the Lake, the Meeting: Wannsee and the Final Solution.* London: Allen Lane, 2002.
- Rosenberg, Alfred. *Der Mythus des 20. Jahrhunderts.* Munich: Hoheneichen-Verlag, 1934.

- ———. *Race and Race History and Other Essays by Alfred Rosenberg*. Edited by Robert Pois. New York: Harper & Row, 1970.
- Rothfeder, Herbert Phillips. "A Study of Alfred Rosenberg's Organization for National Socialist Ideology." Dissertation, University of Michigan, 1963.
- Rubenstein, Joshua, and Ilya Altman, eds. *The Unknown Black Book: The Holocaust in the German-Occupied Soviet Territories.* Bloomington: Indiana University Press, 2008.
- Ryback, Timothy W. *Hitler's Private Library: The Books That Shaped His Life.* New York: Knopf, 2008.
- Safrian, Hans. *Eichmann's Men.* Cambridge, UK: Cambridge University Press, 2010.
- Schmid, Armin. *Lost in a Labyrinth of Red Tape: The Story of an Immigration That Failed.* Evanston, Ill.: Northwestern University Press, 1996.
- Schuschnigg, Kurt von. *Austrian Requiem.* New York: Putnam, 1946.
- Schwertfeger, Ruth. *In Transit: Narratives of German Jews in Exile, Flight, and Internment During "The Dark Years" of France.* Berlin: Frank & Timme, 2012.
- Seraphim, Hans-Günther, ed. *Das politische Tagebuch Alfred Rosenbergs: 1934/35 und 1939/40.* Munich: Deutscher Taschenbuch Verlag, 1956.
- Sherratt, Yvonne. *Hitler's Philosophers.* New Haven, Conn.: Yale University Press, 2013.
- Shirer, William L. *Berlin Diary: The Journal of a Foreign Correspondent, 1934–1941.* Baltimore: Johns Hopkins University Press, 2002. First published 1941 by Alfred A. Knopf.
- ———. *The Rise and Fall of the Third Reich: A History of Nazi Germany.* New York: Simon & Schuster, 2011. First published 1960 by Simon & Schuster.
- Smith, Bradley F. *Reaching Judgment at Nuremberg: The Untold Story of How the Nazi War Criminals Were Judged.* New York: Basic Books, 1977.
- Snyder, Timothy. *Bloodlands: Europe Between Hitler and Stalin.* New York: Basic Books, 2010.
- Speer, Albert. *Inside the Third Reich: Memoirs.* New York: Macmillan, 1970.
- St. George, Maximilian, and Dennis Lawrence. *A Trial on Trial: The Great Sedition Trial of 1944.* Chicago: National Civil Rights Committee, 1946.
- Stein, George H. *The Waffen SS: Hitler's Elite Guard at War, 1939–1945.* Ithaca, N.Y.: Cornell University Press, 1966.
- Steinweis, Alan E. *Studying the Jew: Scholarly Antisemitism in Nazi Germany.* Cambridge, Mass.: Harvard University Press, 2006.
- Stephenson, Donald. "*Frontschweine* and Revolution: The Role of Front-Line Soldiers in the German Revolution of 1918." Dissertation, Syracuse University, 2007.
- Strasser, Otto. *Hitler and I.* Boston: Houghton Mifflin, 1940.
- ———. *The Gangsters Around Hitler.* London: W. H. Allen, 1942.
- Täbrich, Hans-Christian, ed. *Fascination and Terror: Party Rally Grounds Documentation Center, The Exhibition.* Nuremberg, Germany: Druckhaus Nürnberg, n.d.
- Taylor, Frederick. *The Downfall of Money: Germany's Hyperinflation and the Destruction of the Middle Class.* New York: Bloomsbury, 2013.
- Taylor, Telford. *The Anatomy of the Nuremberg Trials: A Personal Memoir.* New York:

Knopf, 1992.
- Tomasevich, Jozo. *War and Revolution in Yugoslavia, 1941–1945.* Stanford, Calif.: Stanford University Press, 2001.
- Torrie, Julia S. *"For Their Own Good": Civilian Evacuations in Germany and France, 1939–1945.* New York: Berghahn, 2010.
- Trevor-Roper, H. R., ed. *Hitler's Table Talk 1941–1944.* New York: Enigma, 2008. *Trial of the Major War Criminals Before the International Military Tribunal.* 42 vols., 1947–1949; http://www.loc.gov/rr/frd/Military_Law/NT_major-war-criminals.html.
- *Trials of War Criminals Before the Nuernberg Military Tribunals Under Control Council Law No. 10.* 15 vols., 1946–1949; http://www.loc.gov/rr/frd/Military_Law/NTs_war-criminals.html.
- Tusa, Ann, and John Tusa. *The Nuremberg Trial.* New York: Atheneum, 1986.
- *University of St. Michael's College v. Herbert W. Richardson.* Toronto: Hearing Committee, St. Michael's College, 1994.
- U.S. Department of State. *Foreign Relations of the United States: Diplomatic Papers, 1933.* Vol. II: The British *Commonwealth, Europe, Near East and Africa.* Washington, D.C.: U.S. Government Printing Office, 1949.
- Vansittart, Robert. *The Mist Procession: The Autobiography of Lord Vansittart.* London: Hutchinson, 1958.
- Wasow, Wolfgang R. *Memories of Seventy Years: 1909 to 1979.* Madison, Wis.: n.p., 1986.

- Watt, Richard. *The Kings Depart: The Tragedy of Germany: Versailles and the German Revolution.* New York: Simon & Schuster, 1968.
- Weinberg, Gerhard L. *The Foreign Policy of Hitler's Germany: Diplomatic Revolution in Europe 1933-1936.* Chicago: University of Chicago Press, 1970.
- Weiner, Timothy. *Enemies: A History of the FBI.* New York: Random House, 2012.
- Weinmann, Martin. *Das Nationalsozialistische Lagersystem.* Frankfurt: Zweitausendeins, 1990.
- Weinreich, Max. *Hitler's Professors: The Part of Scholarship in Germany's Crimes Against the Jewish People.* New York: Yiddish Scientific Institute, 1946.
- Winterbotham, F. W. *The Nazi Connection.* New York: Dell, 1978.
- Wittman, Robert K., with John Shiffman. *Priceless: How I Went Undercover to Rescue the World's Stolen Treasures.* New York: Crown, 2010.
- Wyneken, Jon David K. "Driving Out the Demons: German Churches, the Western Allies, and the Internationalization of the Nazi Past, 1945-1952." Dissertation, Ohio University, 2007.
- Zimmerman, Joshua D., ed. *Jews in Italy under Fascist and Nazi Rule, 1922-1945.* Cambridge, UK: Cambridge University Press, 2005.
- Zuccotti, Susan. *The Holocaust, the French, and the Jews.* Lincoln: University of Nebraska Press, 1999.

注释　　　　　　　　　　　Selected
　　　　　　　　　　　　　Bibliography

Prologue: The Vault

1. *After Action Report, Third US Army, 1 August 1944–9 May 1945*, vol. I: *The Operations*, p. 337.
2. Dreyfus and Gensburger, *Nazi Labour Camps*, p. 9, p. 130.
3. Marguerite Higgins, "Americans Find Nazi Archives in Castle Vault," *New York Herald Tribune*, April 24, 1945.
4. *After Action Report, Third US Army, 1 August 1944–9 May 1945*, vol. II: *Staff Section Reports*, p. G-2 47.
5. Higgins, "Americans Find Nazi Archives."
6. Himmler's surviving diaries end in 1924. Many lesser figures in the Third Reich left behind diaries.
7. Office of the U.S. Chief of Counsel for the Prosecution of Axis Criminality, *Nazi Conspiracy and Aggression*, vol. 5, pp. 554–557.
8. See Ernst Piper, "Vor der Wannsee-Konferenz: Ausweitung der Kampfzone," *Der Tagesspiegel*, December 11, 2011.
9. Rosenberg diary, August 23, 1936.
10. Gilbert, *Nuremberg Diary*, pp. 267–268.
11. Rosenberg diary, August 23, 1936.
12. Goldensohn, *The Nuremberg Interviews*, pp.73–75.
13. Closing statement of Robert Jackson, chief American prosecutor, *Trial of the Major War Criminals*, vol. 19, p. 416.

1: The Crusader

1. Maguire, *Law and War*, p. 128.
2. Ibid., pp. 151–158.
3. Kempner, *Ankläger einer Epoche*, p. 348.
4. Ibid., p. 369.
5. Charles LaFollette to Lucius Clay, June 8, 1948, Frei, *Adenauer's Germany and the Nazi Past*, pp. 108–110.
6. Eivind Berggrav, Lutheran bishop in Oslo, quoted in Wyneken, "Driving Out the Demons," p. 368.
7. One of the newspapers was Die Zeit under Richard Tüngel, a right-wing journalist. See Pöppmann, "The Trials of Robert Kempner," p. 41, and Pöppmann, "Robert Kempner und Ernst von Weizsäcker im Wilhelmstrassenprozess," pp. 183–189.
8. Maguire, *Law and War*, pp. 160–161.
9. Jack Raymond, "Krupp to Get Back Only Part of Plant," *New York Times*, February 2, 1951.
10. Of the seven major war criminals who were sent to prison by the International Military Tribunal in 1946,three were released early on grounds of ill health. Admiral Karl Dönitz (ten years), Albert Speer (twenty years), and Baldur von Schirach (twenty

years) served their entire prison terms. Rudolf Hess, sentenced to life, committed suicide in 1987.

11 Robert M. W. Kempner, "Distorting German History," New York Herald Tribune, January 13, 1950.
12 Administrative memos, National Archives, Record Group 238, Correspondence with European Document Centers Relating to the Receipt and Return of Documents 1945–1946.
13 Roseman, The Villa, The Lake, The Meeting, pp. 1–2.
14 Ben Ferencz to Kempner, December 15, 1989, Telford Taylor Papers, Series 20, Subseries 1, Box 3. The letter continued: "All's well that ends well. This is not to suggest that there aren't other people who consider you an S.O.B. and bastard and would be happy to kill you. I'm sure that many former Nazis and their sympathizers would gladly agree." Thanks to Taylor biographer Jonathan Bush for sharing this letter.
15 Eckert, The Struggle for the Files, pp. 58–59.
16 Memorandum on document disposal, August 27, 1948, National Archives, Record Group 260, Records of the Office of the Chief of Counsel for War Crimes.
17 Kempner, Ankläger, pp. 400–407.
18 Fred Niebergall, memorandum, April 8, 1949, Kempner Papers.
19 Kempner correspondence with Dutton, 1949–1950, Kempner Papers, Box 55.
20 Kempner, Ankläger, p. 408.
21 Pennsylvania Railroad notice, Kempner Papers, Box 3.
22 Kempner, Ankläger einer Epoch, p. 380; Lester oral history.
23 See bibliography for Kempner's publishing history.
24 Hans Knight, "Anthology of Hell," Sunday (Philadelphia) Bulletin Magazine, May 9, 1965.
25 She changed her name from Margot Lipstein after emigrating to the United States.
26 Lipton deposition in Lipton v. Swansen, June 23, 1999.
27 Lucian Kempner deposition in Lipton v. Swansen, December 8, 1999.
28 André Kempner to Robert Kempner, September 14, 1969, Kempner Papers, unfiled as of March 2015.
29 Jane Lester testimony in Lipton vs. Swansen, January 31, 2001.

2: "Everything Gone"

1 Lester oral history.
2 Richardson to Kempner, April 8, 1982, Kempner Papers, Box 69.
3 Henry Mayer, memorandum, "Re: Alfred Rosenberg 'Tagebuch,' " June 12, 2006.
4 Video of dedication of the Robert Kempner Collegium, September 21, 1996, Kempner Papers, Videobox #1.
5 Levine, Class, Networks, and Identity, pp. 37–41; Kaplan, Between Dignity and

Despair, p. 23; Evans, The Third Reich in Power, p. 574.

6   Details of the October 1940 deportations and life at Gurs come from Browning, The Origins of the Final Solution, pp. 89–91; Zuccotti, The Holocaust, the French, and the Jews, pp. 65–80; Poznanski, Jews in France During World War II, pp. 171–195; Schwertfeger, In Transit, pp. 137–162; Frank, The Curse of Gurs, pp. 229–267; and Gutman, Encyclopedia of the Holocaust, Vol. 2, pp. 631–632.

7   American Friends Service Committee report, quoted in "Misery and Death in French Camps," New York Times, January 26, 1941.

8   Dr. Ludwig Mann, quoted in Frank, The Curse of Gurs, p. 239.

9   Poznanski, Jews in France, p. 180.

10 Professor A. Reich, quoted ibid., p. 182.

11 Details found in two online databases, the Bundesarchiv Memorial Book at bundesarchiv.de/gedenkbuch and the Yad Vashem Central Database of Shoah Victims' Names at db.yadvashem.org/ names. See also Klarsfeld, Memorial to the Jews Deported from France, 1942–1944, pp. xxvi–xxvii.

12 Details of Richardson's life are drawn from Charles Trueheart, "Publish AND Perish?" Washington Post, July 13, 1994, and Jake New, "Herbert Richardson v. the World," Chronicle of Higher Education, April 15, 2013. Richardson did not respond to calls from the authors to his office and to his lawyer seeking an interview.

13 Trueheart, "Publish AND Perish?"

14 University of St. Michael's College v. Herbert W. Richardson, p. 5.

15 Lipton v. Swansen.

16 Motion of the Estate of André Kempner and Lucian Kempner for Permanent Injunction, September 20, 1999, filed in Lipton v. Swansen.

17 Lipton deposition in Lipton v. Swansen, June 23, 1999.

18 Timothy Logue, "History Uncovered," Delaware County Times, August 26, 1999.

3: "To Stare into the Mind of a Dark Soul"

1   The former prosecutor did not hide the truth: Correspondence between Kempner and Seraphim, 1955–1956, Kempner Papers, Boxes 53, 58.

2   Kempner, SS im Kreuzverhör, p. 228.

3   This account of Mayer's conversation is drawn from a memorandum Mayer wrote to his file, "Re: Alfred Rosenberg 'Tagebuch,'" June 12, 2006. Walt Martin did not return calls from the authors for comment.

4   Ralph Vigoda, "Nazi Papers in Custody Fight," Philadelphia Inquirer, March 25, 2003.

5   United States of America v. William Martin, United States District Court for the Eastern District of Pennsylvania.

6   Edward Jesella, interview with author, April 20, 2015.

7   This account of Richardson's interview is drawn from the special agent's Report of Investigation, dated March 1, 2013, which was released to the authors under the

Freedom of Information Act by U.S. Immigration and Customs Enforcement.
8   Though they are assigned to a particular district, U.S. attorneys may open investigations into criminal activity anywhere in the United States. It is routine for federal prosecutors to send subpoenas outside their districts.
9   Patricia Cohen, "Diary of a Hitler Aide Resurfaces After a Hunt That Lasted Years," *New York Times*, June 13, 2013.

4: "Stepchildren of Fate"

1   "Berlin Welcomes Army," *New York Times*, December 10, 1918. See also the British Pathé newsreel "German Troops Return 1918," at britishpathe.com.
2   Stephenson, *"Frontschweine* and Revolution," pp. 287–299.
3   Unnamed correspondent to Evelyn Blücher, the English wife of a German prince who spent the war in Germany, quoted in Blücher von Wahlstatt, *An English Wife in Berlin*, p. 305.
4   Lang and Schenck, *Memoirs of Alfred Rosenberg*, p. 29.
5   Piper, *Alfred Rosenberg*, p. 208.
6   Neave, *On Trial at Nuremberg*, p. 103.
7   Cecil, *The Myth of the Master Race*, p. 11; see Rosenberg, "How the *Myth* Arose," National Archives, T454, Roll 101.
8   Details of Rosenberg's early life come from Lang and Schenck, *Memoirs*, pp. 1–30.
9   Fest, *The Face of the Third Reich*, pp. 163–174.
10 Cecil, *Myth of the Master Race*, p. 15.
11 From Rosenberg's *Pest in Russland!*, quoted in Cecil, *Myth of the Master Race*, p. 17.
12 Cecil, *Myth of the Master Race*, p. 20.
13 Lang and Schenck, *Memoirs*, p. 29.
14 Large, *Where Ghosts Walked*, pp. xii–xvii.
15 Ibid., pp. 3–5.
16 Evans, *The Coming of the Third Reich*, pp. 156–161.
17 Lang and Schenck, *Memoirs*, p. 40.
18 Layton, "The *Völkischer Beobachter*, 1925–1933," pp. 58–59; see Alfred Rosenberg, *Dietrich Eckart: Ein Vermächtnis* (Munich: n.p., 1927).
19 Kershaw, *Hitler: A Biography*, p. 82.
20 Evans, *Coming of the Third Reich*, p. 160.
21 Rosenberg describes this scene in Lang and Schenck, *Memoirs*, p. 43.

5: "The Most Hated Paper in the Land!"

1   Details of Hitler's early life come from Kershaw, *Hitler: A Biography*, pp. 1–46.
2   Hitler, *Mein Kampf*, p. 126.

3   Kershaw, *Hitler: A Biography*, p. 27.
4   Reinhold Hanisch, "I Was Hitler's Buddy," *The New Republic*, April 5, 12, and 19, 1939.
5   Kershaw, *Hitler: A Biography*, pp. 74–75.
6   Lang and Schenck, *Memoirs of Alfred Rosenberg*, pp. 47–50.
7   Lüdecke, *I Knew Hitler*, p. 510.
8   Cecil, *The Myth of the Master Race*, p. 30.
9   Lang and Schenck, *Memoirs*, pp. 47–50.
10 Layton, "The *Völkischer Beobachter*, 1920–1933," p. 354.
11 Ibid., p. 360.
12 The name of the newspaper has been variously translated as "People's Observer" or "Racial Observer."
13 Paula Schlier diary entry, quoted in Layton, "The *Völkischer Beobachter*, 1925–1933," pp. 87–88.
14 Trevor-Roper, *Hitler's Table Talk*, p. 490.
15 Layton, "The *Völkischer Beobachter*, 1920–1933," pp. 369–380.
16 Layton, "The *Völkischer Beobachter*, 1925–1933," p. 256.
17 Trevor-Roper, *Hitler's Table Talk*, p. 490.
18 Hanfstaengl, *Hitler: The Missing Years*, p. 91.
19 Ibid., p. 122.
20 Rosenberg, *Race and Race History*, p. 14.
21 This summation of the Aryan idea and its development is drawn from Pringle, *The Master Plan*, pp. 27–36.
22 Shirer, *The Rise and Fall of the Third Reich*, pp. 104–109.
23 Bollmus, "Alfred Rosenberg," p. 185.
24 Nova, *Alfred Rosenberg*, p. 103.
25 Alfred Rosenberg, *The Track of the Jew Through the Ages*, excerpted in Rosenberg, *Race and Race History*, p. 178.
26 Ibid., p. 189.
27 Quoted in Nova, *Alfred Rosenberg*, p. 118.
28 Kellogg, *The Russian Roots of Nazism*, pp. 70–73. Others have argued that Rosenberg brought the book to Hitler, but evidence is lacking.
29 Ibid., p. 75.
30 Strasser, *The Gangsters Around Hitler*, pp. 21–23.
31 Lüdecke, *I Knew Hitler*, p. 79. Lüdecke later fell out with Hitler.
32 Kershaw, *Hitler: A Biography*, pp. 37–42.
33 Evans, *The Coming of the Third Reich*, pp. 171–175.
34 Ibid., p. 174.

35 Baynes, *The Speeches of Adolf Hitler*, p. 73.
36 Kershaw, *Hitler: A Biography*, pp. 92–93; Kellogg, *Russian Roots*, p. 242.
37 lfred Rosenberg, "The Russian Jewish Revolution," *Auf Gut Deutsch 21* (February 1919), reproduced in Lane and Rupp, *Nazi Ideology Before 1933*, pp. 11–16.
38 Dallin, *German Rule in Russia*, p. 9.
39 Baynes, *Speeches of Adolf Hitler*, p. 12.
40 Hitler's July 28, 1922, speech is reprinted ibid., pp. 21–41.
41 Evans, *Coming of the Third Reich*, pp. 174–175.
42 Ibid., pp. 78–96.
43 Ibid., pp. 176–194; Shirer, *Rise and Fall*, pp. 68–75; Read, *The Devil's Disciples*, pp. 85–102.
44 Read, *Devil's Disciples*, pp. 26–38.
45 Ibid., p. 38.
46 Hanfstaengl, *Hitler: The Missing Years*, p. 92.
47 Layton, "The *Völkischer Beobachter*, 1925–1933," p. 91.
48 Layton, "The *Völkischer Beobachter*,1920–1933," p. 359.
49 Lang and Schenck, *Memoirs*, p. 73.
50 Kershaw, *Hitler: A Biography*, p. 140.
51 Piper, *Alfred Rosenberg*, p. 98.
52 Lang and Schenck, *Memoirs*, p. 76.
53 Lüdecke, *I Knew Hitler*, p. 184.
54 Rosenberg wrote later that he asked Hitler to allow him to resign. Lang and Schenck, *Memoirs*, p. 78.
55 Lüdecke, *I Knew Hitler*, p. 279.
56 Ibid., p. 278.
57 Cecil, *Myth of the Master Race*, pp. 50–51.
58 The car cost more than his annual earnings: 20,000 *Reichsmarks*. Hitler said a bank loan financed the purchase. Kershaw, *Hitler, 1899–1936: Hubris*, p. 685.
59 Cecil, *Myth of the Master Race*, p. 52.
60 Lüdecke, *I Knew Hitler*, p. 288.
61 Layton, "The *Völkischer Beobachter*, 1920–1933," pp. 367–368.
62 Lang and Schenck, *Memoirs*, pp. 260–261.
63 Piper, *Alfred Rosenberg*, p. 240.
64 Ibid., p. 244.
65 Ibid., p. 240. When the Nazis took power the following year, the offending politician, Christian Heuck, would face punishment more severe than that. Swept up with the rest of the leading communists and political unreliables, Heuck was charged with treason and sent to prison, where he would be murdered by the SS.

66 Ibid., p. 243; Cecil, *The Myth of the Master Race*, p. 107.
67 Lang and Schenck, *Memoirs*, pp. 70–71.
68 Piper, *Alfred Rosenberg*, p. 74.

6: Night Descends

1 See Evans, *The Coming of the Third Reich*, pp. 310–354.
2 Delmer, *Trail Sinister*, pp. 185–186.
3 Read, *The Devil's Disciples*, p. 282.
4 Fromm, *Blood and Banquets*, p. 88.
5 Shirer, *The Rise and Fall of the Third Reich*, p. 195.
6 Report from U.S. Ambassador Frederic M. Sackett, March 3, 1933, reproduced in *Foreign Relations of the United States*, 1933, vol. 2, pp. 201–204.
7 Report from Sackett, March 9, 1933, reproduced in *Foreign Relations of the United States*, 1933, vol. 2, pp. 206–209.
8 Shirer, *Rise and Fall*, p. 199.
9 Ibid., p. 188.
10 Kempner, *Ankläger einer Epoche*, p. 16.
11 Ibid., p. 205.
12 Ibid., pp. 13–14.
13 Biographical details in Creese, *Ladies in the Laboratory II*, pp. 129–138.
14 "Robert Koch," Nobelprize.org, http://www.nobelprize.org/nobel_prizes/medicine/laureates/1905/koch-bio.html.
15 Kempner, *Ankläger*, pp. 11, 19.
16 Ibid., pp. 22–26.
17 This account is drawn from Watt, *The Kings Depart*, pp. 247–273.
18 Kempner to Büro für Kriegsstammrollen, May 9 and September 3, 1934, Kempner Papers, Box 41.
19 Kempner, *Ankläger*, pp. 25–26.
20 Certified copy of Kempner Landsturm-Militärpass, Kempner Papers, Box 76.
21 Kempner, *Ankläger*, p. 71.
22 Memorandum detailing Kempner's planned testimony in *United States v. McWilliams*, Kempner Papers, Box 154.
23 The report was published as Kempner, "Blueprint of the Nazi Underground—Past and Future Subversive Activities."
24 "Hitler Ridiculed as a Writing Man," *New York Times*, February 9, 1933.
25 Shirer, *Rise and Fall*, p. 141.
26 Fromm, *Blood and Banquets*, p. 73.
27 *Foreign Relations of the United States*, 1933, vol. 2, p. 320.

28 Frederick T. Birchall, "Nazi Bands Stir Up Strife in Germany," *New York Times*, March 9, 1933.
29 "Charge Terrorism by Nazi Troopers," *New York Times*, March 15, 1933.
30 "German Fugitives Tell of Atrocities at Hands of Nazis," *New York Times*, March 20, 1933.
31 Brandt, *My Road to Berlin*, p. 58.
32 Report from Sackett, March 21, 1933, reproduced in *Foreign Relations of the United States*, 1933, vol. 2, p. 212.
33 "Reviews Nazi Rise in Talk Over Radio," *New York Times*, March 13, 1933.
34 Report from Consul General George Messersmith, "Present Status of the Anti-Semitic Movement in Germany," September 21, 1933, George S. Messersmith Papers, Item 305.
35 Quote from *Der Deutsche*, ibid.
36 Report from Messersmith, November 1, 1933, reproduced in *Foreign Relations of the United States*, 1933, vol. 2, p. 363.
37 Kempner, *Ankläger*, pp. 26–37; Read, *The Devil's Disciple*, p. 280.
38 Hett, *Burning the Reichstag*, p. 34.
39 Mosley, *The Reich Marshal*, p. 151.
40 Kempner, *Ankläger*, pp. 88–90. See also "Police Counsel on Leave of Absence," *8 Uhr-Abendblatt*, February 23, 1933; Kempner dismissal and pension documents, Kempner Papers, Box 95.
41 This quote, and details of Kempner's relationship with Diels, are drawn from Kohl, *The Witness House*, pp. 43–47, 152–153.
42 Leni Riefenstahl, quoted in Hett, *Burning the Reichstag*, p. 28.
43 Kempner, *Ankläger*, pp. 111–112.
44 Larson, *In the Garden of Beasts*, pp. 116–119.
45 Kempner, *Ankläger*, p. 110.
46 Hett, *Burning the Reichstag*, p. 79.
47 Kempner, *Ankläger*, pp. 68–72.
48 Kaplan, *Between Dignity and Despair*, pp. 62–66.
49 Dippel, *Bound Upon a Wheel of Fire*, pp. 1–20.
50 Ibid., p. 140.
51 "even opportunism": Ibid., p. xxiii.
52 Ibid., p. 139.
53 Kempner, *Ankläger*, p. 176.

7: "Rosenberg's Path"

1 Henry C. Wolfe with Heinrich Hauser, "Nazi Doctor of Frightfulness," *Milwaukee Journal*, July 6, 1940.

2   Lüdecke, *I Knew Hitler*, pp. 83–85.
3   Allen, *The Infancy of Nazism*, p. 217.
4   Ibid., p. 184.
5   Ibid., p. 220.
6   Rosenberg interrogation, September 21, 1945, 14:30–16:40, National Archives, M1270, Roll 17.
7   Allen, *Infancy of Nazism*, pp. 220–221.
8   Cecil, *The Myth of the Master Race*, p. 101.
9   Rosenberg interrogation, September 21.
10 Rosenberg, *Der Mythus des 20. Jahrhunderts*, p. 116.
11 Cecil, *Myth of the Master Race*, p. 82.
12 Rosenberg, *Der Mythus*, p. 105.
13 Fest, *The Face of the Third Reich*, p. 168.
14 Goldensohn, *The Nuremberg Interviews*, pp. 108–109; Piper, *Alfred Rosenberg*, p. 494.
15 Trevor-Roper, *Hitler's Table Talk 1941–1944*, p. 318. It should be noted that these remarks were recorded by an avowed Rosenberg enemy, Martin Bormann.
16 Hanfstaengl, *Hitler: The Missing Years*, p. 122.
17 Papen, *Memoirs*, p. 261.
18 Strasser, *Hitler and I*, p. 96.
19 Baynes, *The Speeches of Adolf Hitler*, p. 988.
20 Bollmus, "Alfred Rosenberg," p. 187. Later, von Schirach would tell Nuremberg prison psychiatrist Douglas Kelley that while his Hitler Youth leaders all had copies, none of them could get through it. "Rosenberg should go down in history as the man who sold more copies of a book no one ever read than any other author." But Schirach's remarks were belied by the fact that Rosenberg's files were filled with letters from readers. See Kelley, *22 Cells in Nuremberg*, p. 44, and Piper, *Alfred Rosenberg*, p. 213.
21 Piper, *Alfred Rosenberg*, p. 293. In 1934 alone, his publishing income was forty-two thousand reichsmarks, the equivalent of $300,000 in today's currency.
22 Rosenberg diary, August 10, 1936.
23 Ladd, *The Ghosts of Berlin*, pp. 115–125.
24 Report from Consul General George Messersmith, April 10, 1933, reproduced in *Foreign Relations of the United States*, 1933, vol. 2, p. 223.
25 Kelley, *22 Cells*, p. 38. Douglas Kelley was one of the psychiatrists who interviewed Rosenberg during his incarceration at Nuremberg before the war crimes trials.
26 Dodd and Dodd, *Ambassador Dodd's Diary*, p. 190.
27 Lüdecke, *I Knew Hitler*, pp. 642–643.
28 Vansittart, *The Mist Procession*, p. 475.

29 Winterbotham, *The Nazi Connection*, pp. 32–81.
30 Piper, *Alfred Rosenberg*, pp. 293–294.
31 Evans, *The Third Reich in Power*, pp. 457–460.
32 Rothfeder, "A Study of Alfred Rosenberg's Organization for National Socialist Ideology," pp. 72–76.
33 Cecil, *Myth of the Master Race*, p. 113.
34 Fromm, *Blood and Banquets*, p. 164.
35 Details of Goebbels's early life are drawn from Read, *The Devil's Disciples*, pp. 126–134, and Lochner, *The Goebbels Diaries*, pp. 12–14.
36 Read, *Devil's Disciples*, p. 142.
37 Lochner, *Goebbels Diaries*, p. 19.
38 Kershaw, *Hitler: A Biography*, p. 171.
39 Fest, *Face of the Third Reich*, p. 333, n. 44.
40 Lochner, *Goebbels Diaries*, p. 20.
41 Ibid., p. 22.
42 "Decree Concerning the Duties of the Reich Ministry for Public Enlightenment and Propaganda," June 30, 1933, reproduced as 2030-PS in Office of the U.S. Chief of Counsel for the Prosecution of Axis Criminality, *Nazi Conspiracy and Aggression*, vol. 4, pp. 653–654.
43 Otto Friedrich, *Before the Deluge: A Portrait of Berlin in the 1920s* (New York: Harper Perennial, 1995), p. 6.
44 Ladd, *Ghosts of Berlin*, pp. 110–115.
45 *Völkischer Beobachter* article, quoted ibid., p. 82.
46 Rosenberg article from 1925 issue of *Der Weltkampf*, quoted in Rosenberg, *Race and Race History*, p. 173.
47 Petropoulos, *Art as Politics in the Third Reich*, pp. 23–25.
48 Rosenberg article in *Völkischer Beobachter*, July 1933, quoted in Rosenberg, *Race and Race History*, p. 161.
49 Evans, *Third Reich in Power*, pp. 164–166.
50 Ibid., p. 189.
51 Nicholas, *The Rape of Europa*, pp. 15–16.
52 Evans, *Third Reich in Power*, p. 171.
53 Rothfeder, "A Study," pp. 136–138, 215–218.
54 Petropoulos, *Art as Politics*, p. 45.
55 Barbian, *The Politics of Literature in Nazi Germany*, p. 118.
56 Ibid., p. 121.
57 Rothfeder, "A Study," pp. 199–207.
58 Allen, *Infancy of Nazism*, p. 202.

59 Cecil, *Myth of the Master Race*, p. 4.
60 Rosenberg diary, February 6, 1939.
61 Ibid., May 7, 1940.
62 Shirer, *Rise and Fall of the Third Reich*, pp. 204–206.
63 Fromm, *Blood and Banquets*, pp. 134–135.
64 Rosenberg diary, July 7, 1934.
65 Fromm, *Blood and Banquets*, p. 135.

8: The Diary

1 "Reich to Be Armed in Air with Mighty Fleet by 1936," *New York Times*, May 11, 1934; "Britain Alarmed by Reich Planes," *New York Times*, May 12, 1934; "Aviation Exports to Reich Mounting," *New York Times*, May 12, 1934. The American manufacturers defended themselves by saying that the exports were for commercial, not military, applications, and that they were not selling directly to the German government but to businesses.
2 "20,000 Nazi Friends at a Rally Here Denounce Boycott," *New York Times*, May 18, 1934.
3 Rogge, *The Official German Report*, pp. 17–21; Bernstein, *Swastika Nation*, pp. 25–37; Diamond, *The Nazi Movement in the United States*, pp. 113–124.
4 "Reds Riot in Court After Nazi Rally," *New York Times*, May 18, 1934.
5 "Goebbels Utters Threats to Jews," *New York Times*, May 12, 1934.
6 Details of the campaign are drawn from Longerich, *Goebbels*, pp. 258–259; Read, *The Devil's Disciples*, p. 361; Evans, *The Third Reich in Power*, pp. 28–29.
7 Otto D. Tolischus, "Grumblers Face Arrest in Reich," *New York Times*, May 19, 1934.
8 Rosenberg diary, May 14, 1934.
9 Matthäus and Bajohr, *Alfred Rosenberg: Die Tagebücher von 1934 bis 1944*, p. 20.
10 Rosenberg diary, May 22, 1934.
11 "The German Jigsaw: Herr Hitler as Helmsman," *The Times* (London), May 9, 1934.
12 Rosenberg diary, May 15, 1934.
13 Ibid., May 17, 1934; Bernstorff, who in the 1930s helped Jews escape Germany, was one of the "Solf circle" anti-Nazi intellectuals arrested in 1944 after a Gestapo spy infiltrated a tea party at which guests made critical comments about the regime. He was executed a few weeks before the end of the war.
14 This account of the Night of the Long Knives is drawn from Evans, *Third Reich in Power*, pp. 30–41; Shirer, *The Rise and Fall of the Third Reich*, pp. 204–225; Read, *Devil's Disciples*, pp. 343–374; and Noakes, *Nazism: A History in Documents*, vol. 1, pp. 172–185.
15 Details of Himmler's early life and career are drawn from Read, *Devil's Disciples*, pp. 39–49, 93–95.
16 Ibid., pp. 168–169, 179–181.

17 Rosenberg diary, July 7, 1934.

18 The origin of the name is unclear, though the use of the phrase "long knives" to describe treachery has roots in Anglo-Saxon mythology.

19 Rosenberg diary, August 2, 1934.

20 Ibid.

9: "Clever Workings and Lucky Coincidences"

1 Kempner flyer, "Emigration and Transfer to Palestine and Other Countries," Kempner Papers, Box 41; correspondence on Kempner legal work from 1933 to 1935, Kempner Papers, Box 95. See also Nicosia, "German Zionism and Jewish Life in Nazi Berlin," and Schmid, *Lost in a Labyrinth of Red Tape*, p. 71.

2 Evans, *Third Reich in Power*, pp. 555–560.

3 Kaplan, *Between Dignity and Despair*, p. 72.

4 Kempner interview, Records of the Emergency Committee in Aid of Displaced Foreign Scholars.

5 Kempner to Ernst Hamburger, February 17, 1939, Kempner Papers, Box 2. See also Kempner to Alfred S. Abramowitz, November 16, 1938, and Kempner to Carl Misch, November 28, 1938, both in Kempner Papers, Box 2.

6 Kempner Application for Federal Employment, Kempner personnel files from Department of Justice and Department of the Army; in a draft application, he lists his annual income during that period as $10,000 to $30,000 per year, Kemper Papers, Box 41.

7 Creese, *Ladies in the Laboratory II*, p. 137.

8 Copy of affidavit by Sidney Mendel, dated 1944, and copy of divorce ruling, March 9, 1932, in Kempner Papers, Box 76. See also Evans, *Third Reich in Power*, p. 566.

9 Kempner, *Ankläger einer Epoche*, p. 135.

10 Barnes, *Nazi Refugee Turned Gestapo Spy*, p. 76.

11 Kempner, *Angläger*, p. 134.

12 Kempner to Misch, November 28, 1938, Kempner Papers, Box 2.

13 Kempner, *Ankläger*, p. 133.

14 Kempner to Misch, November 28, 1938, Kempner Papers, Box 2. In *Ankläger*, Kempner says that Hitler released him, along with Jacob and the other prisoners, after international pressure.

15 Palmier, *Weimar in Exile*, p. 432. In 1941, Jacob was rearrested in Portugal while trying to flee overseas. He died three years later in a Berlin prison.

16 Creese, *Ladies*, p. 137.

17 Advertisement reproduced in *Dial 22-0756, Pronto*, p. 11.

18 Ibid., p. 15.

19 Kempner, *Ankläger*, pp. 137–140.

10: "The Time Isn't Ripe for Me Yet"

1 Otto D. Tolischus, "Hindenburg Rests on Site of Victory After Hero's Rites," *New York Times*, August 8, 1934.
2 Rosenberg diary, August 19, 1934.
3 Ibid., May 29, 1934.
4 Cecil, *The Myth of the Master Race*, p. 112.
5 Rosenberg, *Der Mythus des 20. Jahrhunderts*, p. 79.
6 Ibid., p. 73.
7 Ibid., p. 133.
8 Ibid., p. 258.
9 Ibid., p. 603.
10 Ibid., p. 701.
11 Ibid., p. 604.
12 Ibid., p. 616.
13 Ibid., p. 114.
14 Rosenberg diary, August 19, 1934.
15 Dodd and Dodd, *Ambassador Dodd's Diary*, p. 199.
16 Rosenberg diary, January 19, 1940.
17 Ibid., December 14, 1941.
18 Ibid., April 9, 1941.
19 Ibid., June 28, 1934.
20 Hitler, *Mein Kampf*, p. 267.
21 Evans, *The Third Reich in Power*, pp. 220–224.
22 Arendzen, foreword to "*Mythus*," p. 4.
23 Lewy, *The Catholic Church and Nazi Germany*, p. 8.
24 Baynes, *The Speeches of Adolf Hitler*, pp. 369–370.
25 Lewy, *Catholic Church*, pp. 40–41.
26 Ibid., p. 258.
27 Ibid., pp. 53, 132.
28 Descriptions of the church are drawn from Jeffrey Chipps Smith, *Infinite Boundaries: Order, Disorder, and Reorder in Early Modern German Culture*, vol. 40 of *Sixteenth Century Essays & Studies*, edited by Max Reinhart (Kirksville, Mo.: Sixteenth Century Journal Publishers, 1998), p. 154.
29 Lewy, *Catholic Church*, p. 274.
30 Griech-Polelle, *Bishop von Galen*, p. 52.
31 Lewy, *Catholic Church*, p. 104.
32 Faulhaber, *Judaism, Christianity and Germany*, pp. 2–5.
33 Bonney, *Confronting the Nazi War on Christianity*, p. 127.

34 Office of the U.S. Chief of Counsel for the Prosecution of Axis Criminality, *Nazi Conspiracy and Aggression*, vol. 6, pp. 240–241.
35 Ryback, *Hitler's Private Library*, p. 122.
36 Lewy, *Catholic Church*, p. 152.
37 Evans, *Third Reich in Power*, pp. 234–238.
38 Rosenberg, *Der Mythus*, pp. 577–578.
39 Ibid., p. 596.
40 Ibid., p. 593.
41 Krieg, *Catholic Theologians in Nazi Germany*, p. 53.
42 Cecil, *Myth of the Master Race*, p. 121.
43 Rosenberg diary, February 24, 1935.
44 Ibid., January 18, 1937.
45 Hastings, *Catholicism and the Roots of Nazism*, pp. 171–173.
46 Rosenberg diary, December 26, 1936.
47 Evans, *Third Reich in Power*, pp. 231–232.
48 Rosenberg diary, August 11, 1936.
49 Letter from Canon Vorwerk, reproduced in Anonymous, *Persecution of the Catholic Church*, pp. 121–124.
50 Bonney, *Confronting the Nazi War*, pp. 132–135; Evans, *Third Reich in Power*, pp. 240–241.
51 Kershaw, *Hitler: A Biography*, pp. 375–376; Longerich, *Goebbels*, pp. 251–252.
52 Rosenberg diary, February 2, 1941.
53 Ibid., January 18, 1937.
54 Anonymous, *Persecution of the Catholic Church*, p. 278.
55 Evans, *Third Reich in Power*, pp. 623–637.
56 Rosenberg diary, August 11, 1936.

11: Exile in Tuscany

1 Kempner, *Ankläger einer Epoche*, p. 141.
2 Felstiner, "Refuge and Persecution in Italy, 1933–1945," p. 4.
3 Evans, *The Third Reich in Power*, p. 562.
4 Ernst Levinger, quoted in *Dial 22-0756, Pronto*, p. 96.
5 *Dial 22-0756, Pronto*, p. 15.
6 Kempner to the Council of German Jewry in London, May 5, 1937, Kempner Papers, Box 2.
7 Kempner, *Ankläger*, p. 142.
8 Eva Keilson-Rennie, quoted in *Dial 22-0756, Pronto*, p. 59.
9 *Dial 22-0756, Pronto*, p. 61.

10 Henry Kahane, quoted ibid., p. 28. See also Ruth Kempner to Otto Reinemann, August 13, 1938, Kempner Papers, Box 95.
11 *Dial 22-0756, Pronto*, p. 18.
12 Ibid., p. 47.
13 Ibid., p. 107. Manasse left the school after a dispute with Kempner.
14 Wasow, *Memories of Seventy Years*, pp. 176–186.
15 *Dial 22-0756, Pronto*, pp. 88–95.
16 Robert Kempner to Lucian Kempner, July 4, 1938, Kempner Papers, Box 71.
17 *Dial 22-0756, Pronto*, p. 93.
18 Manasse quoted ibid., p. 102.
19 Walter Kempner earned fame as the inventor of the Rice Diet, for treating patients with diabetes and kidney and cardiovascular disease.
20 Noakes, *Nazism: A History in Documents*, vol. 1, p. 535.
21 Evans, *Third Reich in Power*, pp. 570–575.
22 Brandt, *My Road to Berlin*, p. 79.
23 Rosenberg diary, August 21, 1936.
24 Unknown friend in The Hague to Kempner, June 4, 1938, Kempner Papers, Box 2.
25 Evans, *Third Reich in Power*, pp. 638–641.
26 Details of Hitler's visit are drawn from Baxa, "Capturing the Fascist Moment," pp. 227–242.
27 Leo Longanesi quoted in Baxa, *Roads and Ruins*, p. 150.
28 Deirdre Pirro, "The Unwelcome Tourist," *The Florentine*, May 7, 2009.
29 *Dial 22-0756, Pronto*, pp. 50–52.
30 Felstiner, *Refuge and Persecution*, pp. 12–14.
31 Bosworth, *Mussolini*, pp. 334–344; Zimmerman, *Jews in Italy under Fascist and Nazi Rule*, p. 3; Felstiner, *Refuge and Persecution*, p. 15.
32 Kempner, *Ankläger einer Epoche*, p. 147.
33 Ruth Kempner to Otto Reinemann, August 13, 1938, Kempner Papers, Box 95.
34 Moura Goldin Wolpert, quoted in *Dial 22-0756, Pronto*, p. 86.
35 Kempner to Erich Eyck, October 21, 1938, Kempner Papers, Box 2.
36 Closure decree, Kempner Papers, Box 94.
37 *Dial 22-0756, Pronto*, p. 95.
38 Ibid., pp. 89–92.
39 Beate Davidson to Margot Lipton, October 23, 1938, Kempner Papers, Box 2.
40 Peiser and Kempner to Beate Davidson, October 26, 1938, Kempner Papers, Box 94.
41 Informational notice from Peiser and Kempner, Kempner Papers, Box 94.
42 Kempner to Carl Misch, November 28, 1938, Kempner Papers, Box 2.

43 Kempner to Rudolf Olden, December 12, 1938, Kempner Papers, Box 2.
44 Robert Kempner to Helene Kempner, November 20, 1937, Kempner Papers, Box 71.
45 Lucian Kempner application to company commander, September 29, 1945, Kempner Papers, Box 71.
46 Kempner memorandum in response to letter from lawyer Adolf Arndt, March 17, 1938, Kempner Papers, Box 2.
47 Villingen district court ruling, July 1, 1939, Kempner Papers, Box 71.
48 Lucian Kempner to Robert Kempner, January 9, 1946, Kempner Papers, Box 71.
49 Robert Kempner to Lucian Kempner, September 29, 1938, Kempner Papers, Box 71.
50 Robert Kempner to Lucian Kempner, October 7, 1938, Kempner Papers, Box 71.

12: "I Had Won Over the Old Party's Heart"

1 Burden, *The Nuremberg Party Rallies*, pp. 137–147.
2 Vice squad report quoted in Täubrich, *Fascination and Terror*, p. 76.
3 Burden, *Nuremberg Party Rallies*, pp. 3–9.
4 Ibid., p. 8.
5 Evans, *The Third Reich in Power*, pp. 123–124.
6 Frederick T. Birchall, "Duty Is Stressed at Nazi Congress," *New York Times*, September 8, 1937.
7 Shirer, *Berlin Diary*, pp. 18–19.
8 Frederick T. Birchall, "Labor Has Its Day at Nazi Congress," September 9, 1937.
9 Entry titled "After the party congress. 1937," Rosenberg diary, September 1937.
10 Stephen Kinzer, "Exonerations Still Eludes an Anti-Nazi Crusader," *New York Times*, January 13, 1996.
11 "Germany Enraged by Ossietzky Prize," *New York Times*, November 25, 1936.
12 Rosenberg diary, January 31, 1938.
13 Bonney, *Confronting the Nazi War on Christianity*, p. 247, n. 47.
14 Entry titled "After the party congress. 1937," Rosenberg diary, September 1937.
15 Entry titled "At the beginning of October," Rosenberg diary, October 1937.
16 Undated entry, Rosenberg diary, January 1938.
17 Read, *The Devil's Disciples*, pp. 384–385.
18 Entry titled "At the end of July 1936," Rosenberg diary, July 1936.
19 Ibid.
20 Fritz Sauckel, quoted in Rosenberg diary, July 20, 1938.
21 Rosenberg diary, July 29, 1943.
22 Ibid., November 25, 1937.

23 Details of his affairs and marital woes are drawn from Read, *Devil's Disciples*, pp. 421–422, 443, 484, 491–492.
24 Quoted ibid., p. 492.
25 Undated entry, Rosenberg diary; Matthäus, in *Alfred Rosenberg: Die Tagebücher von 1934 bis 1944*, dates this entry to late November or December 1938.
26 Rosenberg diary, March 1, 1939.
27 Evans, *Third Reich in Power*, p. 359.
28 Shirer, *Rise and Fall*, p. 326. See also Schuschnigg, *Austrian Requiem*, pp. 12–19.
29 Evans, *Third Reich in Power*, pp. 111–113.
30 Ibid., p. 674.
31 Meyer, Simon, and Schütz, *Jews in Nazi Berlin*, pp. 98–100.
32 On Kristallnacht, see Evans, *Third Reich in Power*, pp. 580–586.
33 Read, *Devil's Disciples*, p. 510.
34 Descriptions of Kristallnacht in Oberlustadt are drawn from two documents in the Irma Gideon collection at the U.S. Holocaust Memorial Museum: a copy of Landau criminal court records from a 1948 trial against five Germans who organized the assault, and an account by Gideon, who witnessed the events.
35 Evans, *Third Reich in Power*, p. 591.
36 Ibid., p. 590.
37 Ibid., p. 593.
38 Undated entry, Rosenberg diary; Matthäus and Bajohr, in *Alfred Rosenberg: Die Tagebücher*, dates this entry to late November or December 1938. See also Lang and Schenck, *Memoirs of Alfred Rosenberg*, pp. 171–172.

13: Escape

1 Henry Kahane, quoted in *Dial 22-0756, Pronto*, pp. 28–29.
2 *Dial 22-0756, Pronto*, p. 92. Hirsch did not make it out; he perished in Auschwitz.
3 List published in the official government newspaper, *Deutscher Reichsanzeiger*, October 21, 1938, Kempner Papers, Box 41.
4 Copy of recommendation letter from Hans Simons at the New School for Social Research, undated, Kempner Papers, Box 76.
5 Stephen B. Sweeney to Roland Morris, December 1, 1938, Kempner Papers, Box 95.
6 Kempner to Alexandre Besredka, September 8, 1938, Kempner Papers, Box 2.
7 Kempner to Stephen B. Sweeney and Kempner to Martha Tracy, December 19, 1938, Kempner Papers, Box 95.
8 Peiser and Kempner to American Jewish Joint Distribution Committee, September 13, 1938, Kempner Papers, Box 2.
9 Grossman to Kempner, November 25, 1938, Kempner Papers, Box 2.

10 Kempner to Carl Misch, November 28, 1938, Kempner Papers, Box 2.
11 Kempner to Milly Zirker, December 6, 1938, Kempner Papers, Box 2.
12 Kempner to Grossman, December 16, 1938, Kempner Papers, Box 2.
13 Kempner correspondence with Emil Gumbel, November 8–December 19, 1938, Kempner Papers, Box 2.
14 Kempner correspondence with Jewish Assistance Committee in Strasbourg, France, Assistance Médicale aux Enfants de Réfugiés in Paris, and Alliance Israélite Universelle in Paris, December 1938, and with the British Committee for the Jews of Germany, January 12, 1939, Kempner Papers, Box 2.
15 Who these ten students were and what became of them is unclear. According to *Dial 22-0756, Pronto*, a memoir about the school, at least four former students of the Istituto Fiorenza perished in the Holocaust, but the majority of the alumni made it to safety in the United States, Britain, Israel, and South America.
16 Kempner to Ernst Hamburger, February 17, 1939, Kempner Papers, Box 2.
17 Shirer, *The Rise and Fall of the Third Reich*, pp. 444–448.
18 Ibid., pp. 462–475.
19 Kempner to Stephen B. Sweeney, May 1, 1939, Kempner Papers, Box 95.
20 Ibid.
21 Reinemann to Kempner, May 29 and June 6, 1939, Kempner Papers, Box 95.
22 Cables between Reinemann and Kempner, June 9–10, 1939, Kempner Papers, Box 95.
23 Kempner to Reinemann, June 21, 1939.
24 Talking points, Kempner Papers, Box 76.
25 Margot Lipton deposition in *Lipton v. Swansen*, June 23, 1999.
26 Carl Misch to Kempner, December 10, 1938, Kempner Papers, Box 2.
27 Transcript of handwritten Robert Kempner letter to Lucian Kempner, July 1939, Kempner Papers, Box 71. The letter appears to have been produced by his ex-wife as part of their custody fight.
28 Kempner to Immigration and Naturalization Service, July 1, 1969, Kempner Papers, Box 76.

14: "The Burden of What's to Come"
1 Rosenberg diary, August 22, 1939.
2 Hitler, *Mein Kampf*, p. 660.
3 Ibid., p. 662.
4 Rosenberg diary, August 22, 1939.
5 Ibid., August 12, 1936.
6 Details of Ribbentrop's early life are drawn from Read, *The Devil's Disciples*, pp. 392–398.

7   Ibid., pp. 246, 264–270.
8   Rosenberg diary, August 12, 1936.
9   Read, *Devil's Disciples*, p. 379.
10 Ibid., pp. 400–403.
11 Ibid., p. 413.
12 Ibid., p. 555.
13 Evans, *The Third Reich in Power*, pp. 691–695.
14 Shirer, *The Rise and Fall of the Third Reich*, pp. 520–528.
15 Ibid., pp. 538–544.
16 Rosenberg diary, September 24, 1939.
17 Ibid., May 21, 1939.
18 Ibid., August 25, 1939.
19 Shirer, *Rise and Fall*, p. 532; Evans, *The Third Reich at War*, p. 11.
20 Evans, *Third Reich at War*, pp. 3–8.
21 Rosenberg diary, September 29, 1939.
22 Ibid., August 19, 1936.
23 Piper, *Alfred Rosenberg*, p. 310.
24 Rosenberg diary, September 24, 1939.
25 Details of the negotiations between England and Germany are drawn from Shirer, *Rise and Fall*, pp. 548–549, 574–576.
26 Ibid., pp. 598–599.
27 Rosenberg diary, September 24, 1939.
28 Shirer, *Rise and Fall*, p. 592.
29 Ibid., p. 613.
30 Shirer, *Berlin Diary*, p. 200.
31 Rosenberg diary, September 24, 1939.
32 Ibid., November 1, 1939.
33 Ibid., September 29, 1939.
34 Evans, *Third Reich at War*, pp. 9–23.
35 Read, *Devil's Disciples*, p. 371.
36 Burleigh, *The Third Reich: A New History*, p. 192. See also Heinrich Himmler, *Die Schutzstaffel als antibolschewistische Kampforganisation* (Munich: Franz Eher Nachfolger, 1937).
37 Evans, *Third Reich in Power*, pp. 50-52, 252.
38 Shirer, *Berlin Diary*, p. 110.
39 Read, *Devil's Disciples*, pp. 608–611.
40 Evans, *Third Reich in Power*, pp. 53–54.

41 Evans, *Third Reich at War*, p. 11.
42 Longerich, *Holocaust*, p. 154.
43 Rosenberg diary, September 29, 1939.
44 Ibid., January 7, 1940.
45 Ibid., January 19, 1940.

15: On the Make

1 Ruth Kempner postcard to Otto Reinemann, September 2, 1939, Kempner Papers, Box 95.
2 Kempner, *Ankläger einer Epoche*, p. 143.
3 Kempner interview, Records of the Emergency Committee in Aid of Displaced Foreign Scholars.
4 Ibid.
5 "Ex-Advisor to Germany's Police Comes Here to Begin New Life," *Evening Public Ledger* (Philadelphia), September 29, 1939.
6 Kempner, *Ankläger*, p. 158.
7 Kempner speaker's profile, Kempner Papers, Box 1.
8 Kempner to FBI, March 16, 1942, Kempner Papers, Box 1.
9 Kempner to F. P. Foley, October 8, 1941, Kempner Papers, Box 1.
10 The report was later published under a slightly different title by *Research Studies of the State College of Washington*.
11 Kempner to Knopf, December 10, 1941, and Curtice Hitchcock to Kempner, November 11, 1941, Kempner Papers, Box 1.
12 Kempner to Hoover, December 21, 1938, Kempner Papers, Box 43.
13 Material on Hoover is drawn from Weiner, *Enemies*, pp. 3–6, 13–46, 60–70.
14 Olson, *Those Angry Days*, p. 240.
15 Charles, *J. Edgar Hoover and the Anti-Interventionists*, p. 30.
16 Weiner, *Enemies*, pp. 78–79.
17 Ibid., pp. 83, 106.
18 Hoover to Kempner, January 16 and July 24, 1939, and Kempner to Hoover, July 10 and September 25, 1939, Kempner Papers, Box 43.

16: Thieves in Paris

1 Kershaw, *Hitler: A Biography*, pp. 541–543.
2 Rosenberg diary, November 14, 1936.
3 Kershaw, *Hitler: A Biography*, pp. 544–547.
4 Rosenberg diary, November 11, 1939.
5 Evans, *The Third Reich at War*, pp. 117–122; Shirer, *The Rise and Fall of the Third*

Reich, pp. 673–683, 697–712.
6 Rosenberg diary, December 20, 1939.
7 Ibid., April 9, 1940.
8 Ibid., April 27, 1940.
9 G. H. Archambault, " 'Violent' Nazi Fire Pounds Key Points," *New York Times*, March 31, 1940; Torrie, *"For Their Own Good": Civilian Evacuations in Germany and France*, p. 33.
10 Rosenberg diary, April 11, 1940.
11 Ibid., May 10, 1940.
12 Evans, *Third Reich at War*, pp. 122–136.
13 Shirer, *Rise and Fall*, pp. 741–746.
14 Evans, *The Coming of the Third Reich*, pp. 386–390.
15 Anonymous, *The Persecution of the Catholic Church in the Third Reich*, p. 360.
16 Cecil, *The Myth of the Master Race*, p. 143.
17 Anonymous, *Persecution of the Catholic Church*, p. 364.
18 Rosenberg diary, September 24, 1939.
19 Ibid., November 1, 1939.
20 Ibid., November 11, 1939.
21 Ibid., November 1, 1939.
22 Rosenberg did win permission to handle the ideological education of German soldiers. His office provided libraries of politically appropriate literature and dispatched speakers to the war zone to reiterate key Nazi themes. Predictably, Goebbels didn't think very much of Rosenberg's work. "There are always ideologists in our midst who believe a man of the submarine crews on emerging from the machinery compartment dirty and oil-bespattered, would like nothing better than to read *The Myth of the Twentieth Century*," he wrote in his diary. "That, of course, is sheer nonsense... After the war we can talk again about ideological education. At present we are living our ideology and don't have to be taught it." Lochner, *The Goebbels Diaries*, p. 122.
23 Rosenberg diary, March 3, 1940.
24 Weinreich, *Hitler's Professors*, pp. 98–99.
25 Hermand, *Culture in Dark Times*, p. 49.
26 Evans, *Third Reich in Power*, pp. 285–286.
27 Details of the looting of libraries and archives are drawn from Collins, "The Einsatzstab Reichsleiter Rosenberg and the Looting of Jewish and Masonic Libraries During World War II," pp. 24–34, and Grimsted, *Reconstructing the Record of Nazi Cultural Plunder*, pp. 25–35.
28 Rosenberg interrogation, September 25, 1945, 14:15–16:30, National Archives, M1270, Roll 17.
29 Starr, "Jewish Cultural Property under Nazi Control," pp. 45–46; Grimsted, "Roads to

Ratibor," pp. 409–410. The RSHA cache held an estimated two million volumes.
30 Petropoulos, *Art as Politics in the Third Reich*, p. 128.
31 Rosenberg diary, March 28, 1941.
32 Ibid., February 2, 1941.
33 Nicholas, *The Rape of Europa*, pp. 41–46; James S. Plaut, "Hitler's Capital," *The Atlantic*, October 1946.
34 Nicholas, *Rape of Europa*, pp. 35–37; James S. Plaut, "Loot for the Master Race." *The Atlantic*, September 1946.
35 Nicholas, *Rape of Europa*, pp. 37–41.
36 Ibid., p. 40.
37 Ibid., pp. 101–102.
38 Ibid., pp. 104–109.
39 Ibid., p. 107.
40 Keitel order, September 17, 1940, reproduced as 138-PS in Office of the U.S. Chief of Counsel for the Prosecution of Axis Criminality, *Nazi Conspiracy and Aggression*, vol. 3, p. 186.
41 Diels, *Lucifer Ante Portas*, p. 76. See also Lüdecke, *I Knew Hitler*, pp. 650–651. Historians discount Diels's statement for lack of corroborating evidence. See Piper, *Alfred Rosenberg*, p. 699, n. 360.
42 Petropoulos, *Art as Politics in the Third Reich*, pp. 133–134.
43 Rosbottom, *When Paris Went Dark*, p. 71.
44 Rosenberg letter and report to Hitler, April 16, 1943, reproduced as 015-PS in Office of the U.S. Chief of Counsel, *Nazi Conspiracy*, vol. 3, pp. 41–45.
45 Rosenberg diary, September 6, 1940.
46 Rosenberg interrogation, September 25, 1945, 14:15–16:30, National Archives, M1270, Roll 17.
47 Dreyfus, *Nazi Labour Camps in Paris*, pp. 9–10.
48 OSS Art Looting Investigation Unit Consolidated Interrogation Report No. 1, Activity of the Einsatzstab Rosenberg in France, August 1945, National Archives, M1782, Roll 1.
49 Nicholas, *The Rape of Europa*, pp. 127–128.
50 Rosbottom, *When Paris Went Dark*, pp. 30, 66–67.
51 Ibid., p. 101. Historian Cécile Desprairies conducted the census.
52 Ibid., p. 11.
53 Rosenberg diary, February 2, 1941.
54 Ibid.
55 OSS Consolidated Interrogation Report No. 1; Nicholas, *Rape of Europa*, pp. 130–132.
56 Rosenberg interrogation, September 25, 1945, 14:15–16:30, National Archives,

M1270, Roll 17.
57 See Davidson, *The Trial of the Germans*, p. 139. Rosenberg said they were gifts.
58 Rosenberg letter and report to Hitler, April 16, 1943, reproduced as 015-PS in Office of the U.S. Chief of Counsel, *Nazi Conspiracy*, vol. 3, pp. 41–45.
59 Nicholas, *Rape of Europa*, p. 170.

17: "Rosenberg, Your Great Hour Has Now Arrived"

1 Report on Rosenberg speech in *Völkischer Beobachter*, March 29, 1941, reproduced as 2889-PS in Office of the U.S. Chief of Counsel for the Prosecution of Axis Criminality, *Nazi Conspiracy and Aggression*, vol. 5, pp. 554–557.
2 The foreign officials were Nazi supporters from Norway, Denmark, the Netherlands, Belgium, Romania, Bulgaria, Hungary, Slovakia, and Italy. Among them were an anti-Semitic newspaper editor in Belgium, the solicitor general in occupied Holland, and Vikdun Quisling, who had collaborated with the Nazis during the invasion of Norway.
3 Rosenberg diary, March 28, 1941.
4 Dallin, *German Rule in Russia 1941–1945*, pp. 13–19.
5 Rosenberg diary, August 12, 1936.
6 Kay, *Exploitation, Resettlement, Mass Murder*, pp. 18–22.
7 Descriptions of Soviet rule in the 1930s are drawn from Snyder, *Bloodlands*, pp. 21–105.
8 Ibid., p. 72.
9 Details on planning for the Soviet occupation are drawn from Kay, *Exploitation*, pp. 68–95, 120–198, and Dallin, *German Rule*, pp. 20–58.
10 Trevor-Roper, *Hitler's Table Talk 1941–1944*, p. 21.
11 Kay, *Exploitation*, pp. 39, 141.
12 Dallin, *German Rule*, pp. 39–40.
13 *Trial of the Major War Criminals*, vol. 36, p. 145; Kay, *Exploitation*, p. 134.
14 Shirer, *The Rise and Fall of the Third Reich*, p. 832. Shirer continued: "Rosenberg's voluminous files were captured intact; like his books, they make dreary reading and will not be allowed to impede this narrative."
15 Rosenberg memorandum, "The USSR," April 2, 1941, reproduced as 1017-PS in Office of the U.S. Chief of Counsel, *Nazi Conspiracy*, vol. 3, pp. 674–681.
16 Rosenberg diary, April 2, 1941.
17 Ibid. Rosenberg did not elaborate later in the diary, and historians are left to speculate about whether Hitler spoke of the extermination of the Jews at this meeting. Rosenberg could just as easily have been stunned by the millions of Slavic people who would face death under Nazi plans. See Piper, *Alfred Rosenberg*, p. 510.
18 Dallin, *German Rule*, p. 26.
19 Goebbels diary, May 9 and June 16, 1941, quoted in Kay, *Exploitation*, p. 81.

20 Keitel top-secret order, March 13, 1941, reproduced as 447-PS in Office of the U.S. Chief of Counsel, *Nazi Conspiracy*, vol. 3, p. 409.
21 Rosenberg diary, April 20, 1941.
22 Ibid., February 2, 1941.
23 Ibid., April 20, 1941.
24 Kay, *Exploitation*, p. 125. There is some disagreement among historians about whether Rosenberg attended the meeting, but in any case his memos show that he incorporated its conclusions into his planning. See Browning, *The Origins of the Final Solution*, p. 237.
25 "Memorandum on the Result of Today's Discussion with the State Secretary Regarding Barbarossa," May 2, 1941, reproduced as 2718-PS in Office of the U.S. Chief of Counsel, *Nazi Conspiracy*, vol. 5, p. 378. See also Kay, *Exploitation*, p. 124.
26 Rosenberg diary, May 6, 1941.
27 Ibid., April 11, 1941.
28 Ibid., May 6, 1941.
29 Speech by Rosenberg, June 20, 1941, reproduced as 1058-PS in *Trial of the Major War Criminals*, vol. 26, pp. 610–627. See also Kay, *Exploitation*, pp. 171–172; Dallin, *German Rule*, p. 109.
30 Rosenberg diary, May 14, 1941.
31 Details of Hess's flight are drawn from Evans, *The Third Reich at War*, pp. 167–170.
32 Fest, *The Face of the Third Reich*, p. 127.
33 Lang and Schenck, *Memoirs of Alfred Rosenberg*, p. 192.
34 See Longerich, *Holocaust*, pp. 260–261, and Kay, *Exploitation*, p. 109.
35 Mulligan, *The Politics of Illusion and Empire*, p. 22.
36 Rosenberg diary, May 1, 1941.
37 Ibid., May 6, 1941.
38 Dallin, *German Rule*, p. 37.
39 Breitman, *The Architect of Genocide*, p. 160.
40 Kay, *Exploitation*, p. 168.
41 Evans, *Third Reich at War*, pp. 178–190.
42 Ibid., p. 187.
43 Zygmunt Klukowski, quoted in Evans, *Third Reich at War*, p. 183.
44 Snyder, *Bloodlands*, p. 179.
45 Rosenberg diary, September 12, 1941.
46 Ibid., July 20, 1941; Martin Bormann's minutes of the meeting, July 17, 1941, reproduced as L-221 in Office of the U.S. Chief of Counsel, *Nazi Conspiracy*, vol. 7, pp. 1086–93; Kay, *Exploitation*, pp. 180–185.
47 Kay, *Exploitation*, p. 184.
48 Ibid., pp. 191–193; Mulligan, *Politics of Illusion*, p. 10.

49 Dallin, *German Rule*, p. 35.
50 Rosenberg diary, July 20, 1941.

18: "Special Tasks"

1. Rosenberg diary, January 27, 1940.
2. See Matthäus, *Alfred Rosenberg: Die Tagebücher von 1934 bis 1944*, p. 61; Browning, *The Origins of the Final Solution*, pp. 293–297, 301; Lower, *Nazi Empire-Building and the Holocaust in Ukraine*, pp. 139–142; and Lower, "On Him Rests the Weight of Administration," p. 239.
3. Longerich, *Holocaust*, pp. 198–199; Steinberg, "The Third Reich Reflected," p. 634.
4. Keitel top-secret order, March 13, 1941, reproduced as 447-PS in Office of the U.S. Chief of Counsel for the Prosecution of Axis Criminality, *Nazi Conspiracy and Aggression*, vol. 3, p. 409.
5. Longerich, *Holocaust*, p. 190.
6. Breitman, *The Architect of Genocide*, p. 177.
7. Browning, *Origins*, p. 261.
8. Snyder, *Bloodlands*, pp. 201–203.
9. Rosenberg diary, September 14, 1941.
10. Mikhail Grichanik account in Rubenstein, The Unknown Black Book, pp. 235–243; Arad, *The Holocaust in the Soviet Union*, pp. 151–158.
11. Arad, *The Holocaust in the Soviet Union*, p. 152.
12. Rubenstein and Altman, *The Unknown Black Book*, p. 244.
13. Ibid., pp. 250–251.
14. Arad, "The 'Final Solution' in Lithuania," p. 241.
15. Browning, *Origins*, p. 284.
16. Memorandum, "General organization and tasks of our office for the general handling of problems in the Eastern territories," April 29, 1941, reproduced as 1024-PS in Office of the U.S. Chief of Counsel, *Nazi Conspiracy*, vol. 3, p. 685.
17. Browning, *Origins*, pp. 285–286.
18. Memorandum, "Provisional directives on the treatment of Jews in the area of Reichskommissariat Ostland," reproduced as 1138-PS in Office of the U.S. Chief of Counsel, *Nazi Conspiracy*, vol. 3, pp. 800–805.
19. Browning, *Origins*, p. 287.
20. Steinberg, "The Third Reich Reflected," p. 647.
21. Kershaw, *Hitler: A Biography*, pp. 683–684.
22. Rosenberg diary, September 12, 1941.
23. Browning, *Origins*, pp. 303, 332–333.
24. Ibid., p. 304.
25. Ibid.; Historians have not found a signed, delivered copy of the document.

26 Ibid., p. 301.
27 Heinrich Carl memorandum to Wilhelm Kube, October 30, 1941, reproduced as 1104-PS in Office of the U.S. Chief of Counsel, *Nazi Conspiracy*, vol. 3, p. 785.
28 Arad, " 'Final Solution' in Lithuania," p. 249.
29 Breitman, *Architect*, pp. 208, 217.
30 Arad, " 'Final Solution' in Lithuania," p. 250.
31 Letter dated December 18, 1941 from Rosenberg's ministry to Lohse, reproduced as 3666-PS in Office of the U.S. Chief of Counsel, *Nazi Conspiracy*, vol. 6, pp. 402–403.
32 Arad, "Alfred Rosenberg and the 'Final Solution' in the Occupied Soviet Territories," pp. 279–280.
33 Browning, *Origins*, p. 404.
34 Longerich, *Holocaust*, pp. 345–356.
35 Gerlach, "The Wannsee Conference," p. 768.
36 Breitman, *Architect*, p. 219.
37 Arad, " 'Final Solution' in Lithuania," p. 252.
38 Ibid., p. 247.
39 Matthäus, "Controlled Escalation," p. 219.
40 Rosenberg diary, October 1, 1941.
41 Greich-Polelle, *Bishop von Galen*, pp. 78–80; Evans, *The Third Reich at War*, p. 95–101.
42 Rosenberg diary, December 14, 1941.
43 Greich-Polelle, *Bishop von Galen*, pp. 89–92.
44 Ibid., p. 92.
45 Gerlach, "Wannsee Conference," p. 785. Gerlach argues that this is Hitler's announcement of a decision to exterminate all the Jews of Europe, but other historians disagree.
46 Ibid., p. 784.
47 Rosenberg, "Memorandum about discussions with the Führer on 14 December 1941," reproduced as 1517-PS in Office of the U.S. Chief of Counsel, *Nazi Conspiracy*, vol. 4, p. 55. See also Browning, *Origins*, p. 410, and Gerlach, "Wannsee Conference," in which he argues that Rosenberg is referring to a recent decision to begin implementing the final solution.
48 Trevor-Roper, Hitler's Table Talk 1941–1944, p. 112. See Piper, *Alfred Rosenberg*, p. 589. A full accounting of their discussion does not survive.
49 Gerlach, "Wannsee Conference," p. 790.
50 Roseman, *The Villa, the Lake, the Meeting*, p. 57.
51 Ibid., p. 113.
52 Ibid., pp. 87–88.

53 Kershaw, *Hitler, 1936–1945: Nemesis*, p. 470.

19: "Our Own Tragic Special Destiny"
1. Frieda and Max Reinach diary, United States Holocaust Memorial Museum.
2. Meyer, Simon, and Schütz, *Jews in Nazi Berlin*, p. 111.
3. Ibid., pp. 102–104.
4. Kershaw, *Hitler: A Biography*, p. 469.
5. Meyer, Simon, and Schütz, *Jews in Nazi Berlin*, pp. 184–185.
6. Ibid., p. 107.
7. Ibid., p. 187.
8. Ibid., p. 321.
9. Ibid., p. 327.
10. Ibid., p. 185.
11. Bundesarchiv memorial book for the victims of Nazi persecution of Jews in Germany (1933–1945), bundesarchiv.de/gedenk buch.
12. Meyer, Simon, and Schütz, *Jews in Nazi Berlin*, p. 189.
13. Longerich, *Holocaust*, p. 288.
14. Trude and Walter Koshland to their grandchildren, December 1972, letter on file with the Reinach diary.
15. Coincidentally, Kerr was born Alfred Kempner and was a distant cousin of Robert Kempner. When Kempner wrote to him in 1942, Kerr replied with a bit of verse: "Times are grim, but let's be gay. Hang the Huns, on Judgment Day." Kerr to Kempner, July 13, 1942, Kempner Papers, Box 1.

20: Nazis Next Door
1. Kempner, *Ankläger einer Epoche*, pp. 177–179.
2. Kempner to Gerald Gleeson, January 5, 1942, Kempner Papers, Box 1.
3. Kempner, *Ankläger*, p. 183.
4. Gary, *The Nervous Liberals*, p. 199.
5. Special Defense Unit prosecutor Charles Seal to Kempner, July 29, 1941, Kempner Papers, Box 1.
6. Kempner, *Ankläger*, pp. 149–150.
7. Gary, *Nervous Liberals*, pp. 175–179.
8. Thomas G. Spencer memorandum to FBI special agent in charge, October 28, 1942, Kempner Papers, Box 43.
9. *Report of the Attorney General to Congress on the Foreign Agents Registration Act, 1942–1944* (Washington, D.C.: Department of Justice, 1945), www.fara.gov/reports/Archive/1942-1944_ FARA.pdf.
10. Rogge to U.S. Immigration and Naturalization Service, January 10, 1945, Kempner

Papers, Box 76.

11 James Wechsler, "Sedition and Circuses," *The Nation*, May 6, 1944.
12 Rogge's opening statement is reproduced in St. George and Lawrence, *A Trial on Trial*, p. 129.
13 Kempner to Hoover, January 1, May 30, October 28, and December 19, 1942, and February 21, September 2, and September 26, 1943, Kempner Papers, Box 43.
14 Gary, *Nervous Liberals*, p. 201.
15 In his autobiography, Kempner wrote that he did meet Hoover once in connection with a case, and the FBI director advised him that in America it was best not to admit to being a lawyer. Kempner, *Ankläger*, p. 180.
16 Hoover to Kempner, June 10, 1942, Kempner Papers, Box 43.
17 Kempner to Hoover, December 19, 1942, and Hoover to Kempner, December 28, 1942, Kempner Papers, Box 1 and Box 43.
18 Kempner memorandum to FBI special agent in charge, January 8, 1945, Kempner Papers, Box 43.
19 Kempner invoice memos, Kempner Papers, Box 43.

21: The Chaostministerium

1 Dallin, *German Rule in Russia 1941–1945*, p. 121, n. 5. See also Berkhoff, *Harvest of Despair*, p. 52.
2 Rosenberg diary, September 1 and September 7, 1941.
3 Ibid., September 7, 1941.
4 Trevor-Roper, *Hitler's Table Talk 1941–1944*, p. 28.
5 Dallin, *German Rule*, pp. 120–122.
6 Rosenberg diary, September 1, 1941.
7 Ibid., October 1, 1941.
8 Lower, *Nazi Empire-Building and the Holocaust in Ukraine*, p. 99.
9 Lochner, *The Goebbels Diaries*, p. 409.
10 Ibid., p. 229.
11 "A first-rate demagogue": Gisevius, *To the Bitter End*, pp. 200–201.
12 Dallin, *German Rule*, p. 439.
13 Berkhoff, *Harvest of Despair*, p. 47.
14 Lower, *Nazi Empire-Building*, p. 131.
15 Koch memorandum to Rosenberg, March 16, 1943, reproduced as 192-PS in *Trial of the Major War Criminals*, vol. 25, pp. 255–288; quoted in Dallin, *German Rule*, p. 157.
16 Rosenberg to Koch, May 13, 1942, quoted ibid., pp. 134–135.
17 Rosenberg diary, December 18, 1942.
18 Dallin, *German Rule*, p. 133.

19 Rosenberg diary, December 18, 1942.
20 Kube to Lohse, July 31, 1942, reproduced as 3428-PS in Office of the U.S. Chief of Counsel for the Prosecution of Axis Criminality, *Nazi Conspiracy and Aggression*, vol. 6, pp. 131–133.
21 Evans, *The Third Reich at War*, pp. 275–278.
22 Ibid., pp. 282–302.
23 Himmler speech, October 4, 1943, reproduced in Noakes, *Nazism: A History in Documents*, vol. 2, p. 1199.
24 Evans, *Third Reich at War*, pp. 409–423.
25 Ibid., p. 402.
26 Cecil, *The Myth of the Master Race*, p. 213.
27 Rosenberg diary, November 30, 1942.
28 Ibid., November 20, 1942.
29 Berkhoff, *Harvest of Despair*, pp. 255–272.
30 Quoted ibid., p. 264.
31 Rosenberg diary, October 12, 1942.
32 Rosenberg memorandum, "Concerning: Jewish Possessions in France," December 18, 1941, reproduced as 001-PS in Office of the U.S. Chief of Counsel, *Nazi Conspiracy*, vol. 3, p. 1.
33 Dreyfus, Nazi Labour Camps in Paris, pp. 1–33, 56–82.
34 Ibid., p. 120.
35 Ibid., pp. 66–67.
36 Ibid., p. 69.
37 Ibid., p. 32.
38 Ibid., pp. 16–17.
39 Details of the looting by Rosenberg's Einsatzstab in the East are drawn from Collins, "The Einsatzstab Reichsleiter Rosenberg and the Looting of Jewish and Masonic Libraries During World War II," pp. 24–34, and Grimsted, *Reconstructing the Record of Nazi Cultural Plunder*, pp. 25–35.
40 Nicholas, *The Rape of Europa*, pp. 192–200.
41 Rosenberg diary, February 2, 1943.
42 Entry titled "After January 12, 1943," ibid.
43 Mulligan, *The Politics of Illusion and Empire*, pp. 65–70.
44 Rosenberg diary, January 25–26, 1943.
45 Dallin, *German Rule*, pp. 168–176. The deal would not come together until June.
46 Ibid., p. 88.
47 Cecil, *Myth of the Master Race*, p. 212.
48 Mulligan, *Politics of Illusion*, p. 70.

49 Trevor-Roper, *Hitler's Table Talk*, p. 466.
50 Dallin, *German Rule*, pp. 157–163.
51 Rosenberg diary, August 7, 1943.
52 Bormann memorandum to Rosenberg, February 22, 1940, reproduced as 098-PS in Office of the U.S. Chief of Counsel, *Nazi Conspiracy*, vol. 3, pp. 152–157.
53 Memorandum, "Relationship of National Socialism and Christianity," undated, reproduced as D-75 in Office of the U.S. Chief of Counsel, *Nazi Conspiracy*, vol. 6, pp. 1036–1039.
54 Rosenberg diary, September 7, 1941.
55 Ibid., August 7, 1943.

22: "A Ruin"
1 Evans, *The Third Reich at War*, pp. 490, 618.
2 Ibid., pp. 459–466.
3 Rosenberg diary, December 31, 1943.
4 Lochner, *The Goebbels Diaries*, p. 586.
5 Piper, *Alfred Rosenberg*, p. 612.
6 Lochner, *Goebbels Diaries*, p. 588.
7 Rosenberg diary, July 29, 1944.
8 Evans, *Third Reich at War*, p. 618.
9 Ibid., pp. 632–646.
10 Rosenberg diary, July 30, 1944.
11 Shirer, *The Rise and Fall of the Third Reich*, p. 1060, note.
12 Rosenberg diary, August, 27, 1944.
13 Ibid., October 22, 1944.
14 Dallin, *German Rule in Russia 1941–1945*, p. 639.
15 Petropoulus, *Art as Politics in the Third Reich*, p. 157.
16 Ibid., pp. 553–586.
17 Ibid., p. 594.
18 Ibid., pp. 613–640.
19 Rosenberg diary, November 12, 1944.
20 Ibid., October 22 and 26, 1944.
21 Ibid., November 12, 1944.
22 Ibid., October 26, 1944.
23 Ibid., December 3, 1944.
24 Evans, *Third Reich at War*, pp. 657–658, 681–683.
25 Ibid., pp. 718–720.

26 Lang and Schenck, *Memoirs of Alfred Rosenberg*, pp. 294–295.
27 Evans, *Third Reich at War*, p. 699.
28 Lang and Schenck, *Memoirs*, pp. 295–296.
29 Evans, *Third Reich at War*, p. 682.
30 Lang and Schenck, *Memoirs*, p. 297.
31 Evans, *Third Reich at War*, p. 708.
32 Ibid., p. 710.
33 Ibid., p. 722–727; Kershaw, *Hitler: A Biography*, pp. 951–955, 960.
34 This account of Göring' message and Himmler's treachery is drawn from Read, *The Devil's Disciples*, pp. 899–905.
35 Edsel, *The Monuments Men*, pp. 348–352.
36 Rorimer, *Survival*, pp. 183–185.
37 Edsel, *Monuments Men*, pp. 382–384.
38 Alex Shoumatoff, "The Devil and the Art Dealer," *Vanity Fair*, April 2014.
39 Lang and Schenck, *Memoirs*, p. 299.
40 Speer, *Inside the Third Reich*, p. 496.
41 Lang and Schenck, *Memoirs*, pp. 300–302.

23: "Loyal to Him to the End"

1 Kempner memorandum to FBI, March 8, 1945, Kempner Papers, Box 43; "Searching For Hitler?" *Philadelphia Record*, October 22, 1945.
2 See Kempner Papers, Box 44.
3 Field, quoted in Sandy Meredith and Bob Sanders, "Refugees on Mars: FDR's Secret Plan," *Mother Jones*, February-March 1983.
4 Kempner memorandum to FBI special agent in charge, April 5, 1945, Kempner Papers, Box 43.
5 Kempner to Sam Harris, July 9, 1945, Kempner Papers, Box 43.
6 Tusa and Tusa, *The Nuremberg Trial*, pp. 52, 63.
7 Ibid., p. 54. See also Persico, *Nuremberg*, p. 17.
8 Ibid., pp. 26–27.
9 Ruth S. Bentley memorandum, "Reappointment of Robert Max W. Kempner as Consultant," June 9, 1945, National Archives at St. Louis, Kempner personnel papers, Department of the Army/Air Force.
10 "The Guilt of Herman Goering," June 11, 1945, National Archives, Record Group 238, Security-Classified General Correspondence 1945–1946, Container 18. In the brief, Kempner noted that it was Göring' agents who abducted Berthold Jacob in 1935 and brought him from Switzerland to the Columbia-Haus concentration camp. "Aquaintances of Jacob were arrested and tortured in Berlin at the same time," Kempner wrote, though he did not explicitly mention that he had been one of them.

11 Bernays memorandum to Jackson, July 17, 1945, Robert H. Jackson Papers, Box 106, Roll 12.
12 Daniel Noce memorandum on shipping details, August 7, 1945, National Archives at St. Louis, Kempner personnel papers, Department of the Army/Air Force.
13 "Yanks Sing for Newsmen at Nuremberg," clipping from unknown newspaper, Kempner Papers, Box 418.
14 Thom Shanker, "Despite Nuremberg Trials, War Crimes a Murky Issue," *Chicago Tribune*, June 30, 1993.
15 Persico, *Nuremberg*, p. 39; Neave, *On Trial at Nuremberg*, p. 42.
16 Andrus, *I Was the Nuremberg Jailer*, p. 52.
17 Neave, *On Trial at Nuremberg*, p. 45.
18 Persico, *Nuremberg*, p. 151.
19 Rosenberg interrogation, August 14, 1945, National Archives, M1270, Roll 26.
20 Both Dodd and his son Christopher J. Dodd represented the state of Connecticut in the U.S. Senate, from 1959 to 1971 and from 1981 to 2011, respectively.
21 Dodd, *Letters from Nuremberg*, p. 92.
22 Rosenberg interrogation, September 21, 1945, 14:30–16:40, National Archives, M1270, Roll 17.
23 Ibid., September 22, 1945, 14:15–16:00.
24 Ibid., September 24, 1945, 10:30–12:00.
25 Ibid., September 22, 1945, 11:00–12:00.
26 Ibid., September 24, 1945, 14:30–15:30.
27 Ibid., September 24, 1945, 10:30–12:00.
28 Ibid., September 22, 1945, 14:15–16:00.
29 Ibid., September 24, 1945, 10:30–12:00.
30 Ibid., October 4, 1945, 10:30–12:15.
31 Neave, *On Trial at Nuremberg*, pp. 102–104.
32 Kempner letter, "Dear Folks," August 11, 1945, Kempner Papers, Box 418; Kempner interview, Records of the Emergency Committee in Aid of Displaced Foreign Scholars.
33 Tusa and Tusa, *Nuremberg Trial*, pp. 96–101.
34 Kempner, *Ankläger einer Epoche*, pp. 251–252.
35 Ibid., p. 253.
36 Kempner interview, quoted in Mosley, *The Reich Marshal*, p. 325.
37 Kempner interview, quoted in Maguire, *Law and War*, p. 117.
38 Göring interrogation, October 13, 1945, National Archives, M1270, Box 5.
39 Despite ongoing attempts to implicate the Nazis in the burning of the Reichstag, many historians have come to conclude that Marinus van der Lubbe, the Dutch communist executed in 1934 for the crime, acted alone that night. In the 1970s

and '80s, Kempner, working on behalf of van der Lubbe's surviving brother, unsuccessfully sought to have the conviction overturned. In 2008, van der Lubbe was posthumously pardoned by the German state.
40 Robert Kempner to Ruth Kempner, September 21, 1945, Kempner Papers, Box 418.
41 Kempner postcards, September 13, 1945, Kempner Papers, Box 418.
42 Kempner letter, September 9, 1945, Kempner Papers, Box 418.
43 Kempner letter, October 10, 1945, Kempner Papers, Box 418.
44 Newspaper clippings in Kempner Papers, Box 418.
45 Kempner postcard to "Der Folks," October 23, 1945, Kempner Papers, Box 418.
46 Office of U.S. Chief of Counsel memorandum, Kempner Papers, Box 418.
47 Kempner, *Ankläger*, p. 252.
48 Marked clipping from *Time* magazine dated December 3, 1945, Kempner Papers, Box 418.
49 Persico, *Nuremberg*, pp. 131–134.
50 *Trial of the Major War Criminals*, vol. 2, p. 99.
51 Otto Kranzbühler, quoted in Maguire, *Law and War*, p. 88.
52 *Trial of the Major War Criminals*, vol. 2, p. 102.
53 Ibid., vol. 3, p. 553.
54 Gilbert, *Nuremberg Diary*, pp. 97, 120, 354.
55 *Trial of the Major War Criminals*, vol. 5, pp. 41–66.
56 Ibid., pp. 176, 181–182. The circumstances of this visit are otherwise unknown.
57 Robert G. Storey memorandum to Kempner, November 28, 1945, Kempner Papers, Box 418.
58 Dodd, *Letters from Nuremberg*, p. 90.
59 Neave, *On Trial at Nuremberg*, pp. 43–44.
60 Victor H. Bernstein, "Kempner Will Have His Day in Court," *PM*, January 11, 1946; clipping in Kempner Papers, Box 263.
61 Persico, *Nuremberg*, p. 175.
62 *Trial of the Major War Criminals*, vol. 5, pp. 352–367.
63 Raymond Daniell. "Goering Accused Red Baselessly," *New York Times*, January 17, 1946.
64 Persico, *Nuremberg*, p. 226.
65 Robert M. W. Kempner, "Impact of Nuremberg," *New York Times*, October 6, 1946.
66 Shirer, *Rise and Fall*, p. 1070; Evans, *The Third Reich at War*, p. 643.
67 *Trial of the Major War Criminals*, vol. 11, pp. 396–422.
68 Gilbert, *Nuremberg Diary*, pp. 267–268.
69 OSS memorandum on Rosenberg, July 11, 1945, National Archives, Record Group 238, German Dossiers 1945–1946, Container 41.

70 *Trial of the Major War Criminals*, vol. 11, pp. 444–529.
71 Evans, *Third Reich at War*, p. 728; Graeme Wood, "Martin Bormann has a Stomachache," *Atlantic*, July 20, 2009.
72 Rosenberg memorandum, "Concerning: Jewish Possessions in France," December 18, 1941, reproduced as 001-PS in Office of the U.S. Chief of Counsel for the Prosecution of Axis Criminality, *Nazi Conspiracy and Aggression*, vol. 3, p. 1.
73 Laub, *After the Fall*, p. 46.
74 Memorandum, "Re: Evacuation of youths," June 12, 1944, reproduced as 031-PS in Office of the U.S. Chief of Counsel, *Nazi Conspiracy*, vol. 3, pp. 71–74.
75 Letter from Lohse's office to Rosenberg, June 18, 1943, reproduced as R-135 in Office of the U.S. Chief of Counsel, *Nazi Conspiracy*, vol. 8, pp. 205–208.
76 *Trial of the Major War Criminals*, vol. 11, pp. 529–564.
77 Höss estimated that 2.5 million people were gassed at Auschwitz, but historians have put the number at 1.1 to 1.5 million; see Evans, *Third Reich at War*, p. 304.
78 Dodd, *Letters from Nuremberg*, p. 287.
79 Kempner to Murray Gurfin, June 17, 1946, Kempner Papers, Box 262; Thomas Dodd memorandums on assignments, May 16 and 18, 1946, Kempner Papers, Box 263.
80 Lucian Kempner application letter to company commander, September 29, 1945, Kempner Papers, Box 71.
81 Lucian Kempner draft Application for Federal Employment, Kempner Papers, Box 41; camp details drawn from Weinmann, *Der Nationalsozialistische Lagersystem*, p. 69; Megargee, *The United States Holocaust Memorial Museum Encyclopedia of Camps and Ghettos 1933–1945*, p. 820; and the Web site of the Amersfoort National Monument, www.kamp amersfoort.nl/p/start.
82 In another account, Lucian said he was "liberated by U.S. forces." Lucian Kempner deposition in *Lipton v. Swansen*.
83 Lucian Kempner to Voice of America radio station, July 1945, Kempner Papers, Box 71.
84 Lucian Kempner to Robert Kempner, January 9, 1946, Kempner Papers, Box 71.
85 Lucian Kempner deposition in *Lipton v. Swansen*.
86 "Refugee and Mother Reunited After Decade," *Philadelphia Inquirer*, May 27, 1946; "Kempner's Son, Victim of Nazis, Rejoins Mother," *Philadelphia Record*, May 27, 1946.
87 Grossman to Robert Kempner, June 18, 1946, Kempner Papers, Box 262.
88 Kempner memorandum to Thomas Dodd, July 17, 1946, Kempner Papers, Box 262.

89 Persico, *Nuremberg*, p. 367; Tusa and Tusa, *Nuremberg Trial*, p. 455.
90 Persico, *Nuremberg*, pp. 294–98; Gilbert, *Nuremberg Diary*, pp. 212–214.
91 Kempner interview quoted in Mosley, *The Reich Marshal*, pp. 325, 347.
92 Hett, *Burning the Reichstag*, pp. 194, 220. Kempner declared Diels's testimony at Nuremberg to be "assistance especially deserving of thanks."
93 This quote and details of Kempner's relationship with Diels are drawn from Kohl, *The Witness House*, pp. 43–47, 152–153.
94 Hett, *Burning the Reichstag*, p. 183.
95 *Trial of the Major War Criminals*, vol. 19, p. 416.
96 Ibid., vol. 22, pp. 381–383.
97 Smith, *Reaching Judgment at Nuremberg*, pp. 190–194; Persico, *Nuremberg*, pp. 388–394.
98 Persico, *Nuremberg*, pp. 395–405.
99 Henry F. Gerecke and Merle Sinclair, "I Walked to the Gallows with the Nazi Chiefs," *Saturday Evening Post*, September 1, 1951.
100 Lang and Schenck, *Memoirs of Alfred Rosenberg*, p. 201.
101 Ibid., p. 248.
102 Ibid., p. 161.
103 Ibid., p. 104.
104 Ibid., pp. 184–185.
105 Ibid., p. 189.
106 Ibid., p. 197.
107 Ibid., p. 113.
108 Ibid., p. 266.
109 Persico, *Nuremberg*, pp. 322–323.
110 Kempner, *Ankläger*, p. 236.
111 One of the letters, or part of it, ended up in Kempner's possession; Taylor, *The Anatomy of the Nuremberg Trials*, p. 619.
112 Kingsbury Smith, "The Execution of Nazi War Criminals," International News Service, October 16, 1946.
113 Burton Andrus memorandum, October 17, 1946, Jackson Papers, Box 101, Roll 7; Persico, *Nuremberg*, pp. 423–429.

The Devil's Diary: Alfred Rosenberg and the Stolen Secrets of the Third Reich.
Copyright © 2016 by Robert K. Wittman and David Kinney.
Published by arrangement with HarperCollins Publishers.
Simplified Chinese translation copyright © 2016 by Beijing Alpha Books Co., Inc.
All rights reserved.

版贸核渝字（2014）第65号
图书在版编目（CIP）数据

阿尔弗雷德·罗森堡日记：希特勒的首席哲学家与第三帝国失窃的秘密 /（美）罗伯特·K.惠特曼,（美）大卫·金尼著；吴冬译.—重庆：重庆出版社, 2020.10
书名原文：The Devil's Diary: Alfred Rosenberg and the Stolen Secrets of the Third Reich
ISBN 978-7-229-14425-8

Ⅰ.①阿… Ⅱ.①罗… ②大… ③吴… Ⅲ.①德意志第三帝国－史料 Ⅳ.①K516.44

中国版本图书馆CIP数据核字（2019）第113842号

阿尔弗雷德·罗森堡日记：希特勒的首席哲学家与第三帝国失窃的秘密

[美]罗伯特·K.惠特曼 [美]大卫·金尼 著 吴冬 译

策　　划：华章同人
出版监制：徐宪江
责任编辑：何彦彦
责任印制：杨　宁
营销编辑：史青苗　刘　娜
装帧设计：潘振宇 774038217@qq.com

重庆出版集团
重庆出版社 出版

（重庆市南岸区南滨路162号1幢）
投稿邮箱：bjhztr@vip.163.com
三河市宏盛印务有限公司　印刷
重庆出版集团图书发行有限公司　发行
邮购电话：010-85869375/76/77转810
重庆出版社天猫旗舰店
cqcbs.tmall.com
全国新华书店经销

开本：880mm×1230mm　1/32　印张：15.375　字数：370千
2021年1月第1版　2021年1月第1次印刷
定价：68.00元

如有印装质量问题，请致电023-61520678
版权所有，侵权必究